国家出版基金项目
NATIONAL PUBLICATION FOUNDATION

丝绸之路历史文化研究书系

第三辑　　杨富学　主编

龟兹文化与唐五代文学研究

屈玉丽　著

甘肃文化出版社

图书在版编目（CIP）数据

龟兹文化与唐五代文学研究／屈玉丽著. -- 兰州 ：
甘肃文化出版社，2022.12
（丝绸之路历史文化研究书系／杨富学主编.第三
辑）
ISBN 978-7-5490-2411-7

Ⅰ. ①龟… Ⅱ. ①屈… Ⅲ. ①龟兹－文化史－研究②
中国文学－古典文学研究－唐代③中国文学－古典文学研
究－五代十国时期 Ⅳ. ①K294.5②I206.2

中国版本图书馆CIP数据核字(2022)第177548号

龟兹文化与唐五代文学研究

屈玉丽 ｜ 著

项目策划｜郧军涛

项目统筹｜周乾隆　贾　莉　甄惠娟

责任编辑｜李　园

封面设计｜马吉庆

出版发行｜甘肃文化出版社
网　　址｜http://www.gswenhua.cn
投稿邮箱｜gswenhuapress@163.com
地　　址｜甘肃省兰州市城关区曹家巷 1 号｜730030(邮编)

营销中心｜贾　莉　　王　俊
电　　话｜0931-2131306

印　　刷｜北京联兴盛业印刷股份有限公司
开　　本｜787 毫米 × 1092 毫米　1/16
字　　数｜313 千
印　　张｜27
版　　次｜2022 年 12 月第 1 版
印　　次｜2022 年 12 月第 1 次
书　　号｜ISBN 978-7-5490-2411-7
定　　价｜128.00 元

总　序

　　丝绸之路是一条贯通亚、欧、非三洲经济文化交流的大动脉。自古以来，世界各地不同族群的人都会在不同环境、不同传统的背景下创造出独特的文化成就，而人类的发明与创造往往会突破民族或国家的界限，能够在相互交流的过程中获得新的发展。丝绸之路得以形成的一个重要原因，就在于东西经济文化的多样性和互补性。

　　在中西交往的经久历程中，中国的茶叶、瓷器及四大发明西传至欧洲，对当时的西方社会带来了影响，至今在西方人的生活中扮演着重要角色。反观丝绸之路对中国的影响，传来的大多是香料、金银器等特殊商品，还有胡腾舞、胡旋舞等西方文化。尽管这些西方的舶来品在考古现场有发现，在壁画、诗词等艺术形式上西方的文化元素有展示，但始终没有触及中华文明的根基。

　　早在远古时期，虽然面对着难以想象的天然艰险的挑战，但是欧亚大陆之间并非隔绝。在尼罗河流域、两河流域、印度河流域和黄河流域之北的草原上，存在着一条由许多不连贯的小规模贸易路线大体衔接而成的草原之路。这一点已经被沿路诸多的考古发现所证实。这条路就是最早的丝绸之路的雏形。

　　草创期的丝绸之路经历了漫长的历史演进，最初，首要的交易物资并不是丝绸。在公元前15世纪左右，中原商人就已经出入塔克拉玛干沙漠边缘，购买产自现新疆地区的和田玉石，同时出售海贝等沿海特产，同中亚地区进行小规模贸易交流。而良种马及其他适合长距离运输的动物也开始不断被人们所使用，于是大规模的贸易往来成为可能。比如阿拉伯地区经常使用的耐渴、耐旱、耐饿的单峰骆驼，在公元前11世纪便用于商旅运输。而分散在亚欧大陆的游牧民族据传在公元前4世纪左右才开始饲养马。双峰骆驼则在不久后也被运用在商贸旅行中。另外，欧亚大陆腹地是广阔的草原和肥沃的土地，对于游牧民族和商队运输的牲畜而言可以随时随地安定下来，就近补给水、食物和燃料。这样一来，一支商队、旅行队或军队可以在沿线各强国没有注意到他们的存在或激发敌意的情况下，进行长期、持久而路途遥远的旅行。

随着游牧民族的不断强盛，他们同定居民族之间不断争斗、分裂、碰撞、融合，这使原始的文化贸易交流仅存于局部地区或某些地区之间。不过，随着各定居民族强国的不断反击和扩张，这些国家之间就开始了直接的接触，如西亚地区马其顿亚历山大的东征，安息王朝与罗马在中亚和地中海沿岸的扩张，大夏国对阿富汗北部、印度河流域的统治以及促使张骞动身西域的大月氏西迁。这些都说明上述地区之间进行大规模交通的要素已经具备，出入中国的河西走廊和连通各国的陆路交通业已被游牧民族所熟知。

丝路商贸活动的直接结果是大大激发了中原人的消费欲望，因为商贸往来首先带给人们的是物质（包括钱财等）上的富足，其次是来自不同地域的商品丰富了人们的精神文化生活。"紫驼载锦凉州西，换得黄金铸马蹄"，丝路商贸活动可谓奇货可点，令人眼花缭乱，从外奴、艺人、歌舞伎到家畜、野兽，从皮毛植物、香料、颜料到金银珠宝、矿石金属，从器具、牙角到武器、书籍、乐器，几乎应有尽有。而外来工艺、宗教、风俗等随商人进入更是不胜枚举。这一切都成了中原高门大户的消费对象与消费时尚。相对而言，唐代的财力物力要比其他一些朝代强得多，因此他们本身就有足够的能力去追求超级消费，而丝路商贸活动的发达无非是为他们提供了更多的机遇而已。理所当然的就有许许多多的人竭力囤积居奇，有钱人不仅购置珍奇异宝而且还尽可能在家里蓄养宠物、奴伎。诚如美国学者谢弗所言：7世纪的中国是一个崇尚外来物品的时代。当时追求各种各样的外国奢侈品和奇珍异宝的风气开始从宫廷中传播开来，从而广泛地流行于一般的城市居民阶层之中。古代丝绸之路的开辟，促进了东西方的交流，从而大大推动了世界各国的经济、政治发展，丰富了各国人们的物质文化生活。

丝绸之路上文化交流，更是繁荣昌盛。丝绸之路沿线各民族由于生活的环境不同，从而形成不同的文化系统，如印度文化系统、中亚诸族系统、波斯—阿拉伯文化系统、环地中海文化系统、西域民族文化系统、河西走廊文化系统、黄河民族文化系统、青藏高原文化系统等等。而在这其中，处于主导地位的无疑是中原汉文化、印度文化、希腊文化和波斯—阿拉伯文化。

季羡林先生曾言："世界上历史悠久、地域广阔、自成体系、影响深远的文化体系只有四个，即中国、印度、希腊和伊斯兰……目前研究这种汇流现象和汇流规律的地区，最好的、最有条件的恐怕就是敦煌和新疆。"这两个地方汇聚了四大文化的精华，自古以来，不仅是多民族地区，也是多宗教的地区，在丝绸之路沿线流行过的宗教，如萨满教、祆教、佛教、道教、摩尼教、景教、伊斯兰教，甚至还有印度教，以及与之相伴的各种文化，都曾在这里交汇、融合，进而促成了当地文化的高度发展。尤其是摩尼教，以其与商人的特殊关系，始终沿丝绸之路沿线传播。过去，学术界一般认为摩尼教自13世纪始即已彻底消亡，而最近在福建霞浦等地发现了大批摩尼教文献与文物，证明摩尼教以改变了的形式，在福建、浙江一带留存至今。对霞浦摩尼教文献的研究与刊布，将是本丛书的重点议题之一。

季先生之所以要使用"最好的"和"最有条件"这两个具有限定性意义的词语，其实是别有一番深意的，因为除了敦煌和新疆外，不同文明的交汇点还有许多，如张掖、武威、西安、洛阳乃至东南沿海地带的泉州，莫不如此。新疆以西，这样的交汇点就更多，如中亚之讹答剌、碎叶（今吉尔吉斯斯坦托克马克）、怛罗斯、撒马尔罕、布哈拉、塔什干、花剌子模，巴基斯坦之犍陀罗地区，阿富汗之大夏（巴克特里亚）、喀布尔，伊朗之巴姆、亚兹德，土耳其之以弗所、伊斯坦布尔等，亦都概莫能外，其中尤以长安、撒马尔罕和伊斯坦布尔最具有典型意义。

西安古称长安，有着1100多年的建都史，是中华文明与外来文明的交流的坩埚，世所瞩目的长安文明就是由各种地域文化、流派文化融汇而成的，其来源是多元的，在本体上又是一元的，这种融汇百家而成的文化进一步支撑和推动了中央集权制度。在吸收整合大量外域文化之后，长安文明又向周边广大地域辐射，带动了全国的文明进程，将中国古代文化的发展推向高峰，并进一步影响周围的民族和国家；同时中国的商品如丝绸、瓷器、纸张大量输出，长安文明的许多方面如冶铁、穿井、造纸、丝织等技术都传到域外，为域外广大地区所接受，对丝绸之路沿线各地文明的发展产生了重大影响，体现出长安文化的扩散性和长安文明的辐射性。这是东西方文化长期交流、沟通的结果。在兼容并蓄思想的推动下，作为"丝绸之路"起点的长安，不断进取，由此谱写了一部辉煌的中外文化交流史。长安文化中数量浩繁的遗存遗物、宗教遗迹和文献记载，是印证东西方文化交流、往来的重要内容。

撒马尔罕可谓古代丝绸之路上最重要的枢纽城市之一，其地连接着波斯、印度和中国这三大帝国。关于该城的记载最早可以追溯到公元前5世纪，其为康国的都城，善于经商的粟特人由这里出发，足迹遍及世界各地。这里汇聚了世界上的多种文明，摩尼教、拜火教、基督教、伊斯兰教在这里都有传播。位于撒马尔罕市中心的"列吉斯坦"神学院存在于15—17世纪，由三座神学院组成，他们虽建于不同时代，但风格相偕，结构合理，堪称中世纪建筑的杰作。撒马尔罕的东北郊坐落着举世闻名的兀鲁伯天文台，建造于1428—1429年，系撒马尔罕的统治者、乌兹别克斯坦著名天文学家、学者、诗人、哲学家兀鲁伯所建，是中世纪具有世界影响的天文台之一。兀鲁伯在此测出一年时间的长短，与现代科学计算的结果相差极微；他对星辰位置的测定，堪称继古希腊天文学家希巴尔赫之后最准确的测定。撒马尔罕北边的卡塞西亚，原本为何国的都城，都城附近有重楼，北绘中华古帝，东面是突厥、婆罗门君王，西面供奉波斯、拂菻（拜占庭）等国帝王，这些都受到国王的崇拜。文化之多样性显而易见。

伊斯坦布尔为土耳其最大的城市和港口，其前身为拜占庭帝国（即东罗马帝国）的首都君士坦丁堡，地跨博斯普鲁斯海峡的两岸，是世界上唯一地跨两个大洲的大都市，海峡以北为欧洲部分（色雷斯），以南为亚洲部分（安纳托利亚），为欧亚交通之要冲。伊斯坦布尔自公元前658年开始建城，至今已有2600年的历史，其间，伊斯坦布尔曾经是罗马帝国、拜占庭帝国、拉丁帝国、奥斯曼帝国与土耳其共和国建国初期的首都。伊斯坦布尔位处亚洲、欧洲两大洲的结合部，是丝绸之路亚洲部分的终点和欧洲部分的起点，其历史进程始终与欧亚大陆之政治、经济、文化变迁联系在一起，见证了两大洲许许多多的历史大事。来自东方的中华文明以及伊斯兰教文化和基督教文化在这里彼此融合、繁荣共处，使这里成为东西方交流的重要地区。

综上可见，丝绸之路上的文化多元、民族和谐主要得益于宗教信仰的自由和民族政策的宽松——无论是中原王朝控制时期，还是地方政权当政期间，都不轻易干涉居民的宗教信仰和民族之间的文化交流。丝绸之路上各种思想文化之间相互切磋砥砺，在这种交互的影响中，包含着各民族对各种外来思想观念的改造和调适。"波斯老贾度流沙，夜听驼铃识路赊。采玉河边青石子，收来东国易桑麻。"通过多手段、多途径的传播与交流，中西文化融会贯通，构成一道独具魅力、异彩纷呈的历史奇观。从这个意义上说，丝绸之路可称得上是一条东西方异质经济的交流之路和多元文化传播之路，同时又是不同宗教的碰撞与交融之路。

为了进一步推进"丝绸之路"历史文化价值的研究，本人在甘肃文化出版社的支持与通力合作下策划了"丝绸之路历史文化研究书系"，得到全国各地及港澳台学者的支持与响应。幸运的是，该丛书一经申报，便被批准为国家出版基金资助项目。

"丝绸之路历史文化研究书系"为一套综合性学术研究丛书，从不同方面探讨丝绸之路的兴衰演进及沿线地区历史、宗教、语言、艺术等文化遗存。和以往的有关丝绸之路文化方面的论著相比，本套丛书有自身个性，即特别注重于西北少数民族文献与地下考古资料，在充分掌握大量的最新、最前沿的研究动态和学术成果的基础上，在内容的选取和研究成果方面，具有一定的权威性和前沿性。整套丛书也力求创新，注重学科的多样性和延续性。

杨富学

2016 年 8 月 23 日于敦煌莫高窟

目　录

绪 论

第一节 龟兹文化与唐五代文学研究的价值和意义

一、龟兹与龟兹文化

龟兹，梵语 Kucha，又名归兹、丘兹、屈茨等。龟兹地处丝绸之路中西交通要塞，是古印度、希腊罗马、波斯、汉唐四大文明在世界上的唯一交汇处，在世界经济史和文化史上都占有非常重要的地位。龟兹国历史悠久，公元前 2 世纪时，龟兹已经形成一个完整意义上的绿洲国家；至我国西汉初期，龟兹成为匈奴附属国，但整体而言与两汉中央王朝的隶属关系较为牢固；在此过程中以今新和、库车为中心，包括周围轮台、拜城、沙雅三县地缘范围的西域大国——古龟兹国形成。汉以后特别是两晋时期，龟兹国国势渐盛，政治上也相对独立，与中原各政权之间保持着名义上的臣属关系，其疆域扩至东起焉耆、西南至疏勒、南抵精绝，成为天山南路第一大国。隋唐初期，龟兹国臣属西突厥汗国，但仍与中原王朝保持联系。阿史那社尔伐龟兹后，唐朝加强了对龟兹的统治，虽然期间遭遇吐蕃争夺，但龟兹基本上臣属于唐王朝。至公元 860 年回鹘汗国崩溃后西迁，龟兹成为西州回鹘领地，龟兹古国灭亡。以此计算，龟兹古国历经1000多年，其最盛时辖境相当于今新疆轮台、库车、沙雅、拜城、阿克苏、新和六县市，范围广大，是当时新疆的政治、经济、文化中心之一。

龟兹在西域和丝绸之路上都具有特别重要的地位，在东西方商业贸易和文化交流中既处于中心城邦的地理位置，又是向外辐射的源头；既表现为文化的多元性，又表现为文化的融合性，由此形成了龟兹文化。龟兹文化是一个历史文化概念，主要是指历史上位于今新疆库车地区的绿洲古国——龟兹国存在时期的历史文化，是指汉唐以来在龟兹这一特定环境中各民族人民共同创造的文化，辐射范围为今新疆地区轮台、沙雅、新和、拜城、阿克苏、温宿和巴楚等县市。主要包括兼收并蓄的文学、音乐、舞蹈、佛教、风俗、石窟壁画等具体文化形态。需要注意的是：1. 本课题所涉及龟兹文化并非只是唐五代时期的龟兹文化，还包括唐五代以前的龟兹文化。因为地域文化的形成需要一个过程，而且很难将某一阶段的地域文化与其前后的文化形态做出明确分割，并确定某种文化形态的确切所属时期。2. 本课题所涉及的龟兹文化是一个动态文化，并不是一成不变的，因为龟兹文化也在不断地吸收接纳别的文化形态，尤其汉唐时随着龟兹与中原交流的加强，龟兹文化主动自觉吸纳中原文化的现象时有发生，中原文化也在龟兹实现了一定程度的地域化和本土化。

二、学术史梳理

龟兹文化是东西方文明碰撞融合的结晶，是集政治、宗教、艺术为一体且具有鲜明地域和民族特征的多元综合性文化，长期以来一直受到学者重视。对龟兹文化的研究在历史、考古、宗教、艺术等方面均取得很大成就。早在19世纪末，库车即有著名的《鲍威尔写本(Bower Manuscript)》发现。20世纪初，德国探险队在龟兹一带进行了大规模考古活动，1912年，格伦威德尔(A.Grünwedel)发表《西域古代佛教艺术——1906—1907年在库车、焉耆和吐鲁番绿洲的考古报告(Altbuddhistische Kultstätten in Chinesisch-Turkistan, Bericht über archäologische Arbeiten von 1906 bis 1907 bei Kuča, Karasahr und in der Oase Turfan)》,加之 1920 年发表的《古代库车(Alt-Kutscha)》等,都公布了大量龟兹石窟资料。其后,法国学者伯希和也对库车等地进行考察,收获颇丰,其考察成果也相继刊布于《都尔都尔阿库尔(Durdur-Aqur)》和《库车出土汉文写本(Les Manuscrits Chinois de Koutcha. Fongds pelliot de la Bibliotheque Nationale de France)》等。自 20 世纪 50 年代以来,中国学者开始投入大量精力研究龟兹历史文化,举其要者有向达《唐代长安与西域文明》、张平《龟兹文明:龟兹史地考古研究》、龟兹石窟研究所编《克孜尔石窟志》、苏北海《丝绸之路龟兹研究》、霍旭初《龟兹艺术研究》《滴泉集——龟兹佛教文化新论》、吴涛《龟兹佛教与区域文化变迁研究》、季羡林《鸠摩罗什时代及其前后龟兹和焉耆两地的佛教信仰》等,成果相当丰富。但综观这些研究可以看出,国内外关注视角大都集中于龟兹历史与文化方面,除了其主流佛教文化外,还包括语言文字、乐舞、壁画等诸方面。

(一)龟兹佛教文化研究

作为印度佛教东传中国的重要中转地,龟兹在中国佛教史上占有极其重要的地位,龟兹佛教在承载和发展印度佛教理论的同时,直接影响了我国内地佛教思想和佛教艺术的发展。龟兹佛教文化多年来一直是学者关注研究的对象,取得令人瞩目的成就。诸多成果中,首推季羡林的《西域佛教史》。季羡林发挥其在吐火罗语言文字方面的优势,在研究中大量使用龟兹地区古文字,同时参考借鉴西方语言文字研究成果,材料新颖、内容充实,能代表同时代对西域佛教尤其是龟兹佛教研究的最高水平。此外,梁启超、汤用彤、吕澂格外关注龟兹佛教文化,梁启超的《佛教与西域》、汤用彤的《汉魏两晋南北朝佛教史》、吕澂的《印度佛学源流略讲》和《中国佛学源流略讲》等著作都涉及龟兹佛教问题。国外学者中,日本学者在龟兹佛教研究方面贡献最大,代表学者有木村泰贤、神林隆净、羽田亨、羽溪了谛等。

20 世纪 80 年代以来,龟兹佛教研究掀起一个高潮,出现了一批龟兹佛教研究的著作和论文,如魏长洪等《西域佛教史》,刘锡淦《龟兹古国史》,韩翔、朱英荣《龟兹石窟》,李进新《新疆宗教演变史》,苏北海《丝绸之路与龟兹历史文化》,贾应逸《新疆佛教壁画的历史学研究》,陈世良《西域佛教研究》,才吾加甫《新疆古代佛教研究》等著作都有龟兹佛教的专门章节或内容,某些方面取得一定创新。新疆佛教艺术研究中也有不少涉及龟兹佛教历史、思想的研究收获。如《中国石窟》画册新疆诸石窟卷、《中国美术全集·绘画编16新疆石窟壁画》《中国美术分类全集·中国新疆壁画全集》等大型图册中的文章,引入壁画研究龟兹佛教的思想特色、教派属性等,取得可喜进展。这些新材料新成果推动了西域和龟兹佛教史的研究。

(二)龟兹语言文字研究

19世纪末到20世纪前期,俄英法德瑞日等国"探险家"对新疆进行考察,掠走大量珍贵文物,包括多种古语言文字文献。中华人民共和国成立后,我国考古工作者在天山南北发现大量包含多种语言文字的木简、金铭、石刻、纸卷等,经统计共有新疆古文字25~26种①,其中包括龟兹地区使用过的吐火罗文。

自吐火罗语文献发现以来,国内外很多学者投身于该文字的释读和研究工作,取得丰硕成果。1907年,德国学者缪勒根据德国吐鲁番探险队20世纪初携归的回鹘文《弥勒会见记》题记相关信息,把这种语言命名为"吐火罗语"②。德国学者西格和西格林提出吐火罗语属于印欧语系。还有学者提出吐火罗语有龟兹语、焉耆—高昌语、楼兰人所讲吐火罗语、月氏语等四种方言③。我国季羡林先生致力于吐火罗文献研究,在吐火罗A方面成绩卓著,历时10多年破译了吐火罗A《弥勒会见记剧本》残卷,其《吐火罗文〈弥勒会见记〉译释》英文本的出版引起国际学术界巨大反响。德法英等国语言学家从20世纪开始主要从语言学角度研究吐火罗文,出版了一批重要专著,特别是1976年温德金斯《焉耆—龟兹语与印欧语对照手册》工具书的出版,为其他学者研究提供了方便。《比较语言研究》《吐火罗语和印欧语研究》等著名语言杂志也发表了很多吐火

---

① 伊斯拉菲尔·玉苏甫:《新疆发现的古语言文字》,载《新疆维吾尔自治区博物馆论文集》,乌鲁木齐:新疆大学出版社,2005年,第184—192页。
② 季羡林:《季羡林文集》第十二卷《吐火罗文研究》,南昌:江西教育出版社,1998年,第14页。
③ 林梅村:《西域文明——考古、民族、语言和宗教新论》,北京:东方出版社,1995年,第134—135页。

罗语相关研究论文,解决疑难并填补了龟兹语言文字研究的空白。

(三)龟兹乐舞文化研究

龟兹乐舞自南北朝到隋唐不断传入中原,成为我国古代重要官方乐舞之一。目前学界关于龟兹音乐的研究主要集中在其形成、音乐类别和主要乐器等方面。关于龟兹乐的形成,学界目前存在三种观点:印度说、本土音乐文化为基础的综合说、中原说。持印度说者早期有孔德、向达等,今人常任侠《丝绸之路与西域文化艺术》一书和金文达《对古代中印音乐文化交流中的某些问题的再探讨》一文承袭前人观点。谷苞《古代新疆的音乐舞蹈与古代社会》一文在赞同龟兹乐受多元音乐文化影响的同时,坚持其以本土音乐文化为基础的综合说这一观点。黄翔鹏提出龟兹乐"中原说"观点,强调中原音乐与龟兹乐的血缘关系。此外也有学者持较中立态度,认为音乐影响是双向互动的结果,如席臻贯、姚宝瑄等。关于龟兹乐的音乐类别,周吉认为可将龟兹乐曲分为散曲和大曲两大类,散曲有歌曲、解曲、舞曲三种独立音乐体裁。而周菁葆则认为"解"是乐曲卒章,将其视为音乐结构的组成部分而非独立体裁,这是龟兹乐形式分类需要继续深入探讨的问题。龟兹乐器问题是龟兹乐研究的重要问题。学者们结合石窟壁画和文献记载,对龟兹乐器种类进行详细统计,但尚未形成统一意见。《中国音乐文物大系·新疆卷》指出龟兹石窟壁画中的龟兹系统乐器有十八种。周菁葆指出新疆石窟壁画曾先后出现二十四种乐器。周吉则认为古龟兹使用过的乐器目前能分辨者有二十八种。此外,新疆石窟壁画中尚未确定的乐器图像需做进一步探究。单种龟兹乐器研究也取得丰富成果,如李根万《西域吹奏乐器之冠——筚篥》、张雪媚《筚篥的源流及其历史演变》、王建林《龟兹箜篌渊源与结构研究》、许冰《弹筝、搊筝辨析》、李维路《略论五弦琵琶的历史渊源与艺术表现力》、周菁葆《丝绸之路上的五弦琵琶研究》、赵世骞《西域打击乐器——羯鼓》等文章。

学界研究龟兹舞蹈一般关注其龟兹乐背景,并将其作为整体进行探讨。由于龟兹舞蹈可从壁画中考察具体形态,学界多以龟兹壁画作为突破口,如王卫华硕论《龟兹石窟壁画伎乐人物体态传神性研究》、孙瑜洺《龟兹壁画中的乐舞研究》、任慧婷《谈石窟壁画中的龟兹飞天形象以及风格造型》、阿依古丽·麦合买提《论克孜尔石窟的飘带舞》探讨了龟兹壁画的具体乐舞形态,肖尧轩硕论《克孜尔石窟壁画中的伎乐及其乐队组合形式》、郑怡楠《河西高台墓葬壁画娱乐图与龟兹乐舞苏摩遮——兼论队舞的起源及其高台墓葬壁画乐舞图的性质》分析了龟兹乐舞的伎乐组织形式。还有学者进一步探究龟兹壁画与敦煌壁画乐舞的关系,如李倩硕论《探析龟兹壁画乐舞与敦煌壁画乐舞的关系》、漆佩玉硕论《从敦煌壁画中探寻隋唐西域乐舞——以龟兹乐和西凉乐为例》。以此为基础,龟兹乐舞对中原乐舞的影响研究也是学界关注重点,如吴洁博论《从丝绸之路上的乐器、乐舞看我国汉唐时期胡、俗乐的融合》、段曙霞硕论《唐代乐舞的异域倾向研究》、周菁葆《古代丝绸之路音乐舞蹈钩沉》、王克芬《龟兹乐舞对唐代舞蹈发展的深刻影响》、叶文《论西域乐舞对唐代长安乐舞艺术的影响》均讨论了龟兹乐舞东传过程中与中原乐舞的交流融合;付明华《龟兹文明及舞蹈艺术》、黎虎《狮舞流沙万里来》、谢建忠《白居易诗中的西域乐舞考论(二)》、赵世骞《试论西域乐舞对中原的影响》、胡小杰《西域狮子舞东渐及其在日本的嬗变》等则集中探讨了龟兹舞蹈具体形式尤其是龟兹狮子舞的演进变化。

(四)龟兹壁画研究

古龟兹国遗存大量佛教石窟壁画,主要存在于克孜尔、库木吐喇、森木塞姆等石窟。20世纪初,德英日等国探险队先后到达龟兹石窟进行考察。德国对龟兹石窟进行完整考察和细致绘录,并取得较多成果。格伦威德尔、勒柯克等率先对克孜尔石窟壁画风格及年代进行系统研究。我国最早对龟兹石窟进行记录的是清代徐松,其在《西域水道记》中对克孜尔石窟进行较详细记录,但未作深入考察。中华人民共和国成立前,黄文弼考察了焉耆、库车等地石窟,研究成果主要体现在著作《塔里木盆地考古记》中。韩乐然两次考察克孜尔石窟,发现了特一号窟(69窟)并对相关洞窟进行清理、挖掘和对比分析,但资料因飞机失事未能留存。

中华人民共和国成立后,学者向达、常书鸿等参加龟兹文化遗产考察活动,并对龟兹石窟进行大规模研究,取得丰硕成果。阎文儒、宿白、霍旭初等学者对克孜尔石窟的年代进行系统划分研究。此后,宿白、霍旭初、廖旸等各自提出分期观点,目前学界对此尚未完全定论。

关于克孜尔石窟形制,早期德国学者注意到克孜尔石窟的一些组合关系。中国学者晁华山将龟兹单个石窟看作寺院组合,并将石窟组合形成的寺院与宗教修行联系起来,对龟兹部分石窟进行系统调查;魏正中从整个石窟遗址的地理位置及石窟组合关系出发,对库车地区的克孜尔、克孜尔尕哈等石窟遗迹进行全面田野调查,对其组合类型及所属区段进行系统分类。对克孜尔壁画佛传故事图像的研究,主要有丁明夷、马世长等人从壁画题材、内容考辨角度进行的系统整理研究。对克孜尔特定佛传故事的研究,主要有霍旭初对克孜尔石窟降魔图内容图像的考辨、耿剑对克孜尔石窟佛传故事和犍陀罗浮雕风格关系的探讨等。

(五)龟兹文化与唐五代文学关系研究

龟兹文化对唐五代文学具有重要影响,但学术界研究两者之间关系的成果较少,关注度不够。目前研究成果主要集中在龟兹乐舞文化对唐五代文学的影响上,且直接性研究成果较少。其中,龟兹乐舞文化与唐诗的研究可以王春明博论《唐代涉乐诗研究》、海滨博论《唐诗与西域文化》、孙丹硕论《唐代民族文化与唐诗的繁荣》、杨冬梅硕论《论唐代西域乐舞诗的文学审美价值》、翟敏硕论《唐代乐器诗研究》、李丽娜硕论《唐代三大西域乐舞诗研究》、陈求知硕论《唐五代西域胡裔诗人诗作考论》、陆云硕论《唐代吹奏乐诗研究》、高建新《唐诗中的西域"三大乐舞"——〈胡旋舞〉〈胡腾舞〉〈柘枝舞〉》、谢建忠《白居易诗中的西域乐舞考论(一)》、李书《论白居易乐舞诗的艺术魅力》、张明非《论唐代乐舞诗的价值》、朱易安《唐代诗化的音乐和西部乐器》、王开元《西域音乐歌舞对唐代边塞诗的影响》等为代表。这些论文并未专门探究龟兹乐舞文化对唐五代诗的影响,多在唐诗与西域文化的关联性研究中稍有提及;唐诗部分也主要涉及乐舞诗。龟兹乐舞文化与唐诗的直接性研究成果所见更少,仅可以吴晓璇的《探析关于"龟兹乐舞"的诗意——以诗词角度为例说明》等为代表。在研究的力度和广度上都有待进一步拓展。也有学者关注龟兹乐舞文化对唐五代戏剧的影响。龟兹乐舞文化与龟兹世俗戏剧《苏幕遮》和《狮子舞》之间有着密切关系,袁薇硕论《论西域音乐文化中的龟兹乐》、王嵘《多元文化背景下的〈苏莫遮〉》、葛晓音、户仓英美《"飒磨遮"与印度教女神祭的关系》、丁淑梅《唐代禁断泼寒胡戏的戏剧学考察》有所涉及;整体性研究可从吴寿鹏《龟兹乐舞与中国戏剧浅析》中略见一斑,但该论文实际仍主要讨论《苏幕遮》与《五方狮子》,从龟兹乐舞文化角度解读两部作品并阐述其所具备的戏剧因素,但对于《苏幕遮》《五方狮子》戏剧化过程本身,以及龟兹文化对唐五代戏剧的影响则关注不够。而韩文慧《西域胡文化之乐舞戏剧在中原》更多关注西域胡文化之乐舞戏剧与中原戏剧的关系,并未把龟兹乐舞文化作为研究重点。龟兹乐舞文化与唐声诗、词乐的关系现有成果论及较少,仅在寒声《词、曲同源不同流——兼论声诗、词乐、曲唱在中原衍进中的音乐文化》、田玉琪《大陆十多年来唐宋词与音乐关系研究述评》、李伯敬《关于燕乐的商榷——兼及词之起源》、高红梅《隋唐五代燕乐的发展及其对曲子辞创作的影响》等论文中略有探讨。

龟兹佛教文化与唐五代文学关系方面:研究佛教对唐五代文学影响的成果很多,但有关龟兹佛教与唐五代文学关系研究的直接成果非常少;研究龟兹佛教代表人物鸠摩罗什佛学成就的成果很多,但主要集中于鸠摩罗什佛教思想的形成、特点及罗什译经对后世思想和传统文化的影响方面,其与文学之间的关系研究仅可见诸古再丽努尔·买买提明的《鸠摩罗什对中国诗学的影响》,因此关于龟兹佛教文化与唐五代文学研究还有很大的可拓展空间。

也有少量著作或论文关涉唐代龟兹文学本身的研究。刘锡淦《龟兹古国史》有所涉及,但并未专门从文学角度对文本进行分析并探究其所反映的龟兹文化内涵。学界对龟兹戏剧研究有一定关注。整体而言,钟兴麒《隋唐龟兹戏剧及其美学特征》阐述隋唐时期龟兹戏剧在中国戏剧史上的影响,并从美学角度进行对比研究。对龟兹戏剧的关注主要集中在《弥勒会见记》上,季羡林《吐火罗文〈弥勒会见记〉译释》、耿世民《回鹘文佛教原始剧本〈弥勒会见记〉第二幕研究》以剧本本体作为研究对象;更多研究则集中在对《弥勒会见记》剧本性质考证及其对中国戏剧影响方面,如季羡林《吐火罗文和回鹘文本〈弥勒会见记〉性质浅议》《谈新疆博物馆藏吐火罗文 A〈弥勒会见记剧本〉》《吐火罗文 A(焉耆文〉〈弥勒会见记剧本〉与中国戏剧发展之关系》、曲六乙《〈弥勒会见记〉的发现与研究——中国戏剧史上最早的一个戏剧文本》、高人雄《〈弥勒会见记〉与中国戏曲——古代维吾尔族戏剧与中国戏剧之刍议》、黎蔷《中国最早佛教戏曲〈弥勒会见记〉考论》、郑玲博论《〈弥勒会见记〉异本对勘研究——回鹘文（哈密本）与吐火罗A（焉耆本）文本之比较》。钟涛、李颖《新疆出土戏剧文献与中国戏剧史研究》、孙崇涛《西域戏剧文献的发现及研究》也部分涉及此问题。但现有研究并未从龟兹佛教文化和语言文字文化入手，分析吐火罗A《弥勒会见记剧本》所受龟兹文化的深刻影响；更没有整体性地从文本内容和形式特征两个角度全面分析吐火罗A《弥勒会见记剧本》的戏剧文体性质；且没有将吐火罗A《弥勒会见记剧本》与回鹘文《弥勒会见记》的文体性质完全区分开来，对于吐火罗A《弥勒会见记剧本》的传承及影响实况，关注度也不够。

以龟兹石窟壁画文化为切入点，印证唐五代文学的直接相关成果非常少。像李铁《壁画中的龟兹乐舞》、赵超《唐代壁画中的龟兹音乐》、甘庭俭等《克孜尔千佛洞壁画的图像叙事与古龟兹文化传播——克孜尔千佛洞壁画造型中乐舞艺术形态研究之一》仅涉及龟兹壁画中的乐舞，张俊硕论《龟兹石窟壁画之宗教文化研究》、丁明夷《关于克孜尔壁画的研究——五至八世纪龟兹佛教和佛教艺术初探》仅提及龟兹壁画所体现的宗教思想，均未涉及与唐五代文学的关系研究。龟兹石窟壁画对唐五代文学的影响，不仅在于其可作为出土文物证明龟兹佛教文化、乐舞文化对唐五代文学的重要作用；还在于龟兹壁画的构图方式为唐五代戏剧结构安排提供一定借鉴，龟兹壁画故事的戏剧性对剧本内容和戏剧情节选择有所启发。这些都可作为本课题继续研究拓展的空间。

至于从整体上研究龟兹文化与唐五代文学的较厚重成果还未见到。

三、选题价值和意义

本课题所讨论的唐五代文学，是指从公元618年唐朝建立到公元960年宋朝建立前的中国文学。这一时期的文学重点在唐代，获得了全面丰收。无论是诗歌、散文等传统体裁,还是新生文体传奇、词、戏剧及以变文为主的讲唱文学等均取得辉煌成绩。本课题旨在对龟兹文化与唐五代文学进行关联研究,试图探究龟兹文化对唐五代文学的影响。需要注意三点。第一,唐五代文学属于中国文学的阶段性文学,中国文学即中华民族文学,是以汉民族文学为主干的各民族文学的共同体,鉴于本课题研究的是龟兹文化与唐五代文学,所以唐五代时期龟兹地区的本土文学也在探讨范围之内。第二,与龟兹文化有关的非唐五代文学及与唐五代文学有关的其他地域文化文学不在本课题重点研究之列。但文学发展具有连贯性和延续性,且不同文体发展状态不同,因此如果唐五代以后文学与本课题研究有承上启下之关系,或有助于更好地推动本课题研究时,可酌情梳理脉络并纳入文化与文学关系建构中。第三,本课题侧重龟兹文化对唐五代文学的影响研究,主要从龟兹佛教、语言文字、乐舞、壁画等文化视角出发,探究其在唐五代文学相关文体形成、发展乃至成熟过程中所起到的重要作用。

因此,本课题从特定层面对龟兹文化与唐五代文学进行系统研究,拟在龟兹文化、西域文化、中原文化、唐五代文学研究各自独立的背景下进行跨学科、跨地域、跨文化的融合拓展研究。在理论上,选取特定视角,通过对龟兹文化与唐五代文学关系的梳理,试图帮助构建和丰富龟兹学、唐五代文学研究理论体系,并有效推动龟兹学研究的学科建设与发展。在实践上,力图以龟兹文化为切入点打开唐五代文学研究新局面,并促进民族文化交流及民族间的文化认同、民族认同,为最终实现高度国家认同提供历史借鉴与文化启示。

第二节　研究思路及主要论题

一、研究思路

本课题主要以文化对文学的关联和影响为理论支撑,并结合出土文献、实地调研进行研究。主要致力于三个方面的挖掘:

首先,龟兹佛教文化及其重要代表鸠摩罗什译经对中国文学的重要影响。鸠摩罗什为龟兹国人,其在长安译经达 35 部之多,重点在般若系大乘经典和龙树、提婆一系的中观派论书。梁启超《中国佛法兴衰沿革说略》对罗什译经弘法有所评述:"姚兴时,鸠摩罗什入关,大承礼待,在逍遥园设立译场,集三千僧咨禀什旨。大乘经典,于是略备。"①其所译经论内容信实、文字流畅,在中国译经史上具有划时代意义。故陈引驰《中古佛教文学研究:回顾与前瞻》认为,应在中外文化交流的历史中把握中国佛教史的发展历程,"两汉之交佛教传入之后,佛教与中国文化与文学有很多接触,但它真正进入中国文化主流,其实是在东晋。"②鸠摩罗什之功居首。鸠摩罗什出生、生长于龟兹,其本身的成长经历和学识背景深受龟兹文化影响;他学成之后还曾归国讲说佛法、传播佛经,受到龟兹举国上下高度重视,又深刻影响了龟兹佛教的发展;鸠摩罗什的佛教理论体系本身就建立在龟兹佛教文化基础之上,同时又反过来影响了龟兹的佛教文化。因此当鸠摩罗什随吕光东迁凉州并最终被姚兴迎至长安译经弘法时,其佛学理论和所译经书必定带有浓厚的龟兹文化色彩,罗什译经也成为龟兹佛教文化的重要内容。佛教对中原的影响

---

① 梁启超:《梁启超中国佛学研究史》,长春:吉林人民出版社,2013 年,第 6 页。
② 陈晓兰编:《经典与理论:上海大学中文系学术演讲录》,上海:复旦大学出版社,2009 年,第 102 页。

以及译经的重要源头都可追溯至龟兹高僧鸠摩罗什处，玄奘等人的佛典翻译也是在其基础上延伸而来。因此罗什译经对于龟兹佛教文化而言具有典型意义，其对后世文学和文化发展都产生了重要影响，比如鸠摩罗什译经所蕴含的丰富说理性、故事性、想象性和诗歌韵文特点等都对唐五代时期的诗歌、散文、诗文评等正统文学产生影响。此外，在龟兹佛教文化与唐五代文学关系梳理中，还应关注此后由佛教衍生出来并且在唐五代较为兴盛的佛教戏剧、变文等讲唱文学，在传播方式、题材和思想等方面所受龟兹佛教文化的重要影响。

其次，龟兹文化对唐五代文学独特价值的探索。龟兹文化是多元化的，其佛教、语言文字、乐舞和壁画都对唐五代文学文体产生不同程度的影响。本课题主要从龟兹文化与唐五代戏剧文学关系角度出发，探究龟兹佛教和语言文化对唐五代戏剧吐火罗 A《弥勒会见记剧本》的影响，龟兹音乐和舞蹈文化对唐五代歌舞戏的影响，龟兹壁画文化对唐五代及后世戏剧内容、结构及舞台表演的影响，较深刻地揭示出龟兹文化对唐五代戏剧文学发生、发展的深远意义。

再次，新疆发现的重要文献为研究龟兹文化与唐五代文学提供了重要参照依据。吐火罗 A《弥勒会见记剧本》文本、龟兹石窟壁画以及地下出土文物等，都成为问题探究的重要切入点。比如 20 世纪新疆多地发现的吐火罗 A《弥勒会见记剧本》残叶以及回鹘文《弥勒会见记》残卷。该经是由印度文本编译为吐火罗 A 文本，再转译为回鹘文本。现存几个文本中都出现一些戏剧因素，比如有一件吐火罗 A 文写本提及该书原名为"Maitre-yasamita Nātaka"，Nātaka 即为"剧本"之意。有的吐火罗 A《弥勒会见记剧本》抄本在每幕开始部分还用朱墨标明场次、出场人物和演唱曲调，这些都是该文本剧本文体性质的表现。如果能够确定该文本性质为唐五代时深受龟兹文化影响的佛教剧本，这将对研究唐五代戏剧本身及该文本对后世文学的影响有重要意义。

本课题首先重视实证研究。立足文献考察和龟兹独特的文化遗存，并与唐五代文学相印证，沟通文学与历史学、考古学、文化学、艺术学之间的关系，在龟兹文化东渐的历史背景下，发掘其对唐五代文学的影响。其次强调问题意识。龟兹文化是多元化、多层面的，唐五代文学也呈现出形态多面化、文体多样性的特点。因此本课题研究不求面面俱到，而是选择其中的关键问题深入探讨，如文体方面选取诗、文、传说、戏剧等，而又具体到宗教的影响、乐舞的渗透、壁画的启示、名物的考证等诸多方面，以便更有利于唐五代文学研究空间的拓展。

二、主要论题

本课题以龟兹文化为切入点，以文学发展为指归，从龟兹佛教文化、乐舞文化、壁画文化、语言文字文化等角度入手，探索其对唐五代诗词、散文、小说、戏剧等具体文学体裁的影响，从而研究龟兹文化与唐五代文学之关系，并将传统文献与实证调研相结合，进行跨文化、跨学科研究。本课题在整体关照与专题拓展相结合的基础上，以综合研究与个案分析两条线索布置篇章结构，深入探讨龟兹文化对唐五代文学的影响。除绪论外，正文内容共分六章，主要探讨以下问题：

第一章为《鸠摩罗什译经与王维诗文的佛教意涵》。唐五代时佛教势力最大，影响最深。龟兹佛教对唐五代文学的影响可上溯至东晋。其时，熟识梵语、吐火罗语和汉语的古龟兹人鸠摩罗什在长安译经弘法，"以悟达为先"[①]，在把握佛教文化精髓、忠于原文的基础上将经文思想、风格、语言用适宜于中原文化的形式表达出来，其译经对唐五代中原文人的文学创作产生重要影响。本章以龟兹佛教文化的重要代表——鸠摩罗什译经为切入点，选取唐朝代表诗人王维，综合考察鸠摩罗什译经在情节设置、譬喻运用、文学想象、偈颂翻译、说理方式等方面对王维诗文创作的影响，以期较全面地阐释鸠摩罗什译经与王维诗文佛教意涵间的关系。这一章所阐述的问题是本课题重难点之一，鸠摩罗

---

① ［唐］道世：《法苑珠林》，《大正藏》卷五三，佛陀教育基金会出版部，1990 年，第 396 页。

什译经数量众多,且蕴含的佛教文化博大精深;唐代文人更是浩如烟海,如何从中挑选出合适的文人个案进行研究,并挖掘出鸠摩罗什译经对其文学创作影响的具体表现,并非易事。

第二章为《龟兹佛教影响下的吐火罗 A〈弥勒会见记剧本〉研究》,首先探讨吐火罗 A《弥勒会见记剧本》的龟兹文化背景,从龟兹佛教文化和语言文字文化两个角度探析该文本与龟兹文化间的联系。通过比较吐火罗 A《弥勒会见记剧本》及其两个异本的文本内容要素和形式特征,确定吐火罗 A《弥勒会见记剧本》的唐代戏剧文体性质。再次,探讨吐火罗 A《弥勒会见记剧本》到回鹘文《弥勒会见记》的传承过程及两文本对后世戏剧和讲唱文学的重要影响。如何从龟兹文化角度入手找到研究吐火罗 A《弥勒会见记剧本》的合适切入点,并通过历史文献和出土文物加以证明,是本课题研究的一个重难点。同时由于语言限制,涉及吐火罗 A《弥勒会见记剧本》语言文学方面的研究,也需要笔者克服突破。

第三章为《龟兹壁画与唐五代戏剧研究》。龟兹乐舞类壁画保存了众多龟兹乐器演奏、乐队设置和舞蹈表演的图像,其中蕴含的丰富戏剧因素影响了唐五代及后世的戏剧表演和戏场设置;龟兹壁画以佛教故事为主要描绘对象,且画面表现出龟兹本地世俗文化的形象特征,这对于唐五代及后世剧本内容构思和戏剧情节选择有一定引导作用;龟兹壁画中所存在的菱格画式、方形框式和连环画式构图方式,也在戏剧结构安排方面启发了唐五代及后世戏剧。龟兹壁画与唐五代及后世戏剧间存在着巧妙而隐秘的关联,龟兹壁画是平面化的、静止性的,唐五代戏剧是立体化的、活动性的,如何从龟兹壁画中探寻出推动唐五代戏剧发展演变的关联因素,并合理阐释其对唐五代戏剧的具体影响,是本章重点解决的问题。

第四章为《龟兹乐舞文化与唐五代歌舞戏》。歌舞戏雏形表演在龟兹本地和中原地区流传很广。在龟兹雏形歌舞戏东传中原并逐渐演化为成熟唐代歌舞戏的过程中,龟兹文化尤其是乐舞文化发挥了重要作用。本章选取唐代歌舞戏的典型代表——苏幕遮、拨头、狮子舞,分析其歌舞戏形成完善及东传过程中所受龟兹乐舞文化的影响。在此基础上探究其戏剧文体特征,并挖掘歌舞戏表演中所体现出的龟兹文化与中原文化的交流融合。关于唐代歌舞戏表演的文献大多为文字材料，少有图像和影像资料，而后两者是研究本章内容的重要突破点。本章拟在引入日本唐代歌舞戏表演相关记录的基础上进行深入拓展。

第五章为《唐五代时期的龟兹本土文学》，本章研究范围是唐五代文学作品中记录的以龟兹本地人、事为基础所形成的龟兹传说故事和佛教故事。从文学角度分析相关故事文本，探求其中蕴含的龟兹文化的丰富内涵，并运用文史互证法考辨所关涉的龟兹历史问题。龟兹本土文学作为地域文学，也是唐五代文学的重要组成部分。本章即从植根于龟兹本土文化的龟兹传说故事和佛教故事角度出发，探求龟兹本土文学所蕴含的独特文化现象。

第六章为《唐五代文学作品中的龟兹名物》。龟兹名物产生于龟兹文化影响下的社会生活，有些至今仍有实物保留，有些则仅见于文字图像记述。本章选取可见于唐五代文学作品且最能体现龟兹本土文化特征的两类名物进行分析：“乐舞”类名物——觱篥和“用器”类名物——龟兹枕、龟兹板、屈支灌。一方面，龟兹名物离开其文化母体，在与中原文化接触交流过程中，不断与相关事物发生双向影响、磨合交融，并在此过程中体现出新的生命力，龟兹乐器觱篥与芦管在唐诗中的同质化倾向就是一个生动例证。另一方面，龟兹枕、龟兹板、屈支灌等不仅是龟兹异域文化的标志性符号，更作为具有独特魅力的龟兹文学意象出现在唐五代文学作品中，成为联系龟兹文化与中原文学的重要纽带，并进而影响到后世文学创作。觱篥等龟兹名物有实物留存，但其形制、功能已不同于唐五代时期；龟兹板等名物仅存于文献记载，实物现在难见。如何克服现世可见名物所发生的变化，以及现世不可见名物所存在的认识盲区，选择其与唐五代文学研究的恰当突破口，并在前人研究基础上有所创新，是本章关注的重点。

第一章　鸠摩罗什译经与王维诗文的佛教意涵

　　佛教自两汉之际传入中国，经南北朝大力发展，到唐五代时达到鼎盛，势力最大，影响最深。陈引驰《中古佛教文学研究：回顾与前瞻》一文认为，应该在中外文化交流的历史中把握中国佛教史的发展历程，"两汉之交佛教传入之后，佛教与中国文化与文学有很多接触，但它真正进入中国文化主流，其实是在东晋"[①]。龟兹佛教对唐五代文学的影响亦可上溯至东晋，熟识梵语、吐火罗语和汉语的龟兹高僧鸠摩罗什在长安译经弘法，所译经书达三十五部之多，极大地促进了佛教在中原地区的传播。罗什弘法时，名僧群集，道生、僧肇、僧睿、道恒等都是其中的佼佼者，后世对什门亦有"八俊""四圣""十哲"之誉。梁启超曾赞誉鸠摩罗什为"译界第一流宗匠"[②]，也曾在《中国佛法兴衰沿革说略》总结罗什译经的巨大贡献："姚兴时，鸠摩罗什入关，大承礼待，在逍遥园设立译场，集三千僧咨禀什旨。大乘经典，于是略备。"[③]罗什的出生成长背景和佛教启蒙学习都与龟兹有着密切关系，他在龟兹的弘法经历又反过来壮大了龟兹佛教的力量并影响其发展变化，可以说罗什既深受龟兹文化影响，又反过来深刻影响了龟兹文化，罗什本人及其译经也在此过程中成为龟兹佛教文化的典型代表，极大地推动了佛教经由龟兹传至中原。可以说，没有罗什译经所作出的重大贡献，佛教不可能如此迅速、全面

---

① 陈晓兰编：《经典与理论：上海大学中文系学术演讲录》，上海：复旦大学出版社，2009 年，第 102 页。
② 梁启超著，高淑兰编：《梁启超说佛》，北京：九州出版社，2006 年，第 237 页。
③ 梁启超：《梁启超中国佛学研究史》，长春：吉林人民出版社，2013 年，第 6 页。

地在中原得以弘扬并吸引众多信徒,成为中原迄今为止最重要的宗教类别之一。

佛教为文人创作注入异域灵感并促其改变既有思维范式,使文人可以超脱现实困扰表达情感诉求。反观这一过程,鸠摩罗什作为中国四大译经家之首,其译经在融洽龟兹佛教文化与中国文学方面确实发挥了重要作用,对中原文人的精神面貌和文学创作都有不容忽视的影响。罗什译经"以悟达为先",在把握佛教文化精髓、忠于原文的基础上将经文思想、风格、语言用适宜于中原文化的形式表达出来。所译经论,内容信实,文字流畅,在中国译经史上具有划时代的意义。而在唐代众多文人居士中,王维独树一帜,被誉为"诗佛",他寄情佛门,斋居养心,以禅理入诗文,取得的辉煌文学成就与他所受罗什译经浸染有着密切关系。罗什译经作为龟兹佛教文化的典型代表,不仅推动了文人的佛理接受,其译经的情节内容、语言特色、翻译方式、修辞手法、行文风格、文学思想等,都对以王维为代表的唐五代文人创作产生重要影响。

第一节 鸠摩罗什译经与王维的佛理接受

龟兹高僧鸠摩罗什在佛经翻译事业上做出卓越贡献,所译众经影响历代文人,唐代王维可谓典型。王维取字"摩诘"与罗什所译《维摩诘所说经》有着密切关联,罗什译经对名相的辨析以及其本土优势的发挥都在一定程度上启发引导了王维的佛理接受和阐释。以罗什译经与王维关系作为切入点,可初步探求龟兹文化在中华文化及文学形成、发展过程中的重要作用。

一、王维名字与鸠摩罗什所译《维摩诘所说经》的关系

诸多佛经中,《维摩诘经》①以其卓然魅力吸引了王维,他不仅为该经主人

---

① 按:在不强调译本的情况下,本文以《维摩诘经》指代该经,涉及具体译者时,经名进一步确认。

公维摩诘画过像①,还为自己取字"摩诘"。经书传达的大乘修行之道对王维的人生态度、行处方式和文学创作都有重要影响。

《维摩诘经》梵文名为 *Vimalakīrtinirdeśa*,意为:维摩诘表达的意见。该经共有七个汉文译本:后汉严佛调《古维摩诘经》二卷、吴支谦《维摩诘经》二卷、西晋竺法护《维摩诘所说法门经》一卷、西晋竺叔兰《异毗维摩诘经》三卷、东晋祇多蜜《维摩诘经》四卷、后秦鸠摩罗什《维摩诘所说经》三卷、唐玄奘《说无垢称经》六卷②,目前只有支、罗、玄三译本存世。仅从经名和现存译本内容来看,除玄奘《说无垢称经》将 Vimalakīrti 译作"无垢称"外,他本均译作"维摩诘"。所以王维字"摩诘"与玄奘译本无关。

考诸前人研究和唐人所编佛经目录,可较清楚认识前六种译本在唐代的存世情况。

严佛调本——据何剑平考证,"《古维摩诘经》译本不久便湮没不闻了。或值灵帝之末③,关洛扰乱,佛调所译的这部《古维摩诘经》过早佚失"④。

竺叔兰本——唐释智升《开元释教录》卷十四《大乘经重译阙本》载:"《异毗摩罗诘经》三卷,……西晋西域优婆塞竺叔兰译,第三译。"⑤唐静泰《大唐东京大敬爱寺一切经论目》卷五载:"《思维摩诘经》三卷(重翻阙本),晋惠帝世竺叔兰译。"⑥唐释明佺《大周刊定众经目录》卷三《大乘重译经目》卷之二载:"《异维摩诘经》一部三卷,……右西晋惠帝元康六年沙门竺叔兰于洛阳译。"⑦

---

① 按:宋代周密《过眼云烟录》载"王维画维摩像如生",这至少说明:一、王维曾画过维摩诘像;二、这幅画像曾被宋人亲眼见过;三、画像不知何时亡佚,不为后人所见。

② 按:经名及卷数出自唐代智升《开元释教录》。这部佛经译名不同,可能出于以下几种原因:古代译者可能按照自己对佛经的理解确定译名;译者翻译时依据的佛经版本不尽相同;有些佛经名称可能是后人加上的。这里只选择七译本的大众化名称,实际上有的译本本身就有两三个名字,如什本还被称作《不可思议解脱经》《新维摩诘经》《维摩诘经》,竺叔兰本还被称作《异维摩诘经》。

③ 按:灵帝末当为东汉灵帝刘宏年间,在 2 世纪末。

④ 何剑平:《中国中古维摩诘信仰研究》,成都:巴蜀书社,2009 年,第 28 页。

⑤ [唐]释智升:《开元释教录》卷十四,《大正藏》卷五五,佛陀教育基金会出版部,1990 年,第 629 页。

⑥ [唐]静泰:《大唐东京大敬爱寺一切经论目》卷五,《大正藏》卷五五,佛陀教育基金会出版部,1990 年,第 213 页。

⑦ [唐]释明佺:《大周刊定众经目录》卷三,《大正藏》卷五五,佛陀教育基金会出版部,1990 年,第 386 页。

竺法护本——唐彦悰《众经目录》卷五《阙本》：“《维摩诘经》一卷，重翻阙本，晋世竺法护译。”①《大周刊定众经目录》卷十二《大乘阙本》：“《维摩诘说不思议法门经》……晋竺法护译，或一卷。”②

祇多蜜本——《大周刊定众经目录》卷十二《大乘阙本》载：“《维摩诘经》一部，四卷，东晋沙门只多蜜译。”③

支谦本——《大周刊定众经目录》卷三：“《维摩诘所说不思议法门经》一部三卷。右吴黄武年优婆塞支谦译。”④唐释道宣《大唐内典录》卷六有：“……（二卷，五十二纸）吴黄武年支谦于武昌译；《维摩诘所说经》（三卷，六十一纸）后秦弘始年罗什于逍遥园译；《说无垢称经》（六卷，九十七纸）唐贞观年玄奘于大慈恩寺译。右三经同本异译。”⑤《大唐东京大敬爱寺一切经论目》卷二：“《维摩诘经》二卷五十二纸，吴黄武年支谦译。”⑥

罗什本——《大周刊定众经目录》卷三：“《维摩诘所说经》一部三卷七十纸，右后秦弘始八年沙门鸠摩罗什于长安译。”⑦唐靖迈《古今译经图纪》卷三：“沙门鸠摩罗什，……什以姚秦弘始四年岁次辛丑。起译……《维摩诘所说经》三卷。”⑧

六译本中，严佛调、竺叔兰、竺法护、祇多蜜本唐代均阙；明佺、道宣和静泰都见过支本原文，三人都记录该经五十二纸，其中前两人所录经名相同，有可能看到的是同一版本；道宣记录所见支本、什本、玄本各自页数，明示三本为同经异译，言及唐代三本共存的事实。但正如黄宝生所言，“鸠摩罗什的译本出现后，以前的译

---

① [唐]彦悰：《众经目录》卷五，《大正藏》卷五五，佛陀教育基金会出版部，1990年，第176页。
② [唐]释明佺：《大周刊定众经目录》卷十二，《大正藏》卷五五，佛陀教育基金会出版部，1990年，第442页。
③ [唐]释明佺：《大周刊定众经目录》卷十二，《大正藏》卷五五，佛陀教育基金会出版部，1990年，第442页。
④ [唐]释明佺：《大周刊定众经目录》卷三，《大正藏》卷五五，佛陀教育基金会出版部，1990年，第386页。
⑤ [唐]释道宣：《大唐内典录》卷六，《大正藏》卷五五，佛陀教育基金会出版部，1990年，第288页。
⑥ [唐]静泰：《大唐东京大敬爱寺一切经论目》卷二，《大正藏》卷五五，佛陀教育基金会出版部，1990年，第190页。
⑦ [唐]释明佺：《大周刊定众经目录》卷三，《大正藏》卷五五，佛陀教育基金会出版部，1990年，第386页。
⑧ [唐]靖迈：《古今译经图纪》卷三，《大正藏》卷五五，佛陀教育基金会出版部，1990年，第358—359页。

本也就渐渐失传。即使支译本有幸保存下来,但通行本始终是什译本"①。的确,唐代此经盛行罗什译本,王维字"摩诘"应更多受到《维摩诘所说经》的影响。

（一）从罗什译经角度分析王维之字与《维摩诘所说经》的关系

后秦国主姚兴讨伐后凉的目的之一便是迎罗什入关弘扬佛法。姚兴佛学修为颇高,他"少达崇三宝,锐志讲集"②,主动讲经撰文、讨论教义,还亲带官员听罗什说法。在他的影响下,"公卿已下莫不钦附,沙门自远而至者五千余人"③。姚兴重佛首先表现在倾举国之力支持并参与罗什译经④,这在一定程度上促进了什译的成功广泛传播。

罗什丰厚的佛学知识和梵汉兼通的语言能力使其译经更胜一筹。罗什生于龟兹,母语梵语,辗转多国学佛,精通大小乘,能言善辩,后居凉州十余年学习汉语。罗什译文质而不野,以简洁生动、通俗流畅为译经原则,堪称严谨的意译。罗什译经时"手执胡文,口自宣译,道俗虔虔,一言三复,陶冶精求,务存圣意,其文约而诣,其旨婉而彰"⑤,"胡音失者,正之以天竺;秦言谬者,定之以字义"⑥,被赞宁誉为有"天然西域之语趣"⑦,《高僧传》载罗什本人"愿凡所宣译,传流后世,咸共弘通"⑧。

罗什在长安译经的基础上建立起集经文翻译和教学研究为一体的僧团组织,汇聚了僧肇、僧叡、道恒、道标等著名佛学者。他们以更合汉语习惯的思维方式翻译佛典,认可推崇并研讲注释罗什译本,促进其广泛流传。⑨

----

① 黄宝生译注:《梵汉对勘〈维摩诘所说经〉》,北京:中国社会科学出版社,2010 年,导言第 20 页。
② [南朝梁]慧皎撰,汤用彤校注:《高僧传》,北京:中华书局,1992 年,第 52 页。
③ [唐]房玄龄等撰:《晋书》,北京:中华书局 1974 年,第 2985 页。
④ 按:宋代释赞宁《宋高僧传·译经篇》论及佛经译场人员分工,"笔受"职下有言:"必言通华梵,学综有空,相向委之,然后下笔。……西晋伪秦以来,立此员者……至于帝王,即姚兴、梁武、天后、中宗。"所列四位帝王有后秦姚兴,其佛学功底可见一斑。
⑤ [晋]僧肇等:《注维摩诘所说经》,上海:上海古籍出版社,1990 年,序第 2 页。
⑥ [南朝梁]释僧祐撰,苏晋仁、萧鍊子点校:《出三藏记集》,北京:中华书局 1995 年,第 293 页。
⑦ [宋]赞宁撰,范祥雍点校:《宋高僧传》,北京:中华书局,1987 年,第 56 页。
⑧ [南朝梁]慧皎撰,汤用彤校注:《高僧传》,北京:中华书局,1992 年,第 54 页。
⑨ 按:据《梵汉对勘〈维摩诘所说经〉》导言载:罗什《维摩诘所说经》后,亲自作注。参与译经团体的僧叡、僧肇和道生也曾分别为此经作注,其注疏名字曾被《出三藏记集》《众经目录》记载。现仅存僧肇的《注维摩诘所说经》。

此外,罗什颇具传奇色彩的身世也引起僧俗极大兴趣,与维摩诘在欲而行禅相一致,更符合在家居士心态,也更易获得其情感认同。实际上,《维摩诘经》在鸠摩罗什译本①出现以前并未受到重视,但是什译一出,立刻引起国人的关注和称颂,使其获得强大生命力②,其他译本遂逐渐受冷③。因此可以推断王维受什本影响最大,其字"摩诘"也是受《维摩诘所说经》的启发④。金克木先生有言:"在古代中国知识分子中有一位印度居士名气很大。唐朝著名诗人王维,号叫摩诘。'维摩诘'就是这位印度居士的名字,中国这位诗人用来作自己的名号。……维摩诘则出于《维摩诘所说经》。……这四部最流行的佛经的译者竟是一个人,鸠摩罗什。"⑤胡适在《海外读书杂记》中也说:"《维摩诘经》为大乘佛典中的一部最有文学趣味的小说,鸠摩罗什的译笔又十分畅达,所以这部书渐渐成为中古时代最流行、最有势力的书。……大诗人王维,字摩诘,虽然有腰斩维摩诘罪过,却也可见这部书的魔力。"⑥两人均肯定王维字"摩诘"来源于什本。

---

① 按:"鸠摩罗什译本"以下简称"什本"或"罗什译本"。

② 按:杨瑰瑰在其博士论文《〈维摩诘经〉文献与文学研究》中证得:谢灵运诗中十譬应出自什本《方便品第二》,而非《观众生品第七》,明人冯惟讷《古诗纪》误以为谢诗十譬取自支译本,有误;而孙昌武以为十譬取自《观众生品第七》,亦误也。由山水诗人谢灵运作诗所据底本为什本,可见什本确为当时最流行之译本。

③ 按:实际上直至今日什本《维摩诘所说经》仍最流行:它不仅是包括文人士子在内的广大在家居士学习大乘佛教的经典教科书,也是众多学者援引研究的对象;目前发现的敦煌写本中,支译本 2 种,玄译本 4 种,而罗什译本写本多达 821 种;敦煌莫高窟《维摩诘经变》壁画、维摩诘讲经变文也大多依据罗什译本绘制或写作;现存三种汉译本中,只有罗什译本被转译为英、德、法文。据姜亮夫《敦煌学概论》统计,《维摩诘所说经》是所发现的唐代敦煌卷子中写本最多的一部经书。参见姜亮夫:《敦煌学概论》,昆明:云南人民出版社,1999 年,第 35 页。

④ 按:即使把支本、玄本考虑进去分析各译本与唐人的关系,也可得出什本流传最广、影响最大的结论。这是因为:支谦译经尚属个人行为,孙权给予的国家支持十分有限;唐太宗支持玄奘译经更多基于政治原因,而非完全对玄奘西行壮举和佛学知识的肯定,两位君主对译经的重视程度远不如姚兴。支谦主张译经文质调和,但囿于个人语言、学识及历史原因,其译经仍有矫枉过正之嫌,文辞华丽但有的旨意并不明确,"理滞于文"仍是其弊端。玄奘译经是为还印度佛经之本来面目,译经讲究文质相兼,无违梵本,其译文内容显示出与中国传统文化和文学行文相背离的特点,尤其对梵经重复唱导的如实翻译让中土僧众颇觉繁琐,有碍译本传播;新创术语与中土业已接受的义理出入较大,客观上形成的陌生化效果阻隔了译本替代。玄奘僧团虽更合理完善,但其译经原则在译场当时即遭僧侣质疑,其弟子学习讲经也多以什本为宗,对玄奘译本的研读只局限在法相宗圈子里。可见玄奘译本成书后应用范围狭窄,弟子态度尚且如此,更不必说其他僧人和在家居士了。

⑤ 金克木:《怎样读汉译佛典——略介鸠摩罗什兼谈文体》,《读书》1986 年第 2 期,第 127—135 页。

⑥ 胡适:《20 世纪佛学经典文库·胡适卷》,武汉:武汉大学出版社,2008 年,第 577 页。

(二)从王维诗文词汇角度分析王维之字与《维摩诘所说经》的关系

王维诗文中某些佛教词汇可从什本《维摩诘所说经》中找到原典,以之为分析对象,比较现存三译本之不同,并考察该词在其他佛教文献中的存在情况,可证明王维受罗什译本影响最深。①

1. 维摩诘

王维,字摩诘。名字合称"维摩诘"。《题辋川图》有"不能舍余习,偶被世人知。名字本习离,此心还不知"②。说明相较世人关注的书画"余习",王维更看重他的名字。此处"名字"即指"维摩诘"。该名还出现于《〈西方变〉画赞》:同解脱因,天女赞维摩长者③。

维摩诘的居士名源于经书名。该经梵文名为 *Vimalakīrtinirdeśa*,支译作《佛说维摩诘经》,什译作《维摩诘所说经》,玄译作《说无垢称经》,前六译本均将Vimalakīrti 音译为"维摩诘",玄奘意译为"无垢称"④。《梵英字典》nirdeśa 下注有:m.pointing out,indicating,directing,order,command,instruction(often ifc.)⑤,即指明、暗示之意。支、玄译作"佛说",罗什译作"维摩诘说"。黄宝生认为"就梵文本身而言,鸠摩罗什的译法是确切的"⑥。

王维在《〈西方变〉画赞》中极力赞美李氏,将其喻为礼赞维摩诘的天女,已像维摩诘一样活在俗世却俱得解脱,从中可见王维对维摩诘的崇敬之心。实际上,维摩诘自南朝开始就具有深厚的信仰基础,成为中国文人、士大夫顶

---

① 按:三译本为同本异译,可进行比较。

② 按:本文引用王维诗文,均出自[唐]王维撰、陈铁民校注的《王维集校注》,北京:中华书局,1997 年;其他唐代诗歌,如无特殊情况,均依据彭定求等所编《全唐诗》,北京:中华书局,1960 年(《王维集校注》与《全唐诗》所收王维诗作略有不同,本文赞同《王维集校注》对王维诗歌名目的判定,故以之为准);引用唐五代词,均依据曾昭岷、曹济平、王兆鹏等所编《全唐五代词》,北京:中华书局 1999 年;引用宋代诗歌,均依据傅璇琮、孙钦善等所编《全宋诗》,北京:北京大学出版社,1998 年。下文从简不再注明。

③ 按:王维诗文中未出现过"无垢""无垢称"之类的名称。

④ 按:僧肇《注维摩诘所说经》卷第一有言:"什曰:维摩诘秦言净名。"罗什除将 Vimalakīrti 音译为"维摩诘",还将其意译为"净名",在白居易诗歌中经常出现的"净名"一词亦来自什本《维摩诘所说经》。

⑤ Monier Monier-Williams.SANSKRIT-ENGLISH DICTIONARY.Munshiram Manoharlal Publishers Pvt. Ltd.,New Dehli,1899,P561.

⑥ 按:此句及本段相关内容参考黄宝生译注《梵汉对勘〈维摩诘所说经〉》,北京:中国社会科学出版社,2010 年,导言部分第 4 页。

礼膜拜的对象,这种现象到唐代有过之而无不及。"维摩""摩诘""维摩诘"除与王维关系密切外,也常出现在其他唐人笔下。王维等人对维摩诘思想行为的体悟认可,既建立在自己的佛学修为之上,也建立在前贤对维摩诘的品评之上。玄奘译作"无垢称",其名亦可意译为"净名"①,但三种名字在唐人笔下出现频率不同。维摩诘、摩诘、维摩出现次数最多。杜甫有《送许八拾遗归江宁觐省甫昔时尝客游此县于许生处乞瓦棺寺维摩图样志诸篇末》;白居易有《内道场永欢上人就郡见访,善说维摩经,临别请》,其《自咏》有"今日维摩兼饮酒"、《闲坐》有"有室同摩诘";孟郊《听蓝溪僧为元居士说维摩经》有"手持维摩偈";元稹《大云寺二十韵》有"示化维摩疾"、《见人咏韩舍人新律诗,因有戏赠》有"摩诘好因缘";贾岛《访鉴玄师侄》有"维摩青石讲初休";李商隐《酬崔八早梅有赠兼示之作》有"维摩一室虽多病";贯休《冬末病中作二首》有"聃龙与摩诘";司空图《雨中》有"维摩居士陶居士";杜荀鹤《题著禅师》有"空得到维摩";郑谷《赠泗口苗居士》有"维摩契道心"。这些诗人生活在王维同时或稍后,用词类于王维。

2. 毗邪

"毗邪"出现于王维《大唐大安国寺故大德净觉禅师碑铭》:或称毗邪居士。

该词梵文为 prativasati,《梵英字典》条下有:ind.in every habitation or house,Kathās②,是维摩诘居住地。支本音译为维耶离大城③,什本音译为毗耶离大城④,玄本意译为广严城⑤。王维文中"毗邪"是"毗耶离"略称⑥,同于什本。虽然"邪""耶"写法不同,但二字通假,发音一致。

什译前,《大方便佛报恩经》和竺佛念所译《出曜经》等已出现"毗耶离"

---

① 按:僧祐在《出三藏记集》解释胡汉译经音义同异问题时曾引这三个名称作为例证,"天竺语称维摩诘,旧译解云无垢称,关中译云净名,净即无垢,名即是称,此言殊而义均也"。

② Monier Monier-Williams. *SANSKRIT-ENGLISH DICTIONARY*. Munshiram Manoharlal Publishers Pvt. Ltd., New Dehli, 1899.P661.

③ [三国吴]支谦译:《佛说维摩诘经》,《大正藏》卷一四,佛陀教育基金会出版部,1990年,第520页。

④ [后秦]鸠摩罗什译:《维摩诘所说经》,《大正藏》卷一四,佛陀教育基金会出版部,1990年,第539页。

⑤ [唐]玄奘译:《说无垢称经》,《大正藏》卷一四,佛陀教育基金会出版部,1990年,第557页。

⑥ 按:此种省略亦可见诸他处,是一种被承认的既定名称。

一词①。王维是否读过这两部经书暂且不究,但"毗耶离"作为维摩诘居所本应被其在《维摩诘所说经》中所关注。维摩诘居于毗耶离城,主人公及居所在经书中可对应的只出现于什本,支、玄本均不对应。这也可以帮助推断王维文中出现此词应受什本影响。

唐代稍后于王维的作品中也出现过"毗耶"一词。白居易《刑部尚书致仕》中"毗耶长者白尚书",孙昌武注曰:"毗耶长者,指《维摩诘所说经》中的维摩诘,他是毗耶离(吠舍离)城的一个富有的居士。"②柳宗元《巽上人以竹闲自采新茶见赠,酬之以诗》中"犹同甘露饭,佛事薰毗耶"、贾岛《和孟逸人林下道情》中"毗耶疾未调"、陆龟蒙《奉酬袭美早春病中书事》中"欲入毗耶问,无人敌净名"均以"毗耶"代维摩诘,或进而指称自己。

3. 空病

"空病"出现于《夏日过青龙寺谒操禅师》:欲问义心义,遥知空病空。

《维摩诘经》"空病"所在句梵文为:vyādhir eva śūnyatā。Vyādhi 为 vyādhir 词形之一,释义:disoader,diease,ailment,sickness,plague(esp. leprosy)③,意为病。Eva 释义:so,just so,exactly so(in the sentence of the later evam);indeed,truly,really(often at the beginning of a verse in conjunction with other particles)④,意为就、才、正是,为突出前面的词,佛经常译为"如是"。śūnyatā 释义:f.emptiness,loneliness,desolateness;absence of mind,distraction;vacancy(of gaze);nothingness,non-existence,non-reality,illusory nature(of all worldly phenomena)⑤,意为空。所以此句直译为:病即是空。支谦纠合上句译为:所言为空,……病亦不

① 按:竺佛念译作《出曜经》(后秦皇初六年,即 399 年译成):"还合昔佛在毗耶离城甘梨园中。"《大方便佛报恩经》:"毗耶离者,或有国以王为名,或以地为称,或以城为号。"史光辉认为译文在三国到西晋之间;方一新认为不早于三国,具体时间待定。不管怎样,应均早于罗什译本。

② 孙昌武:《唐代文学与佛教》,西安:陕西人民出版社,1985 年,第 102 页。

③ Monier Monier-Williams. *SANSKRIT-ENGLISH DICTIONARY*. Munshiram Manoharlal Publishers Pvt. Ltd., New Dehli,1899.P1037.

④ Monier Monier-Williams. *SANSKRIT-ENGLISH DICTIONARY*. Munshiram Manoharlal Publishers Pvt. Ltd., New Dehli,1899.P232.

⑤ Monier Monier-Williams. *SANSKRIT-ENGLISH DICTIONARY*. Munshiram Manoharlal Publishers Pvt. Ltd., New Dehli,1899.P1085.

异①。罗什译为：空病亦空②。玄奘译为：如是空病毕竟空故③。王维用"空病空"表示操禅师佛法修为极高，已至菩萨境界，不再有我执、法执、空执，能调伏内心，平等对待一切。

罗什《维摩诘所说经》最早出现"空病"一词，南北朝之前译经未见此词，可知王维"空病"词的使用受到什本影响。王维之后晚唐齐己《中秋夕怆怀寄荆幕孙郎中》"每将空病问衰残"则沿袭王维。

4. 非色灭空

"非色灭空"出现于《能禅师碑》：根尘不灭，非色灭空。意为并非色灭而空（色的本性就是空），用来形容能禅师的佛法修为。

《维摩诘经》中，该词支本译作不色败空④。什、玄本译作非色灭空⑤。此词最早见于《维摩诘所说经》，后被诸家沿用，隋释智顗《摩诃止观》有"即色是空，非色灭空"⑥、《法华玄义》亦有"色即是空，非色灭空，无生意也"⑦，李善《文选注》释孙绰《游天台山赋》"泯色空以合迹，忽即有而得玄"句也曾引"《维摩经》喜见菩萨曰：色色空为二，色即是空，非色灭空，色性自我空"⑧为证，王维此词典故亦源于什本。

5. 虽明世典

"虽明世典"出现于《绣如意轮像赞》：虽明世典，深达实相。

《维摩诘经》中，此词支本为不离圣典⑨；什本为虽明世典⑩；玄本为虽明一切世间书论⑪。意为：虽然明了一切世间、出世间的法典。

---

① [三国吴]支谦译：《佛说维摩诘经》，《大正藏》卷一四，佛陀教育基金会出版部，1990年，第526页。
② [后秦]鸠摩罗什译：《维摩诘所说经》，《大正藏》卷一四，佛陀教育基金会出版部，1990年，第545页。
③ [唐]玄奘译：《说无垢称经》，《大正藏》卷一四，佛陀教育基金会出版部，1990年，第568页。
④ [三国吴]支谦译：《佛说维摩诘经》，《大正藏》卷一四，佛陀教育基金会出版部，1990年，第531页。
⑤ [后秦]鸠摩罗什译：《维摩诘所说经》，《大正藏》卷一四，佛陀教育基金会出版部，1990年，第551页；[唐]玄奘译：《说无垢称经》，《大正藏》卷一四，佛陀教育基金会出版部，1990年，第577页。
⑥ [隋]释智顗：《摩诃止观》，《大正藏》卷四六，佛陀教育基金会出版部，1990年，第63页。
⑦ [隋]释智顗：《法华玄义》，《大正藏》卷三三，佛陀教育基金会出版部，1990年，第701页。
⑧ [南朝梁]萧统编，[唐]李善注：《文选》，北京：中华书局，1977年，第166页。
⑨ [三国吴]支谦译：《佛说维摩诘经》，《大正藏》卷一四，佛陀教育基金会出版部，1990年，第521页。
⑩ [后秦]鸠摩罗什译：《维摩诘所说经》，《大正藏》卷一四，佛陀教育基金会出版部，1990年，第539页。
⑪ [唐]玄奘译：《说无垢称经》，《大正藏》卷一四，佛陀教育基金会出版部，1990年，第560页。

什本《维摩诘所说经》最早出现此词。唐释道宣《广弘明集·通命二》也有"虽明世典,常乐佛法"①句。王维此词亦源于什译。

6. 深达实相

"深达实相"出现于《绣如意轮像赞》:虽明世典,深达实相。

《维摩诘经》结合下句,支译为入深法要②;什译为深达实相,善说法要③;玄译为深入法门,善能辩说④。意即维摩诘通晓精深法门,善于辩说。

此句首见于《维摩诘所说经》。之后频繁见诸释家撰著及译作,如唐般刺密帝译《大佛顶如来密因修证了义诸菩萨万行首楞严经》"辩才无碍,宣说苦空,深达实相"⑤、唐释法琳《辩正论》"有出家菩萨,厥名龙树,深达实相,得无生忍"⑥。尤其唐释澄观《大方广佛华严经随疏演义钞》详引《维摩诘所说经》:"经云:尔时佛告文殊师利,汝行诣维摩诘问疾。文殊师利白佛言:世尊,彼上人者难为酬对,深达实相,善说法要,辩才无滞,智慧无碍,一切菩萨法式悉知。诸佛秘藏无不得入,降伏众魔,游戏神通,其慧方便皆已得度。"⑦可见唐代释家多采什本此句,引用也以什本为宗,王维亦同。

7. 慈悲为女

"慈悲为女"出现于《〈西方变〉画赞》:得彼佛身,常以慈悲为女。

《注维摩诘所说经》在正文"法喜以为妻,慈悲心为女"下有鸠摩罗什注:"慈悲性弱,从物入有,犹如女之为性,弱而随物也。"僧肇注:"慈悲之情,像女人性,故以为女。"⑧王维此处两句指夫人亡父获得佛法修为,常怀慈悲之心。

① [唐]释道宣:《广弘明集·通命二》,《新编缩本乾隆大藏经》第114册,台北:新文丰出版公司,1998年,第51页。

② [三国吴]支谦译:《佛说维摩诘经》,《大正藏》卷一四,佛陀教育基金会出版部,1990年,第525页。

③ [后秦]鸠摩罗什译:《维摩诘所说经》,《大正藏》卷一四,佛陀教育基金会出版部,1990年,第544页。

④ [唐]玄奘译:《说无垢称经》,《大正藏》卷一四,佛陀教育基金会出版部,1990年,第567页。

⑤ [唐]般刺密帝译:《楞严经》,广州:广州出版社,2003年,第49页。

⑥ 《中华大藏经》编辑局编:《中华大藏经·汉文部分 六二》,北京:中华书局,1993年,第515页。

⑦ [唐]释澄观译:《大方广佛华严经随疏演义钞》,《大正藏》卷三六,佛陀教育基金会出版部,1990年,第413—414页。

⑧ [晋]僧肇等:《注维摩诘所说经》,上海:上海古籍出版社,1990年,正文第141—142页。

《维摩诘经》此句支谦译为悲慈为男女[①];罗什译为慈悲心为女[②];玄奘译为大慈悲为女[③],什本与玄本大意同,支本不同。通过罗什和僧肇注解可知,由于"慈悲"具有"性弱"特点,故将之喻为女性,这种用法始见于罗什所译《维摩诘所说经》,隋代释智顗《观音义疏》《法华玄义》始有"慈悲为女"一词。

8. 无行作

"无行作"出现于《燕子龛禅师咏》:救世多慈悲,即心无行作;《与魏居士书》:无行作以为大依,无守默以为绝尘。

《维摩诘所说经·入不二法门品》:"不眴菩萨曰:'受不受为二。若法不受,则不可得,以不可得故,无取无舍,无作无行,是为入不二法门。'"[④]《注维摩诘所说经》卷八云:"无作,什曰:言不复作受生业也。""无行,什曰:心行灭也。"[⑤]句指禅师保持寂静心态。陈铁民《王维与僧人的交往》也提及"又'无行作'之语,本出《维摩经·入不二法门品》"[⑥],指出王维此词来源。

支本此句译作:无得者不作渊,以无作无驰骋者。[⑦]玄本此句译作:无所得故则无增减,无作无息于一切法无所执着。[⑧]"无行作"一词最早可见于南北朝求那跋陀罗所译《楞伽阿跋多罗宝经》,但其源头应为什译《维摩诘所说经》及什译《大智度论》中的"无作无行"。[⑨]

此外,还有一些词句并未出现在王维作品中,但出现在王维同时期或稍后

① [三国吴]支谦译:《佛说维摩诘经》,《大正藏》卷一四,佛陀教育基金会出版部,1990年,第530页。
② [后秦]鸠摩罗什译:《维摩诘所说经》,《大正藏》卷一四,佛陀教育基金会出版部,1990年,第549页。
③ [唐]玄奘译:《说无垢称经》,《大正藏》卷一四,佛陀教育基金会出版部,1990年,第576页。
④ [后秦]鸠摩罗什译:《维摩诘所说经》,《大正藏》卷一四,佛陀教育基金会出版部,1990年,第550页。
⑤ [晋]僧肇等:《注维摩诘所说经》,上海:上海古籍出版社,1990年,正文第150页。
⑥ 陈铁民:《王维与僧人的交往》,《文献》1989年第3期,第36页。
⑦ [三国吴]支谦译:《佛说维摩诘经》,《大正藏》卷一四,佛陀教育基金会出版部,1990年,第531页。
⑧ [唐]玄奘译:《说无垢称经》,《大正藏》卷一四,佛陀教育基金会出版部,1990年,第577页。
⑨ 按:王维诗文中出现了很多佛教词汇,有些即使见诸《维摩诘所说经》,但只要在什本之前出现过,就不能确认其典故来自于此。所以本文只选取王维诗文中可探源于《维摩诘所说经》的词汇("维摩""毗耶"这两个与"维摩诘"有直接关系的词除外),数量虽少,却具有典型性和可证性。王作中还出现一些可见于《维摩诘所说经》但在三译本中具体名称不同的词,如什本异于支、玄译本的词汇:丘井、禅寂、余习、胜幡、不定不乱、众善普会,什本同于玄本、异于支本的词汇:客尘、一音、大导师、举足下足、不住无为等,因这些词也曾出现在魏晋帛尸梨蜜多罗《佛说灌顶经》、西晋无罗刹《放光般若经》、西晋竺法护《普曜经》《佛说大乘菩萨藏正法经》、西晋法炬《法海经》、姚秦竺佛念《出曜经》等经书中,由于不能考证王维当时是否读过这些经书,所以不能确定王维作品中该词汇典故一定来源于《维摩诘所说经》,故这些词不在本文论证之列。

的文人笔下,如"是身如浮云"句,杜甫《别赞上人》有"是身如浮云,安可限南北"、白居易《齿落辞》有"是身如浮云,须臾变灭"。"是身如浮云"句唐前只见于什译《维摩诘所说经》"是身如浮云,须臾变灭"①。该句支本作"是身如雾,意无静相"②,玄本作"是身如云,须臾变灭"③。杜甫、白居易都信仰佛教且出生于王维之后,由此可见什本《维摩诘所说经》在两人身上留下的深刻烙印并说明什译在唐代的受众面之广。

综上可知,虽然唐代《维摩诘经》三译本并存,但王维受什译影响更大,其字"摩诘"亦来源于什本。

二、罗什译经的名相辨析,奠定了王维佛义理解的基础

名相辨析是理解佛经的第一步,也是逻辑思维的前提,因此译经时对名相术语的定义和逻辑推理显得尤为重要。纵观罗什译作及他与僧肇、竺道生等对经文的注解,可以发现罗什对佛教重要概念都进行了清晰界定,而它们又被王维直用或活用于诗文,成为王维佛理阐发和逻辑思辨的依据。兹举数例析之:

(一)基本术语——法性等

法性,意谓诸法真实体性,是佛教中非常重要的概念,也是理解教义的基本术语。罗什译经说明了该术语的含义、特点、异名和使用差异。

罗什《大智度论》有"如、法性、实际,此三皆是诸法实相异名"④,"如、法性、实际,皆亦是空,是名性空"⑤,都说明法性与实际、如、诸法实相等意同,为其异名。

《大智度论》"诸法实相者,知是性空"⑥揭示了法性实质。罗什、僧肇《注维

---

① [后秦]鸠摩罗什译:《维摩诘所说经》,《大正藏》卷一四,佛陀教育基金会出版部,1990年,第539页。
② [三国吴]支谦译:《佛说维摩诘经》,《大正藏》卷一四,佛陀教育基金会出版部,1990年,第521页。
③ [唐]玄奘译:《说无垢称经》,《大正藏》卷一四,佛陀教育基金会出版部,1990年,第560页。
④ [印]龙树菩萨造,[后秦]鸠摩罗什译,王孺童点校:《大智度论》,北京:宗教文化出版社,2014年,第648页。
⑤ [印]龙树菩萨造,[后秦]鸠摩罗什译,王孺童点校:《大智度论》,北京:宗教文化出版社,2014年,第636页。
⑥ [印]龙树菩萨造,[后秦]鸠摩罗什译,王孺童点校:《大智度论》,北京:宗教文化出版社,2014年,第1755页。

摩诘所说经》进一步分析了法性异名在内涵表达上的细微差别,如僧肇"法同法性"下有"如、法性、实际,此三空同一实耳。但用观有深浅故别立三名。始见法实,如远见树知定是树,名为如。见法转深,如近见树知见是何木,名为法性。穷尽法实,如尽知树根茎枝叶之数,名为实际。此三未始非树,因见为异耳,所说真法同此三空也"①。罗什在"法住实际"条下有"别本云:法同如、法性、实际。此三同一实也。因观时有深浅故有三名。始见其实谓之如,转深谓之性,尽其边谓之实际。以新学为六情所牵,心随物变,观时见同,出则见异,故明诸法同此三法"②。

王维诗文多次出现这类术语:

> 如——《〈西方变〉画赞》:心王自在,万有皆如。
>
> 《为舜阇黎谢御题大通、大照和尚塔额表》:理事皆如。
>
> 法性——《〈西方变〉画赞》:存乎法性,还在菩提之家。
>
> 　　　　稽首无边法性海,功德无量不思议。
>
> 性——《谒璿上人》:浮名寄缨佩,空性无羁靮。
>
> 《山中示弟》:性空无所亲。
>
> 《赞佛文》:住诚性为孝顺,用功德为道场。
>
> 实相——《胡居士卧病遗米因赠》:即病即实相,趋空定狂走。
>
> 《绣如意轮像赞》:虽明世典,深达实相。
>
> 实际——《为幹和尚进〈注仁王经〉表》:实际以无际可示。

《大智度论》"诸法实相名性空"是说诸法的真实体性是常住不变、不生不灭,即空,王维"万有皆如""理事皆如""空性无羁靮""即病即实相""深达实相"即取此意。王维还深入推理得出"法性"的两个特点:本质为"空"所以不必有所亲近,王维"性空无所亲"是也;周遍法界无所不在,王维"稽首无边法性海""实际以无际可示"是也。

---

① [晋]僧肇等:《注维摩诘所说经》,上海:上海古籍出版社,1990年,第43页。
② [晋]僧肇等:《注维摩诘所说经》,上海:上海古籍出版社,1990年,第43页。

　　而王维对"法身""虚空身""寂"等术语的使用则可看作是其在理解"法性"基础上所做的逻辑推理。先看"法身"。《为僧等请上佛殿梁表》有"天地之大,未满法身",《夏日过青龙寺谒操禅师》有"山河天眼里,世界法身中",王维于此均强调"法身"同于"法性"的两个特点:一为"空",可从僧肇"非四大起,同于虚空"下的"法身如空"①得证;二为广大无边,遍诸一切,涵盖万方,此意义上的"法身"与王维《为干和尚进〈注仁王经〉表》"实际以无际可示"之"实际"含义同,又可从《大智度论》"佛有二种身,一者法性身,……是法性身满十方虚空,无量无边色像端正相好庄严,无量光明无量音声,听法众亦满虚空"②得证。《大智度论》有"诸法实相即是佛。何以故? 得是诸法实相,名为得佛"③,《维摩诘所说经》亦有"佛身者即法身也"④,既然法性为诸法实相异名,诸法实相是佛,那么法性即是佛,法性身即佛身,又佛身即法身,所以法性身即法身,这是第一种逻辑推理。《注维摩诘所说经》"当知阿难诸如来身即是法身"下有"什曰:法身有三种,……三诸法实相,和合为佛,故实相亦名法身也"⑤。罗什解释诸法实相为法身之一,则是第二种思维方式。不管怎样,王维从法性(诸法实相)到法身术语内涵的逻辑推理都可完成,且按此推理,法身具备"法性空而无边"的特点。王维还用"虚空身"代指"法身",《大智度论》"色等法如相即是佛,色等法性空是如相,诸佛如亦性空。……法性、实际、空、无染、寂灭、虚空性,亦如是无来无去"⑥。虚空性与法性名异实同,法性身既为佛身,虚空身也可代指佛身,这同于僧肇在"佛身者即法身也"下的注释:"法身者,虚空身也。"⑦这一逻辑推理见诸《大荐福寺大德道光禅师塔铭》"欲以毫末,度量虚空",指道光入灭后的无形

---

① [晋]僧肇等:《注维摩诘所说经》,上海:上海古籍出版社,1990 年,第 178 页。
② [印]龙树菩萨造,[后秦]鸠摩罗什译,王孺童点校:《大智度论》,北京:宗教文化出版社,2014 年,第 174 页。
③ [印]龙树菩萨造,[后秦]鸠摩罗什译,王孺童点校:《大智度论》,北京:宗教文化出版社,2014 年,第 1891 页。
④ [后秦]鸠摩罗什译:《维摩诘所说经》,《大正藏》卷一四,佛陀教育基金会出版部,1990 年,第 539 页。
⑤ [晋]僧肇等:《注维摩诘所说经》,上海:上海古籍出版社,1990 年,第 71 页。
⑥ [印]龙树菩萨造,[后秦]鸠摩罗什译,王孺童点校:《大智度论》,北京:宗教文化出版社,2014 年,第 1892 页。
⑦ [晋]僧肇等:《注维摩诘所说经》,上海:上海古籍出版社,1990 年,第 36 页。

无碍自由之身。此外王维还推导"寂"的本质。罗什所译《中论·观法品》有"诸法实相即是涅槃"[①]，《维摩诘所说经》有"诸佛知一切众生毕竟寂灭，即涅槃相，不复更灭"[②]。考诸罗什对术语概念及性质的界定，即有：寂为涅槃，涅槃为诸法实相，诸法实相性质为空，所以王维在《绣如意轮像赞》中才有"寂等于空"句。

可见王维以理解"法性"含义为基础，纠合"法身"与"法性""虚空""寂灭"的相同点进行逻辑推理，演绎为富含佛理的诗文。无论是对基础术语的理解，还是佛义逻辑思维的推导，罗什译经及注释都对王维具有极大启发意义。

(二)与数字相关的术语

佛教中有很多与数字有关的术语，多是对义理的归纳性解释，其包含的义项个数或重要性排序多与其中的数字有关。罗什译经对数字术语的清晰解释有助于王维理解并阐发经义。举例如下：

1. 第一解空

> 《工部杨尚书夫人赠太原郡夫人京兆王氏墓志铭》：女则第一解空，归法王之象教。

《注维摩诘所说经》"佛告须菩提"下有"什曰：秦言善业，解空第一。……诸声闻体非兼备则各有偏能。因其偏能谓之第一"[③]。第一解空就是领悟解释诸法皆空之理最强的人，本指须菩提，王维此处将王氏比作须菩提，意即其是女性中最擅解释法空之人，采用比喻修辞。

2. 不二法、不二门

> 《为干和尚进〈注仁王经〉表》：释第一义，开不二门。
> 《绣如意轮像赞》：以不二法，处于百官。

---

① 李润生：《〈中论〉导读》，北京：中国书店出版社，2006年，第363页。
② [后秦]鸠摩罗什译：《维摩诘所说经》，《大正藏》卷一四，佛陀教育基金会出版部，1990年，第542页。
③ [晋]僧肇等：《注维摩诘所说经》，上海：上海古籍出版社，1990年，第50页。

《维摩诘所说经》中《入不二法门品第九》，经名即包含"不二法"和"不二门"。其中有 31 位菩萨、文殊师利和维摩诘分别解说"不二法门"，概括如下，众菩萨"不二"为"生灭，我、我所，受、不受，垢净，动念，一相、无相，菩萨心、声闻心，善、不善，罪福，有漏、无漏，有为、无为，世间、出世间，生死、涅槃，尽、不尽，我、无我，明、无明，色、色空，四种异、空种异，眼色，布施、回向一切智，空、无相、无作，佛法众，身身灭，身口意善，福行、罪行、不动行，从我起二，有所得相，闇与明，乐涅槃、不乐世间，正道、邪道，实、不实"；文殊师利"不二"为"于一切法无言无说，无示无识，离诸问答"；维摩诘"不二"为："默然无言，乃至无有文字语言"。

罗什译经阐释了：分别为二，不分别为不二，所有困惑皆因有二，但诸法本空应无差别，所以入"不二法门"能解除疑惑得道解脱。王维"开不二门""以不二法"在术语构成和义理阐释上都源自什译。

3. 三解脱门

《大唐大安国寺故大德净觉禅师碑铭》：三解脱门，揭日月而常照。

《为舜阇黎谢御题大通、大照和尚塔额表》：入三解脱门，过九次第定。

《大智度论》："涅槃城有三门：所谓空、无相、无作。……行此法得解脱，到无余涅槃，以是故名解脱门。"[1]三解脱门指通往涅槃的三种禅定方式，佛教将空、无相、无作比喻为入涅槃之门。王维也借用这一含比喻修辞的术语形容有赜大师、孝感皇帝的佛法修为。

4. 四大

《胡居士卧病遗米因赠》：了观四大因，根性何所有？

---

① ［印］龙树菩萨造，［后秦］鸠摩罗什译，王孺童点校：《大智度论》，北京：宗教文化出版社，2014 年，第 404—406 页。

《大智度论》有"观身四大：地大、水大、火大、风大"①。四大指地、水、风、火四种制造世间一切物质的基本元素。人之色身由四大聚成，四大皆同且色身为空、虚妄不实，故王维逻辑推理出人的根性（受持修养佛道的素质）也无差异，才有"根性何所有"句。

5. 五蕴、五阴

《赞佛文》：不舍凡夫，本无五蕴。

《能禅师碑》：五蕴本空，六尘非有。

《大唐大安国寺故大德净觉禅师碑铭》：四生灭度，五阴虚空。

《十诵律》："世尊与五百比丘说五阴法，所谓：色、受、想、行、识。"②五蕴即五阴，指色蕴、受蕴、想蕴、行蕴、识蕴，广义指物质世界现象（色蕴）和精神世界现象（受想行识蕴）的总和，狭义指现实中人的色身和精神世界（佛教认为人也是五蕴相合而成，色蕴是身，其他四蕴是心）。王维"本无五蕴"采用狭义概念；"五蕴本空""五阴虚空"采用广义概念。《维摩诘所说经》又有"是身如聚沫，不可撮摩；是身如泡，不得久立；是身如炎，从渴爱生；是身如芭蕉，中无有坚；是身如幻，从颠倒起"③，罗什以沫、泡、炎、蕉、幻五个比喻解释色身。《大智度论》"观色如聚沫，观受如泡，观想如野马，观行如芭蕉，观识如幻"④将色与沫、受与泡、想与野马、行与芭蕉、识与幻五个比喻一一对应；"如焰者，焰以日光风动尘故，旷野中如野马，无智人初见谓为水。男相、女相亦如是，结使烦恼日光诸行尘，邪忆念风，生死旷野中转，无智慧者谓为一相，为男、为女，是名如焰"⑤则进

---

① ［印］龙树菩萨造，［后秦］鸠摩罗什译，王孺童点校：《大智度论》，北京：宗教文化出版社，2014年，第944页。

② ［后秦］弗若多罗、［后秦］鸠摩罗什译：《十诵律》，《新编缩本乾隆大藏经》第66册，新文丰出版公司1998年版，第124页。

③ ［后秦］鸠摩罗什译：《维摩诘所说经》，《大正藏》卷一四，佛陀教育基金会出版部，1990年，第539页。

④ ［印］龙树菩萨造，［后秦］鸠摩罗什译，王孺童点校：《大智度论》，北京：宗教文化出版社，2014年，第1558页。

⑤ ［印］龙树菩萨造，［后秦］鸠摩罗什译，王孺童点校：《大智度论》，北京：宗教文化出版社，2014年，第119页。

一步解释了野马和焰的关系,将比喻一致起来。这些喻体的共性是空、虚幻,王维由此推导出"色身本空"的特点,才有"本无五蕴""五蕴本空""五阴虚空"之语。

6. 七宝

> 《能禅师碑》:七宝布施,等恒河沙。亿劫修行,尽大地墨。不如无为之运,无碍之慈,弘济四生,大庇三有。

> 《工部杨尚书夫人赠太原郡夫人京兆王氏墓志铭》:身命供养,宁唯七宝。

《大智度论》:"如幻人以饮食、财物、七宝布施,……无智人谓是为行,不知是幻。"①"七种宝:金、银、毗琉璃、玻璃、砗磲、玛瑙、赤真珠。"②罗什解释"七宝"含义,且指出七宝布施为幻,不是真正的行功德。《维摩诘所说经》"时维摩诘来入会中,谓我言:'长者子! 夫大施会不当如汝所设,当为法施之会,何用是财施会为?'……"③明确指出善德不应行财布施,而应行法布施,并作了具体解释。王维文中"七宝"和"七宝布施"同于罗什都指财布施。王维"身命供养,宁唯七宝"是指应以身命供养母亲,而非仅以财物;王维以"七宝布施,等恒河沙。……不如无为之运,无碍之慈,弘济四生,大庇三有"解说慧能认为应修持内在自有佛性,而非布施福德;术语解释及推论都可从罗什译经中找到依据。

7. 十力

> 《〈西方变〉画赞》:唯兹十力所护,岂与百身之赎?

> 《给事中窦绍为亡弟故驸马都尉于孝义寺图画〈西方阿弥陀变〉赞》:将免六趣,唯兹十力。

---

① [印]龙树菩萨造,[后秦]鸠摩罗什译,王孺童点校:《大智度论》,北京:宗教文化出版社,2014年,第862页。

② [印]龙树菩萨造,[后秦]鸠摩罗什译,王孺童点校:《大智度论》,北京:宗教文化出版社,2014年,第207页。

③ [后秦]鸠摩罗什译:《维摩诘所说经》,《大正藏》卷一四,佛陀教育基金会出版部,1990年,第543页。

《大智度论》有"菩萨摩诃萨摩诃衍,所谓佛十力。何等十? ……"①罗什于此详细阐释"佛之十力"。《注维摩诘所说经》在"十力哀现是化变"下有"肇曰:十力是如来之别称耳。十力备故,即以为名"②,进一步说明称佛为十力的原因在于其具备这十种智力,为借代。王维"唯兹十力"句正是基于罗什译经,用十力指代佛,说夫人之身、窦绍之亡弟都为佛所庇护。

分析可知,王维诗文很多术语都可在罗什译经尤其是《大智度论》中找到解释。而细读《大智度论》可发现:罗什仅全译该论初品,其余皆取其精华翻译,可谓简明扼要;术语解释详细全面,几乎对佛教重要名词都进行了深入解说,可谓佛教入门必读之书。罗什、僧肇等《注维摩诘所说经》也阐释了《维摩诘所说经》中某些术语。这都体现出罗什译经注重术语的基础解释和逻辑思辨,对于王维佛理接受和阐释具有重大意义。

三、罗什译经的本土优势,促进了王维对经义的接受

罗什译经成功地以佛教为枢纽,将中国与印度两种异质文化联系起来,但是这种佛教思想的传播和接受是建立在什译充分尊重中原文化并尽力融合中、印不同语言风格、思想文化的基础之上。梵经的翻译是桥梁,理解认可是方向,译经风格的本土化便是实现二者的优势所在。

(一)什译简洁晓畅、生动达旨,符合中国传统行文特点,利于王维理解经义

罗什以传法东土为译经目的,充分考虑中原人士对佛教这一外来宗教的兴趣、接受现状,因此译经力求符合中国传统的行文和表达习惯,以"文达其旨"为翻译首要目标,语言简洁生动。罗什译文语言风格的本土化极大促进了受众的义理接受。兹举一例。

"道场"是《维摩诘所说经》常见术语,含义丰富,指成就佛道的途径、供养

---

① [印]龙树菩萨造,[后秦]鸠摩罗什译,王孺童点校:《大智度论》,北京:宗教文化出版社,2014 年,第954 页。

② [晋]僧肇等:《注维摩诘所说经》,上海:上海古籍出版社,1990 年,第 16 页。

佛像的地方或修行依据的佛法。《菩萨品第四》专文介绍"何处是道场"。这段文字三本并存,但差异较大:

支谦:圣贤之心是,往殊胜故。……众生之心是,以人物自然故。诸法之心是,从空最正觉故。……力无畏场是,一切无难故。三达之智是,无余挂碍故。一意觉场是,一切智普具故。①

罗什:深心是道场,增益功德故。……众生是道场,知无我故。一切法是道场,知诸法空故。……力、无畏、不共法是道场,无诸过故。三明是道场,无余碍故。一念知一切法是道场,成就一切智故。②

玄奘:增上意乐是妙菩提,究竟证会殊胜法故。……一切有情是妙菩提,皆用无我为自性故。一切诸法是妙菩提,随觉一切皆性空故。……诸力、无畏、不共佛法是妙菩提,普于一切无诃厌故。三明鉴照是妙菩提,离诸烦恼,获得究竟无余智故。一刹那心觉一切法究竟无余是妙菩提,一切智智圆满证故。③

比较可知,什本表意最清楚。此词玄奘译为妙菩提,支、什本译为道场;但王维《赞佛文》"以功德为道场"实际变形于什本的"深心是道场,增益功德故"。具体阐释"何处是道场"时,支本句式为"A 是,B 故",什本句式为"A 是道场,B故"。此段用 32 个排比句诠释"道场",鉴于篇幅较长且佛理抽象,因此什本句式更显清晰。具体术语使用上,三本也有明显差异:支本"人物自然""从空最正觉"对应什本"无我""知诸法空",支本晦涩难懂,什本生动明确;玄本有很多唐前佛经较少使用的术语,如什本"众生""身心"至玄本为"有情""增上意乐"。若将什本"无诸过故""无余碍故""一念知一切法"与玄本"普于一切无诃厌故""离诸烦恼,获得究竟无余智故""一刹那心觉一切法究竟无余"对应比较,更可感知什本的言简意赅且含蕴丰厚。

王维多次使用"道场"一词,如"用功德为道场""长在道场""在双树之道场""入般舟道场",词意均不出什译"道场"内涵,且王维佛义阐释风格亦生动

① [三国吴]支谦译:《佛说维摩诘经》,《大正藏》卷一四,佛陀教育基金会出版部,1990 年,第 524 页。

② [后秦]鸠摩罗什译:《维摩诘所说经》,《大正藏》卷一四,佛陀教育基金会出版部,1990 年,第 542—543 页。

③ [唐]玄奘译:《说无垢称经》,《大正藏》卷一四,佛陀教育基金会出版部,1990 年,第 565 页。

简明,同于罗什。此外王维还乐用罗什译经典故阐释佛义,原因也在于什译的清晰明了有助于王维游刃有余地化用佛典。

(二)什译与中国传统文化契合,使义理阐释更具本土特色,易被王维接受

佛教作为外来文化想要在中国获得信众支持,必须注重佛理阐释与中国传统文化的结合,在一定程度上实现其本土化,如挖掘印度佛经中的孝亲思想并与中原儒家思想调和统一。

佛教孝亲更多体现了纯粹的亲情关系,强调对父母生养恩情的报答,多采用布施等报恩方法且从果报角度引导行孝。什译多次提及孝亲思想。《维摩诘所说经》:"'居士! 我闻佛言,父母不听,不得出家。'维摩诘言:'然,汝等便发阿耨多罗三藐三菩提心,是即出家。'"①不违父母意即是"孝",这与儒家"孝道"异曲同工,是儒释"孝亲"思想的融合。什译《妙法莲华经》也体现了对孝道的重视,如《妙音菩萨品》:"世尊! 净华宿王智佛问讯世尊,……四大调和不? 世事可忍不? 众生易度不? ……无不孝父母……不? "②可见"孝父母"是与"四大调和"同等需要世尊关注的重要问题。《大智度论》"世间善法者,孝顺父母……"③也肯定孝亲;该经还从帝释喜忧角度强调孝顺父母的重要性:"孝顺父母少者,……帝释诸天心皆不悦,……孝顺父母多者,诸天帝释心皆欢喜。"④认为"不孝父母"为"侨慢多故",应该去除。佛教还从心理上给人暗示,以果报对不孝之行进行批判,如《大智度论》"恶业多故,造无间罪:或杀父母,……"⑤。且佛教认为孝顺父母应令其皈依供养三宝,受持斋戒,乐善布施,福慧双修,使父母皈依佛门获享福报才算真正的孝顺。

王维恪守孝亲之道,什译中的孝亲思想引起他的共鸣,拉近了王维与佛教

---

① [后秦]鸠摩罗什译:《维摩诘所说经》,《大正藏》卷一四,佛陀教育基金会出版部,1990年,第541页。

② [后秦]鸠摩罗什译:《妙法莲华经》,《大正藏》卷九,佛陀教育基金会出版部,1990年,第55页。

③ [印]龙树菩萨造,[后秦]鸠摩罗什译,王孺童点校:《大智度论》,北京:宗教文化出版社,2014年,第875页。

④ [印]龙树菩萨造,[后秦]鸠摩罗什译,王孺童点校:《大智度论》,北京:宗教文化出版社,2014年,第278—279页。

⑤ [印]龙树菩萨造,[后秦]鸠摩罗什译,王孺童点校:《大智度论》,北京:宗教文化出版社,2014年,第471页。

的距离。纵观王维生活经历和文学创作,可知罗什译经中的孝亲观对王维有着重要指导。首先,王维与母亲佛教信仰一致。维母"师事大照禅师三十余岁,褐衣蔬食,持戒安禅",王维在母亲的耳濡目染下信仰佛教并身体力行。[①]佛教在中原本土化过程中也强调自身修持佛道即为孝敬父母。其次,满足母亲信仰需求。因母亲"乐住山林,志求寂静",王维特置辋川别墅供母亲宴坐、经行;他主动承担起照顾弟、妹的重任,让母亲一心奉佛,《偶然作》其三就有"日夕见太行,沉吟未能去。问君何以然? 世网婴我故。小妹日成长,兄弟未有娶"[②];王维虽笃信佛教却并未出家,也与母亲的居士修行一致,符合《维摩诘所说经》的"父母不听,不得出家"[③]。再次,福报孝亲。母亲去世后,王维"毁几不生",为报答母亲生养之恩,"当即发心,愿为伽蓝,永劫追福","伏乞施此庄为一小寺",为母亲供养三宝。此外,王维散文也赞扬了孝亲思想,如《与魏居士书》"身不衣帛,而于六亲孝慈"、《赞佛文》"住诚性为孝顺"、《〈西方变〉画赞》"念罔极恩,灭性非报"、《工部杨尚书夫人赠太原郡夫人京兆王氏墓志铭》王氏病后"驸马、上人,柴毁骨立。挥泪尝药,身不解衣。泣血持经,手不释卷。昼夜忏悔,非止六时。身命供养,宁唯七宝",等等。

罗什译经主动融合中土观念、关注儒释并倡的孝亲思想实为以中国传统文化有效传播佛法。这种自觉"归化"产生的亲切感也强烈吸引着中土受众接受佛教。可以说,王维佛教思想的接受是基于罗什译经所体现出的与中国传统道德规范的一致性,而其维摩诘式生活方式则是在此前提下与现实调和的结果。当然罗什译经对中国传统文化的自觉吸收融合还体现在梵汉翻译时对原典内容、文体、修辞等的重构方面。而恰因罗什在趋近中国传统文化上的用力,使他的译经更好地为以王维为代表的中国知识分子所接受。

---

① 按:《旧唐书》载:"维弟兄俱奉佛,居常蔬食,不茹荤血。晚年长斋,不衣文彩。……斋中无所有,唯茶铛、药臼、经案、绳床而已。退朝之后,焚香独坐,以禅诵为事。妻亡不再娶,三十年孤居一室,屏绝尘累。……临终之际,……多敦厉朋友奉佛修心之旨。"[后晋]刘昫等撰:《旧唐书》,北京:中华书局,1975年,第5052—5053页。

② 按:与维摩诘在家居士的品格一致。

③ [后秦]鸠摩罗什译:《维摩诘所说经》,《大正藏》卷一四,佛陀教育基金会出版部,1990年,第541页。

王维与鸠摩罗什译经的关系，不仅体现在王维为自己取字"摩诘"受到罗什所译《维摩诘所说经》的影响，更体现在什译对王维佛理接受和佛义阐释的巨大帮助上。龟兹名僧鸠摩罗什以译经为媒介，沟通中印文化，在影响中国古代知识分子精神品格和文学创作上发挥了异常重要的作用。龟兹文化的博大精深造就了罗什深厚的佛学涵养，也推动了佛教在中国的传播和发展。而印度梵经作为外来文化因子，经由罗什翻译，在保存原典内涵的基础上也在中原获得本土化发展，最终成为中华文化的一部分。以罗什译经为代表的龟兹佛教文化是中国文化的重要组成部分，其对中国文学的发展有着不可磨灭的深远影响。

第二节　鸠摩罗什译经中的情节设置与王维诗文的构思

印度佛经本身具有浓郁的文学色彩，故事情节恰恰鲜明反映了这一特色。梵经故事原型与中国传统文学相比，情节构思的背景更加宏阔壮观，充满神奇想象。纵观古代文学长河，可以发现很多优秀作品的情节都源于佛教，学者对此也多有研究。比如陈允吉先生通过《欢喜国王缘》变文分析《长恨歌》故事情节，讨论了《长恨歌》与佛经文学之间的关系。[1]又如陈开勇先生认为道化剧《黄粱梦》的"杀子"情节源于佛教烈士池传说，其中一子一女的设计又与须大拏本生故事相一致，意在宣扬修道者应断灭对子女的亲情爱恋。[2]再如古代小说中存在死前嗔怒之人会在死后"化形为蛇"报复仇人的情节，实际遵循着早期汉译佛经"嗔怒——变蛇（遭受烦恼习气的报应）"的故事演化过程，并在民间流传中趋向复仇主题[3]。凡此种种，不一而足。在中印文学接触交流、相互影响的过程中，汉译佛经发挥了极为重要的作用。在众多佛经翻译家中，龟兹高僧鸠

[1] 陈允吉：《从〈欢喜国王缘〉变文看〈长恨歌〉故事的构成——兼述〈长恨歌〉与佛经文学的关系》，《复旦学报（社会科学版）》1985年第3期，第142—156页。

[2] 陈开勇：《道化剧〈黄粱梦〉"杀子"情节的佛教渊源》，《文学评论》2009年第2期，第60—64页。

[3] 项裕荣：《中国古代小说中"化形为蛇"情节的佛教源流探考》，《浙江大学学报（人文社会科学版）》2005年第5期，第128—134页。

摩罗什可谓翘楚,尤其是其翻译的大乘经典《妙法莲华经》《维摩诘所说经》《佛说阿弥陀经》等,将大乘精华传至中原并对佛教文学做出重要贡献。无怪乎梁启超在《翻译文学与佛典》中说:"夫我国佛教自罗什以后,几为大乘派所独占,此尽人所能知矣。须知大乘在印度本为晚出,所以能盛行者,故由其教义顺应时势以开拓,而借助于文学之力者亦甚多。"①这段评价可谓十分公允。什译能抓住梵文经典在宏观情节设置和微观人物塑造上的有机融合,凸显整个故事构思的精巧,将高妙玄奥的佛理以世人可接受的颇具趣味性的佛教故事表现出来,有助于道义的宣传和教化。唐朝佛教信仰为主流,众多文人在日常生活或诗文创作中多少都与罗什译经有些关联。其中,王维的作品与其佛教情怀有着异常密切的联系,透过作品可探知王维在进行诗文创作时经常借鉴什译的佛教故事情节进行构思,不仅使行文更加巧妙生动,也更有助于佛理思想的阐发,这也从侧面反映了王维本身佛学修养之深。王维诗文涉及的重要佛典情节有以下几处:

一、文殊问疾

罗什所译《维摩诘所说经》有"文殊问疾"情节,包含维摩生病、文殊探病、维摩借此阐发大乘佛法等具体内容。王维三首诗歌《胡居士卧病遗米因赠》《与胡居士皆病寄此诗兼示学人二首》即仿效这一情节,都以胡居士生病、王维探病并分析病因设计篇章结构,阐述佛理也同于本品。王维这几首诗的写作可谓深受什译影响。

　　了观四大因,根性何所有?妄计苟不生,是身孰休咎?色声何谓客,阴界复谁守?徒言莲花目,岂恶杨枝肘?既饱香积饭,不醉声闻酒。有无断常见,生灭幻梦受,即病即实相,趋空定狂走。无有一法真,无有一法垢。居士素通达,随宜善抖擞。床上无毡卧,镉中有粥否?斋时不乞食,定应空漱口。

---

① 梁启超:《饮冰室佛学论集·翻译文学与佛典》,扬州:江苏广陵古籍刻印社,1990年,第180页。

聊持数斗米,且救浮生取。(《胡居士卧病遗米因赠》)

一兴微尘念,横有朝露身;如是睹阴界,何方置我人?碍有固为主,趣空宁舍宾!洗心讵悬解?悟道正迷津。因爱果生病,从贪始觉贫。色声非彼妄,浮幻即吾真。四达竟何遣,万殊安可尘?胡生但高枕,寂寞与谁邻?战胜不谋食,理齐甘负薪。予若未始异,讵论疏与亲!(《与胡居士皆病寄此诗兼示学人二首》其一)

浮空徒漫漫,泛有定悠悠。无乘及乘者,所谓智人舟。讵舍贫病域,不疲生死流,无烦君喻马,任以我为牛。植福祠迦叶,求仁笑孔丘。何津不鼓棹,何路不摧辀?念此闻思者,胡为多阻修?空虚花聚散,烦恼树稀稠。灭想成无记,生心坐有求,降吴复归蜀,不到莫相尤。(《与胡居士皆病寄此诗兼示学人二首》其二)

《维摩诘所说经·文殊师利问疾品》的情节结构是:文殊师利询问维摩诘病因,维摩诘回答并自开药方治病。本品主要叙述如何给以维摩诘为代表的生病菩萨诊断医治,其中也分析了众生病因及诊疗方法。众生生病根源在于:从痴有爱,贪爱执着自己的身体,因此有生老病死之烦恼。而众生患病既有因地水火风四大不调所引发的"身病",也有因不识四大本空、执着自我而产生的"心病"。维摩诘等菩萨生病则是因为菩萨观众生与己同体,悲悯众生,众生病则菩萨病。菩萨为解脱众生之苦入于世间现身说法,以期众生断灭痴爱之心,菩萨亦随之获得痊愈。所以菩萨病愈的关键在于众生病愈,为菩萨治病的根本还是要为众生治病。维摩诘为众生开了如下药方:一是"悔先罪",不执着于过去,保持心性清净(王维"洗心讵悬解,悟道正迷津"即为此意);二是"不著我、法",不执着于自我和万法,去除妄想烦恼(王维"即病即实相,趋空定狂走。无有一法真,无有一法垢"即为此意);三是"断攀缘",调伏虚妄之心,求无所得;四是"断缠缚",远离爱见烦恼,修三解脱门,达最高实相,以所修善根功德和智慧引导自己;五是"走中道",践行不二法门,实现自我内心的调伏(王维"碍有固为主,趣空宁舍宾""浮空徒漫漫,泛有定悠悠""有无断常见,生灭幻梦受。即病即实相,趋空定狂走。无有一法真,无有一法垢",都指出应持不生不灭、不断不常观点,从而达到亦空亦有、非空非有的不二境界)。①

三首诗中,王维以给胡居士分析病因、开方治病为契机,告知众生应如何断除病根,保持身体健康。《胡居士卧病遗米因赠》开头部分"了观四大因,根性何所有?妄计苟不生,是身孰休咎"是说人的身体皆由四大构成,又哪来根性上的差异呢?王维此句巧用术语"四大"分析胡居士病因在于"不识四大皆空",因而生出"我执",有了贪嗔痴等妄念。接着诗人用两个反问句(色声等为什么被称为"客",世上的现象又由谁来主导)启发引导众人消除我执。进而又以"既饱香积饭,不醉声闻酒"赞颂胡居士已升华小乘,修得大乘。紧接着王维顺理成章阐释大乘佛法如何教导众生除执以得身愈:人正是因为执着于"有无断常"等偏见,因触觉感知事物无常变化才会产生虚妄情绪,有各种烦恼;但如果只趋

---

① 按:关于此处维摩诘提及的众生解脱的几种方法,王维诗文都有所涉及,但因为有些佛理并未出现在与文殊问疾相关的三首诗歌中,所以正文部分并未列举。现将王维诗文中与去除众生疾病相关的内容作一简要介绍。王维诗文关于众生实现解脱的佛理阐释颇多。如识别我空、去除我执:"逝川磋尔命,丘井叹吾身"(《过沈居士山居哭之》)指出身体如枯井,为生老病死等苦难所迫,只有认识到身空、放弃我执,才不会为身所累;"苟离身心,孰为休咎"(《能禅师碑》)亦指出人若能泯灭身心、消除我执,也就无所谓休咎吉凶了;"我家南山下,动息自遗身"(《戏赠张五弟諲》其三)中的"遗身"也指忘却自身,消解外在烦恼;"却顾身为患,始知心未觉。忽入甘露门,宛然清凉乐"(《苦热》)指出身为热所苦、烦躁不安,而一旦顿悟佛道放下身心执念,便可入禅体会清凉之乐、解脱己身。王维也在诗文中阐释了以断攀援、解缠缚为方法进行内心调伏,如《青龙寺昙壁上人兄院集》中的"眼界今无染,心空安可迷",就是对去除攀援缠缚后的个人体悟所做的进一步描述:心能悟空,不执着自身,又怎会被眼见之景所迷惑呢?"入三解脱门,过九次第定"(《为舜阇黎谢御题大通、大照和尚塔额表》)、"三解脱门,揭日月而常照"(《大唐大安国寺故大德净觉禅师碑铭》)等,都指出修习三种禅定,达到无余涅槃对众人身心解脱的重要性。王维还常以狂象、毒龙对比喻难以禁制的妄心狂迷,以将其制服征对内心的调伏,如"白法调狂象"(《黎拾遗昕裴秀才迪见过秋夜对雨之作》)、"薄暮空潭曲,安禅制毒龙"(《过香积寺》)、"巧撮死龙,能调老象"(《大唐大安国寺故大德净觉禅师碑铭》)等。此外王维诗文还诠释了法空思想,指出众生不应执着于法,如"法本不生,因心起见"(《能禅师碑》)的直接阐述;"卧视飞鸟没"(《留别山中温古上人兄并示舍弟缙》)、"飞鸟去不穷"(《华子冈》)、"空馀天际禽"(《送从弟蕃游淮南》)、"犹怀渴鹿之想,尚求飞鸟之迹"(《能禅师碑》)等,都以飞鸟入尘世却不染尘性、飞过无痕解读法空。证悟身空、法空之后,王维在诗文中也进一步阐释了大乘中道观。如"无说无意,非异非同"(《大唐大安国寺故大德净觉禅师碑铭》)、"离俱不俱"(《能禅师碑》)、"无生以不生相传"(《为幹和尚进〈注仁王经〉表》)传达出来的"不生不灭"观。"无有可舍,是达有源。无空可住,是知空本。离寂非动,乘化用常。……根尘不灭,非色灭空。……偈曰:五蕴本空,六尘非有。众生倒计,不知正受。……无心舍有,何处依空"(《能禅师碑》)、"净土无所,离空有也"(《〈西方变〉画赞》)、"心舍于有无,眼界于色空,皆幻也,离亦幻也,至人者不舍幻,而过于色空有无之际"(《荐福寺光师房花药诗序》)、"故无边大照,不睹得空有之深"(《赞佛文》),以及"不住有无亦不舍"(《〈西方变〉画赞》)所展示的"有空不二"思想。"苟身心相离,理事俱如,则何往而不适"(《与魏居士书》)、"虽明世典,深达实相,以不二法,处于百官"(《绣如意轮像赞》),也体现了王维一生所遵循的"世间、出世间不二"的思想。

向于空,认为一切都是虚幻的,则又容易思虑狂放不受约束,实际上诸法"无真亦无垢",都不应执着。王维此处所言即为《问疾品》中的去除我执、法执。整个情节设计和义理阐发基本同于《问疾品》。

《与胡居士皆病寄此诗兼示学人二首》也借胡居士生病、寄诗慰病,传达了与《问疾品》相类的大乘观念:"如是睹阴界,何方置我人。"分析世上的物与人都没有客观独立性,因此应"说身无我",以除我执;诸法虽空但不能将其绝对化,不空不有方为中道之行,正如维摩诘所谓"不念内外诸法行于平等"①"众生病亦非真非有"②;去除恶念妄念(即"内见外见")方可从生死中得以解脱。王维此诗亦分析胡居士生病之因:"因爱果生病,从贪始觉贫。"(源于《问疾品》"从痴有爱,则我病生"),并且开了药方:"色声非彼妄,浮幻即吾真。"事物本来性状就是虚幻的,认识到这一点也就不会因色声等外在感受而引发人的内心迷妄,也就不会污染人的心识,即"万殊安可尘"。王维希望友人及修道者能明白:疾病产生的原因在于太爱惜执着自己的身体,因欲念导致内心的贫病之患,而世间万物本来面目即为虚幻,因此若能破除妄念,烦恼疾病便可消散。第二首则进一步分析应如何医治以使病愈:法浮泛于空、有之域,没有边际,不可达涅槃彼岸;而佛教教义、修行可度化众人,因此应舍弃贫病,不为生死所困,"讵舍贫病域,不疲生死流"即化用本品"众魔者乐生死,菩萨于生死而不舍"③及《菩萨行品》"入生死,而无所畏,于诸荣辱,心无忧喜"④,指出摆脱心中欲念,祛除困扰烦恼,才能获得心灵解脱,实现痊愈。

三首诗均借用文殊师利问疾、维摩诘答疑的故事情节,构思巧妙生动,且将《问疾品》中"众生应去除我执以获取身心解放"的佛理蕴含于整个故事体系,更使诗歌结构设计富有文学色彩,虽阐述深奥佛理,但同样可以妙趣横生。值得注意的是,王维之所以在诗文设计中效仿问疾情节,不仅在于此处表意释

① [后秦]鸠摩罗什译:《维摩诘所说经》,《大正藏》卷一四,佛陀教育基金会出版部,1990年,第545页。
② [后秦]鸠摩罗什译:《维摩诘所说经》,《大正藏》卷一四,佛陀教育基金会出版部,1990年,第545页。
③ [后秦]鸠摩罗什译:《维摩诘所说经》,《大正藏》卷一四,佛陀教育基金会出版部,1990年,第544页。
④ [后秦]鸠摩罗什译:《维摩诘所说经》,《大正藏》卷一四,佛陀教育基金会出版部,1990年,第554页。

理的一致性，更在于维摩诘与胡居士性格形象的一致性。比如他们都通达大乘、思维无碍而又磊落自行、放达不羁，不在意物质财富而追求灵魂自适，虽精神憔悴、体呈病态，但思想富有、可以自愈。而这又是王维自身所追求的一种生命状态。在与胡居士的沟通交流中，王维仿佛也进入与维摩诘同样澄澈明净的精神世界。

王维以"文殊问疾"情节入诗文创作，在唐代算是比较早的，其后白居易《病中诗十五首·罢灸》"病身佛说将何喻，变灭须臾岂不闻。莫遣净名知我笑，休将火艾灸浮云"、陆龟蒙《奉酬袭美早春病中书事》"药须勤一服，春莫累多情。欲入毗耶问，无人敌净名"、《奉和袭美题达上人药圃》其二"净名无语示清羸，药草搜来喻更微。一雨一风皆遂性，花开花落尽忘机。教疏兔镂金弦乱，自拥龙刍紫汞肥。莫怪独亲幽圃坐，病容销尽欲依归"也都效法王维，以自己生病或探病他人作为总括全诗的情节，引出维摩诘，从而内蕴佛理铺叙延写。

二、维摩诘默然无语

"维摩无语"情节出自《维摩诘所说经·入不二法门品》：维摩发问"何谓入不二法门"，31 位菩萨各陈所见，文殊师利以"不执着语言文字为入不二法门"画龙点睛，维摩诘"默然无言"①则将论辩推至高潮。维摩默然无语情节所包含的佛理在于：佛经有"言语断道"之说，亦即佛法真理不可言说，因为言语表达有其缺陷，有时会让人在理解上产生歧义，因此深奥的佛理需用心体悟。所以当文殊师利询问维摩诘"入不二法门"观点时，维摩诘沉默不言，这就是所谓没有语言文字即为入不二法门。道本无言，以无言释无言，就不会被语言文字所束缚，可当下意会即得解脱。

王维多篇散文也引入维摩无语情节，如《为人祭李舍人文》中的"深入度门，高居道源。独一静处，寂默无言"、《谒璿上人并序》中的"默语无际，不言言

---

① ［后秦］鸠摩罗什译：《维摩诘所说经》，《大正藏》卷一四，佛陀教育基金会出版部，1990 年，第 551 页。

也"、《荐福寺光师房花药诗序》中的"故歌之咏之者,吾愈见其嘿也",均通过主人公修习佛法时的寂默无言,凸显其静悟佛法禅理的自觉性,进而肯定其佛法修为。王维在很多诗歌中还有意塑造了一种包含禅意的静谧环境,以无语之境反衬不可言说之意,表现出得意忘言的特点,这实际也是对维摩无语情节的一种化用。明末清初崇尚"神韵说"的王士禛就曾说"唐人五言绝句往往入禅,有得意忘言之妙。与净名默然、达摩得髓同一关捩。观王、裴《辋川集》及祖咏终南残雪诗,虽钝根初机,亦能顿悟"[1],可谓恰如其分。王维诗歌意象方面对"维摩无语"的使用主要表现在扩展了言意想象空间,两者的共同之处在于都重视言外之意,主动强调意在言外、由言逐意,从而开拓了有限语言背后的无限表意范围。比如王维诗歌中脱离尘世的怡然自得之情,就绝少义理阐释而借助生动形象的意境塑造,读者反而会在王维的巧妙情境设置中体悟溢于言表的深意。白云意象就是如此,《送别》:"下马饮君酒,问君何所之。君言不得意,归卧南山陲。但去莫复问,白云无尽时。"《归辋川作》:"谷口疏钟动,渔樵稍欲稀。悠然远山暮,独向白云归。菱蔓弱难定,杨花轻易飞。东皋春草色,惆怅掩柴扉。"两首诗中,白云时卷时舒的随意自适代表了诗人心中对自在闲适生活的向往,而这种内在的思想波动就如同白云一样时聚时散,需要个人自悟;正如钟惺评价第一首诗末两句所言:"感慨寄托,尽此十字,蕴藉不觉。"[2]描摹云意象的还有王维的《欹湖》:"吹箫凌极浦,日暮送夫君。湖上一回首,山青卷白云。"这首送别诗有怅惘意,王维此诗并非言尽意穷,而是音色相称,给读者留下进一步想象的空间:由青山白云极写天地之高远空旷和友人之豁达无欲情怀。《华子冈》有言:"飞鸟去不穷,连山复秋色。上下华子冈,惆怅情何极!"刘辰翁点评:"萧然更欲无言。"[3]这首诗中,鸟和秋色占据整个画面,使诗人不可多言,也无须多言,因为一切尽在不言中,所有情愫已被浸融于浑然一体的秋色和旷无二物的天空里。《春园即事》:"宿雨乘轻屐,春寒著弊袍。开畦分白水,间柳发红桃。草际成

---

① [清]王士禛:《带经堂诗话》,北京:人民文学出版社,1963年,第69页。
② [明]钟惺、[明]谭元春辑,张国光点校:《诗归》,武汉:湖北人民出版社,1985年,第155页。
③ [明]高棅:《唐诗品汇》,上海:上海古籍出版社,1982年,第398页。

棋局,林端举桔槔。还持鹿皮几,日暮隐蓬蒿。"小诗描写了春天园子里的故事,景色澄澈优美,富于流动性,有畦分白水、柳发红桃,又有草成棋局、林举桔槔;人物点缀其间,乘轻屐、著弊袍、持鹿几、隐蓬蒿,好不惬意自得。全诗未有人语,只因人情人言尽隐于默然景事中,意出言外,无声而胜有声。再如《泛前陂》:"秋空自明迥,况复远人间。畅以沙际鹤,兼之云外山。澄波澹将夕,清月皓方闲。此夜任孤棹,夷犹殊未还。"此诗皆言清冷伶俐之景,或秋月挂于高空,或白鹤安于沙际,或水波山月相映成趣,无不远离人间,给人以清幽深远之美。诗人精于写景,人物出场亦蕴含缥缈幽寂之情,唯是景语足够,诗人才可默然无语,只去享受这融天地万物于一体的景色,任此孤棹游走而不思回还。佛教义理和诗文创作在言意关系上的一致性都在于其对"无言之意"表达的重视,凡事不要说得非常透彻,给读者留下一个想象空间,达到"得意忘言"境界才是最妙。无论罗什译经还是王维诗文创作,他们都会借助"默然无语"扩展语言和意境的想象空间,以给译作和创作一个阐发义理的机会,并激发读者的个人领悟。

王维之后,采用维摩无言情节入诗者也开始增多,如刘长卿《寻南溪常山道人隐居》"一路经行处,莓苔见履痕。白云依静渚,春草闭闲门。过雨看松色,随山到水源。溪花与禅意,相对亦忘言"、钱起《杪秋南山西峰题准上人兰若》"向山看霁色,步步豁幽性。返照乱流明,寒空千嶂净。石门有余好,霞残月欲映。上诣远公庐,孤峰悬一径。云里隔窗火,松下闻山磬。客到两忘言,猿心与禅定"、李中《贻毗陵正勤禅院奉长老》"随缘驻瓶锡,心已悟无生。默坐烟霞散,闲观水月明。竹深风倍冷,堂迥磬偏清。愿作传灯者,忘言学净名"等都是如此。可见,维摩无语情节对诗歌表意的重要作用已成为文人共识。

三、天女散花

"天女"形象在《维摩诘所说经》多品可见,有两个意象:一是泛指欲界六天的女性,如《菩萨品第四》:"'忆念我昔,住于静室,时魔波旬,从万二千天女,状如帝释,鼓乐弦歌,来诣我所。……令无数天子天女,发阿耨多罗三藐三菩提心者,……'尔时,天女头面礼维摩诘足,随魔还宫,忽然不现。"①二是《观众生品第七》出现的天女,实为法身大士,即已通过持续修行断除一切无明、分别心而呈现一分法性的菩萨,其出现是为了协助维摩诘更透彻地说明"空观"并引导众生及小乘破除我执、法执。该形象最经典的情节便是"天女散花":"时,维摩诘室,有一天女,见诸天人闻所说法,便现其身,即以天华,散诸菩萨、大弟子上。华至诸菩萨,即皆堕落,至大弟子,便著不堕。一切弟子神力去华,不能令去。"②天女散花是为表达对维摩诘说法功德的赞颂,而舍利弗等之所以想去掉身上落花是因其认为"此华不如法"③,不合法相威仪,实际表明其心中仍有执着,未尽解空,因此需要去除分别心和烦恼习气以得解脱。与"天女散花"相关联的佛典情节还有紧承其后的"天女变幻男身":舍利弗问天女为何具备如此神通却还是女相,天女为教化舍利弗去除男女相之别便运用法力与之进行身相调换,用以说明"一切诸法……无有定相……一切诸法,非男非女……无在无不在"④,从而揭示诸法皆空的本质。

天女在此经中出现主要是为了配合维摩诘启发以舍利弗为代表的小乘放下分别心, 自觉修习大乘佛法, 维摩诘的佛法修为是得到天女肯定及赞誉的——"天曰:'……如是若入此室,但闻佛功德之香,不乐闻声闻、辟支佛功德香也。舍利弗,其有释梵四天王、诸天龙鬼神等,入此室者,闻斯上人讲说正法,皆乐佛功德之香,发心而出。舍利弗,吾止此室十有二年,初不闻说声闻、辟支佛法,但闻菩萨大慈大悲,不可思议诸佛之法。舍利弗,此室常现八未曾有难得之法。……'"⑤天女随后逐一称赞维摩诘"八未曾有难得之法",让舍利弗感受大乘佛法,以发无上正等正觉之意获得解脱。王维诗文创造性地运用了天女这个人物形象及其背后所承载的佛典情节以阐释佛理。《〈西方变〉画赞》"同解脱因,天女赞维摩长者"即采此意,以天女喻李氏,说她赞美深谙大乘的维摩,实

---

① [后秦]鸠摩罗什译:《维摩诘所说经》,《大正藏》卷一四,佛陀教育基金会出版部,1990年,第543页。
② [后秦]鸠摩罗什译:《维摩诘所说经》,《大正藏》卷一四,佛陀教育基金会出版部,1990年,第547页。
③ [后秦]鸠摩罗什译:《维摩诘所说经》,《大正藏》卷一四,佛陀教育基金会出版部,1990年,第547页。
④ [后秦]鸠摩罗什译:《维摩诘所说经》,《大正藏》卷一四,佛陀教育基金会出版部,1990年,第548页。
⑤ [后秦]鸠摩罗什译:《维摩诘所说经》,《大正藏》卷一四,佛陀教育基金会出版部,1990年,第548页。

际证明李氏已得解脱。另外《观众生品》中,维摩诘向舍利弗介绍天女所修功德:"是天女已曾供养九十二亿诸佛,已能游戏菩萨神通,所愿具足,得无生忍,住不退转,以本愿故,随意能现,教化众生。"①王维综合天女所具无上佛法及教化功德实绩,并运用到文学创作中,所以才有《工部杨尚书夫人赠太原郡夫人京兆王氏墓志铭》中的"功德之至,散花天女不留",以散花天女喻指王氏;才有《大唐大安国寺故大德净觉禅师碑铭》中的"天女散花",肯定和赞扬禅师传播佛法的行为;也才知天女已得证无生法忍,应用菩萨神通游刃有余,所以当舍利弗还执着于男女身相有别、诸法有别时,天女已运用神通与舍利弗互换体相,帮其认清诸法皆空的本质并去除我执、法执,王维《能禅师碑》"散花天女,能变声闻之身。则知法本不生,因心起见。见无可取,法则常如"即取此情节意蕴。值得注意的是,"天女"在《维摩诘所说经》中是无性别的,因此男、女相均可呈现。王维此处活用这一典故强调了天女(包括众生)在佛法面前均无性别特征,因此应关注佛法本身,并借以表明自己已超越声闻小乘、得悟大乘,这符合《维摩诘所说经》原意。相较而言,后人在运用这一情节时,较少能达到此种高度,也可看出王维对"天女"情节义理的体悟之深。

四、香积佛饭

"香饭""香积"出自《维摩诘所说经·香积佛品第十》。这一佛典情节讲述众人随文殊师利到维摩诘处问疾,到饭点时维摩诘展示不可思议神通,变出香气四溢的众香国,此为普天之下最清净庄严的佛国净土,内中居住香积佛。该清净佛土只知大乘不识小乘,显示出大乘佛教的优越性和正统地位。维摩诘化身菩萨前往众香国募化具备无上妙义的香积饭,并以此方便说法启发众人的大乘无上道心。香积饭则妙不可言:如香气为香积佛大悲心所熏,其香可染十方世界;菩萨、声闻、天人闻食香积饭后感到身心快乐,对佛法生起信心并自觉持

---

① [后秦]鸠摩罗什译:《维摩诘所说经》,《大正藏》卷一四,佛陀教育基金会出版部,1990年,第548页。

戒、去除烦恼、生发大乘意；香积饭可令食者饱食而不见少。

　　王维诗文语句源自"香积饭"这一佛典情节的有很多，有的与佛典原意相近，有的则明显活用其比喻义。"升堂梵筵，饵客香饭"（《青龙寺昙壁上人兄院集并序》)、"香饭进胡麻"（《奉和圣制幸玉真公主山庄因题石壁十韵之作应制》)、"香饭青菰米，嘉蔬绿笋茎"（《游感化寺》)等皆取其基本义，以香饭喻斋饭；"乞饭从香积，裁衣学水田"（《过庐员外宅看饭僧共题七韵》)借"乞饭香积"比喻僧人来员外家中乞饭。王维上述几例皆与《维摩诘所说经》下述情节相关——"上方界分：……有国名众香，佛号香积……其食香气周流十方无量世界。……于是维摩诘……居众会前，化作菩萨，相好光明，威德殊胜……而告之曰：'……愿得世尊所食之余……'时，化菩萨即于会前，升于上方，举众皆见其去。到众香界，礼彼佛足，又闻其言：'维摩诘稽首世尊足下，……愿得世尊所食之余，欲于娑婆世界施作佛事，……'于是香积如来，以众香钵，盛满香饭，与化菩萨。"①《赞佛文》之"香饭当消，天王持众宝之钵"、《能禅师碑》之"香饭未消，弊衣仍覆"中的"香饭"之"消"，源自阿难和维摩诘关于香气的一段讨论："尔时，阿难白佛言：'世尊，今所闻香，自昔未有，是为何香？'佛告阿难：'是彼菩萨毛孔之香。'于是舍利弗语阿难言：'我等毛孔，亦出是香。'阿难言：'此所从来？'曰：'是长者维摩诘从众香国，取佛余饭，于舍食者，一切毛孔皆香若此。'阿难问维摩诘：'是香气住当久如？'维摩诘言：'至此饭消。'曰：'此饭久如当消？'曰：'此饭势力，至于七日，然后乃消。又阿难，若声闻人未入正位，食此饭者，得入正位，然后乃消；已入正位，食此饭者，得心解脱，然后乃消；……譬如有药，名曰上味，其有服者，身诸毒灭，然后乃消，此饭如是，灭除一切诸烦恼毒，然后乃消。'"②指出香饭之气在众生灭除烦恼后才会消失。而此"香气"的神奇又可通过以下情节获知："其诸菩萨、声闻、天人，食此饭者，身安快乐，譬如一切乐庄严国诸菩萨也。"③"彼菩萨曰：'我土如来，无文字说，但以众香，令诸

---

① ［后秦］鸠摩罗什译：《维摩诘所说经》，《大正藏》卷一四，佛陀教育基金会出版部，1990年，第552页。
② ［后秦］鸠摩罗什译：《维摩诘所说经》，《大正藏》卷一四，佛陀教育基金会出版部，1990年，第553页。
③ ［后秦］鸠摩罗什译：《维摩诘所说经》，《大正藏》卷一四，佛陀教育基金会出版部，1990年，第552页。

天人,得入律行。菩萨各各坐香树下,闻斯妙香,即获一切德藏三昧。得是三昧者,菩萨所有功德,皆悉具足。'"①两处情节相合,揭示香饭可除众生烦恼,令心得解脱之妙。王维"既饱香积饭,不醉声闻酒"(《胡居士卧病遗米因赠》)则暗应佛典之"彼土无有声闻、辟支佛名,唯有清净大菩萨众"②"愿得世尊所食之余,当于娑婆世界施作佛事,令此乐小法者,得弘大道"③"化菩萨曰:'勿以声闻小德小智,称量如来无量福慧'"④等情节,比喻舍弃声闻小法、习得大乘教义,王维意在以其赠米行径类比维摩诘取得香积饭,暗示王维与胡居士的佛法修为。

罗什译经还有很多其他颇具特色的佛典情节,如"法华七喻"背后的故事、龙女献珠的情景、西方极乐世界的再现,等等,都以情节的巧妙曲折取胜,且内蕴深厚佛理。回归原典本身,可知情节的宏阔壮观及独特神奇是印度佛经文色彩浓厚的表现之一,罗什译经也尽量完美呈现了大乘佛教在情节设置上的精妙性,这都很好地启发了王维的创作构思,是其涉佛诗文文学性与佛理性可以兼顾的重要原因。而这一行文模式也对后世文学创作产生重要影响。

第三节　王维诗文对鸠摩罗什译经"譬喻"的运用

文学性是鸠摩罗什译经得以弘传的一个重要原因,什译文学性表现的重要方式是运用各种修辞,结合各种故实,讲述高深莫测佛理,营造玄妙夸诞世界,使佛经更具故事性、趣味性和形象性。其中,譬喻在什译修辞中占据非常重要的地位,它不仅展现了梵经的本来面目,而且彰显出罗什高超的文学鉴赏和表现能力。其譬喻则集中体现在"法华七喻""维摩十喻""般若十喻"以及他存留于世的《十喻诗》中。随着罗什译经的东传,这样的比喻修辞对中古文学也产

---

① [后秦]鸠摩罗什译:《维摩诘所说经》,《大正藏》卷一四,佛陀教育基金会出版部,1990年,第552页。
② [后秦]鸠摩罗什译:《维摩诘所说经》,《大正藏》卷一四,佛陀教育基金会出版部,1990年,第552页。
③ [后秦]鸠摩罗什译:《维摩诘所说经》,《大正藏》卷一四,佛陀教育基金会出版部,1990年,第552页。
④ [后秦]鸠摩罗什译:《维摩诘所说经》,《大正藏》卷一四,佛陀教育基金会出版部,1990年,第552页。

生很大影响,即如唐代大诗人王维,在其诗文中就清晰展现了对罗什譬喻修辞的借鉴模仿,尤其是对罗什"十喻"的运用,更有助于王维表达思想和情感。

一、罗什"譬喻"与王维诗文的用典

什译《妙法莲华经》所载佛言:"我以无数方便、种种因缘、譬喻言辞演说诸法。"[1]什译《大智度论》有"智者以譬喻得解"[2],"依随经法,自演作义理,譬喻庄严法施,为众生说"[3],净源《金师子章云间类解序》也说"法非喻不显,喻非法不生"[4],《楞严经》亦有"诸有智者,要以譬喻而得开悟"[5]。可见譬喻在佛教传法释义中具有重要作用,这既是佛陀生前说法的特点,也是后世译者传译佛经时着力较多之处。罗什译经广泛使用比喻修辞助力佛法宣说,王维诗文很多佛典即源于罗什译经中的譬喻。

（一）什译"法华七喻"与王维诗文典故

以什译"法华七喻"为代表的比喻,是《妙法莲华经》的譬喻精华。王维诗文创作中,多用佛教典故,而"法华七喻"乃其诗文所用佛典的重要来源。所谓法华七喻是指 "化城喻""穷子喻""衣珠喻""火宅喻""髻珠喻""药草喻""医子喻"。王维诗文用典囊括了"法华七喻"中的前六喻。

王维诗文运用"化城喻"的典故有两种比喻义:一喻寺庙宏阔壮大如化城,如《登辨觉寺》"竹径连初地,莲峰出化城",《游感化寺》"抖擞辞贫里,归依宿化城",《与苏卢二员外期游方丈寺而苏不至因有是作》"闻道邀同舍, 相期宿化城",化城指辨觉寺、感化寺和方丈寺;二喻追求佛法路途上的暂时止息,如《大荐福寺大德道光禅师塔铭》"得其门者寡,故道俗之烦而息化城",《〈西方变〉画

---

① [后秦]鸠摩罗什译:《妙法莲华经》,《大正藏》卷九,佛陀教育基金会出版部,1990年,第7页。
② [印]龙树菩萨造,[后秦]鸠摩罗什译,王孺童点校:《大智度论》,北京:宗教文化出版社,2014年,第1822页。
③ [印]龙树菩萨造,[后秦]鸠摩罗什译,王孺童点校:《大智度论》,北京:宗教文化出版社,2014年,第457页。
④ [唐]法藏注,方立天校释:《华严金师子章校释》,北京:中华书局,1983年,第204页。
⑤ [唐]般剌密帝译:《楞严经》,广州:广州出版社,2003年,第8页。

赞》"商人既倦,且息化城",《能禅师碑》"商人告倦,自息化城"。

王维诗文运用"穷子喻"的典故大多表现对佛法的向往。如《游感化寺》"抖擞辞贫里",自喻感知佛义犹如穷子辞贫;《能禅师碑》"弊衣仍覆",以穷子与父亲未相认时衣服破旧喻禅师弟子未领悟佛法;而"穷子无疑,直开宝藏"与《〈西方变〉画赞》"我子犹疑,未认宝藏"都以穷子释疑比喻顿悟佛法。

王维诗文运用"衣珠喻"的典故,则比喻众生与生俱来的佛智佛性。即如《能禅师碑》"大开宝藏,明示衣珠",以宝藏、衣珠喻万妙佛理,指能禅师将佛典精华示予众生以开启佛智。

王维诗文运用"火宅喻"的典故,是以出"火宅"比喻脱离三界苦难。即如《大唐大安国寺故大德净觉禅师碑铭》"出臭烟朽故之宅",比喻脱离三界苦难,以期普度众生。

王维诗文运用"髻珠喻"的典故,诸如《绣如意轮像赞》有"金莲捧足,宝珠垂髻",以形容如意轮像之精美。

王维诗文运用"药草喻"的典故,诸如《荐福寺光师房花药诗序》"莲座大仙,说法开药草之品",赞誉佛普施法雨,滋润万物,既指道光禅师花药又指众生。

(二)罗什"十喻"与王维诗文典故

罗什譬喻中特别需要强调的是罗什"十喻",以"维摩十喻""般若十喻"("大智度论十喻")为代表。"维摩十喻"出自《维摩诘所说经·方便品第二》:"是身如聚沫,不可撮摩;是身如泡,不得久立;是身如炎,从渴爱生;是身如芭蕉,中无有坚;是身如幻,从颠倒起;是身如梦,为虚妄见;是身如影,从业缘现;是身如响,属诸因缘;是身如浮云,须臾变灭;是身如电,念念不住。"[①]"般若十喻"出自《大智度论·释初品中十喻》:"解了诸法,如幻、如焰、如水中月、如虚空、如响、如揵闼婆城、如梦、如影、如镜中像、如化。"[②]"金刚六喻"出自《金刚经·应化

---

① [后秦]鸠摩罗什译:《维摩诘所说经》,《大正藏》卷一四,佛陀教育基金会出版部,1990年,第539页。
② [印]龙树菩萨造,[后秦]鸠摩罗什译,王孺童点校:《大智度论》,北京:宗教文化出版社,2014年,第118页。

非真分第三十二》:"一切有为法,如梦幻泡影,如露亦如电,应作如是观。"①因其所喻相类,统称为罗什"十喻"。而现存罗什唯一的一首诗歌亦即《十喻诗》:"一喻以喻空,空必待此喻。借言以会意,意尽无会处。既得出长罗,住此无所住。若能映斯照,万象无来去"②也与之相关。可见,罗什譬喻的最高境界是"喻空","空"与"喻"又是紧密相连的。

王维诗文运用"罗什十喻"典故的地方很多,如聚沫喻,《与魏居士书》"人莫不相爱,而观身如聚沫"。芭蕉喻,《大唐大安国寺故大德净觉禅师碑铭》"雪山童子,不顾芭蕉之身"。幻喻,《胡居士卧病遗米因赠》"有无断常见,生灭幻梦受",《与胡居士皆病寄此诗兼示学人》"色声非彼妄,浮幻即吾真",《〈西方变〉画赞》"若依佛慧,既洗涤于六尘;未舍法求,厌如幻于三有",《绣如意轮像赞》"现方便于幻眼,六臂色身;以究竟为佛心,一体真相",《荐福寺光师房花药诗序》"心舍于有无,眼界于色空,皆幻也,离亦幻也,至人者不舍幻,而过于色空有无之际"。梦喻,《胡居士卧病遗米因赠》"有无断常见,生灭幻梦受",《绣如意轮像赞》"虽曰如梦,无宁丧我"。浮云喻,《与魏居士书》"人莫不自厚,而视财若浮云",《酌酒与裴迪》"世事浮云何足问? 不如高卧且加餐",《哭殷遥》"浮云为苍茫,飞鸟不能鸣"。水月喻,《大唐大安国寺故大德净觉禅师碑铭》"当观水月,莫怨松风"。王维诗文此类譬喻取罗什"十喻"真谛,都用来喻指万事万物万法"空而无常"的特性,通过巧妙的文学手法体现出深刻的佛教哲理和强烈的思辨色彩。

二、罗什"十喻"与王维诗文的意象

罗什"十喻"相关意象在王维诗文中呈现出独特的风貌,其意象延展又使王维诗歌意境有特殊韵味,分析王维诗文中罗什"十喻"意象可进一步探求王

---

① [后秦]鸠摩罗什译:《维摩诘所说经金刚般若波罗蜜经》,《大正藏》卷八,佛陀教育基金会出版部,1990 年,第 752 页。
② 逯钦立辑校:《先秦汉魏晋南北朝诗》,北京:中华书局,1983 年,第 1084 页。

维诗文的佛理。

(一)罗什"十喻"意象的直接使用提升了王维作品的表现力

王维诗文常将譬喻意象进行耦合,从意义递进角度增强意象表现力。《胡居士卧病遗米因赠》"有无断常见,生灭幻梦受"二句,即结合"幻喻"和"梦喻",指出人的内在身心及其所感受到的外在世界的生成与坏灭(同属有为法范畴),都如同幻术变化出的假相一般易令人产生错觉,迷者以为实有,悟者方知真空;又如同虚妄梦境一般,梦时非无,醒不可得。王维借此譬喻表明:观世间一切法都应像感受幻相、梦境一样,知其缘起性空、虚而不实的本质,从而去除颠倒妄想、执虚为实、心随相变。两譬喻意象的叠用增强了诗歌所传达的"万法皆空"佛义。再与末句"聊持数斗米,且救浮生取"中"浮生"意象耦合,进一步强化了人生在世虚浮无定、变幻无常之意,表达了对胡居士旷达随缘佛禅生活的肯定。另《绣如意轮像赞》有"现方便于幻眼,六臂色身",幻眼谓幻化之眼,实指幻化之身,由眼及身、由点及面,递进释义,且与下句之"色身"意思暗合,进一步表现出其虚幻多变的特点。

王维诗文还经常引入罗什譬喻意象并通过反向比较凸显作者之意。即如《与魏居士书》有"人莫不相爱,而观身如聚沫;人莫不自厚,而视财若浮云"语,采用聚沫喻、浮云喻以劝魏居士出仕。上句即巧涉佛义,譬身如聚沫,喻身体变幻无常,不可长久,若晓所喻,便无贪爱之心。下句点明钱财犹如浮云,时聚时散,无有定形,其实并不值得人们重视。《大唐大安国寺故大德净觉禅师碑铭》有"雪山童子,不顾芭蕉之身"语,采用芭蕉喻,以佛陀雪山学法比喻静觉明知身如芭蕉却依然坚持苦修,透露了王维对静觉的无限敬意。《与胡居士皆病寄此诗兼示学人》有"色声非彼妄,浮幻即吾真。四达竟何遣,万殊安可尘"之语,运用幻喻,以"浮""幻"修饰,进一步揭示其虚而不实的特点。《绣如意轮像赞》有"虽曰如梦,无宁丧我"之语,运用"梦喻",慨叹世事如梦是为了凸显"毋宁丧我"。《大唐大安国寺故大德净觉禅师碑铭》有"当观水月,莫怨松风"之语,运用"水月喻"以表达诗人对净觉禅师佛法觉悟的崇敬。上述诗文都通过凸显罗什"十喻"意象的反面衬托作用,以达到表现作者正面情感的目的。

（二）罗什"十喻"与王维诗的意象创造

王维诗歌在意象创造上与佛教的关系，是学术界颇为关注的问题，陈允吉先生就写过《王维辋川〈华子冈〉诗与佛家飞鸟喻》《王维雪中芭蕉寓意蠡测》等重要论文。然而关于鸠摩罗什译经的譬喻意象在王维诗歌中的表现，仍是一个值得探讨的问题。这里我们仅举王维诗运用"水月喻"的意象加以说明。

王维佛教诗可大致分为三类：一是描写诗人参禅或与僧人交往；二是运用"佛家语"阐述佛理；三是对禅理、禅趣、禅意、禅境的自觉追求，多集中于王维山水田园诗文，境界最高。禅味指"进入禅定时那种轻安娱悦、闲淡自然的意味"[1]，它使王维诗歌经常展现出远离尘嚣、摆脱世俗的禅悟情怀。王维诗歌运用"水月喻"时，也多在描摹山水、创造意境中凸显自然的空、静、幽、闲等特点，并以其中蕴含的佛禅意味引发读者无穷联想。王维《山中与裴秀才迪书》云："比涉玄灞，清月映郭，夜登华子冈，辋水沦涟，与月上下。"渡过深广的灞水，朗月辉映着城郭；登上华子冈，见辋水泛起微波，月映水中，上下飘动。河水、城郭、华子冈都笼罩在朦胧的月色里，这样虚实掩映、动静结合的水中月色凸显了全篇的意境之美，而诗人与自然物我合一的亲密情感也令读者感受到禅意浓浓的审美情怀。《山居秋暝》"明月松间照，清泉石上流"一联，也是典型的水月意象：山泉清冽淙流石上，月光照耀洁白如练，水月互融映现初秋山居的清幽之美，这段渗透诗人主观情感的自然描写虽基于客观现实，但经由作者佛学修养触发形成了一连串可感知的听觉、视觉意象，恰好塑造了一种空灵、清澈、深远的禅趣意境，正如清黄生《唐诗矩》所评："此非复食烟火人能道者。"[2]王维还有《东溪玩月》，诗题即透露出水月意象，诗云："月从断山口，遥吐柴门端。万木分空霁，流阴中夜攒。光连虚象白，气与风露寒。谷静秋泉响，岩深青霭残。清澄入幽梦，破影抱空峦。恍惚琴窗里，松溪晓思难。"以水月为中心结构全篇，与断山、柴门、万木、流阴、虚像、风露、静谷、深岩、青霭、幽梦、破影、琴窗、松溪等

---

① 孙昌武：《佛教与中国文学》，上海：上海人民出版社，1988年，第105页。
② 刘学锴：《唐诗选注评鉴》，郑州：中州古籍出版社，2013年，第319页。

共同组成空幽寂灭的完整和谐画境。王维在审美观照中自觉与外在对象保持距离，以物观物刻意塑造忽视主体的无我之境，体现出诗人心灵世界的离尘绝俗和对寂灭的深切体味；但月出映照的澄澈空灵和响泉反衬的清幽寂静又流露出生命的活力，静而不悲，可谓禅趣盎然。《送綦毋秘书弃官还江东》中水月意象出现在中间八句："念君拂衣去，四海将安穷。秋天万里净，日暮澄江空。清夜何悠悠，扣舷明月中。和光鱼鸟际，澹尔兼葭丛。"秋空凝练如水，澄江辽远空澈，柔和的月光照耀着水中的游鱼和岸边的飞鸟，兼葭丛边水波纡缓，此时友人独驾扁舟扣舷而歌，已与万物合一，天地浑融。可见，水月意象形成的通透境界表现了诗人以心之空灵审视物之静谧，展现了人与自然融合而又相忘的精神境界，揭示了万事万物的真如本性。《白石滩》"清浅白石滩，绿蒲向堪把。家住水东西，浣纱明月下"，描绘白石滩的明朗柔美，其典型场景是浣纱女在明月映照下的清浅溪水中洗衣濯物，衣在水中涤，月在水面飘，流水衣中绕，水流月下耀，月明方显水清，水清更现滩浅。王维这首诗空中有色、静中有动、闹中有寂，一反以往禅趣诗的冷寂情调，充满对山中水月风光的全新认知和感触，以丰富生动的手法描绘出开朗活泼、富蕴生活情趣的清新夜景，并因诗人以禅心关照自然和人性而更显其超凡脱俗。

总之，王维在山水体悟中将客观物象与心灵关照相融合，使自然意象更多喻示诗人心意。可以说，以罗什"十喻"意象为中心形成的一系列意象群有着丰富的佛禅底蕴和深广的哲学内涵，它们将自然的本真属性与诗人的佛教体验结合并运用于诗文创作，其所表现出的绝尘弃俗、超然物外之感正是诗人宗教修养对客观环境的投射，亦是作者"清净无尘"禅心与诗心的完美融合，这也恰好帮助王维在诗文中形成宁静淡雅意境，传递悠闲自适情怀，表现了诗人对佛禅生活的衷心向往和自觉追求。可以说，王维以云、水月、露等意象与诗人内心水乳交融，塑造了不可凑泊的玲珑意境，未现佛语却得禅理。王维与自然美景相互关照又各不打扰，形成清幽宁静氛围，传达真实美感，构成王维喜爱的安闲生活，抒发其徜徉山水、无所牵挂执着的空寂澄澈心境，同时也揭示出王维所探索到的万法皆空、诸事无常之理，并运用般若智慧洞悉自然万物，超越物我之别，终达涅槃境界。

三、罗什"十喻"与王维诗文的佛理

身兼居士和文学家双重身份的王维经常将佛法修为的宗教体验与文学创作的审美经验结合,传达深刻佛理并获得心灵解脱,这正如沈德潜《说诗晬语》对王维的评价:"不用禅语,时得禅理。"①王维诗文对罗什"十喻"意象的直接或拓展运用生动形象地表达了王维的佛教情怀,也体现出罗什"十喻"所代表的佛教教义与王维诗歌意象在文化内涵上的一致性。

除译经运用"譬喻"外,罗什还自创一首《十喻诗》,这首诗是罗什宣扬佛法时唱诵的佛偈,诗歌思想内容与罗什译经均相一致,标题"十喻诗"即暗合译经作品的罗什"十喻",指十种譬喻,具体为何已无从知晓,但该诗体现了深刻的佛理和巧妙的思辨。佛理至少有二:一为"十喻以喻空,空必待此喻"的空观思想,二为"借言以会意,意尽无会处"的言意之辨。这两者也恰是王维诗文运用罗什"十喻"所要表现的佛理。

（一）空观思想

王维以罗什"十喻"为意象中心创作的诗文体现了其宗教情怀与文学艺术的结合,他的诗文从内容到形式都蕴含丰富的空观思想,形成了深远含蓄的意境氛围,凸显了王维向往追求的隐逸生活。"空"指非有、非存在,"空观"简言之就是观一切现象皆空,观身空、观法空、观空空。认为众生、诸法乃至空的本质都是空,但其并非否定世间,而是强调体悟空观以达涅槃。罗什"十喻"整体用来比喻大乘空观,其对理解经义、传播佛法具有重要意义。王维在文学创作中主动吸纳罗什"十喻",佛理阐释深入浅出、贴切形象,增强了作品禅意。

1. 身空

"身空"即"我空",指众生色身是由地、水、风、火四大构成的假合之体,由

---

① ［清］王夫之等撰:《清诗话》,北京:中华书局,1963 年,第 555 页。

于四大本空,因此色身也虚妄不实,应破除对自我的执着。什译《维摩诘所说经·方便品第二》所言"是身如聚沫,不可撮摩;是身如泡,不得久立;是身如炎,从渴爱生;是身如芭蕉,中无有坚;是身如幻,从颠倒起;是身如梦,为虚妄见;是身如影,从业缘现;是身如响,属诸因缘;是身如浮云,须臾变灭;是身如电,念念不住"是说维摩诘有疾现身为大众说法,指出人之色身是众生病的根源,大乘解脱方法便是觉悟此身虚幻不实,此处譬喻极言空之幻,用以解说"身空"。揆之王维诗文出现的聚沫、芭蕉、幻、梦、浮云等譬喻,都取其意象虚幻的特点,最终也指向"身空"。

比如"芭蕉喻",《大唐大安国寺故大德净觉禅师碑铭》"雪山童子,不顾芭蕉之身",来源于"是身如芭蕉,中无有坚"。对比王维画作《袁安卧雪图·雪中芭蕉》,以释迦牟尼苦修的雪山为佛国世界背景,以芭蕉喻人的肉身空幻虚无,体现出佛祖对"身空"的证悟。

身体空虚,众生该如何应对呢?王维据罗什"十喻"做出判断。其《过沈居士山居哭之》"逝川嗟尔命,丘井叹吾身","丘井"出自罗什译经"是身如丘井,为老所逼"①,僧肇《注维摩诘所说经》在"是身如聚沫,不可撮摩"条下注:"撮摩聚沫之无实,以喻观身之虚伪,自此下至电喻,明空义也。"②指出身体如枯井,为生老病死等苦难所逼,只有认识身空,放弃我执,才不会为身所累。王维《戏赠张五弟诹三首》"我家南山下,动息自遗身"之"遗身"也指忘却自身,以消解身心产生的外在烦恼。王维还常以狂象、毒龙比喻难以禁制的妄心狂迷。罗什所译《遗教经》有"譬如狂象无钩,猿猴得树,腾跃踔踯,难可禁制"③,《大智度论》有"汝如狂象蹴踏残害,无所拘制,谁调汝者?"④王维《黎拾遗昕裴秀才迪见过秋夜对雨之作》中"白法调狂象"即谓以佛法调理思想,灭除妄心恶念。罗什所译《禅祕要法经》载:"今我身内,自有四大毒龙无数毒蛇……集在我心,如此身心,极为

① [后秦]鸠摩罗什译:《维摩诘所说经》,《大正藏》卷一四,佛陀教育基金会出版部,1990年,第539页。
② [晋]僧肇等:《注维摩诘所说经》,上海:上海古籍出版社,1990年,第32页。
③ 释证严讲述:《佛遗教经》,上海:复旦大学出版社,2013年,第117页。
④ [印]龙树菩萨造,[后秦]鸠摩罗什译,王孺童点校:《大智度论》,北京:宗教文化出版社,2014年,第130页。

不净,是弊恶聚。"①王维《过香积寺》中"薄暮空潭曲,安禅制毒龙"即谓安禅可宁静心绪消除烦恼。罗什《维摩诘所说经》指出调伏内心的方法是断攀援,解缠缚,看到外物不起执念。王维《青龙寺昙壁上人兄院集》中"眼界今无染,心空安可迷",便是对去除攀援缠缚后的个人体悟所做的进一步描述。

2. 法空

"法空"是指认识到一切有为法本质为空,都有生灭,并不恒常存在,因此应破除对法的执着。罗什所译《摩诃般若波罗蜜大明咒经》有"是诸法空相,不生不灭,不垢不净,不增不减,是空法"②,王维诗文多处体现"法空"思想,并与罗什譬喻暗合。

如罗什以空中鸟迹喻法空,这在王维诗文中也有体现。《维摩诘所说经·观众生品》指出,菩萨眼中众生为空,众生空即法空。鸟飞终逝,有生灭无穷意;飞鸟无迹,有不辨过去未来意;飞鸟穿梭宇宙时空但无法跳出瞬间迁移的寂灭感,因此空中鸟迹之虚而不实也喻万法皆空、生灭无常。王维心持"我空""物空",其本质也是"法空",即其《能禅师碑》所言"法本不生,因心起见"。王维诗文中,也善将渺小飞鸟与广阔天空暗中对比,书写飞鸟消失后的无迹可寻,凸显禅寂世界的空远幽深。即如《留别山中温古上人兄并示舍弟缙》之"卧视飞鸟没",以飞鸟的突然闯入和渐去无踪形成对比,暗示鸟的动静变化所呈现的虚妄空幻,恰是这种感受催生了诗人"荆扉但洒扫,乘闲当过拂"所暗示的性空真意,诗人随飞鸟同没于无穷天际,终获解脱。再如《华子冈》"飞鸟去不穷,连山复秋色",诗人登冈远眺,飞鸟渐去渐远,消失踪迹,诗人所见飞鸟之客观实物与佛经譬喻相融通,亦赋予其佛教旨趣;更巧妙的是下句"连山复秋色"紧承此句,以黄昏秋景的短暂易逝进一步揭示万法皆空、万事无常、万有无我的佛理,并自然引向万物的寂灭归宿。他如《送从弟蕃游淮南》中"惆怅新丰树,空馀天

① [后秦]鸠摩罗什译:《单译经 5·禅秘要法经》,《新编缩本乾隆大藏经》第 56 册,台北:新文丰出版公司,1998 年,第 241 页。

② [后秦]鸠摩罗什译:《大乘经·摩诃般若波罗蜜大明咒经》,《新编缩本乾隆大藏经》第 16 册,台北:新文丰出版公司,1998 年,第 631 页。

际禽",《木兰柴》中"秋山敛余照,飞鸟逐前侣",意与此同。而《能禅师碑》"犹怀渴鹿之想,尚求飞鸟之迹",飞鸟出离世间,入于尘世却不染尘性,恰反映了禅师和王维解悟法空。

罗什还以"天女散花"喻解"法空",其《维摩诘所说经·观众生品》称维摩大士说法时,天女经常出现并将天花撒在菩萨和大弟子身上,以花是否粘着衣物考验众人并辅助维摩诘解说不可思议法。菩萨能较彻底解空,因此不执着于法,花落而不粘;比丘未能全面解空,对法还有执着,因此花落粘身。此处分别心即为法执,无分别心就是去除法执、证悟法空以得解脱。王维《能禅师碑》即用此典:"散花天女,能变声闻之身。"再如《〈西方变〉画赞》"同解脱因,天女赞维摩长者",《工部杨尚书夫人赠太原郡夫人京兆王氏墓志铭》"功德之至,散花天女不留",《大唐大安国寺故大德净觉禅师碑铭》"山神献果,天女散花",等等,都用其喻义。

3. 空空

"空空"是指认识到万事万物本质为空、所有一切都平等无分别后,也不再执着于空相本身,即将执着于空的念想也去除掉。王维《夏日过青龙寺谒操禅师》诗有"欲问义心义,遥知空病空"之语,"空病空"出自《维摩诘所说经》"得是平等,无有余病,唯有空病,空病亦空"①。《注维摩诘所说经》中,罗什对"空病亦空"有详细解释:"上明无我无法,而未遣空;未遣空,则空为累,累则是病,故明空病亦空也。"②《大智度论》卷四十六亦有"'何等为空空?''一切法空,是空亦空,非常非灭故。何以故?性自尔。是名空空'"③。"空病空"指执着于空也是一种病,空本质为空,也应去除。正因禅师熟识此理,王维才向其询问义心道理,而义心(第一义谛)就是本质为空的诸法实相,最终也导向去空病。真正去空后,世间一切存在反而具备其合理性,本质为空的万物万法在现实中得以实体

---

① [后秦]鸠摩罗什译:《维摩诘所说经》,《大正藏》卷一四,佛陀教育基金会出版部,1990 年,第 545 页。
② [晋]僧肇等:《注维摩诘所说经》,上海:上海古籍出版社,1990 年,第 107 页。
③ [印]龙树菩萨造,[后秦]鸠摩罗什译,王孺童点校:《大智度论》,北京:宗教文化出版社,2014 年,第 912 页。

形式呈现。

王维诗文通过罗什"十喻"意象延展进行的意境塑造也体现了他对我空、法空、空空的证悟。罗什"十喻"相关意象频繁出现在王维笔下,他以此为中心进行意象延展,将自然景象串联成链塑造诗歌意境。王维常将空山、空林等体现景"空"特点的意象引入诗歌,如《鸟鸣涧》"人闲桂花落,夜静春山空。月出惊山鸟,时鸣春涧中",《过感化寺昙兴上人山院》"野花丛发好,谷鸟一声幽。夜坐空林寂,松风直似秋"。在此类以空山、空林为主的意象群中,夜色的空旷寂静全都包蕴在偌大的山林中,这两个背景空间与配合出现的意象——落花、夜月、山鸟、春涧,野花、谷鸟、松风相协调,共同塑造了禅宗的空寂感。《大般涅槃经》所云:"譬如山涧因声有响,小儿闻之,谓是实声,有智之人,解无定实,但有声相诳于耳识。"①实际已揭示这类诗境的空幻本质。胡应麟所评"右丞却入禅宗。如'人闲桂花落……',读之身世两忘,万念皆寂,……"②也正相契合。空山、空林所体现的空寂感,不仅是对自然原生态的描绘,更体现了诗人心境,是王维诗人艺术气息与居士宗教情怀完美结合的产物。景物的空幽清寂、超脱时空之感正表达了作者在意境塑造中修炼的随缘任运之心。景物凸显自然本真,淡化人的参与意识,其圆融无碍又消除人的我执,使诗人在澄澈意境中独享禅悟。这种情景交融的互动恰好揭示了王维的禅宗内涵:王维向空而生体现了佛教的"生死不染,去住自由"③,他通过融于自然的情感体悟更好感知佛教空义,并将这种感触反馈给自然。

(二)言意之辨

王维诗歌感情传达还有一些共同点,可通过后世文学家点评获知一二,如刘须溪评价《辛夷坞》"其意亦欲不着一字,渐可语禅"④、评价《鹿柴》"无言而有

---

① [天竺]昙无谶译:《大般涅槃经》,上海:上海古籍出版社,1991年,第121页。
② [明]胡应麟:《诗薮》,上海:上海古籍出版社,1979年,第119页。
③ 赜藏主编:《古尊宿语录》,北京:中华书局,1994年,第57页。
④ [唐]王维撰、[宋]刘辰翁评点:《须溪先生校本唐王右丞集》卷四,北京:北京图书馆出版社,2005年,第6页。

画意"①,沈德潜评价《酬张少府》"君问穷通理,渔歌入浦深"句"结意以不答答之"②,其实都体现了王维诗歌空观寂灭意想后的默然无语。此"意在言外,言不尽意"思想在罗什《十喻诗》中也有表达:"借言以会意,意尽无会处。"大乘之"空"并非虚无,乃具无常之旨,罗什认为诸事表象都是暂时的,言语阐释不可穷尽其意,因此应荡除执念,靠体悟获得真正的空,若想达到"意尽无会处"的完美境界必须通过个人领悟;但言语又是教化中必不可少的,明了佛教真谛便可得意忘言,不为名相所拘,通达无碍。因此一切借助言语又超越言语、利于阐释性空思想的方式均为佛教的善巧方便。此"言不尽意"观在罗什译经中也多有体现,最鲜明者当属"维摩无语",该情节出自《维摩诘所说经·入不二法门品》,以维摩发问"何谓入不二法门"开始,31 位菩萨各抒己见,文殊师利以"不执着语言文字"为论辩画龙点睛,维摩诘"默然无言"表达了"真解脱者离于言数",将此论说推至高潮。其所蕴含的哲理在于:佛经有"言语断道"说,即佛法真理不可言说,因为言语有时会让人产生理解上的歧义,所以深奥佛理需用心体悟。维摩诘的沉默不言便是无有语言文字为真入不二法门。道本无言,以无言释无言,就不会被语言文字束缚,可当下会意即得解脱。此情节在《大智度论》中也有提及,此外,《大智度论》还有其他相关论述,如"今是第一希有难事:诸法相不生不灭,真空无字无名,无言无说;而欲作名立字,为众生说,令得解脱,是第一难事"③,指出诸法实相皆空,所以以言语解说空观很难,也取个人默然体悟佛禅之意。禅宗对以语言文字释禅也有类似主张,其"教外别传,不立文字。直指人心,见性成佛"之根本在于强调"以心传心""离文字相",即禅宗心法只能师徒间以心相传、心心相印,不可另以文字呈现。禅宗认为法不可说,称之为"禅"者实为外相,如因其相而谓能以言语完整释义则是诽谤佛法。但禅宗"不立文字"并非不要文字,而是指不应确定文字的权威性,指不把经书中文字

---

① [唐]王维撰、[宋]刘辰翁评点:《须溪先生校本唐王右丞集》卷四,北京:北京图书馆出版社,2005 年,第 2 页。
② [清]沈德潜选注:《唐诗别裁集》,上海:上海古籍出版社,1979 年,第 311 页。
③ [印]龙树菩萨造,[后秦]鸠摩罗什译,王孺童点校:《大智度论》,北京:宗教文化出版社,2014 年,第 149 页。

阐释或个人佛禅领悟当作绝对信奉的真理，而更应重视佛禅本身的意义及信奉者个人的体悟力，更强调感悟过程中个体心灵与佛法义理的碰撞与交融，有"得鱼忘筌""舍筏登岸"意，更有"佛祖拈花，迦叶微笑"的默契。王维将其禅宗体验融入诗歌创作，展现了他对"默语无言"的体悟及在其影响下塑造的物我相协意境，他所追求的言外之旨、味外之意更以对文字的超越形成羚羊挂角、无迹可寻的高妙意境，显示出言有尽而意无穷。王维诗文也多次借鉴维摩阐述不二法门的故实，以默然无语引导静思、以自身体悟领会佛法。《为人祭李舍人文》有"深入度门，高居道源，独一静处，寂默无言"，即说李舍人静处思身，以寂默无言体悟万法真理，不自问不他问，默悟语言文字背后的佛法。《谒璿上人》有"默语无际，不言言也"，意谓沉默和言语互通无碍，因为沉默也能传递佛义促人领悟，因此不必非说出心中所想，义同"维摩无言"。再如《荐福寺光师房花药诗序》"故歌之咏之者，吾愈见其嘿也"，"嘿"即"默"。此篇是为道光禅师《花药诗》所作序文，王维先称赞禅师体悟万法皆空而达到亦空亦有、非空非有的不二境地，进而描述禅师所植花草的美妙奇异及以花草事佛的虔诚，序末揭示"道无不在"，"道"指禅师所悟万法皆空之理，因此当王维回顾禅师佛法修为，体悟其花药诗内涵时，反而更能感受他对道的默悟，唯有默悟才可更好体会佛义。这些散文都通过默然无语阐释法空实质，通过外在静默表现引导人们内在思维同一。王维很多诗歌还有意以罗什"十喻"意象为主，塑造静谧禅意环境，以无语之境反衬不可言说之意，表现得意忘言，由言逐意，扩展有限语言背后的无限表意空间，实为对维摩无语的化用。

　　譬喻是罗什译经中颇具特色的一类修辞手法，而其中的"十喻"又是罗什譬喻修辞的一组特例，它阐释了佛教的基础内容，具有重要意义。罗什"十喻"自其出现后就随译作东传被文人广泛接受并用于诗歌创作，如谢灵运有《维摩诘经》十譬赞八首，即《聚沫泡合》《焰》《芭蕉》《聚幻》《梦》《影响合》《浮云》《电》；萧衍有以《十喻诗》为总题的《梦诗》《幻诗》《灵空诗》《干闼婆诗》《如炎诗》；至于以"十喻"意象之一作为吟咏对象者更是数不胜数，仅以"芭蕉喻"为例，就有张载《芭蕉》、苏辙《新种芭蕉》、刘禹锡《病中一二禅客见问，因以谢之》

"身是芭蕉喻,行须筇竹扶"、王安石《赠约之》"但当观此身,不实如芭蕉"、黄庭坚《同韵和元明兄知命弟九日相忆》"万水千山厌问津,芭蕉林里自观身"、张耒《卧病月余呈子由》"学道若为调鹿马,是身不实似芭蕉"、卢纶《题念济寺晕上人院》"浮生亦无著,况乃是芭蕉"等。

王维融宗教信仰于文学创作的实绩使其在众多文士中脱颖而出,被誉为"诗佛",他对佛教义理的体悟达到一定高度,其诗文用典亦多处与罗什譬喻尤其是"十喻"相关,以之为基础形成的意象群,不仅提升了王维作品的表现力,还更好地传递了王维的情感体验、塑造了诗歌意境。通过对王维诗文中罗什"十喻"的解读,辅之罗什自创的《十喻诗》,可以清晰体会王维的空观思想和言意之辨。以罗什"十喻"为代表的譬喻和王维诗文佛理抒发作为切入点,考察王维诗文创作及佛教思想情感表达与罗什译经间的关系,为今后探究以鸠摩罗什为代表的龟兹文化对唐代文学的影响奠定了基础,对研究地域文化与文学间的关系也有借鉴意义。

第四节 鸠摩罗什译经中的想象与王维诗文的关系

文学想象是通过夸张、渲染等修辞手段或其他描写方式对文本对象进行加工创造而产生新形象的思维过程。想象丰富是印度文学的鲜明特色,佛经文学作为印度文学之一也经常借助想象宣说佛法。想象伴随夸张,在不可思议的空间维度和令人叹服的时间世界里描绘佛菩萨的佛法能力,并展现动植物的神奇色彩。正如季羡林所言:"我们随便看一本佛经,就可以看出,他们的幻想真如万千涌泉,源源不绝。而且一切都生动,美丽,一点也不枯燥。他们既然有这样的本领,所以对他们来说,一切走兽飞鸟都有了人性;一切泉石树木都有了生命。"[1]佛经本身的浪漫情怀,加上译经家的文学性再创造,使佛经与文学

---

① 季羡林:《比较文学与民间文学》,《季羡林文集》第八卷,南昌:江西教育出版社,1996年,第23页。

间有了更多的微妙联系。罗什译经与中国文学作品中的想象相比有其独特性，不同于后者基于现实基础上的想象升华，什译中呈现的想象融客观现实和主观世界于一体，在这个想象的维度里，佛菩萨、众生、动植物之间既具有人的属性，又保持着各自的独立性，还可交往沟通。因此现实世界与幻想空间、客观物质世界与主观精神世界互动自如、合二为一，完美地融为一体。纵观王维诗文，可发现其涉佛作品所展现的想象，虽以现实为基础，表现出对中国传统文学想象特点的坚守；但从内容书写和表达技巧上对什译想象进行了借鉴学习，且后者的影响更加深刻。

一、动植物意象想象

罗什译经塑造了一个想象丰富的世界，在这个庞大的体系中有很多想象奇特的动植物形象，随着中国文人对佛经的接受也进入文学作品，王维诗文也不例外。什译中的龙、象、金翅鸟、雁王、鹿女等动物形象以及莲花等植物形象就出现于王维诗文，对其作品想象力的提升有重要帮助。

（一）动物意象

以"龙"为典型代表。中国传统文化中的龙来自远古爬行类图腾崇拜，具动物属性，佛教中的龙则被人格化，成为介于动物、人、神之间的一个形象。龙梵文为 Naga，有一个庞大家族，如什译《妙法莲华经》言其"有八龙王，难陀龙王、跋难陀龙王、娑伽罗龙王、和修吉龙王、德叉迦龙王、阿那婆达多龙王、摩那斯龙王、优钵罗龙王等，各与若干百千眷属俱"①。龙王作为龙族最高统治者，带领龙子龙孙等眷属居于龙宫，《维摩诘所说经》有天宫、龙宫之说，《妙法莲华经》"俱来菩萨亦坐宝莲华，从于大海娑竭罗龙宫自然涌出"②也言及龙宫，王维《游感化寺》"龙宫连栋宇，虎穴傍檐楹"、《燕子龛禅师》"鸟道悉已平，龙宫为之涸"

---

① ［后秦］鸠摩罗什译：《妙法莲华经》，《大正藏》卷九，佛陀教育基金会出版部，1990 年，第 2 页。
② ［后秦］鸠摩罗什译：《妙法莲华经》，《大正藏》卷九，佛陀教育基金会出版部，1990 年，第 35 页。

并非取龙宫富丽堂皇之意,而是因龙与佛法相关,所居之地又有水,因此喻指寺庙旁或道路上的水潭,与现实相关联。深海龙宫常人难及,蕴含无数宝藏,龙在佛经中便有学法、护法的特别意义,《龙树菩萨传》载大龙菩萨接龙树进龙宫阅读大乘佛经,此浪漫奇异想象赋予传世之初的大乘佛法以魔幻神奇力量,显示了佛经故事普遍具备的神秘性,王维"龙藏宝经,悉通至义"与此相合;《大智度论》亦有"菩萨言:'我今此行,不自为身,普为一切求如意宝珠,欲给足众生令身无乏:次以道法因缘而教化之'"①。菩萨深入龙宫向龙王讨要可教化众生的如意宝珠,此即王维"海澄而龙额珠明"所依托的背景,旨在揭示众生听净觉说法便可明现佛性,亦充满神奇想象并传达出佛理的浪漫情怀。龙还可呼风唤雨,代表水中勇力兼备者,此意一般龙象连用,什译《大智度论》有"那伽或名龙,或名象。是五千阿罗汉,诸阿罗汉中最大力,以是故言如龙如象。水行中龙力大,陆行中象力大"②。什译《维摩诘所说经》有"凡夫下劣,无有力势,不能如是逼迫菩萨。譬如龙象蹴踏,非驴所堪"③。两译经均把龙想象成威猛强大者,也用以比喻修行勇猛精进、能力强大的佛教徒,王维"皆愿拭目于龙象之姿""若慕龙象之俦,是避魑魅之地"均用此想象强调禅师的佛法修为之高。龙虽强大但并非没有天敌,居于须弥山下层的金翅鸟便经常取龙为食,佛教喻指佛菩萨济度众生;《大智度论》对金翅鸟食恶龙多有叙述,如"大鸟者,金翅鸟于诸天,如此间人鸟雀等无异。是鸟所以不来者,此鸟食龙,翅出毒风,扇一切眼失明故"④,并解释比喻义:"譬如大海中龙死相出时,如果熟应堕,金翅鸟则来食之;众生亦如是,行业因缘熟故,大菩萨来度之。"⑤王维"利眼金翅,圆身宝掌,巧撮死龙,能调老象"便沿用这一想象,此处龙与金翅鸟构成意象组合阐释了想象背后蕴含的佛

---

① [印]龙树菩萨造,[后秦]鸠摩罗什译,王孺童点校:《大智度论》,北京:宗教文化出版社,2014年,第255页。

② [印]龙树菩萨造,[后秦]鸠摩罗什译,王孺童点校:《大智度论》,北京:宗教文化出版社,2014年,第62页。

③ [后秦]鸠摩罗什译:《维摩诘所说经》,《大正藏》卷一四,佛陀教育基金会出版部,1990年,第547页。

④ [印]龙树菩萨造,[后秦]鸠摩罗什译,王孺童点校:《大智度论》,北京:宗教文化出版社,2014年,第1392页。

⑤ [印]龙树菩萨造,[后秦]鸠摩罗什译,王孺童点校:《大智度论》,北京:宗教文化出版社,2014年,第1862页。

理,也印证了王维对什译想象的整体性学习。龙还有善恶之分,恶龙、毒龙在佛经中象征扰乱人心、阻碍佛法修为的烦恼等;罗什所译《禅秘要法经》有"今我身内,自有四大毒龙无数毒蛇……集在我心,如此身心,极为不净,是弊恶聚"①,此处采用想象,以毒龙毒蛇为喻描述驱除身心不净之法;《妙法莲华经》"或遇恶罗刹,毒龙诸鬼等,念彼观音力,时悉不敢害"②讲述观音力可制服毒龙;《大智度论》"如菩萨本身,曾作大力毒龙。……是龙受一日戒,出家求静"③则表明毒龙以生命持戒后转世做菩萨,以示佛法对畜生道的教化作用。"薄暮空潭曲,安禅制毒龙"描述王维踏访香积寺,在幽静中坦露心迹,希望通过安心修禅抑制心中邪念妄想的"毒龙",其丰富想象所承载的佛理禅意恰与《禅秘要法经》相类。什译中的龙还可以人格化形象出现:或变作人身听世尊讲法,或女变男身示现佛力,或进献珠顷顿悟成佛,这在什译《妙法莲华经》中均有描述。龙女属六道之畜生道,因具佛的智慧利根便发无上菩提心以成佛,说明六道皆可成佛;龙女虽为女身但亦可具足菩萨道行去往无垢世界,说明女身亦可成佛;龙女年仅八岁,但其成佛如同她向佛祖献宝珠一样迅疾,说明可顿悟成佛。龙女的这三个启示想象丰富,体现了大乘法的妙不可言;王维《赞佛文》"如献珠顷"即用龙女成佛典故,以龙女喻崔希逸女:虽为女身,但因具如来智慧德相,"舍诸珍宝",持守戒法,便可瞬间成佛,想象之夸张和丰富为崔希逸女增色不少。

　　除了龙意象外,什译中还有其他想象丰富的动物意象为王维吸收借鉴,如雁王、鹿女。雁王为佛三十二相之一,出自什译《十诵律》,讲述雁王带领大雁以智慧和真情摆脱国王猎杀,想象奇特,情节曲折。鹿女出自《大智度论》,讲述鹿饮仙人精液怀孕,产下头上长角之人并送归仙人。两佛典鲜明之处在于以神奇想象传达佛法主题。这种既充满文学趣味,又带有浓厚佛理的故事极易为王维

---

　　① [后秦]鸠摩罗什译:《单译经 5·禅秘要法经》,《新编缩本乾隆大藏经》第 56 册,台北:新文丰出版公司,1998 年,第 241 页。
　　② [后秦]鸠摩罗什译:《妙法莲华经》,《大正藏》卷九,佛陀教育基金会出版部,1990 年,第 58 页。
　　③ [印]龙树菩萨造,[后秦]鸠摩罗什译,王孺童点校:《大智度论》,北京:宗教文化出版社,2014 年,第284 页。

接受和运用,其《游感化寺》"雁王衔果献,鹿女踏花行"便将存于两处梵经中的想象合二为一,以文学手段巧妙示现义理,可谓妥帖新奇,事半功倍。

(二)植物意象

罗什译经对一些植物的描绘也充满神奇想象,比如莲花。

"莲花(华)"出自《妙法莲华经》经名,多以高洁形象示人,取其圣洁美好、花实俱有、圆满无碍之意。奇异的莲华与同样充满浪漫想象的环境构成一个整体意象群,展现了佛教想象世界的特点:主体与背景的完美交融。"莲花"还以其丰富想象喻指他物,如以莲华喻法藏之洁净美好,《大智度论》有"水中生华,青莲华为第"[1],王维《苑舍人能书梵字兼达梵音皆曲尽其妙戏为之赠》"莲花法藏心悬悟,贝叶经文手自书"即是;以莲花喻佛眼之清澈通透,《维摩诘所说经》有"目净修广如青莲",僧肇注"天竺有青莲华,其叶修而广,青白分明,有大人目相,故以为喻也"[2],王维《过庐员外宅看饭僧共题七韵》"三贤异七圣,青眼慕青莲"、《胡居士卧病遗米因赠》"徒言莲花目,岂恶杨枝肘"即是;以莲花喻清净无染的心性或佛国净土、华藏世界,《维摩诘所说经》有"不著世间如莲华,常善入于空寂行"[3],王维《酬黎居士淅川作》"着处是莲花,无心变杨柳"、《青龙寺昙壁上人兄院集》"得世界于莲花,记文章于贝叶"、《赞佛文》"包莲花而为界,又用庄严"即是;众佛菩萨或化生于莲花,或于莲花台上结跏趺坐,或掌托莲台,或手持净瓶白莲,都取其自性洁净或引导众生前往佛国净土之意,《妙法莲华经》有"文殊师利坐千叶莲华"[4],王维《能禅师碑》"莲花承足,杨枝生肘"即是;莲花还可喻佛,《为斡和尚进〈注仁王经〉表》"弘济群生,濡莲花之足"即是。此外,王维《能禅师碑》"世界一花"、《大唐大安国寺故大德净觉禅师碑铭》"一花宝树"之"花"也指莲花,用其比喻义。比喻作为修辞手法本就是想象思维的一种展示,什译以莲花为譬喻中心所形成的完整想象空间为王维所接受并在诗文创作中

---

①［印］龙树菩萨造,［后秦］鸠摩罗什译,王孺童点校:《大智度论》,北京:宗教文化出版社,2014 年,第177 页。

②［晋］僧肇等:《注维摩诘所说经》,上海:上海古籍出版社,1990 年,第 13 页。

③［后秦］鸠摩罗什译:《维摩诘所说经》,《大正藏》卷一四,佛陀教育基金会出版部,1990 年,第 538 页。

④［后秦］鸠摩罗什译:《妙法莲华经》,《大正藏》卷九,佛陀教育基金会出版部,1990 年,第 35 页。

自觉展示。

二、佛法神力想象

佛、菩萨作为佛教修行、传法的重要人物,在罗什译经中展示出各种奇异的神通力,上天庭、下龙宫、分身变体、穿越时空,《妙法莲华经》就有"其佛说法,现于无量,神通变化,不可思议"[①],《大智度论》亦有"【经】悉是五通。【论】如意、天眼、天耳、他心智、自识宿命。云何如意? 如意通有三种:能到、转变、圣如意。能到有四种:一者,身能飞行,如鸟无碍;二者,移远令近,不往而到;三者,此没彼出;四者,一念能至。转变者,大能作小,小能作大;一能作多,多能作一,种种诸物皆能转变。……圣如意者,外六尘中不可爱不净物,能观令净;可爱净物,能观令不净;是圣如意法,唯佛独有。是如意通,从四如意足生;是如意足通等,色缘故次第生,不可一时得。天眼通者,于眼得色界四大造清净色,是名天眼。天眼所见,自地及下地六道中众生诸物,若近若远、若粗若细诸色,无不能照"[②],"今一切人,云何能见东方恒河沙等诸佛世界? 答曰:是佛神力令彼得见,非众生力也。设阿罗汉及余处辟支佛等,亦以佛力故,所见无限。譬如转轮圣王飞行,一切营从及诸象马众畜,皆亦随去。今佛神力故,众生虽在远处,亦得相见。又如般舟三昧力故,虽不得天眼,而见十方佛,眼见无碍。亦如劫尽烧时,一切众生自然皆得禅定、得天眼、天耳。佛以神力令一切众生皆得远见,亦复如是"[③]。可谓囊括了佛菩萨所具全部神通力,夸张式想象成为这类描述的共同点。王维诗文表达崇敬佛菩萨神力时也借鉴罗什译经想象,观世音菩萨即是一个典型。

观世音是阿弥陀佛的左胁侍菩萨,除可救苦救难还能引导亡者往归西方净土世界,《妙法莲华经》有《观世音菩萨普门品》,塑造了一位大慈大悲、随时

---

① [后秦]鸠摩罗什译:《妙法莲华经》,《大正藏》卷九,佛陀教育基金会出版部,1990年,第21页。

② [印]龙树菩萨造,[后秦]鸠摩罗什译,王孺童点校:《大智度论》,北京:宗教文化出版社,2014年,第107页。

③ [印]龙树菩萨造,[后秦]鸠摩罗什译,王孺童点校:《大智度论》,北京:宗教文化出版社,2014年,第179页。

随地变幻身相救助众生脱离苦难的菩萨形象,后来此品以《观音经》单独流行,受到世人普遍信仰,观世音所具有的无上法力也引发文人无穷想象。崇敬寺尼无疑、道登曾为亡兄绣观音像,王维为之做《绣如意轮像赞》描述了观音的外貌及佛法,标题中"如意轮像"即指如意轮观世音,为观音菩萨六种形象之一,他全身金色,有六只手臂,右边第一手用于思维,可愍念众生;第二手持有如意宝,可满足众生心愿;第三手持有念珠,可度脱众生苦;左边第一手按光明山,可成就无倾动;第二手持有莲花,可肃净一切非法;第三手持有宝轮,可翻转无上法。王维文中"六臂色身"所言即是。《绣如意轮像赞》"五彩相宣,千光欲发。金莲捧足,宝珠垂髻"是指用五彩线绣成的观音像精美绝伦,闪烁耀眼光芒。观世音跌坐在金色莲花宝座上,发中垂下精美宝珠,相貌庄严,这段文字亦充满丰富想象力。王维"现方便于幻眼,六臂色身"即指观世音变幻身相,以方便技巧度脱众生,此句源于《观世音菩萨普门品》:"无尽意菩萨白佛言:'世尊,观世音菩萨,云何游此娑婆世界?云何而为众生说法?方便之力,其事云何?'"①无尽意菩萨询问世尊观世音菩萨以何种方式度脱众生。佛谓观世音菩萨根据众生的佛身、辟支佛身、声闻身等示现相应身而为之说法。"是观世音菩萨成就如是功德,以种种形游诸国土度脱众生。"②观世音菩萨有三十三种身形,可据众生根机变幻相应身相,从佛身到天龙八部之身,都可善巧方便以说法济度众生,显示出观世音的神通。王维"应度而来,斯不共之力"是说观音具有佛智等法力,"菩萨神力不思议,能以一身遍一切""珊瑚掌内,疑现不动如来"是说观音具备自由变幻、不可预测的巨大神通,"频婆口中,同乎无法可说"既指观音说法本质皆空,又谓其说法无碍、妙不可言。以上诸种对观世音神通力的描绘都以点带面,彰显出想象之新奇。观世音还可救度众生于苦难,他时刻能听到众生对自己的呼唤,当众生有烦恼灾难时,"假使兴害意,推落大火坑……或漂流巨海,龙鱼诸鬼难……或在须弥峰,为人所推堕……或被恶人逐,堕落金刚

---

① [后秦]鸠摩罗什译:《妙法莲华经》,《大正藏》卷九,佛陀教育基金会出版部,1990年,第57页。
② [后秦]鸠摩罗什译:《妙法莲华经》,《大正藏》卷九,佛陀教育基金会出版部,1990年,第57页。

山……或值怨贼绕，各执刀加害……或遭王难苦，临刑欲寿终……或囚禁
枷锁，手足被杻械……咒诅诸毒药，所欲害身者……或遇恶罗刹，毒龙诸
鬼等……若恶兽围绕，利牙爪可怖……蚖蛇及蝮蝎，气毒烟火燃……云雷鼓掣
电，降雹澍大雨"①，只需"念彼观音力，应时得消散。众生被困厄，无量苦逼身，
观音妙智力，能救世间苦"②。王维文中也彰显出对"菩萨威神力"的由衷赞美：
"无上法轮，转而恒寂""常转法轮无所转，众生随念得解脱"，这些都是对观世
音救度众生使其烦恼灭而不生，旋转法轮宣扬佛法、度脱万物的想象性描写。

此外，王维诗文所展现的佛法神力借鉴于罗什译经者还有以下诸种：

（一）飞行能力

佛教中的飞行多是对自然界生物如鸟的模仿，但不同于后者飞行受到的
种种限制，佛菩萨等的飞行多具不可思议的超级神通，呈现出自由自在、无所
拘束的特点，极富想象力。罗什译经也多展示飞行能力，如《维摩诘所说经》"菩
萨以一佛土众生置之右掌，飞到十方，遍示一切，而不动本处"③、《妙法莲华经》
"一切众生皆以化生，无有淫欲得大神通，身出光明，飞行自在"④、《大智度论》
"如转轮圣王飞上天时，四种兵及诸宫观、畜兽，一切皆飞；转轮圣王功德大故，
能令一切随而飞从"⑤。王维诗文阐述佛法也喜欢发挥想象，表现飞行的神奇功
能，如《能禅师碑》"其有犹怀渴鹿之想，尚求飞鸟之迹，香饭未消，弊衣仍覆"，
飞鸟之迹指法本性空，就像鸟在空中飞过而无迹可寻，难以言说展示。以飞鸟
无迹可寻喻法空，想象力确属奇特。再如《过庐员外宅看饭僧共题七韵》"上人
飞锡杖，檀越施金钱"、《大唐大安国寺故大德净觉禅师碑铭》"北天众果，候飞
锡而还生"，都有"飞锡"一词，飞锡指僧人佛力加持，执锡杖飞行于空中，与什
译中的佛菩萨飞行异曲同工，富有想象色彩。

① ［后秦］鸠摩罗什译：《妙法莲华经》，《大正藏》卷九，佛陀教育基金会出版部，1990 年，第 57—58 页。
② ［后秦］鸠摩罗什译：《妙法莲华经》，《大正藏》卷九，佛陀教育基金会出版部，1990 年，第 58 页。
③ ［后秦］鸠摩罗什译：《维摩诘所说经》，《大正藏》卷一四，佛陀教育基金会出版部，1990 年，第 546 页。
④ ［后秦］鸠摩罗什译：《妙法莲华经》，《大正藏》卷九，佛陀教育基金会出版部，1990 年，第 27 页。
⑤ ［印］龙树菩萨造，［后秦］鸠摩罗什译，王孺童点校：《大智度论》，北京：宗教文化出版社，2014 年，第
197 页。

（二）变化能力

佛的变化能力通常包含两种，一为化身，一为变幻成其他事物。化身即"神通变化身"①，为佛教三身②之一，指佛菩萨为救度众生而示现的各种形象，《大智度论》对此有所描述："如诸佛及大菩萨身，遍出无量光明。从是光明出无量化身，遍入十方三恶道中，……如是名为一切三恶道得解脱。"③"菩萨……为度众生故，种种变化身生三界，具佛功德，度脱众生。"④"如是菩萨得是无生法忍，舍是生死肉身，得法性生身，住菩萨果报神通中，一时能作无量变化身，净佛世界，度脱众生。"⑤

佛菩萨化身一般有三十二相，即《大智度论》所云"此三十二相实定，以神通力变化身，随众生所好而为现相"⑥。有时为了方便教化，需示现畜生身或坠入恶道，但目的还是为了教化众生："菩萨摩诃萨亦如是，成就白净无漏法，为度众生故受畜生身，用是身教化众生。"⑦"大菩萨变化身教化故，作龙王身。"⑧众生学佛，也可得化身，《大智度论》有"为佛所记当得作佛，得作佛者此是大相，舍此大相而取三十二相。三十二相，转轮圣王亦有，诸天魔王亦能化作此相。难陀、提婆达等皆有三十相；婆跋隶婆罗门有三相，摩诃迦叶妇有金色相，乃至今世人亦各各有一相、二相：若青眼、长臂、上身如师子"⑨"学佛所学道故，

① ［印］龙树菩萨造，［后秦］鸠摩罗什译，王孺童点校：《大智度论》，北京：宗教文化出版社，2014年，第201页。

② 按：佛教三身一般为报身、法身、化身。

③ ［印］龙树菩萨造，［后秦］鸠摩罗什译，王孺童点校：《大智度论》，北京：宗教文化出版社，2014年，第680页。

④ ［印］龙树菩萨造，［后秦］鸠摩罗什译，王孺童点校：《大智度论》，北京：宗教文化出版社，2014年，第761页。

⑤ ［印］龙树菩萨造，［后秦］鸠摩罗什译，王孺童点校：《大智度论》，北京：宗教文化出版社，2014年，第1491页。

⑥ ［印］龙树菩萨造，［后秦］鸠摩罗什译，王孺童点校：《大智度论》，北京：宗教文化出版社，2014年，第1717页。

⑦ ［印］龙树菩萨造，［后秦］鸠摩罗什译，王孺童点校：《大智度论》，北京：宗教文化出版社，2014年，第1798页。

⑧ ［印］龙树菩萨造，［后秦］鸠摩罗什译，王孺童点校：《大智度论》，北京：宗教文化出版社，2014年，第1005页。

⑨ ［印］龙树菩萨造，［后秦］鸠摩罗什译，王孺童点校：《大智度论》，北京：宗教文化出版社，2014年，第91页。

得变化身似佛,有三十二相、八十随形好"①即是。佛教三十二相身蕴含着丰富想象,《妙法莲华经》便以"如来甚希有,以功德智慧故,顶上肉髻,光明显照,其眼长广,而绀青色,眉间毫相,白如珂月。齿白齐密,常有光明,唇色赤好,如频婆果"②称赞具有三十二相的如来,王维诗文也有所借鉴,具体如下。

"目色绀青相":三十二相之一,指佛眼绀青,色如青莲,眼碧眸方,显示慈悲眉眼及以欢喜心施予他人的胜相,比喻、想象紧密相连。《大智度论》有"净眼长广,其色绀青"③"善心好眼视众生故,得眼睫绀青相"④。王维《过庐员外宅看饭僧共题七韵》"三贤异七圣,青眼慕青莲"、《胡居士卧病遗米因赠》"徒言莲花目,岂恶杨枝肘",其青莲花目可以洞察善恶生死,以之喻佛可谓想象丰富。

"身色金黄相":三十二相之一,指佛身手足口等显现金色,"其色微妙,胜阎浮檀金"⑤,庄严肃穆,能令众生舍弃爱乐,除罪扬善。《妙法莲华经》有:"又见诸佛,身相金色,放无量光,照于一切,以梵音声,演说诸法。……诸佛身金色,百福相庄严。"⑥《大智度论》亦有:"修慈三昧,信净心多,及以好色饮食、衣服、卧具布施故,得金色相、丈光相。"⑦王维诗文也描写过此相,如《能禅师碑》"金身永谢,薪尽火灭",金身即佛身,呈现百福庄严状,此处喻指能禅师入灭之身。《为干和尚进〈注仁王经〉表》有"辨金口之义",如来身相金色,故其口也为金口,又指其口如金刚一般坚固不坏,可谓想象奇特。

"身放光明相":三十二相之一,也叫"身光面一丈",指佛身四面光明各有

---

① [印]龙树菩萨造,[后秦]鸠摩罗什译,王孺童点校:《大智度论》,北京:宗教文化出版社,2014年,第1129页。

② [印]龙树菩萨造,[后秦]鸠摩罗什译,王孺童点校:《大智度论》,北京:宗教文化出版社,2014年,第123页。

③ [印]龙树菩萨造,[后秦]鸠摩罗什译,王孺童点校:《大智度论》,北京:宗教文化出版社,2014年,第437页。

④ [印]龙树菩萨造,[后秦]鸠摩罗什译,王孺童点校:《大智度论》,北京:宗教文化出版社,2014年,第584页。

⑤ [印]龙树菩萨造,[后秦]鸠摩罗什译,王孺童点校:《大智度论》,北京:宗教文化出版社,2014年,第1708页。

⑥ [后秦]鸠摩罗什译:《妙法莲华经》,《大正藏》卷九,佛陀教育基金会出版部,1990年,第39页。

⑦ [印]龙树菩萨造,[后秦]鸠摩罗什译,王孺童点校:《大智度论》,北京:宗教文化出版社,2014年,第156页。

一丈,普照三千世界,佛在光中端严第一,引导众生发无上菩提心,破除疑惑障碍。《维摩诘所说经》有"维摩诘不起于座,居众会前,化作菩萨,相好光明,威德殊胜,蔽于众会"①。维摩诘在众人面前化为形象端庄、光明四射的菩萨,显示出与众不同的威严德相,即光明相。《妙法莲华经》也有"我以相严身,光明照世间,无量众所尊,为说实相印"②。《大智度论》亦有"佛有时放大光明,现大神力;如生时,得道时,初转法轮时,诸天圣人大集和合时,若破外道时,皆放大光明"③。王维文中也有此相,《与魏居士书》有"光明遍照,知见独存之旨邪?"佛光明相是智慧相,佛现此相便可借智慧力知见他事,显现想象之独特。

"眉间白毫相":三十二相之一,"白毫"是释迦牟尼双眉间白毛,长一丈五尺,平时蜷缩,柔软如兜罗绵,所发亮光被称为毫光、眉间光,是佛感知众生修习、赞扬时示现的妙相,可用来引导众生。《妙法莲华经》有"尔时,佛放眉间白毫相光,照东方万八千世界靡不周遍,下至阿鼻地狱,上至阿迦尼吒天,于此世界,尽见彼土六趣众生"④。《大智度论》也有"白毫相、肉髻,各各放六百万亿光明"⑤。王维诗文多次描述这一现象用以表现佛教世界的庄严神奇。《赞佛文》"玉毫光相,得一生补处"是指拥有玉毫光相可以继承为佛,具此相与成佛间有一种逻辑上的因果关系。《为干和尚进〈注仁王经〉表》有"何以证玉毫之光,辨金口之义",此处"玉毫之光"也指佛光普照。王维虽未描写佛玉毫光相下的神异世界,但用此意象时其想象内涵自蕴其中。

除观音菩萨种种化身及佛具体的三十二身相外,什译还描绘了其他菩萨、天人等的化身。如妙音菩萨,《妙法莲华经》有:"妙音菩萨其身在此,而是菩萨现种种身,处处为诸众生说是经典。或现梵王身,或现帝释身,……诸有地狱、

---

① [后秦]鸠摩罗什译:《维摩诘所说经》,《大正藏》卷一四,佛陀教育基金会出版部,1990年,第552页。
② [后秦]鸠摩罗什译:《妙法莲华经》,《大正藏》卷九,佛陀教育基金会出版部,1990年,第8页。
③ [印]龙树菩萨造,[后秦]鸠摩罗什译,王孺童点校:《大智度论》,北京:宗教文化出版社,2014年,第146页。
④ [后秦]鸠摩罗什译:《妙法莲华经》,《大正藏》卷九,佛陀教育基金会出版部,1990年,第2页。
⑤ [印]龙树菩萨造,[后秦]鸠摩罗什译,王孺童点校:《大智度论》,北京:宗教文化出版社,2014年,第150页。

饿鬼、畜生,及众难处,皆能救济。乃至于王后宫,变为女身而说是经。"①《能禅师碑》有"化身菩萨,在此色身",色身指由四大组成的身体,化身指菩萨为救度众生,根据三界六道的不同情况变幻所现之身。此处指慧能是菩萨在现实世界变幻示现的色身,显示了慧能的佛智之深。再如《能禅师碑》"天王厚礼,献玉衣于幻人;女后宿因,施金钱于化佛"、《赞佛文》"惟兹化佛,即具三身",两处"化佛"也指佛菩萨为度化众生,以神通力善巧方便所化现的身形。天女、龙女也可示现幻化之身。《维摩诘所说经》有"即时天女以神通力,变舍利弗,令如天女;天自化身,如舍利弗"②展示了天女变幻男女之身,王维《能禅师碑》"散花天女,能变声闻之身"即采此说;《妙法莲华经》中龙女变男相成佛,与王维《赞佛文》"如献珠顷,具六神通"一样,均以变幻无穷的想象宣说佛法。

除变幻身相外,佛菩萨还为说法方便幻化成其他事物,如《妙法莲华经》化城喻中,佛化身的导师在众人疲惫至极时幻化出供人暂时休整的城池,待大家饱食安歇后又收回幻城;火宅喻中,佛化身的宅主长者幻想出羊、鹿、牛三车,待众子离开火宅后又化出七宝大车(实为佛乘),导引众生心向大乘;妙音菩萨欲从净华宿王智佛国,与八万四千菩萨礼拜释迦牟尼,便幻化八万四千众宝莲华至世尊所处婆娑世界;王维诗文都展现了此种神奇想象。

(三)往生能力

往生是指生前行善之人,死后精神前往另一世界(如极乐世界)获得永生,是一种充满神奇想象的超自然能力,罗什译经多有描述,如《阿弥陀经》"若有善男子、善女人,闻说阿弥陀佛,执持名号,若一日,若二日,若三日,若四日,若五日,若六日,若七日,一心不乱。其人临命终时,阿弥陀佛与诸圣众现在其前。是人终时心不颠倒,即得往生阿弥陀佛极乐国土"③、《大智度论》"是人常愿欲见诸佛,闻在所处国土中有现在佛,随愿往生"④"地狱等诸难皆已永绝,随意往

① [后秦]鸠摩罗什译:《妙法莲华经》,《大正藏》卷九,佛陀教育基金会出版部,1990 年,第 56 页。
② [后秦]鸠摩罗什译:《维摩诘所说经》,《大正藏》卷一四,佛陀教育基金会出版部,1990 年,第 548 页。
③ 丁福保:《阿弥陀经笺注》,上海:华东师范大学出版社,2014 年,第 80—84 页。
④ [印]龙树菩萨造,[后秦]鸠摩罗什译,王孺童点校:《大智度论》,北京:宗教文化出版社,2014 年,第1423 页。

生诸佛国土"①,均论述往生的前提条件、具体场景,充满奇思妙想。王维诗文也有体现,《〈西方变〉画赞》"愿以西方为导首,往生极乐性自在"意为愿以西方极乐世界导引众生进入佛道,获得本性自在,"性自在"可谓往生的最高境界,无拘无束,给人以无穷想象空间。《给事中窦绍为亡弟故驸马都尉于孝义寺浮图画〈西方阿弥陀变赞〉》"系有相者,凭十念以往生"指束缚于世俗有相认识的人,凭心中所起十念而往生西方极乐世界。十念实为修养身心的十种方式,通过身心修养便可往生极乐世界,想象力不可谓不丰富。

(四)天眼力神通

天眼力神通在什译中也多有论及,如《大智度论》:"天眼通者,于眼得色界四大造清净色,是名天眼。天眼所见,自地及下地六道中众生诸物,若近若远、若粗若细诸色,无不能照。"②"我以清净天眼,见诸众生死此生彼,随善恶业受果报:善业者生天人中,恶业者堕三恶道。"③"菩萨摩诃萨欲以天眼见十方如恒河沙等世界中诸佛。"④"天眼通力故,见众生未来世所生之处。"⑤由此可知,佛菩萨具有清净天眼,可见三千大千世界万事万物之前世今生来世,充满奇幻想象力。王维《夏日过青龙寺谒操禅师》"山河天眼里,世界法身中"表意指山河尽收天眼,实际指青龙寺位居高处,禅师眼光明亮深远;而《赞佛文》"在微尘中,见亿佛刹",则指佛在微尘中可以示现三世一切佛刹,即佛国和佛土。

(五)演奏法化之声的能力

"法化之声"是指用以化导众生的佛声,佛声或通过音乐演奏,或通过变换世间众声而得,因此其宣演方式充满无穷想象。《维摩诘所说经》"此室常作天

---

① [印]龙树菩萨造,[后秦]鸠摩罗什译,王孺童点校:《大智度论》,北京:宗教文化出版社,2014年,第1910页。
② [印]龙树菩萨造,[后秦]鸠摩罗什译,王孺童点校:《大智度论》,北京:宗教文化出版社,2014年,第106页。
③ [印]龙树菩萨造,[后秦]鸠摩罗什译,王孺童点校:《大智度论》,北京:宗教文化出版社,2014年,第6页。
④ [印]龙树菩萨造,[后秦]鸠摩罗什译,王孺童点校:《大智度论》,北京:宗教文化出版社,2014年,第670页。
⑤ [印]龙树菩萨造,[后秦]鸠摩罗什译,王孺童点校:《大智度论》,北京:宗教文化出版社,2014年,第1666页。

人第一之乐,弦出无量法化之声,是为五未曾有难得之法"①即用美妙琴弦奏出无数佛音化导众生;"又十方世界所有众声,上中下音,皆能变之,令作佛声,演出无常、苦、空、无我之音,及十方诸佛所说种种之法,皆于其中,普令得闻"②又指出世间众声均可变作佛声演说佛法。王维文中也用此想象表达对以佛法之声化导众人的敬佩,如《大唐大安国寺故大德净觉禅师碑铭》中的"故大块群籁,无弦出法化之声",即指将大自然的各种声响都化导成佛声。

此外,佛的神力自在还体现在"于一毛孔中携众生游行世界而不令其心生恐怖"以及"将众生所居世界置于掌中并远掷他方而不令其心生恐怖",前者如《维摩诘所说经》:"又以四大海水入一毛孔,不娆鱼鳖鼋鼍水性之属,而彼大海本性如故。诸龙、神、鬼、阿修罗等,不觉不知己之所入,于此众生亦无所娆。"③后者如《维摩诘所说经》:"舍利弗,住不可思议解脱菩萨,断取三千大千世界,如陶家轮,著右掌中,掷过恒河沙世界之外,其中众生不觉不知己之所往;又复还置本处,都不使人有往来想,而此世界本相如故。"④都以神奇想象表现了佛将世界握于掌中来回投掷,却不令居处者心生惶恐。王维文中也运用此颇具想象力的典故,如《大荐福寺大德道光禅师塔铭》"毛端族举佛刹,掌上断置世界",两句各显示佛的一种神通,可谓巧妙至极。

此外,罗什译经对其他佛菩萨的描绘亦充满神奇想象,而这种佛法无边的描绘亦被王维所接受,如王文出现的"以不思议力,开方便门"的大雄世尊,"圣众围绕。湛然不动,疑过于往来;寂尔无闻,若离于言说"的安详法王,"常卫乐土"的五千善神,具备"能于一法见多法,以种种相导群生,其心本来无所动。稽首无边法性海,功德无量不思议,于已不色等无碍,不住有无亦不舍"神奇能力的十方如来和净土导师。他们身上都无一例外彰显出颇具想象色彩的佛法神力。

---

① [后秦]鸠摩罗什译:《维摩诘所说经》,《大正藏》卷一四,佛陀教育基金会出版部,1990年,第548页。
② [后秦]鸠摩罗什译:《维摩诘所说经》,《大正藏》卷一四,佛陀教育基金会出版部,1990年,第546、547页。
③ [后秦]鸠摩罗什译:《维摩诘所说经》,《大正藏》卷一四,佛陀教育基金会出版部,1990年,第546页。
④ [后秦]鸠摩罗什译:《维摩诘所说经》,《大正藏》卷一四,佛陀教育基金会出版部,1990年,第546页。

（六）四种魔

除描述佛菩萨的神奇法力外，什译还塑造了"魔"的形象。魔王波旬及其率领的魔军都处于佛的对立面，他们常常阻碍佛陀说法，扰乱佛菩萨清修。《维摩诘所说经》便有"时魔波旬，从万二千天女，状如帝释，鼓乐弦歌，来诣我所"[①]，将魔王波旬出现在持世菩萨净室时气势壮阔的场面、威武纵横的仪表借由想象手段描绘得惟妙惟肖、呼之欲出。王维诗文也引入这一意象，如《大唐大安国寺故大德净觉禅师碑铭》"魔种败坏，圣胎长养"。王维此处所言"魔种"实为四种魔，出自《大智度论》："【论】魔有四种：一者，烦恼魔；二者，阴魔；三者，死魔；四者，他化自在天子魔。是诸菩萨得菩萨道故，破烦恼魔；得法性身故，破阴魔；得道、得法性身故，破死魔；常一心故，一切处心不著故，入不动三昧故，破他化自在天子魔。"[②]《妙法莲华经》还描述了如来与四种魔斗法的场景："如来亦复如是，于三界中为大法王，以法教化一切众生，见贤圣军与五阴魔、烦恼魔、死魔共战有大功勋，灭三毒，出三界，破魔网。尔时如来亦大欢喜，此《法华经》能令众生至一切智，一切世间多怨难信，先所未说而今说之。"[③]如来通过讲说《妙法莲华经》就能教化一切众生，指挥贤圣军与四种魔大战，破除魔网，显示出想象之夸张。王维诗文暗用什译中的魔王形象。

三、时空维度想象

罗什译经为我们展示了奇特的想象世界，无数时间、空间结构被包蕴在这个世界中，佛菩萨变化多端、不可思议的神通力都体现在各方世界自由游走、时空任意转换的奇特想象中，时空意象的展开使得佛经描述更具整体性、丰富度和层次感，也使佛经想象更加生动自由、奇幻绚丽。梵文"世界"一词具有时

---

① ［后秦］鸠摩罗什译：《维摩诘所说经》，《大正藏》卷一四，佛陀教育基金会出版部，1990年，第543页。
② ［印］龙树菩萨造，［后秦］鸠摩罗什译，王孺童点校：《大智度论》，北京：宗教文化出版社，2014年，第111页。
③ ［后秦］鸠摩罗什译：《妙法莲华经》，《大正藏》卷九，佛陀教育基金会出版部，1990年，第39页。

间和空间的双重含义,如《楞严经》所谓"世为迁流,界为方位;汝今当知,东西南北,东南、西南、东北、西北,上下为界,过去、未来、现在为世;方位有十,流数有三"①。从时间上来看,世界是前无始后无终的;从空间上看,世界是无边无际的。在时空想象中,罗什所译佛经展现出很多不同的世界景象,如西方极乐世界、三千大千世界等,这些都对王维诗文时空模式的表达产生重要影响。

(一)大千世界

一日月围绕照耀下的时空为一世界,一千个世界为一小千世界,一千个小千世界为一中千世界,一千个中千世界为一大千世界,又名三千大千世界,其范围包括欲界、色界、无色界等。什译中的三千大千世界与西方极乐世界、天界、地狱等一起构成宇宙立体空间,包含着各类浪漫奇幻、想象夸张之事,引发人们无尽联想。

如光明遍照此空间,《大智度论》"佛放光明,满三千大千世界"②"世尊举身毛孔,皆亦微笑而放诸光,遍照三千大千世界,复至十方如恒河沙等世界"③即是;如佛之大人相覆此空间,《阿弥陀经》"恒河沙数诸佛,各于其国出广长舌相,遍覆三千大千世界,说诚实言"④,《大智度论》"尔时,世尊出广长舌相,遍覆三千大千世界,熙怡微笑"⑤即是;如佛之神通力震撼此空间,《大智度论》"尔时,世尊故在师子座,入师子遊戏三昧,以神通力感动三千大千世界,六种震动"⑥即是;如佛之宝物散落于此空间,《大智度论》"所散宝华,于此三千大千世界上,在虚空中化成大台……是诸华盖、缨络遍满三千大千世界"⑦,《妙法莲华

---

① [唐]般剌密帝译:《楞严经》,广州:广州出版社,2003 年,第 39 页。
② [印]龙树菩萨造,[后秦]鸠摩罗什译,王孺童点校:《大智度论》,北京:宗教文化出版社,2014 年,第149 页。
③ [印]龙树菩萨造,[后秦]鸠摩罗什译,王孺童点校:《大智度论》,北京:宗教文化出版社,2014 年,第153 页。
④ 丁福保:《阿弥陀经笺注》,上海:华东师范大学出版社,2014 年,第 87-89 页。
⑤ [印]龙树菩萨造,[后秦]鸠摩罗什译,王孺童点校:《大智度论》,北京:宗教文化出版社,2014 年,第155 页。
⑥ [印]龙树菩萨造,[后秦]鸠摩罗什译,王孺童点校:《大智度论》,北京:宗教文化出版社,2014 年,第159 页。
⑦ [印]龙树菩萨造,[后秦]鸠摩罗什译,王孺童点校:《大智度论》,北京:宗教文化出版社,2014 年,第178 页。

经》"若复有人,以七宝满三千大千世界,供养于佛及大菩萨……"①即是;如佛所合之宝盖罩此空间,《维摩诘所说经》"佛之威神令诸宝盖,合成一盖,遍覆三千大千世界"②即是;如佛说法遍此空间,《维摩诘所说经》"饭香普熏毗耶离城,及三千大千世界"③即是;如佛法神异现于此间,《大智度论》"佛以神足放大光明,地六种震动,诸天雨种种妙华,满三千大千世界,以供养佛"④即可以看出,在三千大千世界里有无数佛菩萨施展神力教化众生,想象堪称绝妙。王维诗文虽未对三千大千世界进行如佛经般夸张的想象描写,但这一术语本身就蕴含无穷想象意味,成为王维诗文意象叙述的背景。如《夏日过青龙寺谒操禅师》"山河天眼里,世界法身中"认为法身广大无边,遍布世界一切现象;《能禅师碑》"世界一花,祖宗六叶"以三千大千世界结为一莲华,菩萨于其上结跏趺坐,喻世事瞬息万变;《大荐福寺大德道光禅师塔铭》"毛端族举佛刹,掌上断置世界"讲述菩萨以神通力用一毛端举放大千世界而毫无损伤,并将十方三千大千世界置其右掌而众生不觉世界往来;《为僧等请上佛殿梁表》"庶使大千世界,悉入盖中"结合前句"伏望天恩,内赐一伞"直取《维摩诘所说经》文意,希望圣上可以赏赐众僧宝伞礼佛,以此华盖遍覆三千大千世界并于其中观众生相;《和宋中丞夏日游福贤观天长寺之作》"墨点三千界",指于三千大千世界下墨点,喻往古久远,借指和尚修炼成佛以得永生;《为干和尚进〈注仁王经〉表》"三千世界,悉奉仁王",取世界广大无边意,指将整个世界都奉献给唐王。王维笔下的三千大千世界时空立体感足,形象逼真,想象富有奇幻意味,且与什译对相关意象的渲染有着惊人的相似,王维在想象技巧和内容运用上对什译的借鉴可见一斑。

(二)西方极乐世界

西方是太阳落山处,也是阿弥陀佛净土所在,梵语"西方"还有"未来"意,

---

① [后秦]鸠摩罗什译:《妙法莲华经》,《大正藏》卷九,佛陀教育基金会出版部,1990年,第54页。
② [后秦]鸠摩罗什译:《维摩诘所说经》,《大正藏》卷一四,佛陀教育基金会出版部,1990年,第537页。
③ [后秦]鸠摩罗什译:《维摩诘所说经》,《大正藏》卷一四,佛陀教育基金会出版部,1990年,第552页。
④ [印]龙树菩萨造,[后秦]鸠摩罗什译,王孺童点校:《大智度论》,北京:宗教文化出版社,2014年,第177页。

由此引申为来世。西方极乐世界是人死后的彼岸世界之一,具有时空的双重延展性,在什译中,西方极乐世界包含丰富故事、阐释深刻佛理、描绘奇幻景象,这与罗什夸张的想象技巧密不可分。王维在《〈西方变〉画赞》《给事中窦绍为亡弟故驸马都尉于孝义寺浮图画〈西方阿弥陀变〉赞》《大唐大安国寺故大德净觉禅师碑铭》中均有关于西方极乐世界的描绘,明显看出其对什译《阿弥陀经》想象情境的借鉴学习。比如王维"林分宝树,七重绕于香城""宝树成列"源自《阿弥陀经》"极乐国土,七重栏楯,七重罗网,七重行树,皆是四宝、周匝围绕,……彼佛国土,微风吹动诸宝行树及宝罗网,出微妙音,譬如百千种乐同时俱作"①。树木严整排列,既显示极乐世界的神圣庄严,又借树木依生命周期而生的现象与永恒相接,引导众生通过空间想象探索生命永恒。再如王维"金砂自映"源自《阿弥陀经》"极乐国土,有七宝池,八功德水,充满其中。池底纯以金沙布地"②。佛教以水为生命之源,无论七宝池还是八功德水,都喻示洁净,象征罪恶净除和生命轮回,极乐国土之装饰也极尽想象能事。王维"衣捧天花,六时散于金地""曼陀未落"则继承《阿弥陀经》中的天散妙华想象:"彼佛国土,常作天乐,黄金为地。昼夜六时,雨天曼陀罗华。其土众生,常以清旦,各以衣祴盛众妙华,供养他方十万亿佛。即以食时,还到本国,……"③王维的"水鸟法音""音和水鸟"均出自《阿弥陀经》"彼国常有种种奇妙杂色之鸟、……昼夜六时出和雅音,其音演畅五根、五力、七菩提分、八圣道分如是等法,其土众生闻是音已,皆悉念佛念法念僧。……是诸众鸟,皆是阿弥陀佛欲令法音宣流,变化所作"④,暗用水鸟鸣叫以宣法音的想象。此外,王维散文也与《维摩诘所说经·佛国品》《观众生品》中关于净土世界的描绘多相一致,明显可见王维在西方极乐世界情节塑造上对什译想象内容及手法的借鉴。

极乐世界作为阿弥陀佛净土可谓佛国天堂,其国土众生没有苦难,只有诸

① 丁福保:《阿弥陀经笺注》,上海:华东师范大学出版社,2014 年,第 53—71 页。
② 丁福保:《阿弥陀经笺注》,上海:华东师范大学出版社,2014 年,第 54—56 页。
③ 丁福保:《阿弥陀经笺注》,上海:华东师范大学出版社,2014 年,第 60—63 页。
④ 丁福保:《阿弥陀经笺注》,上海:华东师范大学出版社,2014 年,第 65—70 页。

种快乐和丰富多彩而世人难见的美妙景象，如十方圣众围绕阿弥陀佛听其说法；宝树成林，四宝环绕；池莲如轮，彩光玄妙；天花供佛，幽香四溢；鸟鸣雅音，助佛宣化等均洋溢着浪漫色彩，体现出想象的大胆夸张，表现了彼岸世界的庄严美好、富丽宏伟，展示了众人心中美轮美奂的理想乐园，令人憧憬神往。王维诗文塑造的这样一个极度美化的想象世界，实际是以什译西方极乐世界为蓝本进行的再创造，是佛教想象在王维诗文中的再现。

佛典文学中的想象是所有文学形态中最奇特玄妙且丰富多彩的，对其他文学作品类型的震撼力和影响力都不容小觑。正如胡适在《白话文学史》中所言："佛教的文学最富于想象力……对于那最缺乏想象力的中国古文学却有很大的解放作用。我们差不多可以说，中国的浪漫主义的文学是印度的文学影响的产儿。"①什译作品中的想象等表现手法最能反映梵经文学的本来面貌。什译展现的佛国世界寄托了人们的美好精神追求，他对佛国世界各种动植物意象的描述、佛菩萨神奇法力的刻画、时空维度的展示等，都体现了佛经文学极具夸张性的想象特点。这些奇妙想象随同罗什译经传至中原，为王维等文人接受并运用，形成作品整体意象并丰富了诗文的佛理内涵。反向分析王维作品，又可于其中启发引导众人对罗什经义作进一步理解。这一双向研究模式对探讨文学与佛教的融合具有重要意义。

第五节　鸠摩罗什偈颂翻译和创作对王维诗文的影响

偈颂是佛经文体的基本类型之一，是印度诗歌与佛理阐发相互交融的产物。梵经文体主要包括三部分：修多罗、伽陀与祇夜。修多罗是佛经中的长行，是文句连续、篇幅较长的散文，不押韵、无字数限制、句式不整齐；祇夜位于长行之后以韵文形式重复长行内容并进行总结提升；伽陀则于长行后以韵文形

---

① 胡适：《白话文学史》，天津：百花文艺出版社，2001 年，第 125 页。

式直接宣说佛义。后两者在佛经汉译后统称为偈颂。罗什所译《成实论》谓："何故以偈诵修多罗？答曰：欲令义理坚固，如以绳贯华，次第坚固；又欲严饰言辞，令人喜乐，如以散华或持贯华，以为庄严。又义入偈中，则要略易解。或有众生乐直言者，又乐偈说。又先直说法后以偈诵，则义明了，令信坚固。又义入偈中，则次第相著，易可赞说。"①偈颂因语浅意深、反复吟咏、形式短小而得以口耳传颂，因具韵律美感而利于传播，因言辞虔诚庄严而使人意念坚定有喜乐感，因所示宗教哲理深奥而为后人重视。汉译佛经最常见的一种行文格式便是先以散文长行说法，再以韵文偈颂总结提升或另述佛义，散、韵相间直至经文结束，罗什所译《妙法莲华经》《维摩诘所说经》《金刚经》等都属此类。

佛经的宗教本质及传法需要决定了汉译佛经的风格：既要简朴凝练又要雅俗共赏。因此什译为更好阐释佛理，往往借用各种文学体裁并辅以相应修辞技巧，他在翻译《十住毗婆沙论》时曾作偈曰："有人好文饰，庄严章句者。有好于偈颂，有好杂句者。有好于譬喻，因缘而得解。所好各不同，我随而不舍。"②偈颂文体是罗什经常用以增强译经文学性的手法，因为偈颂是佛经所有文体中文学创造性最强的③，从形制句式、语言风格、表达技巧到修辞手法都透露出浓郁的文学气息。罗什译偈还进一步影响了王维等中国文士偈颂类作品的创作，比如王维涉佛诗文就鲜明地受到罗什两类偈颂的影响：译经中的偈颂和罗什自创诗偈。

一、罗什译偈对王维偈颂的影响

什译偈颂在句式体例、语言修辞、音声韵律、内容类型等方面都影响了王

---

① [印]诃梨跋摩造，[后秦]鸠摩罗什译：《成实论》，《新编缩本乾隆大藏经》第 98 册，台北：新文丰出版公司，1998 年，第 448 页。

② [印]龙树菩萨造，[后秦]鸠摩罗什译：《十住毗婆沙论》，《新编缩本乾隆大藏经》第 82 册，台北：新文丰出版公司，1998 年，第 440 页。

③ 沈娜：《偈颂的流变研究——从偈颂到颂古》，安徽大学中国古代文学专业硕士学位论文，2014 年，第 18 页。

维某些散文结尾部分的偈颂写作,关涉篇目主要以下述四例为代表:

> 偈曰:稽首十方大导师,能于一法见多法,以种种相导群生,其心本来无所动。稽首无边法性海,功德无量不思议,于己不色等无碍,不住有无亦不舍。我今深达真实空,知此色相体清净,愿以西方为导首,往生极乐性自在。(《〈西方变〉画赞》)

> 乃为偈曰:菩萨神力不思议,能以一身遍一切。常转法轮无所转,众生随念得解脱。色即是空非空有,是故以色像观音。愿以净斯六趣福,回向过去不可得。(《绣如意轮像赞》)

> 赞曰:生因妄念,没有遗识,凭化而迁,转身不息,将免六趣,惟此十力。哀此仁兄,友于后生,不知世界,毕意经营,傍熏获悟,自性当成。(《给事中窦绍为亡弟故驸马都尉于孝义寺浮图画〈西方阿弥陀变〉赞》)

> 偈曰:五蕴本空,六尘非有,众生倒计,不知正受。莲花承足,杨枝生肘,苟离身心,孰为休咎!至人达观,与物齐功。无心舍有,何处依空?不着三界,徒劳八风。以兹利智,遂与宗通。愍彼偏方,不闻正法,俯同恶类,将兴善业。教忍断嗔,修慈舍猎。世界一花,祖宗六叶。大开宝藏,明示衣珠,本源常在,妄辙遂殊。过动不动,离俱不俱,吾道如是,道岂在吾!道遍四生,常依六趣,有漏圣智,无义章句,六十二种,一百八喻,悉无所得,应如是住。(《能禅师碑》)

(一)句式体例

从结构句式看,印度梵偈基本是四句一诗节,每句八音节,格式整齐且富有音乐节奏感。梵偈汉译后,基本仍为四句一诗节,但也有三、五、六句一诗节等情况,每篇由三至八言句式组成,每句字数相同。罗什译偈也是如此:其《维摩诘所说经》有七言、五言偈各1组,《妙法莲华经》有四言偈17组、五言偈63组,《大智度论》有四言偈16组、五言偈138组、七言偈37组、杂言偈3组。可知,罗什译偈以齐言句式为主,五言偈最多,七言偈、四言偈次之。王维前述四篇散文末尾偈颂中,四言、七言各两篇,其偈颂句式均可见诸罗什译偈。

佛经翻译初期,四言占据汉偈主要地位,句式经典且较庄严,一般用于佛、菩萨赞类文体,王维偈颂有两处采用这种端庄句式。东晋后五言偈数量增加,至隋唐时七言偈达到顶峰,生活于盛唐的王维便有两篇七言偈。可见,汉偈每句字数与中国诗歌整体演进方向一致,这说明译者译经时主动向中国主流文体靠拢,客观上也恰好满足了中原佛教受众的需求。什译在五七言偈颂完善成熟过程中发挥了重要作用,与中土五七言诗歌相互影响。王维偈颂创作既表现出他对以什译为代表的佛经译作的借鉴式学习,又表现出其与时俱进的发挥创造。偈颂多用于总结提升,因此什译往往用"以偈颂曰""以偈答曰""说偈言"等作为偈颂开始的标志,王维则变化为"乃为偈曰""偈曰"等,作用实际一致。

从体例来看,罗什译偈基本为四句一节,一篇偈颂由多节组成,形成回环往复格局,给人以气势壮阔之感,有利于佛法宣传。检阅罗什《妙法莲华经》五言偈,其中四句偈六个,八句偈十个,其余均为十二句以上偈,更有长篇大偈。相比而言,王维有一篇八句偈,两篇十二句偈,一篇二十句偈。《〈西方变〉画赞》四句一小偈,共三偈十二句,阐释法性本空思想并表达对西方极乐世界的向往;《给事中窦绍为亡弟故驸马都尉于孝义寺浮图画〈西方阿弥陀变〉赞》六句一小偈,共两偈十二句,阐释生死轮回的果报以及常居佛旁受熏习而获佛性;《能禅师碑》或两句或四句或八句一小偈,共十二偈二十句,揭示万法皆空,指出应泯灭身心、舍弃有无。偈颂以其精巧句式、恢弘体例宣讲佛教不可言说之法。

(二)语言修辞

从语言修辞看,罗什译偈与梵偈原典均以通俗易懂、简约生动为原则,将深奥复杂的佛理以具体形象的语言阐释出来,以较少字融摄深远意,以畅达语展示玄妙理。正如梁启超所言:"佛恐以辞害意且妨普及,故说法皆用通俗语,译家惟深知此意,故遣语亦务求喻俗。"[1]如阐释"诸法性空"的偈颂,《金刚经》

---

[1] 梁启超:《中国佛教研究史·翻译文学与佛典》,北京:三联书店,1988 年,第 129 页。

有著名的"一切有为法,如梦幻泡影,如露亦如电,应作如是观"①,《妙法莲华经》有"或见菩萨,观诸法性,无有二相,犹如虚空"②,都以质朴通俗流畅语揭示了法性本空,得天然语趣之妙。而王维《〈西方变〉画赞》"稽首无边法性海,功德无量不思议。于已不色等无碍,不住有无亦不舍。我今深达真实空,知此色相体清净"六句偈也赞叹了诸法、万物本性皆空,因此不可执着有无,偈颂语言风格与罗什译偈一致。

偈颂作为佛教文本,释理是其固有的内在要求,但偈颂还常采用修辞手法以增强经文生动性,罗什偈颂翻译亦不排斥,这与中国文学喜用各种修辞方式美化文句的思路是一致的。因此罗什所译艺术性更高的佛经作品其传播效果也更好。王维等人的偈颂创作显然也关注于此,他们对偈颂艺术技巧和行文手法的继承体现出译偈对中原诗文的影响。前述"诸法性空"例中,《金刚经》几个连续譬喻反复说明万法虚空本质,喻体常见但含蕴深刻,恰同于《高僧传》对什译的评价:辞喻婉约,莫非玄奥③。王维"稽首无边法性海,功德无量不思议"即采用比喻修辞,以海喻法性深广;采用夸张修辞,以不可思议形容诸法功德无量。王维其他偈颂中的修辞手法也有源自罗什译偈的,如《妙法莲华经·观世音菩萨普门品》"汝听观音行,善应诸方所,……心念不空过,能灭诸有苦。……具足神通力,广修智方便,十方诸国土,无刹不现身。种种诸恶趣,地狱鬼畜生,生老病死苦,以渐悉令灭"④采用夸张和想象修辞以偈颂形式宣扬观世音神通和慈心善性;王维《绣如意轮像赞》亦有相似偈颂:"菩萨神力不思议,能以一身遍一切。常转法轮无所转,众生随念得解脱"。再如《妙法莲华经》专以诗偈总结衣珠喻:"譬如贫穷人,往至亲友家,……以无价宝珠,系著内衣里,默与而舍去,时卧不觉知。……不觉内衣里,有无价宝珠。与珠之亲友,后见此贫人,苦切责

①［后秦］鸠摩罗什译:《维摩诘所说经金刚般若波罗蜜经》,《大正藏》卷八,佛陀教育基金会出版部,1990年,第752页。
②［后秦］鸠摩罗什译:《妙法莲华经》,《大正藏》卷九,佛陀教育基金会出版部,1990年,第3页。
③［南朝梁］释慧皎撰,汤用彤校注:《高僧传》,北京:中华书局,1992年,第53页。
④［后秦］鸠摩罗什译:《妙法莲华经》,《大正藏》卷九,佛陀教育基金会出版部,1990年,第57—58页。

之已,示以所系珠。贫人见此珠,其心大欢喜,富有诸财物,五欲而自恣。"①王维《能禅师碑》偈颂"大开宝藏,明示衣珠"亦取同一譬喻说理。此均可见罗什译偈在修辞上对王维偈颂创作的影响。

(三)音声韵律

从音声韵律来看,梵经佛偈具备音声美和韵律感。梵偈韵律由每句长、短音交错组合而成,一、三句韵律同,二、四句韵律同。罗什译偈不押韵者占绝大多数,押韵者只占极少数且并不严格。梵偈汉译后不押韵的原因有多种,一是梵语和汉文属于不同语言体系,"凡觐国王,必有赞德,见佛之仪,以歌叹为贵,经中偈颂,皆其式也"②。梵偈可披之管弦入乐歌唱,中原诗歌虽有音乐性,但已经很难完美表现梵典的音声之美, 即使如罗什这般梵汉文字兼通者也会因语言习惯、表达方式差异,而难以沟通异质文化并使译作与梵文偈颂保持一致。二是偈颂与诗歌"体同而用异",恰如齐己所言:偈颂"虽体同于诗,厥旨非诗也"③。梵偈只能说具备中国诗歌音步,其韵律感由音乐性所致,但并不等同于押韵,这是其与中国古体诗相似、近体诗相异之处,译偈的不押韵恰恰体现出其与梵偈的一致性。正如罗什所言:"改梵为秦,失其藻蔚,虽得大意,殊隔文体。"④梵偈在语言和内部韵律上与中国诗歌尚有较大差距,罗什译偈尽量与之相融,模仿汉诗齐言分行、押韵雅化、两句一组等形式特点,行文简洁生动又不失梵经自由本色, 但罗什实际从未把用于释理宣经的梵文偈颂和用于传情达意的中原诗歌完全对应起来。

考察罗什译偈的押韵情况,可知《维摩诘所说经》《妙法莲华经》中偈颂均不押韵,只有《大智度论》有几个采用隔句押韵、一韵到底或中间换韵的偈颂,如"时山神变为一女来欲试之,说此偈言:白雪覆山地,鸟兽皆隐藏;我独无所

① [后秦]鸠摩罗什译:《妙法莲华经》,《大正藏》卷九,佛陀教育基金会出版部,1990年,第29页。
② [南朝梁]释慧皎撰,汤用彤校注:《高僧传》,北京:中华书局,1992年,第53页。
③ 陈尚君:《齐己佚文〈龙牙和尚偈颂序〉考述》,《益阳师专学报》1994年第4期,第76—77页。
④ [南朝梁]释慧皎撰,汤用彤校注:《高僧传》,北京:中华书局,1992年,第53页。

恃,唯愿见愍伤"①,此偈押韵。"如偈说:若人入海遭恶风,海浪崛起如黑山;若入大阵斗战中,经大险道恶山间。豪贵长者降屈身,亲近小人为色欲,如是种种大苦事,皆为著乐贪心故"②,此偈前四句押同韵,后四句押同韵,中间换韵。王维自觉将罗什译偈吸纳进娴熟的诗文创作,使其焕发新的生命活力。《给事中窦绍为亡弟故驸马都尉于孝义寺浮图画〈西方阿弥陀变〉赞》偈颂四言十二句,《能禅师碑》偈颂四言二十句,这两篇隔句押韵且中间换韵,与罗什译偈一脉相承,只是罗什有些译偈篇幅较长,押韵只存于部分内容。另外,罗什有七言偈颂,但王维《〈西方变〉画赞》《绣如意轮像赞》均为不押韵的七言偈,这与罗什译偈大多数不押韵暗合。而王维近体诗押韵都很严格,这说明王维偈颂创作受其文体本身特点和风格的影响更大。无论罗什译偈还是王维诗偈,押韵都使汉偈多少具备梵偈的音声之美。而长远来看,从罗什开始出现七言偈颂到王维熟练创作七言诗歌,罗什采用当时俗体译经对中原七言偈颂甚至七言诗歌的发展和定型都有重要作用③。

(四)内容类型

从内容看,罗什译偈受晋宋文章多骈俪的影响,译偈语言优美,王维偈颂也多以之为内容来源。以《〈西方变〉画赞》中偈颂为例,梳理可知王维此段偈颂很多术语、文句及义理精华都出自罗什所译《维摩诘所说经》《大智度论》《妙法莲华经》《中论》《阿弥陀经》等。如"稽首一切大导师"是《维摩诘所说经·佛国品》佛偈原句,"能于一法见多法"出于《大智度论》"菩萨于一字中能说一切字,一语中能说一切语,一法中能说一切法"④。"以种种相导群生"句,"种种相"出自《妙法莲华经》"复见诸菩萨摩诃萨种种因缘、种种信解、种种相貌,行菩萨

---

① [印]龙树菩萨造,[后秦]鸠摩罗什译,王孺童点校:《大智度论》,北京:宗教文化出版社,2014 年,第 336 页。

② [印]龙树菩萨造,[后秦]鸠摩罗什译,王孺童点校:《大智度论》,北京:宗教文化出版社,2014 年,第 387 页。

③ 陈允吉:《古典文学佛教溯缘十论·中古七言诗体的发展与佛偈翻译》,上海:复旦大学出版社,2002 年,第 21 页。

④ [印]龙树菩萨造,[后秦]鸠摩罗什译,王孺童点校:《大智度论》,北京:宗教文化出版社,2014 年,第 510 页。

道"①;"群生"出自《维摩诘所说经》"以斯妙法济群生"②。"其心本来无所动"出自《大智度论》"如偈说：一切诸佛法，智慧及戒定，能利益一切，是名为菩提。其心不可动，能忍成道事，不断亦不破，是心名萨埵"③。"稽首无边法性海"句式同于首句，"法性海"源自《维摩诘所说经》"度老病死大医王，当礼法海德无边"④。"功德无量"出自《大智度论》"佛功德无量，名号亦无量"⑤。"不思议"出自《维摩诘所说经》"不思议品第六"。"于已不色等无碍"句，"不色"出自《大智度论》"诸佛不色中住"⑥，"无碍"出自《维摩诘所说经》"心常安住，无碍解脱"⑦。"不住有无亦不舍"出自《大智度论》"不与无法有法空亦不舍"⑧"如诸佛无所住心中亦不住，非不住心中亦不住，毕竟清净故"⑨"不取不舍，不住非不住"⑩。"我今深达真实空"句，"我今"出自《妙法莲华经》"我今从佛闻"⑪，"深达"出自《维摩诘所说经》"深达实相，善说法要"⑫，"真实空"意同《大智度论》"知一切诸法实相，所谓毕竟空"⑬。"知此色相体清净"，"知此"出自《妙法莲华经》"唯有如来知此众生种相体性"⑭，"色相"出自《妙法莲华经》"乃能见是菩萨色相大小、威仪进止"⑮，"体清净"出自《妙法莲华经》"虽未得无漏，法性之妙身，以清净常体，一切于中

① ［后秦］鸠摩罗什译：《妙法莲华经》，《大正藏》卷九，佛陀教育基金会出版部，1990年，第2页。
② ［后秦］鸠摩罗什译：《维摩诘所说经》，《大正藏》卷一四，佛陀教育基金会出版部，1990年，第537页。
③ ［印］龙树菩萨造，［后秦］鸠摩罗什译，王孺童点校：《大智度论》，北京：宗教文化出版社，2014年，第75页。
④ ［后秦］鸠摩罗什译：《维摩诘所说经》，《大正藏》卷一四，佛陀教育基金会出版部，1990年，第537页。
⑤ ［印］龙树菩萨造，［后秦］鸠摩罗什译，王孺童点校：《大智度论》，北京：宗教文化出版社，2014年，第10页。
⑥ ［印］龙树菩萨造，［后秦］鸠摩罗什译，王孺童点校：《大智度论》，北京：宗教文化出版社，2014年，第1064页。
⑦ ［后秦］鸠摩罗什译：《维摩诘所说经》，《大正藏》卷一四，佛陀教育基金会出版部，1990年，第537页。
⑧ ［印］龙树菩萨造，［后秦］鸠摩罗什译，王孺童点校：《大智度论》，北京：宗教文化出版社，2014年，第1252页。
⑨ ［印］龙树菩萨造，［后秦］鸠摩罗什译，王孺童点校：《大智度论》，北京：宗教文化出版社，2014年，第1067页。
⑩ ［印］龙树菩萨造，［后秦］鸠摩罗什译，王孺童点校：《大智度论》，北京：宗教文化出版社，2014年，第1163页。
⑪ ［后秦］鸠摩罗什译：《妙法莲华经》，《大正藏》卷九，佛陀教育基金会出版部，1990年，第29页。
⑫ ［后秦］鸠摩罗什译：《维摩诘所说经》，《大正藏》卷一四，佛陀教育基金会出版部，1990年，第544页。
⑬ ［印］龙树菩萨造，［后秦］鸠摩罗什译，王孺童点校：《大智度论》，北京：宗教文化出版社，2014年，第103页。
⑭ ［后秦］鸠摩罗什译：《妙法莲华经》，《大正藏》卷九，佛陀教育基金会出版部，1990年，第19页。
⑮ ［后秦］鸠摩罗什译：《妙法莲华经》，《大正藏》卷九，佛陀教育基金会出版部，1990年，第55页。

现"①。"愿以西方为导首"句,"愿以"出自《维摩诘所说经》"愿以威神加哀建立"②,"西方"出自《妙法莲华经》"西方二佛,一名阿弥陀,二名度一切世间苦恼"③。"往生极乐性自在"句,"往生极乐"出自《阿弥陀经》"是人终时心不颠倒,即得往生阿弥陀佛极乐国土"④,"性自在"出自《大智度论》"及法性生身,能自在化生"⑤。罗什译经语句精炼通俗,含义隽永,王维在偈颂创作中选用罗什译经文句阐述佛理,可谓恰到好处。

王维诗偈多为说理性或赞颂性,这与罗什译偈内容类型基本一致。如《〈西方变〉画赞》"于已不色等无碍,不住有无亦不舍"、《绣如意轮像赞》"色即是空非空有"、《能禅师碑》"五蕴本空,六尘非有。……苟离身心,孰为休咎。……无心舍有,何处依空"等,都阐释了万法本质皆空,不可执着外物的佛理。这与罗什译偈所阐释的"法性空"在内容及释理方式上均有一致之处,如《大智度论》:"如偈说:诸法性常空,心亦不著空;如是法能忍,是佛道初相。"⑥《中论》:"如偈说:诸法有异故,知皆是无性,无性法亦无,一切法空故。"⑦这类说理性偈颂多是佛陀等人对弟子的说法教诲,或佛弟子对佛禅的领悟,符合偈颂内容的说理性特点。王维在其他几篇偈颂中还表达了对佛陀、观世音无量功德、广大神通的景仰以及对西方极乐世界的向往之情,如《绣如意轮像赞》"菩萨神力不思议,能以一身遍一切。常转法轮无所转,众生随念得解脱",《〈西方变〉画赞》"稽首十方大导师,能以一法见多法。以种种相导群生,其心本来无所动。……愿以西方为导首,往生极乐性自在"与罗什在《妙法莲华经·观世音菩萨普门品》中以偈颂称赞观世音救苦救难的慈悲心理、在《如来寿量品》中以偈颂称赞如来

---

① [后秦]鸠摩罗什译:《妙法莲华经》,《大正藏》卷九,佛陀教育基金会出版部,1990年,第50页。

② [后秦]鸠摩罗什译:《维摩诘所说经》,《大正藏》卷一四,佛陀教育基金会出版部,1990年,第556页。

③ [后秦]鸠摩罗什译:《妙法莲华经》,《大正藏》卷九,佛陀教育基金会出版部,1990年,第25页。

④ 丁福保:《阿弥陀经笺注》,上海:华东师范大学出版社,2014年,第84页。

⑤ [印]龙树菩萨造,[后秦]鸠摩罗什译,王孺童点校:《大智度论》,北京:宗教文化出版社,2014年,第551页。

⑥ [印]龙树菩萨造,[后秦]鸠摩罗什译,王孺童点校:《大智度论》,北京:宗教文化出版社,2014年,第311页。

⑦ [隋]吉藏疏:《中论 百论 十二门论》,上海:上海古籍出版社,2011年,第34页。

佛祖常寂不动永恒不灭、在《药王菩萨本事品》中以偈颂称赞药王菩萨的善德醇厚、在《妙音菩萨品》中以偈颂称赞妙音菩萨增德根善本利益众生等是一致的。同时,偈颂教化众生的这一重要目的也在罗什译偈中有明确体现,如《妙法莲华经》有"尔时,世尊欲重宣此义,而说偈言:常行忍辱,哀愍一切,乃能演说,佛所赞经"①,以偈展示众弟子修行忍辱法、哀愍教化众生;《大智度论》"佛以忍为铠,精进为钢甲,持戒为大马,禅定为良弓,智慧为好箭,外破魔王军,内灭烦恼贼,是名阿罗诃"②,布施、忍辱、精进、持戒、禅定、智慧为六波罗蜜,罗什译偈将后五项喻指为铠、甲、大马、良弓、好箭,以鼓励佛弟子断除烦恼、到达彼岸。王维偈颂也蕴含此佛法教化意,如"教忍断瞋,修慈舍猎",教人以忍断绝瞋怒心;"本源常在,妄辙遂殊",真如、万有为宇宙本源常在,应断绝不合佛义的世俗行迹;"过动不动,离俱不俱",超越三界一切事物,离开一异等恶见妄想;"傍熏获悟,自性当成",常在西方变画旁受熏染就能获得佛教领悟。这些偈颂以言简意赅之语传达佛法教化之意,与罗什译偈一脉相承。

偈颂介于经文与诗歌之间,兼具二者之美,其文学表现与宣传教化功用并行不悖,增强了说理的通俗性、可信性和文艺性。其本身所具备的文学性特征使其在翻译过程中与中国传统诗歌碰撞并产生火花,对双方都有重要影响③,出现了一些亦诗亦偈的作品,体现出偈颂在佛教东传过程中所受中国传统文化的影响。佛经翻译对中国诗歌的语言形式有所借鉴,中国诗歌因佛教传入而产生新思想新内容,这种中外文化交流充分体现在罗什译经中。罗什译偈的说理性和文学性深刻影响了以王维为代表的后世文人的诗偈创作,启发了文人的新思路。王维所作诗偈充满丰富的佛禅诗意,有的直接阐释佛理,有的将禅意蕴藏在文字背后,还有的以佛教名相术语和典故直接入诗。罗什译偈激发了文人创作佛理诗的热情,尤其罗什自己的诗偈创作对王维更具示范作用。

① [后秦]鸠摩罗什译:《妙法莲华经》,《大正藏》卷九,佛陀教育基金会出版部,1990年,第39页。
② [印]龙树菩萨造,[后秦]鸠摩罗什译,王孺童点校:《大智度论》,北京:宗教文化出版社,2014年,第36页。
③ 孙尚勇:《中古汉译佛经偈颂诗学价值述略》,《宗教学研究》2009年第4期,第89—97页。

二、罗什所作偈颂对王维诗文的影响

罗什不但是译经家,还是一位诗人,其诗偈创作兼具佛偈和诗歌的双重特征,既阐释佛理又抒情言志,既有中国诗歌的形式和内涵,又具佛偈说理、教化功能,促进了诗偈创作的中国化,也深刻影响了王维等人的佛理诗创作。罗什共有三首诗偈传世:

> 十喻以喻空,空必待此喻。借言以会意,意尽无会处。既得出长罗,住此无所住。若能映斯照,万象无来去。(《十喻诗》①)
>
> 心山育明德,流薰万由延。哀鸾孤桐上,清音彻九天。(《赠法和》②)
>
> 既已舍染乐,心得善摄不。若得不驰散,深入实相不。毕竟空相中,其心无所乐。若悦禅智慧,是法性无照。虚诳等无实,亦非停心处。仁者所得法,幸愿示其要。(《晋庐山释慧远·罗什答慧远书》③)

几首诗歌阐释的虽是佛教义理,但读起来自然流畅,丝毫没有佛经佶屈聱牙之病④,下面主要以《十喻诗》为例与王维佛理诗进行对比分析。

(一)《十喻诗》

《十喻诗》是罗什讲说佛法时唱诵的佛偈,原载《艺文类聚》卷七十六、《诗纪》卷三十七,其被收入诗集可能与其句式和古诗相类有关。从文字押韵看,此诗偶数句均押韵,符合五言近体押韵规范。从内容看,罗什此诗包含的佛理及诗歌创作思路对其译经均有借鉴。从题目看,"十喻"为十种譬喻,这与佛经多以譬喻释佛理相合;什译作品使用此修辞最经典者当属《妙法莲华经》,该经有

---

① 吴小如等:《汉魏六朝诗鉴赏辞典》,上海:上海辞书出版社,1992年,第603页。

② [南朝梁]释慧皎撰,汤用彤校注:《高僧传》,北京:中华书局,1992年,第53页。

③ [南朝梁]释慧皎撰,汤用彤校注:《高僧传》,北京:中华书局,1992年,第217页。

④ 张昌红:《论诗、偈的异同及偈颂的诗化》,《河南师范大学学报(哲学社会科学版)》2012年第6期,第155—158页。

著名的"法华七喻":火宅喻、穷子喻、化城喻、药草喻、衣珠喻、髻珠喻、医子喻;《维摩诘所说经》也有天女散花喻、香积佛饭喻,诸如此类不可胜数。《十喻诗》表现手法的丰富性、赏析角度的多样性都为中国传统诗歌增加了更为绚烂的色彩。罗什此诗主要用于宣传佛理,不可避免显得情趣稍淡,但仍能从中感受到罗什缜密细致的思维、简练准确的语言以及深厚扎实的汉语功底。《十喻诗》蕴含了深刻的佛教哲理和强烈的思辨色彩,而这些又通过巧妙的文学手段得以更好呈现,从王维佛理诗创作中亦可看出其所受罗什此诗偈的影响。

首先,这首诗阐发了大乘空观思想。"十喻"在本诗偈中是指用具体意象比喻空观,谓真正的"空"必须借助比喻才能更好地表现出来。空是万物万法的本性,罗什译经多有提及,如其曾用"如梦如焰如水中月如镜中像"的譬喻证明"诸法皆妄见",什译还有"是身为空,离我我所",此外罗什还在"诸法究竟无所有是空义"下注释道:"本意言空欲以遣有,非有去而存空,若有去存空,非空之谓也。"①可知罗什所认为的大乘之空并非"虚空",而是"非有非无""无生无灭"的一种状态,而佛教空观恰喜以有无双遣的方式诠释万法皆空本质。诗偈开头紧紧围绕"空"字而来,与其译经作品一致,都对此佛教基本主题进行了深刻剖析,这说明罗什文学创作与其译经思想有一脉相承的关系。同时罗什此诗很多佛教术语都可在王维诗文中找到对应运用,又可见王维对罗什诗歌的学习借鉴。最鲜明者当数"空"字,《饭覆釜山僧》有"思归何必深,身世犹空虚"、《谒璿上人并序》有"浮名寄缨佩,空性无羁鞅"、《山中示弟》有"缘合妄相有,性空无所亲"、《夏日过青龙寺谒操禅师》有"欲问义心义,遥知空病空"、《青龙寺昙壁上人兄院集》有"高处敞招提,虚空讵有倪? ……眼界今无染,心空安可迷",都以生动形象之语阐明佛教的"空"义。王维诗歌也如罗什一般,采用比喻修辞展现"空"义,如《胡居士卧病遗米因赠》之"有无断常见,生灭幻梦受,即病即实相,趋空定狂走"、《与胡居士皆病寄此诗兼示学人》其一之"碍有固为主,趣空宁舍宾! ……色声非彼妄,浮幻即吾真"、其二之"浮空徒漫漫,泛有定悠

---

① [晋]僧肇等:《注维摩诘所说经》,上海:上海古籍出版社,1990年,第59页。

悠。……空虚花聚散,烦恼树稀稠",等等。此外,王维诗文还进一步表现了对我空、法空、空空的证悟,如《大唐大安国寺故大德净觉禅师碑铭》"雪山童子,不顾芭蕉之身"、《过沈居士山居哭之》"逝川嗟尔命,丘井叹吾身"都揭示了身空;《能禅师碑》"苟离身心,孰为休咎"、《戏赠张五弟諲三首》其三"我家南山下,动息自遗身"、《黎拾遗昕裴秀才迪见过秋夜对雨之作》"白法调狂象"、《过香积寺》"薄暮空潭曲,安禅制毒龙"、《大唐大安国寺故大德净觉禅师碑铭》"巧撮死龙,能调老象"、《苦热》"却顾身为患,始知心未觉。忽入甘露门,宛然清凉乐"等都指出应去除我执,调伏内心;《能禅师碑》"法本不生,因心起见"说明法空思想;《夏日过青龙寺谒操禅师》"欲问义心义,遥知空病空"则证悟了"空空"和"去空执"思想。

其次,这首诗表现了无生无灭的无常意。"住此无所住"否认了现象的实在性,与《大智度论》所谓"住是三昧中,观诸法念念无常,无有住时"①有异曲同工之妙;又与罗什对"迦旃延,诸法毕竟不生不灭,是无常义"所注解的"以住时不住,所以之灭住即不住,乃真无常也。本以住为有,今无住则无有,无有则毕竟空,毕竟空即无常之妙旨也"②相得益彰。"无住"即指万物本空、迁灭无常、无所停住,因此众人也应不依从任何事物,不执着万法,去除我执、法执与空执。此佛理在王维诗文中也有体现,《胡居士卧病遗米因赠》有"有无断常见"句,常见即有见,指执着于身心常住,认为法无生灭变迁,是一种错误见解;《〈西方变〉画赞》"不住有无亦不舍"则意识到法性不凝住也不舍弃空有,即不空不有、无生无灭;《绣如意轮像赞》"实无所住,常遍群生"则指出诸法迁流不息、生灭无常的状态;《为干和尚进〈注仁王经〉表》"无生以不生相传","不生"指诸法不生,不生即为不灭。

再次,罗什阐发了"意在言外,言不尽意"思想。罗什阐释道:真正的空要通过体悟获得,言语阐释不可能穷尽其意,必须通过个人默悟。这与"维摩无言"

---

① [印]龙树菩萨造,[后秦]鸠摩罗什译,王孺童点校:《大智度论》,北京:宗教文化出版社,2014年,第933页。

② [晋]僧肇等:《注维摩诘所说经》,上海:上海古籍出版社,1990年,第59页。

有异曲同工之妙。王维也有诗歌融"空观"于言意之变,这类诗歌集中表现了王维通过自然景物塑造空寂氛围,以形神的完美融汇展示断言语道。比如《鹿柴》,李瑛有言:"'人语响'是有声也,'返景照'是有色也。写空山不从无声无色处写,偏从有声有色处写,而愈见其空。"①沈德潜亦云:"佳处不在语言,与陶公'采菊东篱下,悠然见南山'同。"②前贤评价王维此诗,都言及其"空"境只可意会不可言传,正与维摩"默然无语"相应。又如《辛夷坞》"木末芙蓉花,山中发红萼。涧户寂无人,纷纷开且落",刘须溪评曰:"其意亦欲不著一字,渐可语禅。"③李瑛评曰:"幽淡已极,却饶远韵。"④盖后人评价也多从轻妙入神角度切入,关注景对情的完美书写及其中所体现出的情景交融深意。此处的无言之声,仅通过自然景物即可道出诗人胸中所感,无须再言便得真意。再如《酬张少府》"晚年唯好静,万事不关心。自顾无长策,空知返旧林。松风吹解带,山月照弹琴。君问穷通理,渔歌入浦深"表现了诗人囿于现实、希望归隐的强烈愿望,诗人松林独坐,任清风解带,伴明月弹琴,松林、清风、明月、素琴的高洁都表现出诗人对自由隐逸生活的追求,这也使得诗人生活带有隐者的淡泊恬静之趣;当张少府询问穷困与显达、得意与失意时,诗人用"渔歌入浦深"回答,该典源自《楚辞·渔父》:"渔父莞尔而笑,鼓枻而去。歌曰:'沧浪之水清兮,可以濯吾缨;沧浪之水浊兮,可以濯吾足。'遂去,不复与言。"⑤隐逸的山水之乐只可意会不可言传,只有身心合一去享受,才能领悟人生真谛。结尾两句问而不答,意味深远,可谓道出此诗妙处,言外之意自明,深得维摩诘"默然不语"之神。再如《鸟鸣涧》,胡应麟曰:"如'人闲桂花落,……''木末芙蓉花,……',读之身世两忘,万念皆寂,不谓声律之中,有此妙诠。"⑥李瑛也说:"鸟鸣,动机也;涧,狭境也。而先著'夜静春山空'五字于其前,然后点出鸟鸣涧来,便觉有一种空旷寂

---

① [清]李瑛:《诗法易简录》,载《续修四库全书1702》,上海:上海古籍出版社,2002年,第599页。
② [清]沈德潜选注:《唐诗别裁集》,上海:上海古籍出版社,1979年,第611页。
③ [唐]王维撰、[宋]刘辰翁评点:《须溪先生校本唐王右丞集》卷第四,北京:北京图书馆出版社,2005年,第6页。
④ [清]李瑛:《诗法易简录》,载《续修四库全书1702》,上海:上海古籍出版社,2002年,第599页。
⑤ [宋]洪兴祖:《楚辞补注》,北京:中华书局,1983年,第181页。
⑥ [明]胡应麟:《诗薮》,上海:上海古籍出版社,1979年,第119页。

静景象,因鸟鸣涧而愈显者流露于笔墨之外。一片化机非复人力可到。"①《鸟鸣涧》写出了春山夜间的寂静,凸显了万籁俱寂的静谧。花落、月出、鸟鸣,以动衬静,更使身处其中之人倍觉心静,愈发感受静中之动,鸟鸣山更幽。而夜间山林的空寂感源于白天喧闹场景的消散,亦源于诗人的禅心体悟。罗什与王维诗歌都短小精悍,有由言索意之味,但两者关系更多表现为:罗什以生动形象之语阐述佛理,王维以具体可感之情示现佛义,王维将自我关照与佛教义理糅合进山水田园之中,多选日常景物,将禅理、禅趣和景物结合并融入佛理诗创作,偈颂气息与罗什相比少了很多,但佛理诗融情入景的方式对佛教思想的阐释更有帮助。

(二)《赠法和》

法和本为道安译场一员,后来参与罗什译经,做出一定贡献,故罗什作十偈赠送法和,《高僧传》引用此诗,提及罗什"凡为十偈,辞喻皆尔"②。此诗对法和译经及弘法表示肯定赞扬:培育美德、法传天下,辉煌犹如哀鸾鸣于孤桐,也如法音贯彻九天。该诗五言四句,意蕴丰厚,言简意赅,二、四句末尾押韵使整首诗更显生动自然,以"哀鸾"和"孤桐"比喻自己的曲高和寡,修辞巧妙,诗歌所呈现的这些特点都显示出罗什扎实的汉语功底及古诗创作能力。这与陈允吉先生对该诗的评价颇为相似:"仅'由延'一处为梵语音译名词,从完整的一首短颂来说还是颇有诗味的。"③王维诗集也有几首赞颂友人的诗与罗什此诗相类,如《投道一师兰若宿》《寄崇梵僧》《谒璿上人》,几首诗或赞颂道一传法的实绩、崇梵僧甘于寂寞的高洁品性,或表达对璿上人佛法修为的崇敬之心;《燕子龛禅师咏》则表现出向往羡慕禅师一心修佛、甘于寂寞清苦,亦采用比喻、拟人等修辞手法,同于罗什此诗偈。而且,王维几首诗中的景物描写并不是为了陶冶情操、渲染气氛,而是为了反衬佛义,这一点与罗什此诗也极为相似。

---

① [清]李瑛:《诗法易简录》,载《续修四库全书1702》,上海:上海古籍出版社,2002年,第598页。
② [南朝梁]释慧皎撰,汤用彤校注:《高僧传》,北京:中华书局,1992年,第53页。
③ 陈允吉:《论佛偈及其翻译文体》,《复旦学报(社会科学版)》1992年第6期,第91—98页。

(三)《罗什答慧远书》中诗偈

罗什另外还有一首写给东晋慧远的偈颂也采用五言,阐释了罗什对于染乐、实相、空相、法性等术语的理解。"染乐"即王维《偶然作》其三"爱染日已薄,禅寂日已固"中的"爱染","实相"与《胡居士卧病遗米因赠》"即病即实相,趋空定狂走"之"实相"同,《维摩诘所说经》亦有"深达实相,善说法要"。"法性"即《〈西方变〉画赞》之"稽首无边法性海,功德无量不思议"之"法性"。实相、空相、法性皆为空,染乐也指未除空执时的烦恼。

罗什三首诗偈,从形式上看具备诗歌基本范式,如齐言、押韵、抒情等,但偈颂本质并未改变。王维佛理诗创作也有此特点,文人气息虽更加浓郁但最终还是要回归到偈颂宣扬佛理的根本目的上来。同时还可看出罗什诗歌创作的艺术技巧和思想内容对王维佛理诗创作在词汇选择和意义表达上的重要指导作用。

对比罗什译偈与诗偈可以发现,罗什诗偈阐发的佛理与其译偈思想已有机融为一体,因此在某种程度上阅读罗什的译作也是学习罗什的佛教思想。罗什译经既是对梵典的翻译,更是自己的再创作,而这又进一步影响了罗什自己的诗偈创作。从情感上看,罗什译经的根本原则在于忠实有效地传播佛法,因此翻译活动不能算是纯粹的文学创作。但从罗什译经原则和特色中仍可看出罗什经文翻译有着极大的创作空间,这一译经活动包含罗什源于教义认同基础上的情感投入。从这个角度讲,罗什译偈饱含诗歌创作所需之情感,这一特点鲜明体现在他自己所创诗偈中。因而罗什诗偈是其译偈与中土诗歌的一种糅合,这在某种程度上证明了罗什对汉语和中原文化的熟悉。罗什诗偈虽包含大量术语,但相较其译偈来说,外来气息没那么浓郁,语言也更加圆润生动,体现出汉语诗歌的特色。罗什诗偈虽也阐述佛理,但由于增加了自己的情感和创作体悟,诗歌韵味更加浓厚,其自创诗偈较符合东晋诗歌创作风范。但罗什译偈和王维散文偈颂都未在偈颂的外在形式上多下功夫,而是呈现出与汉译佛经案头文学相一致的特点:弱化梵典本身的吟诵唱导特点,重视佛经翻译在实际传播过程中对众生的教化引导作用。而王维佛理诗也可看作一定程度上对罗什译偈和诗偈创作的发展,是偈颂与中国传统诗歌进一步交融的结果。罗什诗偈类似佛典偈颂,偏重义理阐释,王维佛理诗则侧重义理阐释与自然山水、个人体悟的结合,含蓄而韵味无穷。无论是罗什译偈还是其所作诗偈都对王维的佛理诗创作有重要影响。

综上,如果说罗什译偈在形式上采用类同中国诗歌的方式,是基于佛经翻译与中国传统文学形态的结合,那么王维佛偈创作则是对以罗什为代表的广大译者译经叙述方式、节奏韵律、内容义理的自觉继承和发展。罗什译经要考虑梵文原典风貌,所以译偈在必要时会采用梵经回环往复的格式,但从整体来看,其译偈语言精练、叙事简洁者当在大多数;经文翻译多用修辞以增添趣味性,并有助于佛理的通俗化阐释。这些都被王维诗文继承,对罗什译经故实的引用更有利于王维阐释佛理思想。罗什译偈、自创诗偈与王维佛理诗文之间的关系,可谓中原文人学习、实践梵经译作的典范,也体现了中、印特定时期文化与文学的交流范式,对后世异域文化交往、传承研究仍有一定启发意义。

第六节 鸠摩罗什遮诠双谴说理方式
与王维诗文的"空观"解说

遮诠双谴说理方式在大乘佛典中广泛运用,罗什所译《金刚经》《妙法莲华经》《大智度论》《维摩诘所说经》中均曾采用这种手法阐释"空观"义理,其经文内容和行文方式都更好地展现了佛典的文学性特征,并影响了以王维为代表的唐代文人。尤其是王维对《维摩诘所说经》中遮诠双谴说理方式的借鉴和运用,更使王维涉佛诗文具有思辨性与文学性,深化了王维的哲理阐释并显示出其深厚的佛学功底。

一、遮诠双谴说理方式及其在什译大乘佛典中的应用

长尾雅人认为佛教"在以空或菩萨道展开话题时,其又一大特色是经常

使用矛盾、反论或逆说之类方法"①。这实际指出佛教经常以遮诠双谴方式阐释佛理。《实用佛学大辞典》"二门"条下有："遮诠门，谓遮遣其所非也；表诠门，谓显自利之德也。"②因此，遮诠与表诠是相对应的两种说理方式，所谓遮诠就是对那些难以用正面叙述的"表诠"方式说明事物本来面目的佛教词汇，通过否定反面相关名相的方法来说明事理的方式。"遮诠法所强调的一种基本思想是：……即要在否定中体悟事物的真理。"③双谴可以说是遮诠说理的一种特殊形式，即采用否定事物正、反两方面性质的方式进行说理。遮诠与双谴共同组成了"否定遮诠，双谴双非"的说理方式，其与佛教思维方法相契合，在佛经中多有呈现，尤其是大乘佛教文献多采用此法。遮诠双谴的说理方式在佛教释义中具有非常重要的作用，正如姚卫群先生所言："遮诠法的使用者看到了人们在现实生活中使用的概念、名相、范畴等在表明事物时所具有的局限性，实际上也就是看到了人的认识在把握事物本质时所具有的局限性。佛教（特别是大乘佛教）的理论向人们展示的是：人在认识事物时无论使用任何言语或名相都会有偏差，正面的直接陈述或诠表最多只能接近事物的本来面目。这种面目绝不可能通过人们附加给事物的各种属性或性质而真正展示出来，人们只能在不断地否定事物具有种种具体属性或性质的过程中来体悟事物。对这些属性或性质的不断否定实际也就是人们不断消除自己认识中不正确成分的过程，这将使认识者逐步接近事物的本来面目。遮诠法的使用者在一定程度上看到了事物之中存在着对立面的相互联系。他们意识到：否定事物具有一个属性并不意味着肯定与之对立的属性，而是应对两个对立或相反的属性都加以否定，在这种否定中来展示事物。这种'遮'的过程在客观上起到了一种纠偏的作用，借助一系列的"遮"，排除各种极端成分，摆脱错误的观念，使人们的认识保持客观。"④

① 转引自孙昌武：《中国文学中的维摩与观音》，北京：高等教育出版社，1996 年，第 65 页。
② 转引自胡遂：《中国佛学与文学》，长沙：岳麓书社，1998 年，第 425 页。
③ 姚卫群：《佛教中重要的思维方法——"遮诠法"》，《社会心理科学》2014 年第 6 期，第 3 页。
④ 姚卫群：《佛教中重要的思维方法——"遮诠法"》，《社会心理科学》2014 年第 6 期，第 40 页。

罗什所译大乘般若经典《金刚经》中的"如来说世界非世界,是名世界"①"庄严佛土者,即非庄严,是名庄严"②"所言法相者,如来说即非法相,是名法相"③即是双谴法的典型例证。几个例子都采用了双谴否定的经典句式:"A,即非A,是名A"三段论,第一句是所要阐释的内容,包括一切事物,可统称为"法";第二句通过"即非"二字对第一句所列内容的真实性进行否定,以表明万事万物万法并非真实,皆为虚妄;第三句则通过"是名"对第一句所要阐释的内容进行假有的描述,其实也是对第二句内容的再次否定,从而对第二句的直接否定予以缓和,达到行中道的目的。此处双谴的双重否定是为了体悟万"法"真相。④《金刚经》通过释迦牟尼佛与须菩提的对话阐述了如何发"阿耨多罗三藐三菩提",即怎样才能修证成佛;因此这部经书主要解决"心"的问题⑤,提出要"降伏其心",不执着于我相、法相、空相等,超越外显的一切假相,通达内心,在解空基础上真正觉悟阿耨多罗三藐三菩提的平等性,了知人人均可成佛。《金刚经》亦有多处以遮诠双谴方式阐释"空观"的内容。如"如来说第一波罗蜜,即非第一波罗蜜,是名第一波罗蜜"⑥(如来所说的第一波罗蜜,是第一不可取、不可说、不可得的,但并非真实的第一波罗蜜,只是名义上的第一波罗蜜)。第一波罗蜜也称般若波罗蜜,般若为诸法之母,佛法自体一无所有,连这一描述本身也一无所有。因此从般若处生发,万事万物皆为因缘和合而成,无自性,本性空,而波罗蜜所要到达的圆满彼岸也是不生不灭、不有不无、不垢不净的。对第一波罗蜜的名字也无须执着,因为它也只是外在名相而已。般若智慧以空观为

① [后秦]鸠摩罗什译:《维摩诘所说经金刚般若波罗蜜经》,《大正藏》卷八,佛陀教育基金会出版部,1990年,第750页。
② [后秦]鸠摩罗什译:《维摩诘所说经金刚般若波罗蜜经》,《大正藏》卷八,佛陀教育基金会出版部,1990年,第751页。
③ [后秦]鸠摩罗什译:《维摩诘所说经金刚般若波罗蜜经》,《大正藏》卷八,佛陀教育基金会出版部,1990年,第752页。
④ 李利安:《〈金刚经〉双谴否定法赏析》,《华夏文化》1997年第2期,第44页。
⑤ [后秦]鸠摩罗什原译,琼那·诺布旺典编著:《图解金刚经》,西安:陕西师范大学出版社,2007年,第22页。
⑥ [后秦]鸠摩罗什译:《维摩诘所说经金刚般若波罗蜜经》,《大正藏》卷八,佛陀教育基金会出版部,1990年,第750页。

基础,因此修行追随无所有、无所取、无所得的境界,布施、持戒、忍辱、精进、禅定也都彼此相容,无所执着,才能带领众生通达真正佛法。再如经中另外一处:"如来说三十二相即是非相,是名三十二相"①(如来所说的三十二相,都不是自相可得,不过是幻化成的庄严身相,名字是三十二相)。如来三十二相是佛陀入世后呈现的不同法相,都是虚幻不实的色身假相,并不是如来的真实法身。这句话本义是要启发引导众生领悟万法皆空,即使佛的报身也是虚相,但佛又要善巧方便教化众生,因此又要以身相为媒介去引导众生。《金刚经》还有"如来说一切诸相即是非相,又说一切众生即非众生"②,采用"A 即非 A"的遮诠句式,指出如来所说一切相实为非相,如来所说一切众生也不是众生。诸相、非相一致,众生、非众生无别,则是证悟空观,才能忍辱布施、通达佛道。

《妙法莲华经》也通过遮诠说理方式揭示空观,如"一切诸法,空无所有,无有常住,亦无起灭,是名智者,所亲近处。颠倒分别,诸法有无,是实非实,是生非生"③"观一切法,皆无所有,犹如虚空,无有坚固,不生不出,不动不退"④"一切诸法,皆悉空寂,无生无灭,无大无小,无漏无为"⑤。这三段文字通过对"法"的有无起灭、生出动退、大小漏为等性质的否定,以遮诠方式阐释了法空本质。《妙法莲华经》还揭示了世间万象本性为空:"如来如实知见三界之相,无有生死若退若出,亦无在世及灭度者,非实非虚,非如非异,不如三界见于三界。如斯之事,如来明见无有错谬。以诸众生有种种性、种种欲、种种行、种种忆想分别故,欲令生诸善根,以若干因缘、譬喻言辞、种种说法,所作佛事未曾暂废。"⑥这段文字首先指出如来以佛的如实知见关照三界实相,并以遮诠方式揭示三界实相特点:无有生死、若退若出、亦无在世及灭度者、非实非虚、非如非异、不如三

① [后秦]鸠摩罗什译:《维摩诘所说经金刚般若波罗蜜经》,《大正藏》卷八,佛陀教育基金会出版部,1990 年,第 750 页。

② [后秦]鸠摩罗什译:《维摩诘所说经金刚般若波罗蜜经》,《大正藏》卷八,佛陀教育基金会出版部,1990 年,第 750 页。

③ [后秦]鸠摩罗什译:《妙法莲华经》,《大正藏》卷九,佛陀教育基金会出版部,1990 年,第 37 页。

④ [后秦]鸠摩罗什译:《妙法莲华经》,《大正藏》卷九,佛陀教育基金会出版部,1990 年,第 37 页。

⑤ [后秦]鸠摩罗什译:《妙法莲华经》,《大正藏》卷九,佛陀教育基金会出版部,1990 年,第 18 页。

⑥ [后秦]鸠摩罗什译:《妙法莲华经》,《大正藏》卷九,佛陀教育基金会出版部,1990 年,第 42 页。

界见于三界,进而指出众生因有种种习性、欲念、行迹、忆想分别的原因,所以不能如佛一样看到事实本来面目,因此要采用因缘、譬喻、言辞等方式说法以使众生了悟万法万相皆空的真谛。涉及的遮诠双谴句式有"非A非B""是A非A""无A无B"等。

什译《大智度论》也有以遮诠双谴方式阐述空观的例证。在直接揭示法空本质的相关论述中,有以双谴否定方式成文的,如"如偈说:诸法不生不灭,非不生非不灭,亦不生灭,非不生灭,亦非不生灭,非非不生灭"①"何况闻知诸法实,不生不灭、不不生不不灭,而行因缘业亦不失"②"一切诸法实,一切法虚妄,诸法实亦虚,非实亦非虚"③。有以连续遮诠否定方式成文的,如"诸法亦如是,非自作,非彼作,非共作,非无因缘"④"诸法相中无所施,无施者,无受者,是三法性皆空;是性空法不可取,不可取相是性空"⑤。也有对法相进行阐释的,如"一切实一切非实,及一切实亦非实;一切非实非不实,是名诸法之实相"⑥"以诸法非实善相、非实不善相,非多相、非少相,非人、非畜生,非一、非异;以是故,汝难非也。如说诸法相偈:不生不灭,不断不常,不一不异,不去不来;因缘生法,灭诸戏论,佛能说是,我今当说"⑦"般若波罗蜜实相中,诸法非常相、非无常相,非有相、非无相"⑧。《大智度论》诸例以对虚实、生灭断常、一异来去、多少空有等名相的或肯定、或否定、或肯定否定兼顾、或肯定否定均弃的方式说明

---

① [印]龙树菩萨造,[后秦]鸠摩罗什译,王孺童点校:《大智度论》,北京:宗教文化出版社,2014 年,第 105 页。

② [印]龙树菩萨造,[后秦]鸠摩罗什译,王孺童点校:《大智度论》,北京:宗教文化出版社,2014 年,第 148 页。

③ [印]龙树菩萨造,[后秦]鸠摩罗什译,王孺童点校:《大智度论》,北京:宗教文化出版社,2014 年,第 758 页。

④ [印]龙树菩萨造,[后秦]鸠摩罗什译,王孺童点校:《大智度论》,北京:宗教文化出版社,2014 年,第 126 页。

⑤ [印]龙树菩萨造,[后秦]鸠摩罗什译,王孺童点校:《大智度论》,北京:宗教文化出版社,2014 年,第 1764 页。

⑥ [印]龙树菩萨造,[后秦]鸠摩罗什译,王孺童点校:《大智度论》,北京:宗教文化出版社,2014 年,第 10 页。

⑦ [印]龙树菩萨造,[后秦]鸠摩罗什译,王孺童点校:《大智度论》,北京:宗教文化出版社,2014 年,第 105 页。

⑧ [印]龙树菩萨造,[后秦]鸠摩罗什译,王孺童点校:《大智度论》,北京:宗教文化出版社,2014 年,第 1059 页。

空观,与《金刚经》《妙法莲华经》"空观"内容阐释大体一致,但所涉遮诠双谴句式更加多样化,有"A,非 A;A,亦非 A;非 A,非非 A""非 A 非 B""不 A 不 B""非不 A 非不 B,亦不 AB,非不 AB,亦非不 AB,非非不 AB""非 A 非不 A,不 A 非不 A""不 A 不 B、不不 A 不不 B",等等。

二、《维摩诘所说经》以遮诠双谴方式析"空观"的表现

通过上述什译以遮诠双谴方式阐释"空观"的例证可知:因万物万法本质为空,所以一方面罗什在描绘其特征时不能完全采用正面叙述的方式,需要经常使用带有"不""非""无"等否定字眼的词语,通过否定其反面意思、甚至不断否定各种正反意义来证悟事物本来面目并获得最高智慧;另一方面也道出语言文字在揭示事物本质特征时存在的释义局限性,因此不能对语言文字有所执着。这一说理方式在什译《维摩诘所说经》中得到极致发挥。①

《维摩诘所说经·弟子品》通过一系列反面否定,揭示了佛法本质:"夫说法者,当如法说。法无众生,离众生垢故;法无有我,离我垢故;法无寿命,离生死故;法无有人,前后际断故;法常寂然,灭诸相故;法离于相,无所缘故;法无名字,言语断故;法无有说,离觉观故;法无形相,如虚空故;法无戏论,毕竟空故;法无我所,离我所故;法无分别,离诸识故;法无有比,无相待故;法不属因,不在缘故;法同法性,入诸法故;法随于如,无所随故;法住实际,诸边不动故;法无动摇,不依六尘故;法无去来,常不住故;法顺空,随无相,应无作;法离好丑,法无增损,法无生灭,法无所归,法过眼耳鼻舌身心,法无高下,法常住不动,法离一切观行。"②什译此处首先以 17 个"法无……"和 3 个"法离……"的否定句式排除一系列"法"不曾具备的特点,并紧随其后以"……故"解释原因,揭示佛法本相,可谓遮诠典型。其中"法无名字,言语断故;法无有说,离觉观故"是说

① 孙昌武:《中国文学中的维摩与观音》,北京:高等教育出版社,1996 年,第 66 页。
② [后秦]鸠摩罗什译:《维摩诘所说经》,《大正藏》卷一四,佛陀教育基金会出版部,1990 年,第 540 页。

法不是文字、名称,因此不可言说;法也不可随意描绘,因为它远离一切感觉观照;实际揭示出不可执着关于"法"的一切名相的语言文字。并进一步以"法相如是,岂可说乎? 夫说法者,无说无示;其听法者,无闻无得。譬如幻士为幻人说法,当建是意而为说法;当了众生根有利钝,善于知见,无所挂碍,以大悲心,赞于大乘,念报佛恩,不断三宝,然后说法"①说明法相为空,本来就难以说清,因此说法者应无言说无显示、听法者应无所闻无所得,如同术士为其所变出的幻人说法一样。应当了悟众生佛法根基有异,因此证道也有快慢之别,要随其根基以合适方式进行引导,不能妄图言语断道,因为也不可能做到以言语完全揭示法空本质。《大智度论》也有:"今诸法非实非空,过诸语言道,毕竟寂灭相。"②《金刚经》亦言:"'须菩提,于意云何? 如来有所说法不?'须菩提白佛言:'世尊,如来无所说。'"③都指出法的名字只是暂时假相,是阐述法的玄奥妙理的工具,一切都是因缘和合而成,因此不必执着说法实相,而应去除语言文字之执。

相类阐释还出现在《观众生品》中:"舍利弗默然不答。天曰:'如何耆旧,大智而默?'答曰:'解脱者,无所言说,故吾于是不知所云。'天曰:'言说文字,皆解脱相。所以者何? 解脱者,不内不外,不在两间。文字亦不内不外,不在两间。是故,舍利弗,无离文字说解脱也。所以者何? 一切诸法是解脱相。'"④即采用"不 A 不 B"双遣句式,以诸法均有解脱相证明语言文字的解脱相。《弟子品》则从反向出发,以语言文字的解脱推论出诸法的解脱:"维摩诘言:'一切诸法,如幻化相,汝今不应有所惧也。所以者何? 一切言说,不离是相,至于智者,不著文字,故无所惧。何以故? 文字性离,无有文字,是则解脱。解脱相者,则诸法也。'"⑤即指出要破除法的文字相,"不著文字,无所畏惧",只有不执着语

---

① [后秦]鸠摩罗什译:《维摩诘所说经》,《大正藏》卷一四,佛陀教育基金会出版部,1990年,第540页。
② [印]龙树菩萨造,[后秦]鸠摩罗什译,王孺童点校:《大智度论》,北京:宗教文化出版社,2014年,第1735页。
③ [后秦]鸠摩罗什译:《维摩诘所说经金刚般若波罗蜜经》,《大正藏》卷八,佛陀教育基金会出版部,1990年,第750页。
④ [后秦]鸠摩罗什译:《维摩诘所说经》,《大正藏》卷一四,佛陀教育基金会出版部,1990年,第548页。
⑤ [后秦]鸠摩罗什译:《维摩诘所说经》,《大正藏》卷一四,佛陀教育基金会出版部,1990年,第540页。

言文字才能彻悟法空本质而得解脱。这些论述与钱钟书先生《管锥编》所云"古之哲人有鉴于词之足以害意也，或乃以言破言，即用文字消除文字之执，每下一语，辄反其语以破之"①暗合。

《入不二法门品》整品都用遮诠双遣方式阐述"言语断道"。本品 31 位菩萨各自言说如何入不二法门，有生灭不二，垢净不二，我、我所不二，我、无我不二，受、不受不二，是动、是念不二，有漏、无漏不二，有为、无为不二，世间、出世间不二，等等。文殊师利曰："如我意者，于一切法，无言无说，无示无识，离诸问答，是为入不二法门。"②31 位菩萨对"不二法门"的表诠解释都要借助语言文字，而这些论述都是片面的、非本质的；文殊师利所指出的"对一切法不言语不解说，不表示不分别，不发问不回答"，实际与上例中"法无名字，言语断故；法无有说，离觉观故""夫说法者，无说无示"表意一致，阐释了言语概念在事物本质认知中的缺陷，但文殊师利表达此意时仍未摆脱语言文字的束缚，有所执着。至维摩诘"默然无言"则终于解缚，是"真入不二法门"。该品实际通过对 31 位菩萨和文殊师利关于"不二法门"种种阐释的否定，说明语言文字因其自身局限是难以通过名相揭示事物本来面目的，如果想要达到佛法真谛，必须通过遮诠说理方式否定所有正面表述，而"默然"则是对所有语言文字的最大否定。这是从整品篇章结构上采用双遣遮诠方式，以对 31 位菩萨及文殊师利所说"入不二法门"的全部否定，最终引出所要肯定的维摩诘"默然无言"。但不可忽视的一点是，语言文字在阐述事物本质时虽存在缺陷，但又是佛说法过程中不可或缺的重要方式，众生只有首先理解语言文字背后的佛理，才可进一步通过自己的默思证悟万法真谛。而不管哪种说法方式都有其存在的合理性，也有其说法所适用的特定阶段。这正如《菩萨行品》所言："有以音声、语言、文字而作佛事；或有清净佛土，寂寞无言，无说无示，无识、无作、无为而作佛事。如是阿难，诸佛威仪进止，诸所施为，无非佛事。"③

① 钱钟书：《管锥编》第 1 册，北京：中华书局，1979 年，第 13 页。
② ［后秦］鸠摩罗什译：《维摩诘所说经》，《大正藏》卷一四，佛陀教育基金会出版部，1990 年，第 551 页。
③ ［后秦］鸠摩罗什译：《维摩诘所说经》，《大正藏》卷一四，佛陀教育基金会出版部，1990 年，第 553 页。

值得注意的是,在众菩萨以各自体悟说入不二法门时,罗什也多采用双谴遮诠方式阐释其中蕴含的空观思想。举例释之:

> 妙臂菩萨曰:"菩萨心、声闻心为二,观心相空如幻化者,无菩萨心,无声闻心,是为入不二法门。"①

度化他人的菩萨心与自度的声闻心相对立,但如果能认识到众生心相皆为幻化,就会既无菩萨心也无声闻心,因为众心皆是佛心,本质为空,没有差别。

> 师子意菩萨曰:"有漏无漏为二,若得诸法等,则不起漏不漏想,不著于相,亦不住无相,是为入不二法门。"②

有烦恼与无烦恼两相对立,但在万法皆空、平等无二的基础上,就不会产生有烦恼、无烦恼的分别想,也不会执着于有相或无相。此处以"不A不B"双谴手法否定凡夫、小乘所执着的有漏无漏法、有无之相,也是建立在其"得诸法等""等而为空"基础之上。

上述两例均采用"非A非B(不A不B,无A无B)"句式。又如:

> 乐实菩萨曰:"实、不实为二,实见者尚不见实,何况非实。所以者何?非肉眼所见,慧眼乃能见;而此慧眼,无见无不见,是为入不二法门。"③

乐实菩萨认为,法的实相并非肉眼可见,而是智慧法眼可见,智慧法眼既一无所见又无所不见,此即双谴句"无见无不见"所谓也。这是因为凡夫与小乘皆以万物万法为实相,大乘则以空为实相。空既为世间万物本性,那么大乘虽

---

① [后秦]鸠摩罗什译:《维摩诘所说经》,《大正藏》卷一四,佛陀教育基金会出版部,1990年,第550页。
② [后秦]鸠摩罗什译:《维摩诘所说经》,《大正藏》卷一四,佛陀教育基金会出版部,1990年,第550页。
③ [后秦]鸠摩罗什译:《维摩诘所说经》,《大正藏》卷一四,佛陀教育基金会出版部,1990年,第551页。

可观"无所不见"的万物,但万物的实有状态仍为"一无所见"的"空"。

上例采用"非 A 非不 A(无 A 无不 A)"句式。《入不二法门品》还有很多以"A 即 B"遮诠句式引出空观、证悟入不二法门的佛理,A、B 属于性质相类但意义明显相反或略有不同的词语,如以下七例:

> 喜见菩萨曰:"色、色空为二,色即是空,非色灭空,色性自空;如是受、想、行、识,识空为二,识即是空,非识灭空,识性自空;于其中而通达者,是为入不二法门。"①

色为自然界中的一切物质存在;空指万物皆无自体,虚幻不实;证悟色本性空即为色空。色与色空两相对立,色即是空,并非要等到事物消灭后才能证悟其空性,因为色为幻有,本性即空;识、空之关系同上,也是两相对立的,不用非得等到识性败灭后才见其空性,因为识之本性也是空。因此罗什将其译作"色即是空""识即是空"。这是菩萨了悟万法性空后对"五蕴皆空"的一种证悟。

> 善眼菩萨曰:"一相、无相为二,若知一相即是无相,亦不取无相,入于平等,是为入不二法门。"②

任何事物外在都呈现出一相,但本质却是空虚无相,一相与无相对立;但如果知道一相就是实相、无相,既不像凡夫那样执着于相,也不像小乘那样离相以求涅槃,就会拥有源自空观基础上的平等想。

> 明相菩萨曰:"四种异、空种异为二,四种性即是空种性,如前际后际

---

① [后秦]鸠摩罗什译:《维摩诘所说经》,《大正藏》卷一四,佛陀教育基金会出版部,1990 年,第 551 页。
② [后秦]鸠摩罗什译:《维摩诘所说经》,《大正藏》卷一四,佛陀教育基金会出版部,1990 年,第 550 页。

空,故中际亦空,若能如是知诸种性者,是为入不二法门。"①

四种异指地水火风四大,空种异指虚空性,二者相对,但四大本空,世界产生前、存在中、消灭后的整个过程都是虚空的,因此四种异、空种异名虽不同,实则无二。四大各有不同的相,是色法,空种为空法,凡夫、小乘认为色空为二,实际四大无实性,本性皆为空。

> 无尽意菩萨曰:"布施、回向一切智为二,布施性即是回向一切智性,如是持戒、忍辱、精进、禅定、智慧回向一切智为二;智慧性即是回向一切智性,于其中入一相者,是为入不二法门。"②

布施与回向一切智两相对立。布施,与持戒、忍辱、精进、禅定、智慧合称六度,既能自度又能度众生。回向也是度化众生,一切智指觉悟内外一切法相之智,又称佛智。智慧的本性与回向一切智的本性相同,都能了悟诸相为一相。因此六度与回向一切智实际是平等统一的,原因即在于其具有相同的空性。

> 深慧菩萨曰:"是空,是无相,是无作为二;空即无相,无相即无作。若空无相无作,则无心意识,于一解脱门,即是三解脱门者,是为入不二法门。"③

三解脱门为通往解脱之道的三种法门,为空解脱、无相解脱、无作解脱,三者名字虽异,本性均为一相;如果能意识到这一点,便不会执着于心、意、识,如若能证得其中任一解脱,三种解脱均可得证。因此"空即无相,无相即无作"所证悟的仍然是"A 即 B"遮诠句式下所反映的空观。

---

① [后秦]鸠摩罗什译:《维摩诘所说经》,《大正藏》卷一四,佛陀教育基金会出版部,1990 年,第 551 页。
② [后秦]鸠摩罗什译:《维摩诘所说经》,《大正藏》卷一四,佛陀教育基金会出版部,1990 年,第 551 页。
③ [后秦]鸠摩罗什译:《维摩诘所说经》,《大正藏》卷一四,佛陀教育基金会出版部,1990 年,第 551 页。

　　寂根菩萨曰:"佛、法、众为二,佛即是法,法即是众,是三宝皆无为相,与虚空等;一切法亦尔,能随此行者,是为入不二法门。"①

　　佛法众即佛法僧三宝,三者相对立,但实际上佛就是法、法就是僧,他们都呈现无为之相,与虚空等同,世间一切法也同于虚空。因此佛法众的本质也为空。"佛即是法,法即是众","A 即 B"遮诠句的合理性即建立在此空性基础之上。

　　上善菩萨曰:"身、口、意善为二,是三业皆无作相。身无作相,即口无作相,口无作相,即意无作相;是三业无作相,即一切法无作相。能如是随无作慧者,是为入不二法门。"②

　　三业指身业、口业、意业,身业清净指不奸杀盗淫,口业清净指非妄言恶语,意业清净指无贪嗔痴念,实际三业同诸法一样都没有造作相,身无造作即口无造作,口无造作即意无造作。此处"A 即 B"遮诠句式通过对三业造作相的否定,揭示了法空本质。

　　以下诸例则采用"A 即非 A"遮诠法阐释空观,《入不二法门品》共有三处:

　　那罗延菩萨曰:"世间、出世间为二,世间性空,即是出世间,于其中不入不出,不溢不散,是为入不二法门。"③

　　有生死烦恼的世间与无生死烦恼的出世间两相对立,罗什以"世间性空,即是出世间"的"A 即非 A"遮诠句式说明体悟世间本质为空即是出世间。那罗延菩萨了悟世间虽有诸种生死烦恼,但它们都没有独立性也并非常住不变,都是因缘和合而成的假有,因此缘起性空,世间本性为空,也便是出世间了,世

---

① [后秦]鸠摩罗什译:《维摩诘所说经》,《大正藏》卷一四,佛陀教育基金会出版部,1990 年,第 551 页。
② [后秦]鸠摩罗什译:《维摩诘所说经》,《大正藏》卷一四,佛陀教育基金会出版部,1990 年,第 551 页。
③ [后秦]鸠摩罗什译:《维摩诘所说经》,《大正藏》卷一四,佛陀教育基金会出版部,1990 年,第 551 页。

间、出世间平等无二。

> 心无碍菩萨曰："身、身灭为二，身即是身灭。所以者何？见身实相者，不起见身及见灭身，身与灭身，无二无分别，于其中不惊、不惧者，是为入不二法门。"①

罗什翻译"身即是身灭"亦采用"A即非A"遮诠句式，身与身灭，既两相对立又没有差别。原因在于：众生执着于此身实有，小乘菩萨追求此身寂灭；大乘菩萨既然知道身为五蕴和合而成，实相为空，便不会执着于身，也不会追求所谓的此身寂灭之相，因此身即身灭，皆为空。

> 电天菩萨曰："明、无明为二，无明实性即是明，明亦不可取，离一切数，于其中平等无二者，是为入不二法门。"②

电天菩萨深通智慧，有慧之明和无慧之无明本两相对立，但罗什"无明实性即是明"，以遮诠手法将"明"与"无明"统一起来，其契合处便在于它们的本性都是空，既不能执取也不能以任何数来限定。以平等心看"明"与"无明"，也是基于空观。

除此之外，罗什在《维摩诘所说经》其他品中也经常以《入不二法门品》上述遮诠双谴句式阐释空观思想。略释例分析如下：

（一）非A非B（不A不B）句式

> 迦叶，若能不舍八邪，入八解脱，以邪相入正法，以一食施一切，供养诸佛，及众贤圣，然后可食。如是食者，非有烦恼，非离烦恼；非入定意，非起定

---

① ［后秦］鸠摩罗什译：《维摩诘所说经》，《大正藏》卷一四，佛陀教育基金会出版部，1990年，第551页。
② ［后秦］鸠摩罗什译：《维摩诘所说经》，《大正藏》卷一四，佛陀教育基金会出版部，1990年，第551页。

意;非住世间,非住涅槃。其有施者,无大福,无小福;不为益,不为损。是为
正入佛道,不依声闻。(《弟子品第三》①)

维摩诘以对"有、离烦恼""入、起定意""住世间、涅槃"的双遣否定说明乞
食者所应具备的状态;又以对"大、小福""为益、为损"的双遣否定指出施主和
受施之人所应持有的态度,揭示这才是入佛道之正途。维摩诘指出行乞者不应
有分别心,而应像大乘一样不分贫富地去行乞;行乞者还应摆脱为食而食、为
众生种福田而行乞的心态,不去分别众生福德大小损益,避免落入"有"的执
着。这里所谓"去除分别心"即希望众生怀有平等之心,而此平等心源于万物万
法的空性。因此,以平等心做事也是领悟空观后的内心解脱。

迦旃延,诸法毕竟不生不灭,是无常义;五受阴洞达空无所起,是苦义;
诸法究竟无所有,是空义;于我无我而不二,是无我义;法本不然,今则无
灭,是寂灭义。(《弟子品第三》②)

维摩诘从大乘佛教角度演说"无常""苦""空""无我""寂灭"要义,首先以
双遣方式揭示诸法不生不灭的根本,引出其无常真义;由小乘佛教之"五阴皆
苦"在大乘佛教看来是毕竟性空,引出"苦性本空"的真义;由空无所有、无所存
在,引出空之真义;由我与无我没有差别,引出无我之真义;最后由法既非真实
存在也就无所谓消灭,引出寂灭之真义。开头采用双遣句式说明法性本空,成
为后续一系列论述的基础。这种直接以双遣句式阐释法空本质的手法还出现
在《菩萨品》和《观众生品》。《菩萨品》有"知一切法不取不舍,入一相门,起于慧
业"③,以对"法"之"取舍"的双重否定说明菩萨应如何以法度人,实际也表明因
诸法本质虚空所以应具平等观,对一切法不起分别心。《观众生品》有"是故,佛

---

① [后秦]鸠摩罗什译:《维摩诘所说经》,《大正藏》卷一四,佛陀教育基金会出版部,1990年,第540页。
② [后秦]鸠摩罗什译:《维摩诘所说经》,《大正藏》卷一四,佛陀教育基金会出版部,1990年,第541页。
③ [后秦]鸠摩罗什译:《维摩诘所说经》,《大正藏》卷一四,佛陀教育基金会出版部,1990年,第543页。

说一切诸法,非男非女"①。天女在维摩诘说法时撒落天花,以花朵是否粘衣判断听法者内心是否有执。舍利弗等小乘僧侣还执着于法的分别想,因此花粘而不落;他还认为天女已具备大神通,因此应女转男身呈现男相。天女为教化舍利弗舍弃男女相之别,利用神通与舍利弗互换身相,并以双遣否定方式揭示法性本空,并无男女身相之别。

除男女身相外,《见阿閦佛品》还以双遣手法揭示如来之相:

> 尔时,世尊问维摩诘:"汝欲见如来,为以何等观如来乎?"维摩诘言:"如自观身实相,观佛亦然。我观如来:……不一相,不异相;不自相,不他相;非无相,非取相;不此岸,不彼岸,不中流,而化众生;观于寂灭,亦不永灭。不此不彼;不以此,不以彼。不可以智知,不可以识识;无晦无明;无名无相;无强无弱;非净非秽;不在方,不离方;非有为,非无为;无示无说;不施不悭;不戒不犯;不忍不恚;不进不怠;不定不乱;不智不愚;不诚不欺;不来不去;不出不入;一切言语道断;非福田,非不福田;非应供养,非不应供养;非取非舍;非有相,非无相;同真际,等法性;不可称,不可量,过诸称量。非大非小;非见非闻,非觉非知,离众结缚;等诸智,同众生,于诸法无分别;一切无失,无浊无恼,无作无起,无生无灭,无畏无忧,无喜无厌;无已有,无当有,无今有;不可以一切言说分别显示。世尊,如来身为若此,作如是观。以斯观者,名为正观;若他观者,名为邪观。"(《见阿閦佛品》②)

当世尊问维摩诘如何观如来时,维摩诘认为应以看待自身实相看待如来。随后便以 38 组双遣否定句式描述维摩诘所观之如来。以首句为例进行分析:如来法身即佛身,是无相之身,所以既非同一之相也非不同之相,既非自相也非他相,既非虚无相也非执着相;一相与异相、自相与他相、无相与取相,词意

---

① [后秦]鸠摩罗什译:《维摩诘所说经》,《大正藏》卷一四,佛陀教育基金会出版部,1990 年,第 548 页。
② [后秦]鸠摩罗什译:《维摩诘所说经》,《大正藏》卷一四,佛陀教育基金会出版部,1990 年,第 554—555 页。

相反,罗什以双遣手法否定观如来之相时有一、异,自、他,无、取的差别。紧随其后,罗什亦以35组双遣否定句式继续说明应如何正确观如来之形、观如来法身、观如来性空。在维摩诘眼中,如来无处不在、不贪著彼此世间、无晦暗亦无光明、无名无相、不强不弱、不净不秽、无施予悭吝、无守犯戒、无忍辱嗔恚、无禅定乱意、无智慧愚痴、无诚实欺骗、无来去、无出入、无生灭、无增减、无大小、无见闻、无长短、无方圆、无内外等,以此观佛即为正观,其他均为邪观。大乘佛教有"生佛一如"说,指众生与佛在实相上没有差别。因为万法皆空,佛性即法性,即实相,即真如涅槃,即众生。因众生与佛相都是幻化所成,所以都是平等无差别的,因此维摩诘有言"如自观身实相,观佛亦然"。以上双遣表述揭示了万法空性是观如来如此的原因。

> 彼罪性不在内,不在外,不在中间,如佛所说:心垢故众生垢,心净故众生净。心亦不在内,不在外,不在中间。如其心然,罪垢亦然;诸法亦然,不出于如。(《弟子品第三》①)

本段有两处采用"不A不B"双遣句式,所谓"罪性不在内,不在外,不在中间"是指罪过的本质不在心内、不在心外,也不在中间;"心亦不在内,不在外,不在中间"指心的本质不在心内、不在心外,也不在中间;并进一步指出万法同理,如若用此双遣句式表达,便是《大智度论》中所谓"一切诸法不内、不外、不中间等"②。罪性的有无、众生的垢净皆因心有分别,但心不在内、外、中间,实际心并无主宰,本相为空,又怎会有罪性的有无、众生的垢净之分呢?因此,罪性空、众生空、心空、万法亦空。唯有悟此才能得到解脱,不增束缚。本品"心不住内,亦不在外,是为宴坐"③也是采用"不A不B"双遣手法,不断否定"心"应放

---

① [后秦]鸠摩罗什译:《维摩诘所说经》,《大正藏》卷一四,佛陀教育基金会出版部,1990年,第541页。

② [印]龙树菩萨造,[后秦]鸠摩罗什译,王孺童点校:《大智度论》,北京:宗教文化出版社,2014年,第829页。

③ [后秦]鸠摩罗什译:《维摩诘所说经》,《大正藏》卷一四,佛陀教育基金会出版部,1990年,第539页。

置的处所,指出真正的宴坐并非远离世间、追求入灭寂定,而是心不落内外,不执不着,无所滞碍,不断烦恼而入涅槃。这也是证悟法空后的去除法执。本品"罗睺罗,夫出家者,无彼无此,亦无中间"①,也通过对方位的双遣舍弃,从反面否定角度揭示了出家者所应具有的心态:真正出家修道之人,既不贪图涅槃之彼岸,也不乐享世俗之此岸,同时还不停滞于彼此间;出家者应摒弃出世、入世的差别,不坏世俗诸法诸事,不刻意追求出离世间的清净。实际"出家"也只是一个假有的名词而已,因为万法皆空,实际无家可出。

《文殊师利问疾品》有"是故,菩萨不当住于调伏、不调伏心,离此二法,是菩萨行;……非凡夫行,非贤圣行,是菩萨行;非垢行,非净行,是菩萨行"②。此段主要阐述何为"菩萨行",三句话均采用"非 A 非 B"双遣句式,意即:菩萨应当不满足于调伏心的状态(小乘僧侣调伏内心以断除烦恼、追求寂灭、得证涅槃),也不应该放弃调伏心(凡夫不调伏内心,因此心有所攀援、缠缚,会产生烦恼),而要超越这两种状态,了悟世间万法皆空,但又不住于空;既能摆脱生老病死等烦恼邪见的束缚,不住于"不调伏心",也能以大悲心解脱众生、不生厌倦,不住于"调伏心",这才是菩萨行,是大乘佛教所提倡践行的中道。此外,菩萨行否定凡夫、贤圣行,否定净、垢行,都是因为觉悟两者皆空、不必执着,指出游于中道方可度化众生及小乘。以双遣手法表达中道思想还出现在《菩萨行品》中:"如菩萨者,不尽有为,不住无为。"③如果是修菩萨道,即是修不断世间有为的缘起法、不贪寂灭无为的涅槃法。有为法指世间万物都处于互相联系、生灭变化中,以生、住、异、灭为事物的特征;无为法与有为法相对,指了悟万法皆空,因此一切都不生不灭、永恒不变。"不尽有为"指菩萨有无量智慧,愿众生远离苦恼,因此以慈悲为心,知足常乐,上求佛道,下化众生。菩萨之"不尽有为"用来破凡夫病。"不住无为"指菩萨因具无量福德和大慈大悲心,故了悟万法皆空但又不住于空,不住世间亦不住涅槃,可断烦恼又不断烦恼。菩萨之"不

① [后秦]鸠摩罗什译:《维摩诘所说经》,《大正藏》卷一四,佛陀教育基金会出版部,1990 年,第 541 页。
② [后秦]鸠摩罗什译:《维摩诘所说经》,《大正藏》卷一四,佛陀教育基金会出版部,1990 年,第 545 页。
③ [后秦]鸠摩罗什译:《维摩诘所说经》,《大正藏》卷一四,佛陀教育基金会出版部,1990 年,第 554 页。

住无为"用来破小乘之病。这又涉及佛教另一个相关名词"谛",梵文 Satya,指真实无缪的道理,即真理。有为法是俗谛,是凡夫凭借习惯或经验就可体会到的浅显明了的道理,为众生所知,是世之所"有";无为法是真谛,指有佛法修为的声闻缘觉等入道者觉悟出的万物万法实相,为小乘僧侣所知,是世之所"空"。佛教所谓"有空不二"即指不偏于有也不偏于空,既空既有、非空非有、破空破有、不落两边,其表意与"不尽有为,不住无为"相一致,罗什即以此双谴否定句式指出菩萨应行"中道"。

（二）非 A 非非 A（无 A 无不 A、不 A 不非 A）句式

说法不有亦不无,以因缘故诸法生。（《佛国品第一》①）

本句采用"不 A 不非 A"句式,解释了诸法因缘而生,因此法呈现出不有不无、有无皆可的状态,实际上法性本空,"有无"并未有实际区别。

时维摩诘取我钵,盛满饭,谓我言:"唯,须菩提！若能于食等者,诸法亦等;诸法等者,于食亦等。如是行乞,乃可取食。若须菩提不断淫怒痴,亦不与俱,不坏于身,而随一相,不灭痴爱,起于解脱,以五逆相,而得解脱,亦不解不缚;……非得果,非不得果;非凡夫,非离凡夫法;非圣人,非不圣人;虽成就一切法,而离诸法相,乃可取食。"（《弟子品第三》②）

维摩诘这段文字指出:如果乞食时能作平等想,那么一切法也是平等的;如果对一切法作平等想,乞食时也会无分别心。因此"虽修行成就一切法,又不执着于种种法相"便是维摩诘所要阐释的核心,即法本身也是幻相,所以应破除法执、法相,获得"法空"思想。罗什刻意采用"非 A 非非 A"双谴句式说明"法

---

① ［后秦］鸠摩罗什译:《维摩诘所说经》,《大正藏》卷一四,佛陀教育基金会出版部,1990 年,第 537 页。
② ［后秦］鸠摩罗什译:《维摩诘所说经》,《大正藏》卷一四,佛陀教育基金会出版部,1990 年,第 540 页。

空":"不断淫怒痴,亦不与俱,不坏于身,而随一相,不灭痴爱,起于解脱,以五逆相,而得解脱,亦不解不缚",都是针对小乘佛教执着于戒除贪嗔痴念,认为身心俱灭才能得以解脱,犯五逆重罪不能解脱;因此还没有对断与俱、坏与随、灭与起、解与缚等以平等心待之,所以未悟法空。维摩诘进一步对须菩提提出他证悟法空的条件:并非已得正果,也并非不能得正果;虽不是凡夫,但不离世间法则;虽不是圣人,但不出世间法则。只有如此才能认清法空实相,最后达到不借助语言文字而直悟法性平等,实现真正的无所分别、自由无碍。

  舍利弗言:"女身色相,无在无不在。"天曰:"一切诸法,亦复如是,无在无不在。"(《观众生品》①)

  此句采用的是"无 A 无不 A"双遣句式,由舍利弗自己所体悟的女身色相"无在无不在"延展出天女所总结的诸法"无在无不在"。此推论的前提是万物、诸法本质皆空无虚幻,因此才会有无在无不在的状态。

（三）A 即 B 句式

  尔时,文殊师利问维摩诘言:"菩萨云何通达佛道?"维摩诘言:"若菩萨行于非道,是为通达佛道。"(《佛道品》②)

  文殊师利询问维摩诘,菩萨如何才能进入佛的正道;维摩诘说菩萨的所作所为有违佛道,才能通达佛的正道。这句即采用遮诠法中的"A 即 B"句式。该品接下来解释了菩萨行于非道的表现:犯了五种可坠入无间道的罪恶,但又没有恼怒嗔恚;坠入地狱,又不执着于任何罪恶苦业;坠入畜生道,又没有愚痴、无明、骄慢之心;坠入饿鬼道,又没有圆满的福德;行为符合色界、无色界规则,又

---

① [后秦]鸠摩罗什译:《维摩诘所说经》,《大正藏》卷一四,佛陀教育基金会出版部,1990 年,第 548 页。
② [后秦]鸠摩罗什译:《维摩诘所说经》,《大正藏》卷一四,佛陀教育基金会出版部,1990 年,第 548—549 页。

不止步于此,要有更高追求。维摩诘在这里指出菩萨通过相悖于佛道的行处方式度化众生,更能示现其大苦大悲心及教化众生的善巧方便。下化众生是菩萨发菩提心的方式之一,菩萨要从五无间地狱、畜生、饿鬼等非道入手,表面看来是背道而驰,实际仍内行佛道而终获成就;菩萨既不像凡夫一样沉迷苦海,看不透生死烦恼,也不像小乘僧侣一样远离世俗,只想获得涅槃重生;他们已经了悟万法皆空,因此乐于自入烦恼痛苦境界并于其中酝酿出对众生的悲悯同情心,设身处地以逆反之行实施教化之道。

《维摩诘所说经》中还出现上述几种遮诠双谴句式交互使用的情况,如:

> 文殊师利言:"居士所疾,为何等相?"维摩诘言:"我病无形不可见。"又问:"此病身合耶?心合耶?"答曰:"非身合,身相离故;亦非心合,心如幻故。"又问:"地大、水大、火大、风大,于此四大,何大之病?"答曰:"是病非地大,亦不离地大;水火风大,亦复如是。"(《文殊师利问疾品》①)

维摩诘解释生病原因时,首先提到此病"非身合,身相离故;亦非心合,心如幻故"。以"非 A 非 B"句式阐述了此病既与身无关,也与心无关,原因在于:身相本来就是离散之相,心本来就是虚幻的,与万物空性相一致,因此要去除我执、法执;文殊师利进一步问道:既然地水火风四大假合而有身相,如果身相离散,四大又会有何病患呢?维摩诘以"是病非地大,亦不离地大"答之,采用"非 A 非非 A"句式,说明"病既不在四大之上,又与其有一定关联"。维摩诘实际想表达:菩萨看到众生生病,自己也会生病;而众生病因不仅在于四大引发的"身病",还在于因不明四大本空、有所执着而产生的精神烦恼,即有别于前者的"心病"。罗什采用双谴手法助维摩诘揭示出:菩萨生病源于众生不能了悟万事万物万法皆空,而菩萨也要进一步调伏内心,去除我执、法执、空执,证悟身空、法空、空空。只有这样,有疾菩萨才可痊愈。

---

① [后秦]鸠摩罗什译:《维摩诘所说经》,《大正藏》卷一四,佛陀教育基金会出版部,1990 年,第 544 页。

三、王维诗文以遮诠双谴方式解说"空观"及其与罗什译经的关系

罗什译经中遮诠双谴说理句式的运用使得经文更富哲理思辨性和文学性,而这又启发影响了王维涉佛作品的行文论证方式,王维以空观为基础、采用遮诠双谴方式阐释的佛理几乎都可在罗什译经中找到依据。

(一)法身说

　　法身无对,非东西也。(《〈西方变〉画赞》)

所谓"法身无对,非东西也"是指法身(法性或佛身)为一切现象的共性和本源,是其他现象所不可比拟的,法身广大无边,既不在东方也不在西方,遍布于一切现象中。王维以"非AB"的双谴句式对"东""西"都进行了否定,实际是说法身不可固定,无所不在。前文所引《维摩诘所说经·见阿閦佛品》中有维摩诘观如来相的相关描述,其中"不此岸,不彼岸,不中流,而化众生"即指如来既不在生死此岸,也不在涅槃彼岸,亦不在此岸彼岸之间,但又无处不在地教化众生;"不在方,不离方"也是指如来既不在一定的方所之内,也并非离方所而独存。两处均指出如来作为佛法身无所不在。王维此处释理及句式皆与罗什译经同。

(二)有空说

　　净土无所,离空有也。(《〈西方变〉画赞》)

"净土无所,离空有也"是指只要了悟不空不有之理,净土也无所不在。"离空有"也可说成"不空有"或"不空不有"。王维诗文出现多处以遮诠双谴手法阐述"有空"思想的内容。如《荐福寺光师房花药诗序》"心舍于有无,眼界于色空,皆幻也,离亦幻也"。此句意谓:止于有(否认诸法皆空)或止于无(否认假有),

都不符合事物的真实状况;离于有或离于无,也不符合事物的真实状况。此句采用双遣句式表达了对执着、舍弃有无的双重否定,如若用标准的双遣格式句表示则应为:"心非舍于有、无,非离于有、无;眼非界于色、空,非离于色、空。"《能禅师碑》有"无有可舍,是达有源;无空可住,是知空本"。其中,"无有可舍,无空可住"以"无 A 无 B"句式表明能禅师对待"有空"的态度:彻底舍弃万有,且不执着于空。《〈西方变〉画赞》中"不住有无亦不舍",则以"非 A 非非 A"句式揭示出法性不凝住于空有,也不舍弃空有(即不空不有)的一种状态。《能禅师碑》"无心舍有,何处依空",意即自然地舍弃万有,也不执着于空,同样表达了"有空不二"观,以双遣说理释义,句式并不严格。《大智度论》"观诸法实相,非空非不空,不有非不有"①,可谓王维此佛理阐释的直接来源。其实罗什所译其他经书中也有相类句式。如《妙法莲华经》"一切诸法,空无所有。无有常住,亦无起灭"即表明法空不住的思想。《维摩诘所说经》"若得诸法等,则不起漏不漏想,不著于相,亦不住无相,是为入不二法门"则指出:既不著于漏、不漏想,也不著于相、无相,便是诸法平等且空无基础上的入不二法门。此外该经"说法不有亦不无,以因缘故诸法生"也以法空为因,否定法的"有无""有空"区别,都对王维诗文有一定启发作用。

(三)净垢说

《给事中窦绍为亡弟故驸马都尉于孝义寺浮图画〈西方阿弥陀变〉赞》"得无法者,即六尘为净域"意谓:能够认识到世间万物万法皆虚而不实,六尘所属的世俗空间便为净土。所谓"六尘"是指色、声、香、味、触、法,因其能污染眼根、耳根、鼻根、舌根、身根、意根等情识,所以称之为"尘","尘"即"垢",与"净"相对。"六尘为净域"即采用"A 为 B"的遮诠句式。《为人祭李舍人文》有"旷无净染",旷乃空之意,净为身心清净无垢,染指心执着于外境而被污染生发种种世俗烦恼,净与染两相对比,该句指舍人入于寂灭,无净亦无染,采用"无 AB"双

---

① [印]龙树菩萨造,[后秦]鸠摩罗什译,王孺童点校:《大智度论》,北京:宗教文化出版社,2014 年,第 110 页。

遣句式。《胡居士卧病遗米因赠》"无有一法真,无有一法垢",是说诸法虚幻不实所以不真;外境虽能污染人的意志情识,但若能意识到外境外物的空幻本质,就不会执着于此而被其污染;此例采用"非 A 非 B"双遣句式。什译中亦有以遮诠双遣句式表述"净垢"思想的内容,与王维诗文表达有一致之处。如《维摩诘所说经·弟子品》有"如佛所说:心垢故众生垢,心净故众生净。心亦不在内,不在外,不在中间。如其心然,罪垢亦然;诸法亦然,不出于如"。该句指出如果心中有垢,众生即有垢;如果心中清净,众生即清净,因此众生垢净皆在于心。紧随其后又以双遣否定句式揭示心性本空,罪垢、净亦然,也是"不在内,不在外,不在中间",即所谓"净垢无别",与王维观点相似。该经《见阿閦佛品》"非净非秽"句,采用"非 A 非 B"双遣否定句式,意为:维摩诘眼中的如来,在净处则净,在秽处则秽,净秽只是如来度化众生的方式,因诸法皆空,故其本身非净非染;而此段首句维摩诘所说"如自观身实相,观佛亦然",则指出众生应像看待自身实相一样看待如来,如来"非净非秽",众生亦"非净非秽",可说与王维"净垢"观更相一致了。该经《文殊师利问疾品》在谈论何为菩萨行时,有"非垢行,非净行,是菩萨行",则以双遣否定净行、垢行,是基于法空基础上的中道观。此外,《大智度论》中也有以双遣否定句式论述"净垢"的例证,如:"复次,是智慧实知诸法相不生不灭,不净不垢,无作无行;不分别是智非智,知诸法一等,清净如虚空,无染无著。"①"诸法实性,无生、无灭,无垢、无净故。菩萨摩诃萨如是行,亦不见生,亦不见灭;亦不见垢,亦不见净。"②

(四)色空说

"色空不二"作为大乘空观下的重要佛理也在王维诗文中多次出现。"色"指一切有形的万物,"空"指佛教认为现实世界虚幻不实。《绣如意轮像赞》有"色即是空非空有",意思是说"一切有形万物都是虚幻不实的,色并非虚无,也

① [印]龙树菩萨造,[后秦]鸠摩罗什译,王孺童点校:《大智度论》,北京:宗教文化出版社,2014 年,第520 页。
② [印]龙树菩萨造,[后秦]鸠摩罗什译,王孺童点校:《大智度论》,北京:宗教文化出版社,2014 年,第702 页。

非实有"，如用遮诠双遣标准句式"A 即 B"和"非 A 非 B"表述则为"色即是空，非空非有"，揭示了万事万物的空虚本性。实际上，色、空皆为因缘幻化而成的假有，如果认为色实有或色虚无，都是偏执。《荐福寺光师房花药诗序》"心舍于有无，眼界于色空，皆幻也，离亦幻也，至人者不舍幻，而过于色空有无之际"，也以意义上的双遣阐释了王维对于色空的体悟。《谒璿上人并序》亦有"色空无得，不物物也"，意谓万物本质皆空，其相状皆不可得，所以不能主宰天下之物。王维诗文所阐释的"色空不二"思想与什译《大智度论》中的"空即是色，色即是空，空即是受、想、行、识，受、想、行、识即是空"①以及《维摩诘所说经·入不二法门品》中的"色、色空为二，色即是空，非色灭空，色性自空；如是受、想、行、识，识空为二，识即是空，非识灭空，识性自空"意思相类，都采用遮诠双遣的思辨方法和行文句式。

（五）一异说

《大唐大安国寺故大德净觉禅师碑铭》有"非异非同"，与《能禅师碑》"离俱不俱"意思相同，分别采用"非 A 非 B"和"非 A 非非 A"的双遣句式。宇宙万物万法彼此相同为"一"、为"同"、为"俱"，彼此有别为"异"、为"不俱"，两者均属于偏执一边的错误见解，只有"不一不异""非异非同""离俱不俱"才能远离偏见妄想，坚持中道。两组双遣句式均可从什译《大智度论》中找到依据："以诸法非实善相、非实不善相、非多相、非少相、非人、非畜生，非一、非异；以是故，汝难非也。如说诸法相偈：不生不灭，不断不常，不一不异，不去不来；因缘生法，灭诸戏论，佛能说是，我今当说。"②"菩萨行精进波罗蜜，于一切诸法，不生不灭，非常非无常，非苦非乐，非空非实，非我非无我，非一非异，非有非无。"③《维摩诘所说经·见阿閦佛品》中，维摩诘在提及他观如来时也曾说过"不一相，不

---

① ［印］龙树菩萨造，［后秦］鸠摩罗什译，王孺童点校：《大智度论》，北京：宗教文化出版社，2014 年，第702 页。

② ［印］龙树菩萨造，［后秦］鸠摩罗什译，王孺童点校：《大智度论》，北京：宗教文化出版社，2014 年，第105 页。

③ ［印］龙树菩萨造，［后秦］鸠摩罗什译，王孺童点校：《大智度论》，北京：宗教文化出版社，2014 年，第332 页。

异相",应为"一异说"在实践中的具体应用。

（六）定乱说

《谒璿上人并序》"上人外人内天，不定不乱"之"不定不乱"出自《维摩诘所说经·见阿閦佛品》："维摩诘言：'……我观如来：……不进不怠；不定不乱；不智不愚；不诚不欺；不来不去；不出不入。'"所谓"不定不乱"指心既未专注一境呈现入定状态，也未昏乱，采用双遣"不 A 不 B"句式。此句连同上句是王维对璿上人的高度评价：认为其以人事为外在之物，以自然禀赋为内在之蕴，在此思想引导下，上人呈现出同于虚空的状态。

"佛教大乘空宗学派从缘起论出发，阐扬一切事物都无自主性，万法皆空，认为现象、本体、工夫、境界都是空无自性的。这种思想体现出佛教的脱俗出世、追求精神超越的基本立场，成为佛教的主导思想之一。"[①]大乘佛教之"空"意为非有、非存在，"空观"就是观一切现象皆空，观众生空、观法空、观空空，可谓大乘佛教核心思想之一。"空"最初由佛陀在菩提树下证悟，以无常、无我、苦等真谛为主要内容；小乘佛教五蕴为空，偏重否定世间；大乘佛教般若空观强调自性空、本性空，认为众生、诸法乃至空的本质都是空，但其并非否定世间，而是强调体悟空观以达涅槃。罗什所译众多大乘经典都对空观思想有深而广的描述。遮诠双遣思维方法和行文方式是大乘佛典经常采用的一种论说形式，值得注意的是，鉴于"空性"作为万事万物万法的本来面目和最高实在，佛经叙述及翻译时很难用正面表诠的方式揭示其内涵，因此更需要以遮诠双遣的否定方式进行论述，通过不断否定"空"的各种实在属性发掘其本质，这在罗什所译《金刚经》《妙法莲华经》《大智度论》，尤其是《维摩诘所说经》中都有广泛运用。这种说理方式也随着佛经译作的东传影响了中原文人的思考及创作模式，王维诗文中所呈现出的以遮诠双遣方式言"空"，如说明法身遍布万物、法性既不住于空有也不舍弃空有、法非实有非虚无应是不空不有、法不净不垢不生不灭等，便是对罗什译作思想和行文的一种学习和实践。这对于进一步探究以什

---

① 方立天：《中国佛教哲学要义》，北京：中国人民大学出版社，2002 年，第 578 页。

译为代表的龟兹佛教文化对唐五代文学的影响具有重要启发意义。

鸠摩罗什于公元 344 年在古龟兹国出生,7 岁随母亲出家,9 岁开始跟从母亲辗转外国多地学佛,后被龟兹国王亲自礼迎回国。"时龟兹僧众一万余人,疑非凡夫,咸推而敬之,莫敢居上。"①罗什 20 岁时在龟兹王宫受戒,先后在新寺和苏巴什佛寺修行佛法,同高僧卑摩罗叉学习《十诵律》。罗什广诵大乘经论,并不遗余力进行宣传,促进了大乘学说在龟兹的流行,可谓龟兹古国专力传播大乘佛教的第一人,得到王室大力支持:"龟兹王为造金师子座,以大秦锦褥铺之,令什升而说法。"②"西域诸国,咸伏什神俊,每年讲说,诸王皆长跪座侧,令什践而登焉,其见重如此。"③罗什之前,小乘佛教占据龟兹佛教主导,也曾有大乘佛教法师试图在龟兹弘教,但以失败告终。罗什宣扬大乘佛教在龟兹引起巨大反响虽与龟兹国当时的政治、文化变革有关,但罗什在龟兹切实有效的弘法实践的确推动了大乘佛学的有力传播,使之逐渐占据龟兹佛教上风④。前秦建元十五年,中土僧人僧纯、昙充等游学龟兹返回长安,曾极力称赞鸠摩罗什在龟兹传扬大乘的事迹,道安等人还请求苻坚迎什来长安弘法。而鸠摩罗什也的确是苻坚西征的原因之一:"朕闻西国有鸠摩罗什,深解法相,善闲阴阳,为后学之宗,朕甚思之。贤哲者,国之大宝,若克龟兹,即驰驿送什。"⑤可以说,罗什在龟兹弘扬大乘佛法所获成就是其为中原统治者及高僧重视并努力求取的重要原因,这对罗什以后在长安的佛典翻译和佛法宣传又有着不容忽视的影响。因此,虽然罗什译经弘法的实绩主要完成于长安,但在罗什被吕光带至凉州前他已在龟兹生活了二十余年,龟兹对罗什来讲有着更为重要的意义,这里不仅是他的出生地,也是他的佛学启蒙地,更是他坚定大乘志向、力行弘法实践并得以声名远扬之地。佛教传至西域后,首先在龟兹迅速传播并获得

① [南朝梁]释僧祐撰,苏晋仁、萧錬子点校:《出三藏记集》,北京:中华书局,1995 年,第 531 页。
② [南朝梁]慧皎撰,汤用彤校注:《高僧传》,北京:中华书局,1992 年,第 48 页。
③ [南朝梁]慧皎撰,汤用彤校注:《高僧传》,北京:中华书局,1992 年,第 49 页。
④ 按:虽然罗什离开龟兹后,小乘佛教又占据龟兹佛教主流地位,但这并不影响罗什本人将大乘佛教精髓作为其一生译经、弘法的中心,其对大乘佛教宣扬的有效成果更可在中原僧侣、居士的佛教信仰中得以检验。
⑤ [南朝梁]慧皎撰,汤用彤校注:《高僧传》,北京:中华书局,1992 年,第 50 页。

广泛发展,佛教文化也成为龟兹文化不可或缺的一部分。值得重视的是,龟兹佛教为罗什的佛教学习、研究生涯奠定基础、指明方向,龟兹佛教文化已内化成罗什佛学背景的一部分,并深刻影响了他在佛教领域所取得的成就;而罗什译经也自觉成为龟兹佛教文化的典型代表,不仅为广大中土僧众传播了佛经教义,更因其译本的适用性和文学性极大启发影响了中原的文学创作。尤其唐五代时期,随着文人与佛教交流互动达到前所未有的高度,罗什译经对文人创作的影响也更加多元化。无论从生活背景还是宗教修养来看,王维都是唐五代文人的典型代表。本章即以唐代诗佛王维的作品为例,探究罗什译经中的文学特色是如何被王维接受并运用进诗文创作的。以王维诗文和罗什译经的接触实证为切入点进行研究,更能以点代面、全方位多角度地反映以罗什译经为代表的龟兹佛教文化对唐五代文人创作的具体影响,这对全面研究地域文化与中国文学间的关系也有极大的启发和借鉴意义。

第二章　龟兹佛教影响下的吐火罗A
　　　　《弥勒会见记剧本》研究

　　戏剧作为一门古老艺术,有着丰富多彩的形式,这与语言、文化、地域不同有着密切关系。世界上很多国家和地区都有自己的戏剧,总体可分为东方戏剧和西方戏剧两种。其中东方戏剧中有两个国家的剧种占有重要地位,一为古印度的梵剧,二为中国的戏曲。它们同中有异、异中有同,在剧本范式、表演体系、舞台形式、观众类型等方面既有相似性又凸显出自己的独特之处。关于中国戏剧的起源,学者历来观点不一,概括而言有娱神说(巫觋说)、娱人说(俳优说)、古乐舞说、傀儡说、外来说、词变说、综合说等。[①]笔者认为,中国戏剧的源头不止一端,而是多元汇聚的结果;中国戏剧的产生、发展是内、外因历时、并时共同作用的结果,内因固然重要,但也不应忽视外因的影响。自许地山《梵剧体例及其在汉剧上的点点滴滴》提出中国古典戏剧与印度梵剧存在衍变关系、郑振铎《戏曲的由来》认为中国古典戏文由印度输入后,印度梵剧与中国戏剧之间千丝万缕的联系开始为学者所关注。需要注意的是,印度与中原相距颇远,很难产生直接关联,它们之间必须有一个中转的桥梁。而西域戏剧不仅是中国古典戏剧的重要组成部分,它本身在印度梵剧对中原戏剧发生影响的关系传递中亦发挥了不可忽视的作用。尤其将戏剧的核心要素放置在西域范围某一特

---

　　① 周育德:《中国戏曲文化》,北京:中国友谊出版公司,1995年,第1—6页。

定文化背景下进行考察时,比如龟兹文化背景下,更可见其在中原戏剧发展、成熟过程中不可或缺的意义,这一观点随着新疆考古实物的发现和文献研究的深入而更加明晰。

龟兹佛教文化源远流长,早在 3 世纪时,龟兹已成为重要的佛教文化中心,龟兹佛教以小乘说一切有部思想为主,同时兼有大乘教义。龟兹地区广开石窟、营建寺庙、塑造佛像、宣说佛法,佛教活动频繁,信仰浓厚。龟兹作为佛教东传中原道路上的重要枢纽,其佛教文化不仅被以鸠摩罗什为代表的龟兹高僧通过译经传递至中原,还体现在古龟兹国现存诸多石窟壁画、佛寺遗址以及各种考古出土文物中。这些蕴含着龟兹佛教文化精髓的载体凸显了当时龟兹国佛教信仰之虔诚浓郁、佛事活动之丰富频繁,也或隐或显地在内容和形式上影响了古龟兹国存留下来的文学作品,并延伸开来对西域其他地区的文学创作,乃至整个唐五代时期的中原文学都产生深远影响。从戏剧角度出发,可以看出龟兹佛教文化在一定程度上影响了这一地区戏剧的剧本形式和表演特点,并进而对西域戏剧乃至整个唐五代时期的中原戏剧产生深远影响。

《弥勒会见记》是新疆地区发现的古典文献,主要有两个语言版本。一为吐火罗 A(即焉耆文)本《弥勒会见记剧本》,以 1974 年发现于焉耆七个星北大寺者为代表,该残卷共 88 页,经季羡林先生研究后于 1985 年出版《吐火罗文〈弥勒会见记〉译释》等相关学术成果;二为回鹘文本《弥勒会见记》,以 1959 年发现于哈密市天山公社者为代表,该卷基本完整,共 586 页,由耿世民先生整理后于 2008 年出版《回鹘文哈密本〈弥勒会见记〉研究》,两原件现均藏于新疆博物馆。吐火罗 A 本的手抄本残卷还曾被德国考察队发现于焉耆的舒尔楚克;回鹘文版本写卷则多达六种,分别发现于今吐鲁番市的胜金口、木头沟及未详地点。《弥勒会见记》原始文献多于 20 世纪初被在新疆考察的德国探险队首次发现并带回国研究,且在 20 年代、50 年代出版发表相关成果,所有残卷转写及德译工作直到 80 年代才基本完成。据学者研究,吐火罗 A 本《弥勒会见记剧本》①

---

① 按:以下简称"吐本",如无特殊说明,指新疆博物馆所藏吐本。

成书于 6 至 8 世纪,大约相当于中国隋唐时期;回鹘文本《弥勒会见记》[1]约成书于公元 8 至 9 世纪,大约相当于中国唐代。除此之外,《弥勒会见记》目前还可见于阗语本和粟特语本残页。《弥勒会见记》讲述弥勒受婆罗门波婆梨所托,前往释迦牟尼处致敬并提问的故事,作品既包含小乘佛教说一切有部毗婆娑派观点,又有大乘佛教相关思想。本章从出土地和所用语言文字两个角度探讨吐火罗 A《弥勒会见记剧本》所受龟兹文化的影响;并从内容要素和形式特征两个方面探讨吐火罗 A《弥勒会见记剧本》的戏剧文体属性,以确定该文本的唐代剧本性质;并在此基础上探讨吐火罗 A《弥勒会见记剧本》的传承及对后世文学的影响。

第一节 唐代剧本吐火罗A《弥勒会见记剧本》的龟兹文化背景

吐火罗 A《弥勒会见记剧本》出土于焉耆,且用当地语言吐火罗 A 写成,但它与龟兹文化之间却有着密不可分的关系,可以说龟兹文化是吐火罗 A《弥勒会见记剧本》成书、发展和传播的一个重要背景。本节即从《弥勒会见记剧本》的出土地及书写语言角度出发,探求龟兹文化背景对《弥勒会见记剧本》的影响。

一、剧本出土地焉耆与龟兹文化

玄奘《大唐西域记》有言:"出高昌故地,自近者始,曰阿耆尼国。……从此西南行二百余里,逾一小山,越二大河,西得平川,行七百余里,至屈支国。"[2]《隋书》载焉耆国:"东去高昌九百里,西去龟兹九百里,皆沙碛。"[3]可知焉耆地

---

① 按:以下简称"回鹘本",如无特殊说明,指新疆博物馆所藏回鹘本。
② [唐]玄奘撰,章巽校点:《大唐西域记》,上海:上海人民出版社,1977 年,第 2 页。焉耆与屈支进行比较的表格相关内容出自本书第 2—3 页。
③ [唐]魏征:《隋书》,北京:中华书局,1973 年,第 1851 页。

处龟兹和高昌的中间位置,三者同属佛教陆上丝绸之路传播的北道。随着佛教由西向东传播,以吐火罗 B 写成的官私文书和以吐火罗 A 写成的佛经都传至高昌,并在当地使用且存迹于文献,今日吐鲁番市出土的众多以吐火罗 A、B 写成的抄本即可作为印证。而焉耆与龟兹两国不仅地理位置接近,其宗教信仰、风俗文化等方面更呈现出诸多一致。《隋书》"龟兹"条下就有"俗与焉耆同"[①]。下表即是以玄奘《大唐西域记》所载唐朝时两国史料为基础所做的对比:

表 2.1 《大唐西域记》所载阿耆尼国与屈支史料对比

类　别	阿耆尼国(焉耆)	屈支(龟兹)
气候概况	气序和畅	气序和
风俗特点	风俗质直	风俗质
文字源流	文字取则印度,微有增损	文字取则印度,粗有改变
服饰打扮	服饰毡褐,断发	服饰锦褐,断发
货币使用	货用金钱、银钱、小铜钱	货用金钱、银钱、小铜钱
国王评价	王其国人也,勇而寡略,好自称伐,国无纲纪,法不整肃	王屈支种也,智谋寡昧,迫于强臣
宗教信仰	伽蓝十余所,僧徒二千余人,习学小乘教说一切有部。经教律仪,既遵印度,诸习学者,即其文而玩之。戒行律仪,洁清勤励。然食杂三净,滞于渐教矣。	伽蓝百余所,僧徒五千余人,习学小乘教说一切有部。经教律仪,取则印度,其习读者,即本文矣。尚拘渐教,食杂三净。洁清耽玩,人以功竞。

　　玄奘西行求法路过焉耆、龟兹当在 7 世纪上半叶,时焉耆、龟兹两国的气候状况、风俗习惯及通行货币均相同;两国宗教信仰均以小乘佛教说一切有部思想为主,僧侣可食用三净肉,经教律仪都以印度为宗,所研习经书均为梵文原本。尤其值得注意的是:这两个国家的文字都是在印度文字基础上略作改变而成,因此文字源头相同,唐时所用文字虽非完全一致,但必有较大相似之处。

---

① [唐]魏征:《隋书》,北京:中华书局,1973 年,第 1852 页。

而据专家考证,吐火罗文 A、B 的拼写字母是源于印度的婆罗米系列字母,其在新疆的使用时间就是 6 至 8 世纪间的唐朝。因此玄奘在焉耆、龟兹国家所见本地文字应是吐火罗 A、B 无疑。两国僧侣阅读佛经时一般使用印度原文,这不仅说明他们在语言上梵、吐兼通,还进一步证明吐火罗 A、B 与梵文之间差别不大,两种吐火罗方言之间的差别亦在不影响时人读写的可接受范围内。①需要注意的是,焉耆、龟兹所呈现出的诸多相似表明两国同处一个文化圈,就当时而言,与对西域乃至整个中原都曾产生巨大影响的龟兹文化有着密切关系。也就是说,龟兹文化虽是汉唐时期基于龟兹地域范围所形成的,但这个文化圈并不是封闭的;恰恰相反,因为龟兹古国在经济、政治等方面的先进性和感召力,龟兹文化颇具开放、引导情怀和渗透、同化能力,自然而然会将其影响辐射到周边国家,与之紧邻的焉耆可谓首蒙其泽。因此焉耆在地域上虽不属于龟兹,但其思想形态必然会有龟兹文化的烙印,这是毋庸置疑的。

焉耆所受龟兹文化的影响更多体现在佛教方面。晁华山《新疆焉耆县锡格星石窟》一文即比较分析了锡格星(即七个星)石窟所受龟兹佛教文化的影响。总体而言,晁华山认为:"锡格星石窟从龟兹系石窟中吸取了建筑、塑像和壁画诸方面的基本因素,在细节方面又有所改变和创新。"②比如,他考证锡格星石窟像柱式佛堂的原型是龟兹族系主流的龛柱式佛堂;锡格星石窟中的祖胸天女塑像,侧道所画本生故事和供养人列像、大莲花和菩萨立像等壁画,都可在克孜尔和库木吐喇等龟兹石窟中找到根源,因此"在塑像与壁画题材方面,大约有一半的面积与龟兹系相同,如主室侧壁说法图与伎乐供养,前壁上方弓形面的弥勒说法, 行道的涅盘系列。……在壁画中龟兹系的因素主要表现在构图、人物服饰方面"③。尤其是锡格星石窟中的菱格山、菱格水中树图案及菱格圆幅因缘壁画都明显借鉴了龟兹首创的菱格画布局。具体到焉耆出土的吐火

---

① 按:关于吐火罗 A、B 语言之间的关系,在本节第二部分有详细介绍,此处略作说明。
② 联合国教科文组织、中国社会科学院考古研究所:《十世纪前的丝绸之路和东西文化交流》,北京:新世界出版社,1996 年,第 499 页。
③ 联合国教科文组织、中国社会科学院考古研究所:《十世纪前的丝绸之路和东西文化交流》,北京:新世界出版社,1996 年,第 499 页。

罗 A《弥勒会见记剧本》，更可从两国浓郁的弥勒信仰中体会焉耆所受龟兹佛教文化的影响。焉耆的弥勒信仰，不仅体现在其地出土了这部以本土文字写成的佛经作品中，还体现在焉耆弥勒信仰的巨大传播能力上——该语本抄本广泛流行于佛教东传的下一站高昌，更体现在焉耆石窟壁画随处可见的弥勒信仰图像中。锡格星的像柱式佛堂总共有 6 个，而其中"5 个像柱式佛堂里，……在主室前壁门上方有弥勒菩萨说法"①，由此可见弥勒兜率天宫说法图在焉耆石窟壁画中的出现频率是非常高的，这明显受到龟兹中心柱窟主室门道上方描绘弥勒菩萨兜率天宫说法图的影响。仅以克孜尔石窟为例，根据石窟形制及所绘弥勒图像意义的不同，可分为三类：

[第一类]第 14 窟：约 6 世纪。平面方形。主室：(南壁)门道上方半圆端面绘弥勒菩萨兜率天宫说法。②

[第二类]第 17 窟：约 6 世纪。中心柱窟。主室：(南壁)门道上方半圆端面绘弥勒菩萨兜率天宫说法。③

[第三类]第 77 窟：约 4 世纪。东甬道：(东壁)上部栏台内中间绘弥勒菩萨，右侧绘帝释天及 3 身伎乐天人，左侧绘梵天及 3 身伎乐天人。(西壁)上部栏台内中间绘弥勒菩萨，菩萨右侧绘梵天和 3 身伎乐天人，菩萨左侧残存 1 身天人伎乐。④第 114 窟：约 4 世纪。主室：北壁中部开 1 拱券顶龛，龛内止壁绘弥勒菩萨。⑤第 135 窟：约 8 世纪。主室：穹窿顶外沿东侧平面上残存 1 身弥勒菩萨和几

---

① 联合国教科文组织、中国社会科学院考古研究所：《十世纪前的丝绸之路和东西文化交流》，北京：新世界出版社，1996 年，第 497 页。

② 新疆龟兹石窟研究所编著：《克孜尔石窟内容总录》，乌鲁木齐：新疆美术摄影出版社，2000 年，第 21—22 页。

③ 新疆龟兹石窟研究所编著：《克孜尔石窟内容总录》，乌鲁木齐：新疆美术摄影出版社，2000 年，第 24 页。第 27 窟(《克孜尔石窟内容总录》第 37 页，下同。南壁门道上方坡面)、38 窟(第 48 页。门道上方半圆端面)、91 窟(第 117 页)、97 窟(第 122 页)、100 窟(第 127 页)、155 窟(第 177 页)、171 窟(第 191 页)、179 窟(第 202 页)、196 窟(第 221 页)、224 窟(第 251 页)等窟均为中心柱窟，其壁画中也都绘了弥勒菩萨兜率天宫说法图，不再一一列举。

④ 新疆龟兹石窟研究所编著：《克孜尔石窟内容总录》，乌鲁木齐：新疆美术摄影出版社，2000 年，第 89—90 页。

⑤ 新疆龟兹石窟研究所编著：《克孜尔石窟内容总录》，乌鲁木齐：新疆美术摄影出版社，2000 年，第 142—143 页。

身伎乐天人。①

由《克孜尔石窟内容总录》相关内容可知:克孜尔以第14窟为代表的平面方形窟和以第17窟为代表的一系列中心柱窟,其主室某面墙壁门道上方的半圆端面经常绘有弥勒菩萨兜率天宫说法图,一般是为配合后室所绘佛涅槃主题壁画,而以"现世菩萨""未来佛"的形象出现。这反映了"一佛一菩萨"的龟兹小乘佛教思想。而克孜尔第77窟东甬道东、西两壁上部栏台内,弥勒菩萨出现两次且都处于中间位置;尤其第114窟中,弥勒更是以主尊身份出现在拱券顶龛正壁,具顶光、背光,头光上方有六瓣花和圆形花卉飘荡,结跏趺坐于莲花上,两手相叠置腹前,呈禅定式②。这不仅反映了龟兹大乘佛教也有弥勒信仰,还表现出大乘佛教中弥勒地位的上升。而实际上,弥勒是唯一贯穿佛教大、小乘信仰的菩萨,克孜尔石窟弥勒信仰相关壁画还体现出龟兹大、小乘佛教的相异之处,这与史书所载鸠摩罗什在龟兹弘传大乘佛教,但在此前和之后一段时间内小乘佛教都占据龟兹宗教信仰主流的事实是一致的。除石窟壁画外,龟兹的弥勒信仰还可从龟兹高僧鸠摩罗什所译《弥勒成佛经》《弥勒下生成佛经》等宣扬弥勒信仰的佛经中感知。季羡林先生也在《弥勒信仰在新疆的传布》中指出:maitreya一词在克孜尔出土的梵文残卷中共出现五次,每次弥勒都作为众菩萨的代表,文本只引弥勒之名以总括,他而略之,这也足以说明龟兹地区弥勒信仰的兴盛。③可见,弥勒信仰是龟兹佛教文化的题中应有之意。值得注意的是:《大唐西域记》明确记载焉耆信奉小乘佛教,焉耆石窟壁画中所体现的弥勒信仰也与龟兹小乘佛教背景下的弥勒信仰相一致。但考诸吐火罗A《弥勒会见记剧本》,其在整体呈现出小乘佛教思想之外,也有大乘佛教的痕迹,比如信众期待以后可与以"未来佛"身份出现的弥勒相聚并得道解脱。这说明在焉耆,佛教信仰虽以小乘为主,但依然受到来自龟兹大乘佛教文化的影响,龟兹大、小

---

① 新疆龟兹石窟研究所编著:《克孜尔石窟内容总录》,乌鲁木齐:新疆美术摄影出版社,2000年,第162—163页。

② 贾应逸:《克孜尔第114窟探析》,《新疆师范大学学报(哲学社会科学版)》2006年第4期,第7页。

③ 季羡林:《弥勒信仰在新疆的传布》,《文史哲》2001年第1期,第10页。

乘佛教思想对焉耆的宗教信仰均有重要影响。霍旭初先生就认为:"焉耆与龟兹同操吐火罗语。龟兹与焉耆的佛教思想及其艺术十分接近,可以看成是同一系统,或称龟兹佛教的分支。"①

焉耆的弥勒信仰深受龟兹佛教文化的影响,而且两地石窟壁画的历时性以及所反映出的弥勒信仰在大小乘佛教中的变化,都说明弥勒信仰在龟兹、焉耆及其周边地区是由来已久的。弥勒"未来佛"身份所体现出的"救世"思想具有极大包容性,这使得其在西域复杂的宗教文化背景下仍能够占据重要地位。同时也说明在印度文本《弥勒会见记》传入西域之前,龟兹及焉耆等周围地区已经具备弥勒信仰的深厚文化土壤,弥勒信仰在当地已经有了坚定稳固的根基并拥有虔诚的支持者。另外新疆博物馆所藏回鹘文哈密本《弥勒会见记》第二十七品末尾所言"内部精通佛法,外部精通十八明论的、在焉耆出生的圣月菩萨法师从印度语制成吐火罗语……的《弥勒会见记》……第二十七品(完)"②则表明:将《弥勒会见记剧本》由印度语制成吐火罗语的圣月菩萨法师即出生于焉耆。圣月法师很有可能就是在焉耆及其周边地区接触到印度文本《弥勒会见记剧本》,并在当地完成这一编译工作的;而吐本《弥勒会见记剧本》的传播也主要发生在新疆塔里木盆地周边的几个西域国家中。

二、剧本所用吐火罗A语言与龟兹文化

19 世纪末 20 世纪初,德法俄英日等国探险考古队在新疆发现了很多以未知名文字写成的残卷, 德国语言学家缪勒在古高昌出土的由此未知名文字转

---

① 霍旭初:《论古代新疆"说一切有部思想文化带"》,《丝绸之路研究辑刊》2017 年第一辑,第 175 页。姚士宏亦有言:"龟兹文化,从文化类型上说,虽是以龟兹国之名命名的一种地域文化,它的核心区域在龟兹,但它的地域范围不应限于龟兹,即今阿克苏地区,还应包括焉耆、疏勒,也就是整个塔里木盆地北道沿线诸国……这样说,并非有意夸大龟兹文化的区域空间,事实根据是不仅因为焉耆、疏勒毗邻龟兹,地域相连,最主要是焉耆、疏勒与龟兹在历史上皆信奉小乘佛教说一切有部,同属于小乘佛教文化圈带。"姚士宏:《关于龟兹文化的几个问题》,《龟兹学研究》(第二辑),乌鲁木齐:新疆大学出版社,2007 年,第 56 页。

② 耿世民:《回鹘文哈密本〈弥勒会见记〉研究》,北京:中央民族大学出版社,2008 年,第 536—537 页。

译成的回鹘文《弥勒会见记》文本中找到证据,指出这种语言被当时人称为吐火罗语(这种语言与历史上的吐火罗地区无关),德国学者 E.Sieg、W.Siegling 又进一步将其区分为 A、B 两种方言,使用时间为 6 至 8 世纪,对应中国历史上的南北朝及隋唐时期。吐火罗语 A 方言,其写本目前仅发现于古高昌和焉耆二地,又称焉耆语,文献以佛典为主。吐火罗语 B 方言,其写本除出土于上述两地外,还被大量发现于古龟兹及周边地区,又称龟兹语,文献以世俗文书为主,包括寺院出纳账册、公私文牍、商业文件等。

文字既是文化的表现形式,又是其载体。当时的焉耆、龟兹等地都使用以婆罗谜字母书写的吐火罗文字,说吐火罗语,这种语言、文字的一致性使得这些地区拥有共通的文化记忆。因此只要是考察梵文的汉译及输入过程,无论对象是普通佛典,还是《弥勒会见记剧本》之类的佛经文学作品,都可将呈现出相似形态特点的龟兹、焉耆等地纳入同一个文化圈中进行审视。就当时而言,这一文化圈应是以龟兹文化为基础背景的。当然也许会有人提出疑问:焉耆出土的《弥勒会见记剧本》如果受到龟兹文化的影响,那为何不是由吐火罗 B 写成,而是由吐火罗 A 写成? 季羡林也曾注意到这个问题:"在吐火罗文 A(焉耆文)中有一部歌颂弥勒的长达二十七幕的剧本:Maitreya-samitinātaka(《弥勒会见记剧本》),虽系残卷,还保存下来了残缺不全的许多幕。按理说吐火罗文 B(龟兹文)也应该有的,事实上却是至今还没有发现。我们寄希望于未来吧。"[1]他还结合自己的研究成果进行解释:"吐火罗文的两个方言,语法结构和词汇差别都不是太多。一个使用一种方言的人很容易就能掌握另一种方言。这对他们学习佛典是一个极有利的条件。我在这里还想指出一点,一种佛典同时译为两种方言的情况是极为稀见的。原因就是没有这个必要。吐火罗 A《弥勒会见记剧本》之所以没有 B 方言的译本,也许可以这样解释。"[2]比较现存两种方言文献所记载的内容可知:吐火罗 A 在使用过程中更多被限制在焉耆、高昌等地的佛教领

---

① 季羡林:《弥勒信仰在新疆的传布》,《文史哲》2001 年第 1 期,第 10 页。

② 季羡林:《弥勒信仰在新疆的传布》,《文史哲》2001 年第 1 期,第 15 页。

域,逐渐成为脱离世俗生活的一种形而上的死语言;吐火罗 B 除应用于佛经抄写外,在当时还被龟兹、焉耆、高昌及其周边地区民众应用于社会日常生活,且在焉耆、高昌等地能与吐火罗 A 共存,应是一种更基础、使用范围更广的方言。Winter 所言"没有正面的证据来证明,当我们的卷子写成时,A 在两者中的任何一个地方是口头活用语。另一方面,在 B 中有西部、中部和东部方言之分这种事实说明,B 在所有三个地区都是一种活语言"①以及耿世民所言"乙吐文献不仅在西南(库车)地区发现,也在东北地区(焉耆、吐鲁番)发现,这点可解释为:乙吐语是活的语言,是传教的语言,所以其佛教文献也在东吐语地区的焉耆传播,之后,东吐语也成为传教语言(与西吐语一起)"②,都表达了类似观点。

　　吐火罗 A、B 虽为两种方言,但其写本文献的出土地却有交叉之处,这说明两种方言虽有差别,但并非不可沟通、难以互认的,它们都有西部印欧语的特点,应该是两种有亲属关系的独立语言。季羡林先生在对比 A ñom、B ñem 等一系列吐火罗 A、B 词语后得出如下结论:"从这个例子里可以很清楚地看出其间的不同。但是同时也可以看出,这只是两种方言,而不是两种语言。"③也可据此推测:在当时吐火罗语流行区域内,这两种方言是互通共用的。Krause 和 Thomas 就持有此种观点,Krause 认为:"事实上,二者的语音发展状况几乎完全一样,以致佛教的传教士毫无困难地把一种字母用于二者之上。"④Lane 也指出:"在 AB 两个方言中,B 是给予者,他说,Winter 列了一个表,说明 A 从 B 借用了四十个单词,而 B 只从 A 借用了五个。"⑤季羡林在《吐火罗文〈弥勒会见记〉译释·Fragments of the Tocharian A Maitreyasamiti-Nāṭaka of the Xinjiang Museum, China》中还对吐本《弥勒会见记剧本》中吐火罗 A 词语借用于吐火罗 B 的情况进行了说明。现列举

---

　　① W.Winter, *Tocharians and Turks*, Ural Altaic Series, 23(1963), P.243.转引自季羡林:《吐火罗文研究》,《季羡林文集》第十二卷,南昌:江西教育出版社,1998 年,第 160 页。

　　② 耿世民:《古代焉耆语(甲种吐火罗语)概要》,《语言与翻译》2012 年第 2 期,第 33 页。

　　③ 季羡林:《吐火罗语的发现与考释及其在中印文化交流中的作用》,载《中印文化关系史论文集》,北京:三联书店,1982 年,第 104 页。

　　④ W.Krause, Tocharisch, Handbuch der Orientalistik S.32.转引自季羡林:《吐火罗文研究》,《季羡林文集》第十二卷,南昌:江西教育出版社,1998 年,第 160 页。

　　⑤ 季羡林:《吐火罗文研究》,《季羡林文集》第十二卷,南昌:江西教育出版社,1998 年,第 161 页。

两例:(1)季羡林在翻译 YQ1.3 1/2[recto]a2 的"(o)stuṣ iraṣ^a"时,曾就"(o)stu"(房子、住所)一词指出:"Thomas' reading is incomplete.(o)stu,if correctly identified,seems to be a borrowing of Toch.B ostuwa,plural of Toch.B ost 'house',with an adaptation to the pattern of native Toch.A waṣtu:waṣt."①季羡林认为 Thomas 的释读是不完整的,这个词应是借自吐火罗 B 的"ostuwa",复数形式为"ost"。(2)季羡林在解读 YQ1.9 1/1 [recto]a1 中的词语"ākessu"时,指出:"ākessu,never seen before,cf.A āk 'end',but B āke;therefore,ākessu is probably a loanword from Toch. B."②他指出 ākessu 这个词以前从未看到过,他通过比较吐火罗 A、B 方言后发现:吐火罗 A 中的 āk 一词,在吐火罗 B 中写作 āke,都是"结束"之意,因此判断 ākessu 这个词很有可能是借自于吐火罗 B 的。以吐本《弥勒会见记剧本》为代表的很多吐火罗文献都可以证明:在吐火罗 A、B 两者之间是存在词语借用情况的,且吐火罗 A 借自于吐火罗 B的词语更多,这也说明后者对前者影响更大。且现存经专家认读研究过的吐火罗文献中,只有《十业道譬喻鬘》是由吐火罗 B 译成吐火罗 A 的③,这不仅可证实季羡林所言"一种佛典同时译为两种方言的情况是极为稀见的"④;更重要的是,这一翻译顺序在一定程度上揭示出吐火罗 A 受到吐火罗 B 影响更大、焉耆受到龟兹文化影响更大的事实。因此,焉耆所见《弥勒会见记剧本》虽由吐火罗 A 写成,但它仍旧反映了 6 至 8 世纪间龟兹、焉耆及周边地区的语言文字使用概况,并体现出龟兹文化对当时两种语言使用区域意识形态所产生的影响。这也正如任平山所言:"在焉耆方言文书中出现了用龟兹方言注释的情况,带有龟兹方言残片的壁画在焉耆和吐鲁番被发现,因此有理由认为焉耆一度受龟兹文化影响甚深。"⑤

① 季羡林:《吐火罗文〈弥勒会见记〉译释·Fragments of the Tocharian A Maitreyasamiti-Nāṭaka of the Xin-jiang Museum,China》,《季羡林文集》第十一卷,南昌:江西教育出版社,1998 年,第 56—58 页。
② 季羡林:《吐火罗文〈弥勒会见记〉译释·Fragments of the Tocharian A Maitreyasamiti-Nāṭaka of the Xin-jiang Museum,China》,《季羡林文集》第十一卷,南昌:江西教育出版社,1998 年版,第 60—62 页。
③ 耿世民:《试论古代维吾尔语佛典的翻译》,《民族翻译》2012 年第 2 期,第 16 页。
④ 季羡林:《弥勒信仰在新疆的传布》,《文史哲》2001 年第 1 期,第 15 页。
⑤ 任平山:《克孜尔中心柱窟的图像构成——以兜率天说法图为中心》,中央美术学院美术学专业博士学位论文,2007 年,第 55 页。

综上,无论从《弥勒会见记剧本》发现地焉耆角度而言,还是从其所用吐火罗 A 语言角度分析,都可证明吐本《弥勒会见记剧本》与龟兹文化之间有着密不可分的关系。

第二节 唐代剧本吐火罗A《弥勒会见记剧本》的戏剧文体性质

据表 2.1 可知,唐朝时龟兹和焉耆的僧人用印度文诵读经书,彼时他们也开始传抄以印度文写成的文学作品,并转译成当时的通用语言,因此吐火罗 A《弥勒会见记剧本》应为圣月法师在新疆本土由印度文编译而成并被时人抄写传播的。这里有两个问题需要注意。第一,虽然吐本的原型是古代印度语本,为古印度文学作品,但由于吐火罗 A、B 诸多残卷的发现地均为新疆、敦煌等中国地区,而这两种方言又是 6 至 8 世纪流行于古龟兹、焉耆、高昌及其周边地区的中国少数民族古代语言文字,尤其是吐本和回鹘本《弥勒会见记》迄今只在新疆境内发现,因此虽然吐本与印度文原本之间有着千丝万缕的联系,仍不可将其视为印度文学作品。第二,《弥勒会见记剧本》印度语本与吐火罗语本的关系为 yaratmïš,此为季羡林所言之"编译"或耿世民先生所言之"制成",季羡林还将吐火罗本题记转写成拉丁文"(ārya)X candres raritwuṇt"[1],并译作"由毗婆娑沙师圣月联结成的"。所谓"编译""制成"或者"联结",应指圣月以某个印度语原本为基础所进行的有选择的翻译编写工作,"并不逐字逐句地忠实于印度文原本",也就是说它并非对印度原文照本宣科地翻译,其重新组合及再创作的痕迹要更明显一些。[2]基于这两点,本文才能将吐火罗 A《弥勒会见记剧本》

---

[1] 季羡林:《吐火罗文〈弥勒会见记〉译释·Fragments of the Tocharian A Maitreyasamiti-Nāṭaka of the Xinjiang Museum,China》,《季羡林文集》第十一卷,南昌:江西教育出版社,1998 年,第 64 页。

[2] 按:耿世民《回鹘文哈密本〈弥勒会见记〉研究》在导论部分也曾提及:"所谓'制成'可能是指根据印度语本编成,而不是译本,也可能只是假托之辞。"耿世民:《回鹘文哈密本〈弥勒会见记〉研究》,北京:中央民族大学出版社,2008 年,第 4 页。

视为我国隋唐时期西域地区的少数民族文学作品。

吐本《弥勒会见记剧本》主要讲述弥勒的故事,其文字异本目前仅可见回鹘本《弥勒会见记》。汉译大藏经中与之情节一致的只有北魏凉州沙门慧觉等人译编而成的《贤愚经》中的《波婆离品第五十》。关于吐火罗 A《弥勒会见记剧本》的文体性质,虽然一开始争论颇多,但现在基本都倾向于将其定位为剧本作品,如德国学者 E.Sieg、中国学者季羡林等[1],他们多从吐本在文体形式上使用戏剧术语的角度进行判定。本文以前辈学者的研究成果为基础,从"剧本之所以为剧本"的本质因素出发,通过与回鹘本、汉文异本进行对比,深入剖析吐本的戏剧基本要素:内容上包含戏剧的基本文本因素,如戏剧人物的形象化、语言的个性化、情节的突出化、冲突的尖锐化等;形式上符合戏剧的基本表演特征,如戏剧结构的完整性、唱词曲调的表演性、舞台说明的必要性等。[2]

一、吐火罗A《弥勒会见记剧本》的内容要素

人物、语言、情节、矛盾是剧本内容的四要素。其中,人物是核心,一切语言对话的展开、故事情节的设计、矛盾冲突的制造都是围绕人物而来。在吐本残卷中,出现诸如佛陀、波婆梨、弥勒、尼坦那、四大天王、憍昙弥王后、分那跋特罗神等许多人物,他们角色不同,性格各异。对人物的刻画是通过各种情节的设置、语言的表达和冲突的展开表现出来的。情节是贯穿戏剧的红线,多幕戏剧虽然可以表现多个情节场景,但必定都是围绕故事主干而来。戏剧语言因为表演性而愈加重要,它不仅指可以凸显人物性格的对话,还指戏剧中用以提示剧

---

① 按:吐火罗 A《弥勒会见记剧本》与回鹘本《弥勒会见记》虽然都来源于印度语本,且后者是在前者基础上翻译过来的,但吐本和回鹘本《弥勒会见记》的文体性质是不一样的。中外学者在论述这一问题时,有时会将两个文本区分开来,有时又混为一谈,实际多谈论回鹘本的文体性质。目前学界对吐本《弥勒会见记剧本》的戏剧性质基本都持认同态度,但对回鹘本的文体性质尚无定论,存在戏剧、讲唱文学等诸种说法。

② 按:康颖宽在其硕士学位论文《〈弥勒会见记〉研究》中也从戏剧本体角度和梵语戏剧理论角度研究过吐火罗文《弥勒会见记》的戏剧性质,对本文有一定启发。康颖宽:《〈弥勒会见记〉研究》,中国艺术研究院戏剧戏曲学专业硕士学位论文,2014 年。

情的舞台旁白等。戏剧冲突也是戏剧的基础要素之一,没有戏剧冲突就难以达到戏剧高潮,人物性格也就不容易凸显。戏剧内容四要素既相互独立,又有机统一。

(一)从戏剧人物及语言角度分析

吐本《弥勒会见记剧本》第一幕主要围绕四场情节展开:第一场,七岳、雪山等奉命下凡告知众人佛陀已修成正果并在孤绝山布道说法,弥勒也要去拜见佛陀;第二场,波婆梨婆罗门教导五百弟子,并通过阿耆多介绍揭示弥勒具有才智非凡的慧根;第三场,波婆梨婆罗门召开布施大会,大会结束后尼坦那婆罗门才到达,他向波婆梨索要五百金币未果,便恶毒诅咒波婆梨,波婆梨既担心又难过;第四场,宝贤和满贤托梦给波婆梨,告知其佛陀已现世,弥勒也要去做未来佛,解除了波婆梨的烦恼并引发其会面佛陀的愿望。本幕前两场情节发生在摩羯陀国都城王舍城,第三场发生在波婆梨婆罗门住处,第四场发生在帝戈沙摩菩提国。这四场情节共同构成第一幕的故事主体,既紧密相连,又张弛有度,人物、语言、冲突在这样的连续情节中得以展现。作为剧本第一幕首先要展开整个故事情节的叙述,介绍剧本的发生背景和思想指向,第一幕诸多情节都确定了这部戏剧的佛教主题,并说明故事发生的背景是佛陀现世、未来佛即将出现的变革时期。第一幕第一、二、四个情节引出故事主角弥勒,并介绍他的出身及特点,是围绕故事主线设置的情节,体现出戏剧情节紧凑的特点。但这并不是说剧本不能有旁枝末节,像第一幕第三个情节:波婆梨和尼坦那之间关于布施的争论,虽与故事主体没有直接关系,但它恰恰成为第一幕最大的戏剧冲突所在,引发了第一幕戏剧文本及表演的一个小高潮,并起到承上启下作用,推动故事情节向前进一步发展:正是因为佛陀要弥勒去拜见他,所以波婆梨才举行布施大会,尼坦那才会赶来索要布施;而正是因为尼坦那的咒语让波婆梨心生恐惧,在宝贤等人解除波婆梨烦恼时他才会愈加感恩、想见佛祖,弥勒的下一步行动才得以完成。这一幕鲜明体现出吐本人物、语言的戏剧性特点。现将季羡林所译两人对话及《贤愚经·波婆离品第五十》相对应部分一并抄录于下以兹比较:

1.16½ ……波婆梨婆罗门回到自己家里以后,(感到象)升到(天上那样高兴,说道:)"在经法中坚持是非常值得称赞的。我布施了。……我高兴。"于是来了尼坦那婆罗(门)……说道:"喂,喂,师尊! ‖ Yaśodhar-avilāpaṃ ‖ (我)。无依无靠。……好人们赞扬你,全世界(都如此)。实在说你应该对每一个人都是布施者……(请给我五)百金币,我要还债,我希望幸福。"对面有忧色的尼坦那(他说道:)……"这一些财物是(我)积聚起来的。我为了(会见)圣弥勒……完全下定了决心布施掉,十二年(举行了)名叫Sarvapasaṇḍika的祭祀

1.16⅓ ……我打算让愿望完完全全实现。我布施财物十二年,都没有了我所〈有的财物〉……我现在连五个铜板都没有,怎么能给你五百金币呢?"(尼坦那)〈愁容满面〉……(说道):"请你可怜我吧,师尊!请给我这个可怜的人五百金币来还债吧!〈我从很远的地方来〉……我是……如果你不给我,阔人肯定会把我关进监狱。"〈声音颤抖,波婆梨说道:〉"我为什么要说谎呀!我连一个金币都没有,我怎么〈能有五百金币呢?"尼坦那怒气冲冲地说道〉:"……你这老东西! 如果你给我,我就会很好地把你那些大愿〈望满足。如果你不给我,‖ samakkorrenaṃ ‖ 在七天之内〉……你的心破裂。在第七〈天上,你就倒霉吃苦,我会把你炸为七块。你当心吧,无耻的老东西!'十二(年)……〉我布施了',你这样说过。在最终这一天……

1.15⅓ ……"‖于是波婆梨婆罗门为尼坦那婆罗门所诅咒。满怀忧愁,在夜里……(想到):"那个婆罗门是谁呀?让我的头总共裂成七块。但愿此事不发生……在第七天上,我的头会裂成七块……(外道们会幸灾乐祸地说:)波婆梨祭祀了十二年,裂成了七块他的头。……他们会说:'他布施了,他的头(裂了)。①——吐火罗A《弥勒会见记剧本》

波婆梨自竭所有合集财贿,为设大会,请婆罗门,一切都集,供办肴膳,种

---

① 季羡林:《新博本吐火罗文A(焉耆文)〈弥勒会见记剧本〉第十五和十六张译释》,《中国文化》1989年第1期,第38—43页。

种甘美。设会已讫,大施哒嚫,一人各得五百金钱,布施讫竟,财物罄尽。有一婆罗门,名"劳度差",最于后至,见波婆梨:"我从后来,虽不得食,当如比例,与我五百金钱。"波婆梨答言:"我物已尽,实不从汝有所爱也。"劳度差言:"闻汝设施,有望相投,云何空见,不垂施惠?若必拒逆不见给者,汝更七日,头破七段。"时波婆梨闻是语已,自思惟言:"世有恶咒及余蛊道,事不可轻。倘能有是,财物悉尽,卒无方计。"念是愁忧,深以为惧。①——《贤愚经》

从人物来看,吐本《弥勒会见记剧本》中的"尼坦那"译自"Nirdhana",意为"无钱者",与剧本中人物所体现出来的性格、身份相一致,可以说这个人名就是对其角色特征的一个概括,是为这个故事量身设计的。但在《贤愚经·波婆离品第五十》中,这个角色的名字是"劳度差"。劳度差在佛经中并不是一个陌生的名字,他多被塑造成一个擅长幻术的婆罗门外道,其最有名的故事应为与舍利弗斗法,在《贤愚经·须达起精舍品第四十一》中即有记录,该品应是《破魔变文》《降魔变文》以及敦煌壁画《劳度差斗神变》所依据的祖本。与劳度差相关的另一个著名故事即《贤愚经·波婆离品第五十》所载与波婆梨索要五百金布施之事。显然在这个故事中,劳度差代替 Nirdhana(无钱者)出现。关于劳度差为什么会替换 Nirdhana,学界尚无专门研究。但就故事文本分析,劳度差这个人物的性格与"无钱者"相比虽更为复杂,但又有一些共通之处,比如都是外道婆罗门且都有一定神通,或许这是《贤愚经》用这个已在佛经中多次出现过的人物替

① [北魏]慧觉等译撰,温泽远等注译:《贤愚经》,广州:花城出版社,1998 年,第 567 页。按:季羡林先生虽指出吐本《弥勒会见记剧本》与《贤愚经·波婆梨品第五十》的部分故事内容相似,但只是从情节对应角度说明了两个故事内容的相似性,并在其著作《吐火罗文研究》中对《贤愚经》与吐火罗语本进行了比较,关注角度涉及波婆梨与弥勒的关系、劳度差与 Nirdhana 名字的替换、金色袈裟故事的相似性三个方面,并没有从两个文本分别归属戏剧和叙事文学两种不同文体层面展开对比分析。本文此部分即通过与《贤愚经·波婆离品第五十》内容的对比分析,以证明《弥勒会见记剧本》的戏剧文体性质。

换吐本《弥勒会见记剧本》"无钱者"角色的原因。①

　　这一幕情节通过人物语言对话构成戏剧冲突，通过对比手法塑造了两个性格鲜明的人物形象：一个是虔诚隐忍的波婆梨婆罗门，一个是贪婪狠毒的尼坦那婆罗门。波婆梨这一人物形象的个性特征是在与尼坦那的对话冲突中逐渐体现出来的，是一个动态逐步展示的过程。戏剧中的人物语言包括舞台人物的对白、独白、旁白等，此处吐本《弥勒会见记剧本》情节则既有对白又有独白。其中，波婆梨与尼坦那的两组对白共有五句，以尼坦那求取布施开始，以尼坦那邪恶诅咒结束；波婆梨自己的独白有两句，以布施行为引起的内心快乐为首，以尼坦那诅咒引起的内心不安为尾。叙事文学作品也涉及人物语言，《贤愚经》此段情节涉及的人物对话回合共三句，与《弥勒会见记剧本》相比，少了尼坦那的再次祈求以及波婆梨感到被冤枉后的自我辩驳；涉及波婆梨内心独白的有一句，少了一开始波婆梨因顺利布施而进行的自我肯定。《贤愚经》中的对话描写与吐本相比，在数量回合、丰富程度、内涵深意上逊于后者；尤其是缺少的这些语言描写，对于人物形象的刻画、矛盾冲突的加深和故事情节的发展都有重要意义。戏剧中人物语言的个性化、口语化、动作性和文学性特征，都使其能更好地塑造人物形象，从此角度出发更可看出其与《贤愚经》叙事性作品的区别。具体析之如下：

---

　　① 按：在《贤愚经》中，劳度差出现于以下几个故事中。第一，《须达起精舍品第四十一》，为争取祇陀园精舍的兴建和居住权，六师徒众（劳度差即为六师弟子之一）要求与瞿昙沙门（舍利弗为其代表）较量法术、技艺，劳度差擅长幻术，但在与舍利弗斗法的过程中屡战屡败，最终求饶屈服。在这个故事中，劳度差所表现出来的张狂气盛、以自我为中心等人物缺陷，与其在《波婆离品第五十》中的蛮横不讲理、贪婪凶狠有性格上的相合之处。这个人物还出现在《梵天请法六事品第一》的两个故事中，分别叙说阎浮提大国王虔阇尼婆梨、毗楞竭梨为追求真正的道法，在全国范围寻找可以演说经法的大师，这两次接受任务并向国王宣说妙法的都是劳度差婆罗门，劳度差并非无偿给国王及其臣民讲述佛法，而是要求虔阇尼婆梨在身上剜肉为穴点燃千灯，要求毗楞竭梨在身上斩钉一千个铁钉，在两位国王临死前为其颂说偈颂妙法。这两个故事虽然都是为了赞颂如来佛在前世不惜血肉甚至生命以追求佛道的信念和勇于自我牺牲的精神，劳度差两次都充当了佛祖虔诚信念验证者的角色，其说法所提出来的严苛条件虽然是考验如来佛意念、推动故事情节发展的必要环节，但这一任务的完成锁定在劳度差而非别的婆罗门身上，亦是有深意的，起码表明在佛经编纂者心中，劳度差会以牺牲国王生命作为说法条件，其性格特点与《梵天请法六事品第一》其他几例角色有相似之处，如毗沙门王幻变的夜叉鬼、天帝释变成的婆罗门、天帝和毗首羯摩变成的老鹰和鸽子，他们都以向大国王索要妻子、身肉乃至生命为说法条件，仅从索要的物品来看都显示出这些人物性格的贪婪残忍。或许基于上述原因，《贤愚经》采用劳度差这样一个人物去代替"无钱者"。

　　第一,戏剧人物语言的个性化,是指语言既能鲜明表现人物的身份、经历、年龄、教养、性格等,又能反映人物在特定情境和语言背景下的心理状态。试体会波婆梨个性化语言对其人物形象的塑造之功。当波婆梨要去拜见佛祖时,他毫不吝惜地布施了所有积蓄,即使最后身无分文仍然为自己坚持信仰、得见圣弥勒而兴奋:"我布施了。……我高兴。"文字虽有缺漏,但言简意赅而又自然亲切的自我肯定表现出这一人物虔诚踏实、隐忍自律的特点。当迟到的尼坦那对波婆梨唱诵众人赞美并请求对方给予自己五百金币时,波婆梨解释了自己布施的原因、经过及现状,并表明自己现在难以满足尼坦那愿望。这段个性化语言进一步展示了波婆梨布施的虔诚、待人的恳切,以及因未能满足尼坦那愿望而生发的愧疚感。但当尼坦那以卑者身份恳请波婆梨可怜自己,并再三要求后者布施时,波婆梨感觉到尼坦那对自己的不信任,这是对自己虔诚布施的一种否定,因此他便情绪激动、声音颤抖地进行了自我辩解。这反映出波婆梨渴望自己的真诚向佛之心能够得到他人理解,在遭遇误解时心理发生波动并竭力向对方阐明心意的复杂情绪。最后当尼坦那说出恶毒诅咒时,波婆梨更是心怀忧愁、夜不能眠,于个人而言他确实担心自己的头会裂成七块,但他更多的担心来自这个诅咒实现后对佛教教义所产生的迷惑:为何虔诚布施者会遭此厄运。这反映出波婆梨作为一个忠诚的佛教信仰者,有着对佛祖的深切敬意、对众人的布施情怀,但他内心仍有担忧、疑惑,他还只是现实中一个虽虔心向佛但仍会懦弱、焦虑的活生生的人,他还没有听闻佛祖宣讲最高妙法而获得无上解脱。这段个性化对话同样成功塑造了戏剧冲突的另一方尼坦那,并通过多条线索并进、多次对话升华,步步为营地深刻剖析揭示了尼坦那的多变性格。尼坦那的语言亦呈现出环环相扣、逐步紧逼的态势:先对比自己无依无靠、债务缠身的现状与波婆梨获得的布施美名,引发后者的荣誉心、同情心,进而逼迫其生起布施之念,此时尼坦那的语言是恭敬谦卑的;被拒绝后转而唱苦情戏,以路途遥远、处境险恶迫使波婆梨心生愧疚怜悯之心,从而达到获取金币的目的,此时尼坦那的语言是愁苦担忧的;愿望落空后,便口出狂言,恶毒诅咒波婆梨将吃尽苦头、七日内头会裂成七块,此时尼坦那的语言是饱含怒气的。至此,尼坦那这个口蜜腹剑、阴险狡诈、狠毒邪恶的婆罗门形象，便通过个性化语言在一次次戏剧情节和冲突的升级中逐渐显露出真面目，人物形象不断发展完善，变得立体生动起来。相较而言，《贤愚经》中对话所反映出来的人物情感起伏不大，心理波动较小。无论是劳度差一开始向波婆梨索要布施，还是被拒后的质问和诅咒；无论是波婆梨一开始摆明理由拒绝布施，还是被威胁后对咒语严重性及自身处境的分析，都看不出人物情绪波动和语言感情色彩的较大变化。劳度差面对的是五百金币的巨大损失，波婆梨遭遇的是头破七段的恶毒诅咒，两人对话有着巨大冲突性，读者本应在阅读中感受双方一触即发的矛盾。但实际上，一方面读者很难体会劳度差索要布施的强烈意念，另一方面也很难感受其愿望落空后的失落郁闷乃至气急败坏。而波婆梨作为一个布施者，既没有表现出不能布施需求者的愧疚，也不见安抚对方的言行；甚至在被对方诅咒时，也没有表达内心的惶恐不安及对自己善行恶报的疑惑不解；波婆梨最后的内心独白，一句分析事态严重性，一句分析结果不可逆性，都显得成熟稳重、波澜不惊，仿佛在分析与自己无关的陌生人的遭遇，其对话和独白所传递的感情与经文所言"念是愁忧，深以为惧"并不相符。因此与《弥勒会见记剧本》中"听其声则知其人"的个性化语言相比，《贤愚经》中的对话或独白并未体现出人物性格的强烈对比。这里所说的性格对比既包括波婆梨与劳度差的对比，也包括两人面对突发事件时的前后性格对比。《贤愚经》中的人物性格虽然也有变化，但那是文本情节发展的必然体现，与《弥勒会见记剧本》相比，《贤愚经》作为叙事文学作品，其人物塑造较为平面化和模板化，性格特征不够个性鲜明，层次性和立体感都不强。

第二，戏剧人物语言的口语化，是指语言与生活用语接近，易说易懂，反映现实。《弥勒会见记剧本》由季羡林先生译自吐火罗语A，虽然文本残缺不全，翻译时还需借助回鹘本《弥勒会见记》的参考，但他还是尽量采用直译以保持文本原貌。《贤愚经》中的故事是公元4世纪中叶于阗举行般遮于瑟会时，佛教长老讲解的经律，由慧觉等人译成汉文，经中人物语言应是这部叙事文学作品翻译成汉语时的一种文本呈现，而《弥勒会见记剧本》中的人物语言应是吐火罗A译本作为表演脚本时的语言状态。后者的口语化色彩极为鲜明，可通过两个作品中尼坦那(或劳度差)施咒时所说话语进行比较。《弥勒会见记剧本》：
"尼坦那怒气冲冲地说道：'你这老东西！如果你给我,我就会很好地把你那些大愿望满足。如果你不给我,在七天之内,你的心破裂。在第七天上,你就倒霉吃苦,我会把你炸为七块。你当心吧,无耻的老东西！'"《贤愚经》："劳度差言：'若必拒逆不见给者,汝更七日,头破七段。'"比较而言,这种差异体现在两个方面。一是《弥勒会见记剧本》中的称谓符合日常生活的口语表述,通俗自然、简练明确。结合尼坦那最初向波婆梨索要布施时的话语,他先以"喂,喂"跟对方打招呼,尊称其为"师尊"；被拒绝后又改称波婆梨为"你这老东西""无耻的老东西",从称谓来看,口语化色彩非常明显。而《贤愚经》中劳度差和波婆梨互称对方为"汝",书面语色彩颇为浓郁。二是《弥勒会见记剧本》中人物语言所体现出的情感自然妥帖,非常符合口语表达的特点。这段话表达了尼坦那内心的气急败坏,在希望幻灭后,他的丑恶嘴脸立马暴露,用尽最恶毒的语言诅咒波婆梨,此处口语化的谩骂正好恰如其分地表现出尼坦那脾气之暴躁凶残、情感落差之强烈鲜明,不仅有助于戏剧中人物形象的塑造刻画,还对戏剧冲突白热化、戏剧情节高潮化的到来有着激发作用。劳度差的咒语内容虽然相似,但《贤愚经》作为北魏时翻译的经书,书面语的叙述方式显然限制了人物情感的抒发,有种怒而不发的节制在其中,语言的杀伤力明显减弱。

第三,戏剧人物语言的动作性,包括语言所体现出来的外部动作、神情举止和内心活动,具体是指,人物语言具备在演出时配合表演者行动、表现人物心理活动和思想感情的能力,从而与表情、手势、形体动作等共同配合,起到暗示或推动故事情节进一步发展的作用。整体而言,人物对话呈现环环相扣、步步紧逼的动态模式。戏剧中人物语言的动作性主要通过对话交锋来实现,是人物性格在情节发展和冲突演进中内在张力的蕴集和爆发。《弥勒会见记剧本》中,无论是独白,还是对话,都极富动作性。波婆梨最初的独白："在经法中坚持是非常值得称赞的。我布施了。……我高兴。"体现出波婆梨对自己布施行为的肯定和布施完成后的轻松快乐。在具体的舞台表演中,波婆梨之表情应该是愉悦自信的,其手势应该是潇洒随意的,其形体动作应该是轻快欢畅的。所有这些都可从他这段独白中暗示出来，这既是对上一情节布施大会顺利召开的总结，又是对新情节中尼坦那无理布施要求的一种预示。而波婆梨最后的独白："那个婆罗门是谁呀？让我的头总共裂成七块。但愿此事不发生……在第七天上，我的头会裂成七块……（外道们会幸灾乐祸地说：）波婆梨祭祀了十二年，裂成了七块他的头。……他们会说：'他布施了，他的头（裂了）。'"体现出波婆梨对自己布施行为的困惑和遭遇诅咒后的担忧惧怕之情。在具体的舞台表演中，波婆梨之表情应该是惊恐疑惑的，其手势应该是畏缩谨慎的，其形体动作应该是沉重压抑的。同样，这段对话也起到暗示作用，既是对这一情节中尼坦那索取布施引发矛盾的总结，又是对新情节中矛盾即将解决的一种预示。中间部分，在尼坦那与波婆梨的五句对话回合中，两人各自的话语在促进情节发展上所起的具体作用是不一样的。尼坦那或赞美波婆梨，希望他能像布施他人一样布施自己；或遭拒后进一步低声下气哀求，以期获得布施免除牢狱之灾；或索求无望时口出恶言，以咒语加持对方作为不行布施的报复。反观波婆梨，或坦诚解释、据实相告，以期获得尼坦那理解；或克制不被信任的激动心情自我辩解，以消除尼坦那的怀疑。不管哪个环节的哪组对话，尼坦那总是提出问题、升华矛盾、推动情节向前发展的一方，波婆梨总是解释安抚、弱化冲突、暗示情节短暂停留的一方。双方的对话都能反映各自的思想意图，并影响促使对方做出必要反应。同时，两人的语言还揭示了人物的内心波动，尼坦那虚伪赞誉和声嘶力竭咒骂之下，是难以获得五百金币的失望、埋怨心理；波婆梨耐心解释与激动辩护背后，是一心向佛却被冤枉的不平、困惑心理。但即使波婆梨遭遇尼坦那诅咒，他独处时也没有将这种不满转化成更为狠毒的咒骂施之于尼坦那，这又进一步表现出他善良正直的一面。剧本中两人此处的语言对话不再是文本中静止刻板的言辞，而是能灵活反映人物外部动作和内心变化的鲜活语言。在尼坦那以推动为进攻、波婆梨以暗示为防守的对话回合中，两人一明一暗、一进一退，共同描绘了这一语言较量过程中两人的神态、动作，并完成了整个情节的推进和冲突的激化。而对比叙述性作品《贤愚经》中的语言，后者虽在构成矛盾冲突、推动情节发展上也起到一定作用，但整体而言，其语言内敛持重,很难透过有限的语言体会人物内心情感变化的波澜壮阔。相反,在矛盾逐步尖锐化的过程中,人物的情感依旧被裹挟在佛经模式化的语言叙述中,难以与冲突高潮发生共鸣。

第四,戏剧人物语言的文学性,是指戏剧对话中,人物语言虽呈现出口语化的特点,但俚而不俗,既能深刻体现人物的性格特征,又具有艺术欣赏性。吐本《弥勒会见记剧本》中,波婆梨和尼坦那的语言一个克制内敛,一个张狂肆意,语言对话都贴合人物的个性特征,暗示剧本的情节发展并激发戏剧的矛盾冲突,这些都是戏剧语言文学性的题中应有之意。反观《贤愚经》中人物的语言,与整个文本的叙述性文体相一致,但浓厚的书面语色彩掩盖了语言富有个性特征的文学化表达。①总之,与叙事性作品《贤愚经》相比,《弥勒会见记剧本》中人物对话回合更多,语言张弛有度,塑造了立体可感、棱角分明的人物形象,推动了人物性格的全面展示;语言冲突次数更多并不断递进升级,推动了情节的曲折发展和冲突的高潮爆发;语言的表现形式和内容设置也更适合舞台表演,戏剧特征明显。这些都凸显了两个文本的不同文体特征:《贤愚经》为叙事性文学作品,吐本《弥勒会见记剧本》为戏剧文学作品。

(二)从戏剧情节和冲突角度分析

戏剧的情节要素和冲突要素也鲜明体现在吐本《弥勒会见记剧本》中,下面以憍昙弥为佛陀制作并进献金色袈裟这一情节冲突为例,分析吐本和《贤愚经》本在情节推进和冲突展现方面的文体区别。现将两个文本中要进行比较的内容抄录如下:

1.21½

1 ……说道:"释迦族女主大爱道摩诃波阇波提乔达弥派遣

2 (波提尼姑娘,来打听佛天师尊何时从舍卫城)来到迦毗罗卫城,(城

---

① 按:戏剧语言除了指戏剧中人物语言之外,还包括舞台说明、背景介绍、人物神态和动作描写等叙述性语言。其中涉及戏剧表演的相关问题,放置后文进行说明。

中)好像是挤满了男女释迦族人

3……我找到了。他(走向)尼拘卢陀僧伽蓝。现在(呼唤)大名

4……他们礼拜寺院。看到了(波提尼姑娘),优婆夷Acle说道:

5……(你从何处为何事而来?"波提尼)说道:"我来打听佛天师尊是否已经来到?"

6……(优婆夷说道:"与你何干?"波提尼说道:)"释迦族女主摩诃波阇波提乔达弥费了很大的劲

7……(亲手织成了袈裟宝布)。为此她现在问一问,佛天师尊是否已经来到?"

8……(优婆夷说道):"释迦族女主乔达弥(比所有的夫人都要高贵,娇生惯养)在手工业中,织布业(最下贱)

1.21 ½

1……(大爱道乔达弥为何以自己神圣之手)干这个?"波提尼说道:"如果仅仅是织布,

2……(那就不算什么苦。"优婆夷说道:)除此之外,还干什么?波提尼说道:‖ aptsaradarśnaṃ ‖ "她还亲手

3(撒种,锄草)……用牛奶浇灌,使之成长。她亲手采摘。亲手弄净,亲手

4(弹花,亲手纺线),亲手织布,织成金色优异的布。"优婆夷说道:"我从佛天(师尊

5那里听说,乔达弥从前)用薰香、鲜花、食品、饮料诚心供养毗钵尸佛天,

6(以此功德,她生为比一切释迦族妇女都更美的夫人)成为佛天师尊的养母,相貌像十六岁的少女,

7……现在,释迦族女主亲手种棉花,亲手

8(织布)……释迦族的?闪着光辉。你切莫瞧不起!这尊贵的夫人

1.22 ½

1……同新剃度的阿罗汉在一起,为了使父亲净饭王、母

2（亲大爱道乔达弥和其他释迦族贵人欢喜），他来了（迦毗罗卫）城。此时释迦族人制定了规章，佛天师尊在哪里

3（说法，妇女）不能去。于是佛天师尊说法，八

4（万释迦族人得道。第二次说法，六万释迦族人）得道。第三次说法，四万释迦族人得道。共十八万人

5（释迦族男子从烦恼的痛苦中解脱出来）。却没有一个释迦族妇女得道。看到这个以后，释迦族妇女

6（十分悲愁难过）。她们聚集在一起，相互诉苦："为什么佛天师尊只为男人说法？

7……妇女们聚集在一起，向大爱道乔达弥致敬。

8……"（像优昙钵罗花一样，佛很难出现世间）他现在出现于世间了，不给我们说法。"

1.22ⅹ

1……（我们已和难遇的有福之人相遇，现在他不给我们说法，我们也看不到他那看不够的漂亮相貌）请你努力，让我们能够得到允许听法，能（看到）佛天师尊。"

2……（乔达弥）迅速报告了释迦族之王、释迦族的头领净饭王

3……（净饭王说:）"你们来听法吧！"就这样，过了一天，妇女们就听法了。于是，释迦族的头领

4……得到了听法的允许以后，她们一堆、一群群地从迦毗罗卫城

5（走到尼拘卢陀僧伽蓝）。那些得道的释迦族人沉思着走了过去。那

6（些未得道的释迦族求乞童子，迎面走来，对她们）说道："妇女们！你们到哪里去呀？难道是听法吗？

7……释迦族男人说道："他这样说：黑

8（毒蛇有五种罪孽。若问哪五种？第一是令人讨厌的气味；第二是面目可怕；第三）是贪睡，（第四）是两舌

1.44 ½

1……(同样,妇女也有五种)缺点:冲动易嗔;第二

2(忌妒;第三无信;第四忘恩负义;第五爱欲炽盛)……女流之辈是道德行为的污点。甚么

3……从那以后,你们的悉达多成百成百地

4……(一些妇女说:)"把悉达多怀在肚子里的是妇女。把他生下来的是妇女。养育他的

5(是妇女。难道现在还要歧视妇女吗?")于是,有几个妇女说道:"诸佛天视因缘斥责一些人

6(机会到时,他又赞扬那些人)因此,我们切莫由于这几个心肠冷酷的释迦族男人的几句话而退转不去听法。

7……奇异难得的六种东西,显露出来。我们从八种难处解脱出来。

8……我们来到了。他们不应受到谴责。我们因此还是去听法吧!"

1.44 ½

1……妇女们向着佛天师尊走去。佛天师尊(知道)了那些妇女的想法。

2(召唤诸僧,说道:)"(妇女们)有五种好:不让家庭空空荡荡;积聚财物;"

3(有病时服侍);共同享受聊天的快乐;从妇女那里(生出了)诸佛天、诸辟支佛、

4(诸罗汉、一切有福之人)。"妇女们高兴起来了。说道:"呀呀呸!那些蛮横的

5(释迦族童子说的话应该诅咒。他们说:'悉达多严厉地斥责你们。')(现在)佛天师尊用世界上特别美好的(语言)总起来(赞扬)了我们

6(现在让我们)安心地去听法吧!"于是佛天师尊对释迦族妇女们(说了)如此(深奥的经文)。

7(听法后,有八万妇女得道)。(第二次)说法中,有六万妇女得道。第

三次说法中,有四万

8(妇女得道)。①

YQ1.23½[正面]

1(木克提卡)说道:之后,乔达弥做过什么? ‖ 帕提尼说道:

2……我得到了非常大的利益,当我和释迦族这么多妇女一起,……

3……为了报答法带来的利益,我愿意用物质供奉。

4……她做过(什么)? ‖ 帕提尼说道:她叫来守园人,并告诉他……

5(当)这片土地变得……时,之后你要仔细地把它收拾好。之后(?),因为佛天师尊我(将)……

6……(微笑着),那信女说道:噢,帕提尼,你刚才说的什么?乔达弥夫人,用她自己的(双手)……

7……的确这样。我要告诉你这个情况:‖Capicce[曲调]‖不是因为物质匮乏,也不是因为缺少侍女,

8……出于对佛天师尊的喜爱,她才亲自织就这件珍贵的袈裟。

YQ1.23½[反面]

1……谁若把这袈裟作为礼物送给佛天师尊,佛天师尊将从他那里(接受)这(袈裟),……

2……他将得到佛果的继承人的灌顶之名。之后,(他们)说道:

3……除了圣弥勒之外,没有人能得到佛果的继承人的灌顶之名。

4……他将得到佛果的继承人的灌顶之名。之后,

5……(佛天)师尊将来到迦毗罗卫城。‖之后且提卡来了,走着……

6……将要来到。‖帕提尼说道:且提卡,你刚刚去哪里了? ‖且提卡说道:

7之后她派我到这里反复询问:什么时候(和)尊贵的(儿子)……

---

① 以上译文出自季羡林:《吐火罗文研究》,《季羡林文集》第十二卷,南昌:江西教育出版社,1998年,第138—153页。

8 帕提尼说道:当乔达弥夫人为佛天师尊……

YQ1.24½[正面]

1 她们都做了……。‖那个信女说道:这些释迦族的官人们……

2 ……他们去迎接佛天师尊。‖帕提尼说道:现在(?),……

3 (且提卡)说道:我也要告诉耶输陀罗夫人这件事,与尊敬的阿难陀
(一起)……

4 这个(信女)说道:我也要去迎接佛天师尊。——(所有人离开。)所
有人退场。‖插曲

5 (结束。)‖……被围绕着……,手持金色袈裟,释迦族大爱道乔达弥
夫人……

6 什么时候,当我……佛果……这件宝衣……

7 ……这个尼拘罗寺的皇家(园林)……为了得到佛果的转轮王……

8 ……瞿毗夫人,看到尼拘罗寺后,说道:‖Ratisupa[曲调]‖

YQ1.24½[反面]

1 ……他使得六万可爱的夫人高兴;她们所有人享受精神上的欢乐。

2 ……内心欢乐并合掌,他将能够来到这里,(并且)他将会驱除似乎
不纯洁的情感。

3 ……走进(尼拘罗)寺院,(乔达弥夫人)说道:在这里,这个有着佛果
的(转轮王)……立即(?)这样为释迦族人做……

4 (她)说道:土地神的装饰,带有梵天的……千福轮,佛果,……

5 ……所有的妇女都向佛天的足迹表达敬意。‖看到……,瞿毗夫人
(说道:)

6 ……像……在榕树……的上位被释迦族官人们(所围绕)……

7 ……我真正的爱子身射光芒,或者我应该说圣洁的法。

8 ……尊敬地,从座位上站起来之后,他们对乔达弥夫人喊道。‖

YQ1.25½[正面]

1 ……发出光芒,这件袈裟宝衣,因此(据说)由乔达弥夫人……

2 (她的)织布的手法(？)已经在这件袈裟上充分表现出来了。就像光束一样，

3 ……这件做工精妙、超越人类所有衣物的宝衣,值得给诸佛……

4 ……它可能很适合佛天尊师金色细滑的皮肤。

5 ……手拿袈裟布衣,释迦族夫人,走近佛天师尊,(怀着)极大的……

6 她说道: ‖ Kantsakarṣaṃ [曲调]‖ 我崇拜你所有的善良品德,我尊贵的儿子。(长时间)……

7 ……愿她们拥有孩子。愿他们能像我一样从地狱、禽兽、魔鬼中解脱出来。1. ‖ 佛天(师尊)……

8 之后乔达弥夫人双手捧着金色袈裟,非常(尊敬地)……

YQ1.25‰[反面]

1 ……这件新的金色袈裟是我亲手织成。为佛天师尊……

2 因此他可能接受它,德高望重的、有慈悲之怀的师父,(出于)对我们的爱。

3 ……按照佛的常识:当这件袈裟在僧众间施舍,……

4 ……(如果)他接受这件袈裟,他将会以礼物的形式施舍给佛天师尊。为此原因,圣弥勒……一定(将)……

5 三十二相将全部在他身上出现……佛继承人……

6 ……佛天师尊对乔达弥夫人说道:乔达弥,你把这件袈裟(布施)给僧众!

7 ……众僧也将尊敬你。‖ 听到那些话后,夫人……

8 ……我已经准备好(这袈裟)。为什么佛天师尊不打算从我这里接受它呢？ 之后,……①

---

① 以上译文出自郑玲:《〈弥勒会见记〉异本对勘研究——回鹘文(哈密本)与吐火罗 A(焉耆本)文本之比较》,中央民族大学中国古典文献学专业博士学位论文,2013 年,第 182—198 页。按:此处的"帕提尼"即"波提尼","乔达弥"即"憍昙弥",音译之字有所不同。

1.41½

1……还有,阿难陀!侨昙弥夫人的超出……最优异的……

2……我遮蔽身躯,她把我从小这样子……

3……我用……给她穿上,她用世俗的饰品(打扮)我……

4……她这样子在袈裟……,她用食品来满足我……

5……她用世俗之水来洗我,我就用圣八(正道之水洗了她)……

6……我(从她心中)除掉八十八种烦恼。她用世俗的(花簇打扮我)……

7……(我用菩提之花)打扮她。阿难陀!不把它……佛法的最优异的……

8……因此,阿难陀!(让)侨昙弥(把此布布施给)比丘僧伽

1.41½

1……还有比丘僧伽。阿难陀!七种应该归僧伽的布施……

2……有七种应该归僧伽的布施。佛天世尊……

3……布施给了僧伽。这叫做归僧伽的布施。佛天为首的……

4……这叫做归(比丘)僧伽的布施。把布施给僧众比丘僧伽,(这叫做应该归)比丘僧伽的(布施)……

5……布施?这叫做应该归比丘僧伽的布施……。不存偏心……

6……态度端正。这叫做应该归比丘僧伽的布施……

7……以后对她们用端正的态度。(这叫做)应该归比丘僧伽的(布施)……

8袈裟??……最后那些虔诚的人们。(这叫做应该归)比丘(僧伽的布施)

1.20½

1……我说功德的来临与出现。谁

2……用满怀喜悦,用容忍(？)？僧宝

3……出家作沙门的人,圣比丘僧伽。一切的善显现……

4……南天竺。因此,阿难陀!谁要是礼拜比丘僧伽,(礼拜)佛天

5……于是侨昙弥夫人心里想:谁……十四种pudgalik布施

6……布施给佛天,这叫做pudgalik布施。布施给辟支佛,这叫做

pudgalik布施。

7……给热心修阿那含果者布施,给得斯陀含果者(布施),给修阿那含果者(布施)

8……给热心修须陀洹果者(布施),给外道的断绝尘欲的仙人布施,给守戒律的众生布施

1.20½

1……给众生布施,这叫做pudgalik布施。于是净饭王

2……对佛天师尊,像是天空一样无量无际,说道:"一个个的生物

3……佛天师尊了解了释迦族人的心思,说道:"给转生为畜类者(布施)

4……(将在几百世中)成为财物不匮乏的富人。所有的东西不

5……布施,将在千世中成为一切财物都不匮乏的富人……

6……布施,将在十万世中成为一切财物都不匮乏的富人……

7……(给那些)已断灭(爱的烦恼的外道)布施,将在一亿十万世中成为一切财物都不匮乏的富人……

8……给热心(修须陀洹果者)布施,将在无量无数世中……

1.18½

1……除此以外,努力给无数修斯陀含果者(布施)……

2……话语是布施辟支佛。除比以外……

3……侨昙弥夫人对佛天师尊说道:"哪一个是两者的……

4……它们相互之间区别(何在?)"佛天师尊说道:"有很大的(区别)……

5……召请一位沙门,对他以端正的态度(布施),就是(供养)所有的僧众

6……对所有的(僧众),直至最低最小者(?),毫无区别之心,表示礼敬……

7……pudgalik布施是:对某一个僧人,以端正的态度,(加以布施),即(获得)功德……

8……pudgalik布施的功德就是这样的。如果侨昙弥……

1.18 ½

1 ……不是,憍昙弥！如果你向比丘僧伽(布施),比丘僧伽……"

2 ……"我布施给可尊敬的比丘僧伽。"佛天师尊(召唤)阿难陀,(说道:)……

3 "……把比丘僧伽在那里集合起来！作起caṃkanakṣi nemi cārit吧！"阿

4 (难陀)……说道:当以舍利弗、目键连为首的阿罗汉……

5 ……全体比丘僧伽被告知说:"谁 佛天师尊

6 ……(所有的释伽贵人)高兴起来,敬礼佛天师尊的脚,三次(右旋绕行)……

7 ……(佛天师尊)来到释迦国,逐城做让人成佛的工作,……

8 ……这样来到波罗榇城,享受着敬礼,波罗榇城……①

——吐火罗A《弥勒会见记剧本》

是时国法,男女有别。王与臣民,日日听法,闻法开悟,得度者众。诸女人辈,各怀怨恨:"佛与大众虽复还国,男子有幸,独得见闻。我曹女人,不蒙恩佑。"佛知其意,即语王言:"自今已后,令国男女番休听法,一日一更。"从是已后,蒙度甚多。时佛姨母摩诃波阇波提,佛已出家,手自纺织,予作一端金色之氎,积心系想,唯俟于佛。既得见佛,喜发心髓,即持此氎,奉上如来。佛告憍昙称:"汝持此氎,往奉众僧。"时波阇波提重白佛言:"自佛出家,心每思念,故手纺织,规心俟佛。唯愿垂愍,为我受之。"佛告之曰:"知母专心欲用施我,然恩爱之心,福不弘广;若施众僧,获报弥多。我知此事,是以相劝。"佛又言曰:"若有檀越,于十六种具足别请,虽获福报,亦未为多。何谓十六?比丘、比丘尼,各有八辈。不如僧中漫请四人,所得功德,福多于彼,

---

① 以上译文出自季羡林:《新博本吐火罗语A (焉耆语)〈弥勒会见记〉剧本第41、20、18张六页译释》,《西北民族研究》1989年第2期,第11—15页。

十六分中,未及其一。将来末世,法垂欲尽,正使比丘,畜妻侠子,四人以上,名字众僧,应当敬视如舍利弗、目犍连等。"时波阇波提心乃开解,即以其衣奉施众僧,僧中次行,无欲取者,到弥勒前,寻为受之。于后世尊与比丘僧游波罗榇,转行化导。尔时弥勒著金色㲲衣,身既端正,色紫金容,表里相称,威仪详序。入波罗榇城。①

——《贤愚经·波婆离品第五十》

吐本《弥勒会见记剧本》的情节主线有两条,一是佛陀现世,一是弥勒会见佛陀。吐本残卷所存四幕内容基本都围绕这两条主线尤其是第一条主线而来。但相较而言,上文所引第三幕在整个戏剧发展中应是围绕主线旁支而成的次要情节,但仍与主线有着密切关系,起到烘托主线、推进戏剧情节整体演进的作用。具体而言,第三幕有四场情节,均发生在迦毗罗城尼拘卢陀伽蓝。第一场讲述佛母大爱侨昙弥夫人的女仆波提尼到伽蓝打探佛陀消息,通过与木克提卡的对话引出侨昙弥夫人亲自织就金色袈裟并计划进献给佛陀之事;第二场讲述释迦族女人努力争取听法得道的权利,遭到释迦族男人的否定讽刺,佛陀称赞女人优点并满足其听法愿望;第三场交代从佛义角度讲,侨昙弥应将袈裟布施给僧众以获取更大福报,同时指出弥勒将接受袈裟并显示未来佛体相,还描述了侨昙弥与瞿毗夫人一同歌颂佛陀到来的场景;第四场叙述侨昙弥夫人向佛陀进献佛衣,佛陀拒绝并说明原因,侨昙弥夫人理解后释然。可以看出,该幕情节主要围绕侨昙弥夫人为佛陀织造并进献金色袈裟而来,与情节主线有着密切关系:第一,该情节发生在佛陀即将现世时,由侨昙弥夫人进献袈裟,引出她和众人对佛陀的礼赞,并示现佛陀的公平兼爱报施之心,使佛陀现世更具期待性和神圣性;第二,该情节还发生在弥勒即将会见佛陀时,以侨昙弥夫人所施袈裟为弥勒所得,暗示弥勒会被授记为未来佛。因此第三幕情节在整部戏剧发展中起到承上启下的重要作用。该幕情节推进基本以人物对话、独白或者

———————————

① [北魏]慧觉等译撰,温泽远等注译:《贤愚经》,广州:花城出版社,1998年,第569—570页。

歌唱方式展开,非常符合戏剧文体情节演变的特点。《贤愚经》中与吐本相对应的部分主要讲述以下情节:佛之姨母摩诃波阇波提(即恃昙弥)亲手制作金色袈裟奉送给佛,佛要其布施众僧,摩诃波阇波提表达自己的思念并请佛收下,佛感谢姨母的养育之恩,并说明布施僧众可获更大利益,摩诃波阇波提接受。

将吐本与《贤愚经》本此部分内容对比可知,二者在情节设计上存在诸多不同,非常鲜明地体现出吐本的戏剧文体和《贤愚经》本的叙事文体属性。吐本情节发展步步推进,整个第三幕四场情节都与该幕主题"恃昙弥夫人进献袈裟"有着密切关系,虽然是残卷,但仍可通过对应回鹘本相关内容还原整个故事情节。吐本《弥勒会见记》的情节比《贤愚经》本更加丰富多彩、曲折多变,主要表现在以下几个方面。第一,吐本首场情节引出巧妙自然且符合戏剧的表现特点。通过女仆波提尼和木克提卡的对话引出恃昙弥进献袈裟的计划,透露出恃昙弥对佛陀的敬意并表达了波提尼对恃昙弥虔诚礼佛的赞誉之情;这个情节《贤愚经》中没有。第二,吐本情节设置成功导入预设手法。恃昙弥见到佛陀以前,吐本已通过智者之口预示了金色袈裟与弥勒的关系:布施佛陀此金色袈裟者将会成为佛果继承人,而只有弥勒有此权利,因此布施众僧时弥勒会接受袈裟并进献给佛陀,从而显示其未来佛体相。这一情节虽小但却暗示出后文佛陀拒绝恃昙弥进奉,并预设出下一幕弥勒接受灌顶授记的宏大场景,情节顺理成章且不显突兀。《贤愚经》中没有此预设情节,也没有确切表明弥勒为佛果既定继承人与其接受袈裟之间的必然关系。根据回鹘文本相关内容的对应,《弥勒会见记剧本》下一幕应为以人物语言和动作并举的方式表现弥勒接受袈裟并获得授记的重要情节;《贤愚经》中弥勒接受袈裟只在恃昙弥解除心结后以叙述性语言几笔代过。第三,吐本场次之间环环相扣,情节紧密相连、前后照应。如吐本该幕第三场,释迦族妇女也想听法,于是请求恃昙弥,恃昙弥向净饭王汇报并为释迦族妇女争取到听法权利;佛天师尊赞扬了妇女,众多妇女得以听法得道。可见释迦族妇女获得听法权利与恃昙弥的努力是分不开的。这一情节暗示出后文众妇女跟随恃昙弥会见佛陀并进献袈裟之事,也暗示出佛陀的众生平等观,同时还将这一看似枝枝权权的情节纳入主线中来。但在《贤愚经》

中,释迦族妇女听法之事发生在介绍侨昙弥行为之前,少了吐本情节的穿插交融;而且侨昙弥根本没有参与帮助释迦族妇女听法的事件中,是佛陀获知妇女心意后让国王允许她们听法的,故事之间的衔接连贯性不如吐本。第四,吐本出现了很多与中心人物紧密相关的次要人物,拓展了戏剧情节的宽度,使故事更加充盈丰满。首先,通过波提尼和且提卡的对话获知:不止是侨昙弥,耶输陀罗夫人以及要跟从侨昙弥一同出家的五百释迦妇女都为未来僧人准备了布衣,暗示此后礼拜佛陀情节中,佛陀信众范围之广、场面之大。其次,见到佛陀前,瞿毗夫人还以一段唱词表达对佛陀的赞美,再度引发众人情绪的高涨。《贤愚经》这两个情节都没有涉及。第五,围绕该幕主线"侨昙弥为佛陀进献袈裟",吐本不遗余力地在"进献"和"拒绝"之间往返几个回合,增加了故事情节的表现张力。侨昙弥向佛陀进献袈裟的情节也有动作和语言描写,比如动作上形容她双手捧着金色袈裟,非常恭敬地献给佛陀;语言上敬称佛陀为德高望重、有慈悲之怀的师父,都表现出她内心的虔诚。《贤愚经》则没有此情节。而后吐本中,佛陀解释了不接受袈裟的原因,并劝慰侨昙弥布施僧众以获得更大福报和尊重。但侨昙弥因对佛陀的满腔爱子之心遭到拒绝而伤心难过,并转而向佛陀弟子难陀寻求帮助。而佛陀也通过与难陀的对话表达了他对侨昙弥幼时养育之恩的佛法报答,可谓饱含深情。佛陀还详细解释了十四种对个人的普特伽罗和七种对僧伽的普特伽罗,并引导其将袈裟布施给僧众。这一部分佛教经义阐释较多,但仍与故事情节紧密相连,因此并不显得枯燥突兀。而后佛陀让难陀处理袈裟布施之事。新人物(难陀)的引入和故事情节的细化有助于戏剧场景的表达和剧本演出的实现,分解了戏剧文本的内容压力。这一幕将进献袈裟之事暂做了结,而弥勒接受袈裟的情节在吐本被放至下一幕,且中间又有其他情节的穿插,使得场幕的层次感更强,情节更加变幻多端。《贤愚经》只点出侨昙弥施舍袈裟给众僧人会使其获得更多福报,并未引出袈裟与弥勒之间的紧密关系;佛陀虽也表达了对养母的感激之情,但情感并没有那么强烈,只是一笔带过;也没有引入难陀这个新的人物形象,因此也就没有难陀处理袈裟布施之事,而直接跳转到侨昙弥布施、弥勒接受袈裟的内容上。与吐本相比,《贤愚经》

本情节比较直接且丰富度和曲折性均较弱。吐本此幕异常丰富的情节也通过人物对话塑造了多位个性鲜明的人物形象,比如引出故事情节的侍女波提尼、在尼拘陀寺与波提尼对话从而推进情节发展的信女木克提卡、演唱赞美诗礼佛的佛陀夫人之一瞿毗夫人、跟随憍昙弥一起做佛衣的罗睺罗母亲耶输陀罗夫人及其侍女且提卡。这些人物形象虽不如同时或后世小说那样具有异常醒目的人物个性,但与《贤愚经》等叙事性佛经故事所塑造的人物形象相比,已然不那么模式化。尤其吐本中的人物使用了贴合人物个性和身份特征的富有生活情调的语言,更有利于情节内容的表达和张力的扩展;相较而言,《贤愚经》中参与对话的只有憍昙弥和佛陀,语言以四字句为主,体现出叙事文学庄重矜持的特点,也符合佛教经书的行文规范。

　　戏剧冲突是用来表现人与人之间矛盾关系以及人的内心矛盾的特殊艺术形式,它指戏剧中矛盾产生、发展到解决的全过程。戏剧冲突既促进戏剧情节发展至高潮,又通过戏剧语言或动作彰显了人物性格。戏剧作品中,冲突的表现方式灵活多样,有人与人之间的外部冲突,也有人自身的内部冲突,还有人与自然环境或社会环境之间的冲突。这些戏剧冲突或单独或交织,相互作用,共同塑造了人物形象并构成戏剧情节的基础。戏剧冲突具有尖锐激烈、高度集中、进展紧张、曲折多变等特征。正如张庚等在《中国戏曲通论》中所言:"戏剧之所以要把人类生活中的社会冲突作为自己的描写对象, 是基于戏剧这种剧场艺术,要在短短的时间内演出完毕,而且要扣人心弦,所以只能选取生活中较为本质的、激烈的场面,并加以提炼概括,使之具有浓郁的剧场效果;而不可能像其他叙事文学那样,去描写与冲突无关的繁枝细节,静止地、冗长地去描写景物和人物性格。从这一意义上说,生活中'充满冲突的情景特别适宜于用作剧艺的对象'。"①黑格尔认为戏剧冲突的内涵是各种目的和性格的冲突;布伦退尔认为戏剧冲突的内容是意志冲突;J.H.劳森进一步把戏剧冲突的内涵引申为社会性冲突,强调人生活的特定社会环境的影响,这一点恰恰说明戏剧冲

① 张庚、郭汉成:《中国戏曲通论》,上海:上海文艺出版社,1989 年,第 275 页。

突应该反映社会关系的本质和社会必然性，人物的自觉意志在这一过程中发挥了重要作用，但并非单一的决定性作用。实际上在具体戏剧作品中，创作者不可能把戏剧冲突都设计成能够直接反映社会本质属性，而需要通过一些具体的、特殊的可以与剧本主题、情节以及人物设置相贴合的个性化冲突，去艺术化地再现总的社会冲突。多幕戏剧会有一个贯穿始终的大的戏剧冲突，这一冲突能够反映当时的社会现实以及创作者反思当下并试图解决问题的努力，但它很可能隐藏在戏剧情节背后。多幕剧虽然不是每一幕都有一个独立的戏剧冲突，但具体冲突还是可以在场幕间找到；而且每个主要冲突周围大都还环绕着一些小的次要冲突，这些次要冲突在激发根本冲突时可起到助力作用。

　　吐本《弥勒会见记剧本》作为一部佛教文学作品，其戏剧冲突并非像古希腊悲剧或中国古典戏曲那样剑拔弩张，而是稍显平和。而且该剧冲突必定是围绕传播佛教教义、弘扬弥勒信仰的主题而来，这一冲突主题的设置与该剧印度语文本形成流传时印度处于内忧外患、民众急需寻找一位能拯救他们于苦难之中的神灵有密切关系。弥勒的未来佛角色很好地慰藉了当时大众千疮百孔的心灵，使众人在现实苦难面前，仍然崇奉信仰的力量，坚强生活、现世苦修，并寄希望于未来的轮回转世。所以当这部印度剧本传到西域塔里木盆地周边国家时，弥勒信仰及其所承载的历史使命也随之引入。在该剧本中，现实的黑暗与未来的光明形成鲜明冲突，而因缘果报作为佛教思想的核心，承担着让人们面对、适应现实困难并通过苦修善行获得未来果报的重任。这一矛盾冲突的对立和解决可谓贯穿整个吐本《弥勒会见记剧本》始终，无论是波婆梨将十二年积蓄布施给九十六种外道出家人以及众多贫穷悲苦者，还是他派弥勒等弟子代表自己拜访佛陀，都是为了尽己所能解除现世苦难并得见圣弥勒；无论是佛陀现身迦毗罗卫城说法，还是弥勒被授记为未来佛，他们的目的都是为了在现实苦难中解脱众人并给予其精神引导；甚至波婆梨以‖Pañcagati‖曲调所演唱的韵文诗"他们将要来到人间；他们正在将自己对佛天的崇敬之情与期待被解脱的愿望融为一体"，也表现出即使贵为天神也崇拜佛天、渴望解脱。

　　具体到吐本《弥勒会见记剧本》第三幕，其中也充斥着众人对现实、未来的思考以及对解决办法的寻求。比如,侨昙弥制作袈裟不仅是出于母爱,还出于对佛陀精神引导的感激之情;释迦族妇女追求听法权利并跟随侨昙弥出家也是为了得道并获得授记以解除现世苦难;佛陀拒绝接受袈裟的原因之一也在于他考虑到将袈裟布施给僧众可以让侨昙弥获得更多福报和尊重。总之,一切行为的展开和办法的解决都与这个隐含于文本内部的矛盾冲突有着密切关系,而这一冲突在各幕中又具体内化成很多不同的矛盾点并引起一次次小的情节高潮。比如第三幕本身最大的戏剧冲突是:侨昙弥为佛陀亲手制作并进献金色袈裟,佛陀拒绝接受并让她转施给僧众。围绕这个戏剧冲突,又出现了很多小的次要冲突。冲突一:侨昙弥高贵的身份、娇生惯养的生活状态与其亲自从事播种、锄草、浇水、采摘、纺线、织布、做衣等低下、艰辛工作间的冲突,这属于人自身所产生的内部冲突,凸显了侨昙弥对佛陀虔诚、执着的敬意。冲突二:木克提卡对侨昙弥高贵身份与低下工作的疑惑,这是人物言行与他人认知之间的冲突,属于戏剧的外部冲突。波提尼解除了木克提卡的困惑,她说:"不是因为物质匮乏,也不是因为缺少侍女,……出于对佛天师尊的喜爱,她才亲自织就这件珍贵的袈裟。"冲突三:佛法教义与信众个人行为之间的冲突,佛陀所述其接受布施的原则与侨昙弥等人历经辛苦为佛陀制作袈裟的个人行为形成冲突,这属于人与社会环境之间的外部冲突。这一冲突还交织着其他冲突,比如对侨昙弥夫人制作袈裟行为的渲染烘托以及侨昙弥、瞿毗夫人对佛陀的唱赞都暗示出佛陀理应高兴地接受袈裟布施,这一行为预估与佛陀的实际拒绝形成鲜明对比,此处暗含侨昙弥等人与佛陀的外部冲突;再如,侨昙弥过去以薰香、鲜花等供养毗钵尸佛天而得到功德的虔诚感恩之心,与现在为佛陀制作袈裟却不被接受的疑惑难过心理的冲突,这里暗含侨昙弥心灵内部的对比冲突。这些冲突的解决办法是:佛陀向侨昙弥解释了对个人的十四种普特伽罗与对僧众的七种普特伽罗之间的区别,并劝解侨昙弥布施僧众以获取更大功德;佛陀回忆侨昙弥养育之恩,并报以佛法的引导回报。可以说,吐本《弥勒会见记剧本》的冲突有主有次、紧密交融,共同完成了此幕主体戏剧冲突所承载的推动情节发展的重要任务,并将冲突双方的人物性格鲜明体现出来,比如佛陀一心解救众生,以佛法传播和延续为己任;侨昙弥母爱的厚重以及对佛教的虔诚等,都在戏剧冲突发生、发展、解决的过程中得以展现;而在这样的冲突安排下,戏剧情节紧凑,故事转换顺利,人物个性也逐渐显露。还应注意的是,剧本中的冲突矛盾一般可分为发生、发展、高潮、结局四部分,在每一幕演出中也包含这四个步骤。具体到本剧第三幕,冲突的发生是:侨昙弥历经千辛万苦,亲手为佛陀做了金色袈裟;从智者之口暗示出只有圣弥勒才可以接受袈裟继承佛果。发展是:侨昙弥向佛陀进献袈裟;佛陀让其布施给僧众。高潮是:侨昙弥夫人伤心哭泣,转而向难陀寻求帮助;难陀向佛陀委婉劝言,佛陀通过与难陀的对话表达了他对侨昙弥的感恩之情,并解释不接受布施的原因。这一部分之所以是冲突的高潮,是因为经过冲突发展之后,本幕的女主人公情绪发生较大波动,引发情感上的高潮;而且本剧的中心就是为了宣说佛法,此处佛陀借给侨昙弥解释的机会宣说了七种僧迦兰盆和十四种普特迦罗布施的布施善行,并分析了两者区别,引导众生以不加区别心布施僧众以获取更大福报。结局是:侨昙弥听从佛陀劝解并决定将袈裟布施给僧人。其中,戏剧的高潮部分是冲突矛盾最激烈之处,也是剧本主题表达最明显之处,第三幕高潮恰与整部作品中心思想相一致,因此应该是最扣人心弦、引人入胜的。而在此冲突的高潮部分演说佛法,无疑更有利于众人的佛法接受。诚然,文学作品都可以表达社会冲突,但与其他文学体裁相比,戏剧就是为反映社会现实冲突而生的一种文学作品样式,没有冲突就无所谓戏剧的存在。而戏剧的表演特性又对剧本篇幅和演出环节有所限制,使其必须在有限时空范围表现更为复杂尖锐的矛盾冲突。而《贤愚经》作为叙事文学作品,本部分内容虽也有冲突,但其冲突只体现在侨昙弥制作袈裟布施佛陀与佛陀拒绝接受袈裟的两次对话回合上,吐本环绕主要冲突而生成的次要冲突,在《贤愚经》中都不存在。这说明,戏剧与叙事性文学相比,对冲突设计的要求更高,其冲突的内容深度和表现形式也更加多样化。

通过与《贤愚经》的对比,吐本《弥勒会见记剧本》内容要素方面的戏剧特色体现得淋漓尽致。《弥勒会见记剧本》虽然以宣传宗教教义为主,但它改变了《贤愚经》这种传统的说教式宣传方法,而采用戏剧文学谋篇布局,从吐本仅存的四幕内容中仍可看出该文本在人物、语言、情节、冲突等内容四要素上所体现出的戏剧特点,而这也为信众接受和喜爱,从该戏剧作品在当时被广泛传抄流行即可看出。

二、吐火罗A《弥勒会见记剧本》的形式特征

吐本《弥勒会见记剧本》被德国 E.Sieg、Werner Winter、法国 S.Lévi 以及中国季羡林等学者判定为戏剧的重要原因是该文本在形式上所具备的戏剧特点。本部分即以吐本为基础,并与回鹘文哈密本《弥勒会见记》以及汉文《贤愚经·波婆离品第五十》进行文本形式的比较,以期更全面揭示吐本《弥勒会见记剧本》的戏剧文体特征。

新博本吐火罗 A《弥勒会见记剧本》YQ1.1½的反面, 出现了这部作品的名字:maitreyasamiti nāṭkaṃ[1],其中 nāṭkaṃ即梵语"剧本"之意,吐火罗 A 取自印度语而微有增损,因此也沿用其本意,这其实已经明确标示出这部作品的戏剧文体性质。E.Sieg 也将标题中"有 Nātaka 这个词"作为吐本为戏剧的标志之一,这点也为 Werner Winter 和 S.Lévi 所赞成。季羡林亦言:"吐火罗文本书名就标出是'戏剧',这是名副其实的。"[2]另外根据回鹘本《弥勒会见记》记载,吐火罗 A 文本是在印度语本基础上制作而成,因此吐本的源头应该是印度戏剧。印度戏剧起源很早,虽然其传播发展至西域龟兹时不可避免会发生一些变化,不再与印度剧本完全一致,但两者毕竟有传承关系;加之戏剧作为表演艺术本来在形式上就有共性,因此吐本在文体形式上会呈现出与印度剧本的相似之处。据Winternitz 分析总结,印度剧本有以下形式特点:韵文、散文杂糅;梵文、俗语杂糅,上等男人说梵文,下等男人和女人说俗语;戏剧中各幕的时间和地点可以

---

① 季羡林:《吐火罗文〈弥勒会见记〉译释》,《季羡林文集》第十一卷,南昌:江西教育出版社,1998 年,第64 页。

② 季羡林:《吐火罗文和回鹘文本〈弥勒会见记〉性质浅议》,《北京大学学报(哲学社会科学版)》1991 年第 2 期,第 69 页。

自由转换;有丑角存在;有开场时的献诗和序曲;多以大团圆结尾等。吐本《弥勒会见记剧本》与之多相符合,呈现出戏剧结构的完整性、唱词曲调的表演性、舞台说明的必要性等形式特征。

(一)戏剧结构的完整性

戏剧结构是指戏剧有幕或者折。就幕而言,戏剧可分为独幕剧和多幕剧,有的幕中还有场。剧本一般以"场""幕"表示情节和段落,一幕剧可以分为几场,一场剧是指一幕剧中时间或空间发生转换的情节片段,一幕剧是指几个情节段落组合而成的一个大的章节。戏剧中场幕之间的时间、地点可以自由变换。据专家学者研究:印度文《弥勒会见记》是一部长达 27 幕的剧本。新博本吐火罗 A《弥勒会见记剧本》残卷现仅存第一、二、三、五共四幕剧。因此,吐本《弥勒会见记剧本》应该是部多幕剧。戏剧幕与幕之间的关系应较为紧密,但由于吐本内容的残缺,其仅存几幕之间出现逻辑松散的现象。但吐本每幕包含多场情节,基本符合戏剧场幕的要求。第一幕和第三幕的情节前面已做过说明,不再赘述,这里简单介绍第二、五幕的内容。第二幕共四场情节,第一场发生在波婆梨婆罗门家,第二、三场发生在帝戈沙摩菩提国,第四场发生在正觉山:第一场讲述弥勒等十六位弟子到波婆梨家中问候,波婆梨和弥勒发现他们昨晚梦境一样,于是波婆梨派弥勒等弟子前去会见佛陀,并告知弟子佛陀的三十二相及问法方式;第二场讲述弥勒同帝戈沙摩菩提国的民众告别,很多人都舍家追随弥勒,弥勒所到之处均呈现出祥和之态;第三场,途中遇到的天神、僧众甚至野兽都对弥勒表现出恭敬之情,并以鲜花和音乐欢迎弥勒,弥勒显现僧人模样;第四场,弥勒等人来到佛陀说法的孤绝山,看到佛陀三十二相,向其虔诚礼拜问法,并出家为僧终成正果。第五幕故事情节的发生地为翅头末城,但因吐本残缺严重,无法确知其内容,暂且不论。

戏剧结构的完整性要通过舞台表演展现出来,而戏剧舞台表演的现实性,又使得剧本所要表现的人物、情节和场景等都受到时间、空间的双重限制,比如要求剧本篇幅应集中紧凑,主要人物地位应得到凸显,场景情节应具有一定的连贯性和持续性,故事发生地点虽经常变化但不可胡乱切换,等等。吐本残卷故事情节较为完整的集中在前三幕,但也呈现出不同特点。比如前两幕中每幕的故事线索清晰,情节推进连贯,场景衔接性很好。虽然场面转换频繁,但都与故事主体发展脉络一致,能较准确地预示并推进情节,因此并不显得突兀杂乱,这也符合剧本时空设置上的集中性要求。吐本第三幕并非顺承前两幕故事发展而来,而是另辟叙述线索——本幕前两场从侨昙弥为佛陀制作袈裟并打探佛陀现身时间的角度,预示佛陀即将现世;第三场从佛陀现世并拒绝接受侨昙弥布施的角度,暗示只有未来佛才可接受袈裟;第四场则从弥勒接受袈裟的角度回归叙事主线:佛陀现世,弥勒的未来佛地位也得以确认。因此整个第三幕仍是剧本叙事结构中不可或缺的主体环节。第三幕前两场情节预示并证明了佛陀与弥勒佛间的继承关系,后两场情节叙述佛陀拒绝接受侨昙弥布施并指明只有弥勒才能接受袈裟的事实,又回归到主体情节。从戏剧结构而言,吐本前三幕呈现出双线交融的结构特征,一条线索是佛陀即将现世,另一条线索是弥勒要去会见佛陀。这两条线索并非独立行文,而是交融在一起共同推动了情节的发展,这也使得剧本结构更加复杂多变,故事内容更加丰富饱满。同时,该剧本前三幕还呈现出明、暗两条叙事线索,完善了戏剧结构,明线为主角在舞台上的直接展示,如弥勒一步步见到佛陀的过程;暗线则是通过不同人物的侧面叙述而拼接的线索,如通过天王之口得知佛陀即将现世的消息,通过阿耆多之口得知弥勒的身世和性格特点,通过波婆梨之口得知佛陀的三十二相,通过女仆之口得知侨昙弥与佛陀之间的关系和情义,通过释迦族男、女的争论和佛陀的判定得知佛陀对听法之人的要求,等等。因此戏剧结构于简单二线中又蕴含着复杂多线,但以上所析内容均为在戏剧舞台上可以直接展现的情节。需要注意的是:鉴于戏剧表演对时空的高度限制,并非所有故事情节都可以在舞台上展示,有些内容可能会通过对话或其他方式表现出来,但却起到连贯和丰富情节的作用,也是不可缺少的。比如侨昙弥辛苦撒种、除草、浇水、拾棉、清洁、纺线、织布的过程并没有在戏剧舞台上表现出来,而是通过侍女波提尼与木克提卡的对话得知,这是因为侨昙弥所进行的一系列动作有时间的停顿性和行为的延续性,不方便在舞台上展示,而以人物对话表现故事情节则避免了这个问题。这说明吐本在结构安排、情节展示上充分考虑戏剧的表演特性,更具灵活性和针对性。

新博本吐火罗 A《弥勒会见记剧本》第一张第一页上有两行字,译作汉语为:"在(圣)月整理好了的《弥勒会见记剧本》中,名叫〈婆(波离的婆罗门举行布施大会)〉第一幕终。"[①]季羡林指出,文本中所出现的 nipāt 或 nipānt,相当于梵语的 nipāta,其涵义为表现戏剧结构的"幕"。吐本还出现 praveśakk ār,相当于梵语的 praveśakaḥ,samāptaḥ,praveśakk 意为"幕间插曲",ār 意为"结束",两词合在一起指"幕间插曲终"。戏曲都有插科打诨,幕间插曲应为不同幕次之间的过渡环节,一般有人演唱,腔调与正文所属曲种一致;而"幕间插曲"则表明这是一部结构规范的多幕剧。"幕"在文本中的出现是季羡林先生判断吐本戏剧属性的证据之一。回鹘本《弥勒会见记》在每一部分都以"第某品"开始,以"第某品"或"第某章"结束,中间部分也未曾出现"幕"这一戏剧术语,因此戏剧结构不完备。《贤愚经·波婆离品第五十》作为叙事性文学作品,也没有场幕之分。三个异本情节结构上的不同也暗示出其文体性质的差异。

(二)唱词曲调的表演性

吐本《弥勒会见记剧本》在文本上呈现出韵散结合的写作范式,叙述和对话用散文,词牌后面是韵文,这正如列维所言:《弥勒会见记》剧本"具有的特点与同一地区的其他著作一样,即一种戏剧传奇,其中歌咏与道白交替出现……"[②]关于这个词牌,E.Sieg 和 W.Siegling 一开始认为是诗律,Werner Winter 纠正为唱词的曲调,这一观点得到季羡林先生的认可。据笔者统计,吐本《弥勒会见记剧本》有 35 支曲调名称,共计出现 42 频次。现根据首次出现顺序列举如下:

1　‖ In the Etu［tune］‖

---

① 季羡林:《谈新疆博物馆藏吐火罗 A〈弥勒会见记〉》,《文物》1983 年第 1 期,第 43 页。

② ［美］梅维恒:《绘画与表演》,上海:中西书局,2011 年,第 61 页。

2 ‖ In the Gautamakapila[tune] ‖

3 ‖ In the ···r[tune] ‖

4 ‖ In the Jinakke[tune] ‖

5 ‖ In the Tsunta(？)[tune] ‖

6 ‖ In the Apratitu(lye)[tune] ‖

7 ‖ In the Samakkore[tune] ‖

8 ‖ In the Vañśa(vātra)[tune] ‖

9 ‖ In the Yaśodharavilāpa[tune] ‖

10 ‖ In the Samakkore[tune] ‖

11 ‖ In the Devadatta[tune] ‖

12 ‖ In the Hetuphala[tune] ‖

13 ‖ In the Viśikko[tune] ‖

14 ‖（In the ···gati[tune].）‖

15 ‖ In the Mandodhari[tune] ‖

16 ‖ In the Maitär[tune] ‖

17 ‖ In the Vilumpagati[tune] ‖

18 ‖ In the Subhadra[tune] ‖

19 ‖ In the Pañcama[tune] ‖

20 ‖ In the Pañcagati[tune] ‖

21 ‖ In the Daśabala[tune] ‖

22 ‖ In the Yarāssi[tune] ‖

23 ‖ In the Klumpäri[tune] ‖

24 ‖ In the(Nandavi)lāpa[tune] ‖

25 ‖ In the Śmāśānaśräṅkār[tune] ‖

26 ‖ In the Bahudantāk[tune] ‖

27 ‖ In the ĀrŚi–Niṣkramant[tune] ‖

28 ‖ In the Niṣkramant[tune] ‖

29　‖ In the Pañcama［tune］‖

30　‖ In the Aptsaradarśaṃ［tune］‖

31　‖ In the Capicce［tune］‖

32　‖ In the Ratisupa［tune］‖

33　‖ In the Kantsakarṣaṃ［tune］‖

34　‖ In the Kaṃtsakarṣaṃ［tune］‖

35　‖ In the Vanapraveśa［tune］‖ [①]

曲调也是戏剧专门术语。这些曲调的存在表明这部作品的可歌唱性,曲调后面即为要歌唱的韵文诗,与舞蹈和朗诵都有密切关系,因此具备表演特征。为了抒发某种特定情感而采用一定曲调并形成范式,这是戏剧舞台语言的程式化表现。《弥勒会见记剧本》中曲调演唱者身份各异,既有现世佛佛天师尊、未来佛弥勒,又有诸天神,还有憍昙弥、瞿毗夫人以及僧众、侍女等普通人;歌唱篇幅长短不一,既有一两句者,也有诸如描绘佛天三十二相、野兽对弥勒的敬爱忏悔之心等篇幅较长者,显示出歌唱韵文的灵活性。具体而言呈现出以下特点:

1. 戏剧曲调的抒情性

戏剧曲调根据其艺术表达特点的不同,可分为抒情性曲调和叙述性曲调。叙述性曲调一般多用于描述事物,曲调偏于直白简朴、言简意赅,朗诵的特点更加明显。《弥勒会见记剧本》多为抒情性曲调,即使曲调用于叙事,也因为演唱者感情的投入而带有更多抒情色彩。抒情性曲调婉转曲折、深情款款,表达了演唱者丰富而细腻的内心世界。根据表述情感的不同,又可分为崇敬、喜悦、忧伤等多种类型。比如:(1)崇敬赞美类曲调。在吐本中所占比例较大,如

---

① 季羡林:《吐火罗文〈弥勒会见记〉译释》,《季羡林文集》第十一卷,南昌:江西教育出版社,1998年,第23,29,29,33,33,37,41,41,45,45,57,57,61,65,69、83、97,71、75、103、107、131、189、75、79、79、79、91、97、103,107,111,115,121,121,125,145,161,165,169,173,193页。曲调按照在文本中出现的顺序排列并标示页码,中间以逗号隔开;两个重复曲调页码之间用顿号隔开。

‖ Maitär ‖曲调在《弥勒会见记剧本》中经常被用作唱诵对他人的尊重之情,如波婆梨和弥勒曾分别用此曲调赞美佛天以说法或受苦方式解救众生的伟大功绩,波婆梨还以此曲调赞美弥勒所拥有的无量福禄善德。也有唱诵者用不同曲调表达对同一个人的赞颂之情,如瞿毗夫人和憍昙弥夫人分别用‖ Ratisupa ‖曲调和‖ Kantsakarśaṃ ‖曲调演唱,表达对佛天所具善良品德及解救众生、勇斗恶魔的赞美之情。这种感情有时还会掺杂其他情感,比如弥勒初见佛天时惊喜异常,但想到对波婆梨的承诺时又激动流泪,便用‖ Bahudantāk ‖曲调向跟随他的众童子唱赞佛天并描述其三十二体相。此类感情表达往往和喜悦交织在一起。(2)悲伤类曲调。波婆梨因孤绝山遥远而自己年迈体弱、无法前往听佛陀说法,便以‖ …gati ‖曲调唱诵出内心的悲苦之情。鉴于吐本弥勒信仰宣传的需要,崇敬赞美类抒情曲调使用较多。

2. 曲调在场幕中的变化规律

戏剧表演中,不同曲调有不同特点,可以表现不同内容,即使同一场幕同一个人的演唱表演,曲调也会发生变化。曲调变化的原因不可一概而论,有时是因为演唱者的情绪出现较大波动,需要转换曲调以适应情感变化,这也更有利于人物形象的刻画。《弥勒会见记剧本》就有同一人物在同一场次连续相异的情境中,以不同曲调进行演唱而形成的对比,比如尼坦那以‖ Yaśodharavilāpa ‖曲调演唱,称许尊者波婆梨因施舍无助之人而获得人们的赞颂,因此也希望他能布施自己五百金币,此时曲调所表达的感情应该是谄媚而卑微的;但当波婆梨无法满足其愿望时,尼坦那便以‖ Samakkore ‖曲调演唱,对波婆梨进行了恶毒诅咒,此时曲调应该是充满愤怒和怨恨的。两个情感内涵恰恰相反的曲调正好对比揭露了尼坦那虚伪自私、凶狠奸诈的丑恶嘴脸。即使表达同一类情感,同一人物在同一场次的演唱中也有可能使用多种曲调,以曲调的变化丰富戏剧的表演性,更有利于吸引观众。比如第一幕第四场中,满贤天神托梦给波婆梨佛天现世的消息,并向其介绍佛天,这里一共出现满贤的三段唱词:他首先以‖ Devadatta ‖曲调整体歌唱佛天的智慧德行,赞颂其名声远扬、无所不能;而后又以‖ Hetuphala ‖曲调赞颂佛陀初生时所具有的神异本领和各种吉祥之事；最后又以‖Viśikko‖曲调描述佛陀获得无上正等正觉时天地万物欢欣喜悦、自觉为众生谋利益的场景。在满贤充满情感的唱诵中，佛陀的形象愈发高大庄严。不同人物表达对同一事件的感情和态度时，为增加辨识性也会采用不同曲调来演唱。比如当弥勒从波婆梨住处到达佛天讲法的孤绝山时，这一路上遇到了野兽、天神、僧众，他们都通过唱诵表达对弥勒的尊敬、赞美和欢迎之情，但所用曲调并不完全相同，比如大象等野兽、僧众百姓所唱曲调均为‖Maitär‖，但中间还间隔有其他曲调；梵天等天神所唱曲调为‖Klumpäri‖、‖（Nandavi)lāpa‖以及‖Śmāśānaśräṅkār‖，唱诵主题一致，但具体内容根据演唱者身份角色的不同而略有差异。这些演唱显示出弥勒告别老师之后的旅途充满欢声笑语和美妙景象，也使弥勒未来佛的形象更加清晰生动、辉煌壮观。

3. 吐本频繁使用曲调演唱的原因分析

《弥勒会见记剧本》之所以频繁使用曲调演唱，至少有两个原因。一是曲调演唱有助于推进戏剧情节的发展。曲调演唱的内容本来就是剧本情节的一部分，而韵文演唱的方式更加生动活泼地推进了戏剧情节的展开，使情节发展自然而顺利。如帕提尼对木克提卡讲述憍昙弥制作袈裟之事时，首先以‖Apt-saradarśaṃ‖曲调演唱，描绘憍昙弥亲手种植、采摘、浇水、拾棉、织布、做成袈裟的整个过程，间接表现了憍昙弥对佛天的敬爱和虔诚；而后又以‖Capicce‖曲调演唱，直接解释憍昙弥这样做的原因是出于对佛天的喜爱尊敬。憍昙弥的行为受到舞台表演的时空限制，不能用人物的真实动作进行演绎，而唱诵就可以很好地解决这个问题。二是戏剧宣传佛法教义时，为吸引信众的兴趣和注意力、减少纯粹经文讲说的枯燥感，多采用演唱韵文诗的方式以增强观众的理解接受。比如当弥勒告别百姓时，他以‖Yarāssi‖曲调唱诵：世间事物都按照轮回法则循转，只有遵守佛法才能获得佛果；当摩轲罗倪在心中向佛天发问"顶法为何意"时，佛天以‖Ārśi-Niṣkramant‖曲调解释了这一佛教术语；当佛天回答完波婆梨弟子所有疑问后，他又以‖Niṣkramant‖曲调继续向他们宣说四正法、五蕴等佛教教义。富于表演性的曲调演唱成为表达和宣传经文的极好载体,具有极大的艺术感染力。尤其上述两种情况都具备时,即戏剧中既有不宜用叙述性语言直接描述说明的情节,又涉及很多佛教术语时,则更适于用曲调唱诵的方式表现出来,比如波婆梨以‖Mandodhari‖曲调对学生叙说佛天的三十二相及如何向其提问的情节。这部分内容若使用波婆梨独白的艺术表演形式未尝不可,但篇幅较长且内容与佛教经义密切相关,既不容易引发兴趣,也不利于听众理解,但以唱诵曲调手法表达就可以使表演更具艺术性且不显冗繁,既有助于推进戏剧情节,又有助于观众的认知接受。

众所周知,舞台表演性是戏剧的鲜明特点之一,其所具备的观赏性特征要比纯粹的案牍文学丰富得多。戏剧表演主要依靠演员舞台上的言行举止和表情神态讲述故事,而对《弥勒会见记剧本》这样一部全幕情节较长、冲突矛盾并非那么激烈的宗教题材剧来说,需要有与其传教主题相契合的其他表演特色吸引观众注意,激发观众兴趣。该剧采用曲调演唱韵文诗的舞台形式将音乐纳入戏剧表演,提高了戏剧节奏感,拓宽了剧本表现力度,增强了舞台表演效果,使复杂枯燥的内容简约趣味化,使整个作品更富生机活力,以人们喜闻乐见的形式感染观众,有利于佛教的广泛传播和深入人心。这些曲调在回鹘文《弥勒会见记》中已不见踪影,唯有后面的韵文诗歌内容还在,这也是回鹘文《弥勒会见记》戏剧特征弱化的表现。《贤愚经》作为传统佛教经书,文本以叙述为主,没有曲调存在。

(三)舞台说明的必要性

戏剧的舞台说明,又叫舞台提示,是剧本语言不可或缺的一部分,一般为叙述性语言,在剧本中起到提示解说的作用。戏剧的舞台说明包括剧情发生的时间、地点、背景,人物的动作、表情、上下场等。这些说明虽然属于戏剧的形式特征,但对开展故事情节和刻画人物形象都有重要作用。关于剧情介绍的舞台说明一般出现于戏剧每幕的开始部分,对人物状态的说明则出现于正文对话或每幕的结束部分。

《弥勒会见记剧本》包括故事叙述和语言、动作表演两部分。故事叙述是剧本的基础组成部分,表演则更能体现其戏剧文体特征,而文本书写理应包括指导表演的具体方法,这在吐本中都有清晰体现。比如有的吐火罗 A《弥勒会见记剧本》抄本在每幕开始都用朱墨标明场次、出场人物[1]和演唱曲调。有时还标注故事发生地点, 如 YQ 1.30 正面第八行就标示出季羡林根据 Tocharische Sprachreste 进行的补充:⟨kṣiṇā(pathaṃ)⟩,即(understood as)taking place in Dak-ṣiṇā(patha)[2],汉译为:应知故事发生于南印度。舞台说明会涉及一些戏剧术语,比如前文提及的"幕"及"幕间插曲终"。吐本出现的 lcär poñśᵃ,相当于梵语的niṣkrāntāḥ sarve,意为"全体下"[3],这一戏剧术语显然也是舞台说明,是一幕中一场结束时对演员所做的行为指导,这也间接反映了吐本《弥勒会见记剧本》的可表演性,是判断其文体为戏剧的重要标志。

剧本正文还出现了类似动作提示的舞台语言,比如吐本 YQ1.4⅙[反面]b1行有"围着圣弥勒的身体向右转弯绕行,停在有着佛的标志的人面前"[4],YQ1.18⅙[反面]b6 行有 "这些释迦族人万分高兴地拜倒在佛天师尊脚下,三(次)"[5],此处吐本缺失不全,根据回鹘本内容补充,应为"向右绕行……走了三匝"。"右绕"是一个佛教术语,敬礼之一,指在尊者旁边旋转绕于右边。无论是绕尊者还是绕佛塔,都从右边绕行,取顺应佛法故。《弥勒会见记剧本》中的这两句话便是描述舞台动作的说明性语言,动作符合人物身份。

义本对话部分还有对人物表情的说明,也属于舞台说明。如前文所举发生在尼坦那和波婆梨之间的对话,用以描述波婆梨表情和动作的语言有"感到像升到天上那样高兴""声音颤抖""满怀忧愁",用以描述尼坦那表情和动作的语言有"面有忧色""愁容满面""怒气冲冲"等。这些舞台说明都有助于塑造人物

---

① W.Winter:Some Aspects of "Tncharian" Drama:Form and Technique,JAOS,vol.175,1955,26—35.按:此标示出现于德国所藏吐火罗 A《弥勒会见记剧本》,并非新疆博物馆所藏版本。

② 季羡林:《吐火罗文〈弥勒会见记〉译释》,《季羡林文集》第十一卷,南昌:江西教育出版社,1998 年,第22—23 页。

③ 按:此处几个戏剧术语的吐火罗文、梵文和汉语之间的对译关系,参考季羡林:《吐火罗文研究》,《季羡林文集》第十二卷,南昌:江西教育出版社,1998 年,第 33 页相关内容。

④ 季羡林:《吐火罗文〈弥勒会见记〉译释》,《季羡林文集》第十一卷,南昌:江西教育出版社,1998 年,75 页。

⑤ 季羡林:《吐火罗文〈弥勒会见记〉译释》,《季羡林文集》第十一卷,南昌:江西教育出版社,1998 年,189 页。

形象并推进情节发展。回鹘文《弥勒会见记》每品前都有对故事发生地点的专门说明,如第二品"现在此事发生在跋多利婆罗门家中";每品结束也有对该品内容的概括总结,如《弥勒会见记》书中的弥勒菩萨出家为僧第二品完[1],这一点是回鹘本文体被认作原始戏剧的原因之一[2];但该文本没有吐本能体现戏剧文体性质的"全体下""幕间插曲终"等戏剧术语[3],加之文本整体呈现出来的特点,尚不能确定其文体为戏剧。需要注意的是:剧本最终指向以语言和动作为主的舞台表演,剧本虽有对人物表情和动作的必要舞台提示,但不能作细致描写。《贤愚经·波婆离品第五十》作为叙事性文学作品,没有出现此类戏剧术语,显示了文体性质的不同。

(四)戏剧属性在文本形式上的其他表现

吐本《弥勒会见记剧本》戏剧属性在形式上还表现为该剧本体现出印度梵剧剧本的一些特色,如E.Sieg提出的"丑角"。梵剧大多设置丑角这一角色,且基本都为出身较高的婆罗门种姓人物。丑角不仅有插科打诨的效果,还起到凸显人物性格、推动情节发展、引发矛盾冲突的作用。吐本《弥勒会见记剧本》中,这一丑角形象就是尼坦那婆罗门,他刚出场时低三下四、虚情假意的奉承和最后气急败坏、阴险狠毒的诅咒形成对比,短短一场戏中前后情绪的鲜明变化使他犹如跳梁小丑般来回折腾。而恰恰是他的丑角行径凸显了佛陀、弥勒以及众天神、波婆梨、侨昙弥、僧众等人物身上所具备的美好品质,且尼坦那相关故事属于整个剧本中冲突最激烈之处,增强了戏剧的可观赏性。另外,Winter发现了戏剧中特有的动词时态变换现象:叙述用过去时,向现在时变换,再转回到

---

① 耿世民:《回鹘文哈密本〈弥勒会见记〉研究》,北京:中央民族大学出版社,2008年,第95、144页。
② 按:但也有学者持否定态度。如沈尧在《〈弥勒会见记〉形态辨析》一文认为这类语句并非用来标示剧情发生地点,而是用以说明包含着法言的事件的发生地点,比如他认为应翻译作:"现此法言(第三章)应在迦毗罗卫城尼枸卢陀寺庙中得知。"暂且存疑。
③ 按:关于回鹘文《弥勒会见记》的文体性质,德国学者葛玛丽认为该文本是戏剧艺术的雏形;德国学者K.Roehborn则认为它不是剧本;美国学者V.Mair认为《弥勒会见记》是指图说故事;中国学者耿世民一开始认为回鹘文本《弥勒会见记》为戏剧,后来比较倾向于将其定位为戏剧雏形,相当于敦煌的汉文变相、变文文体,或是"指图讲故事"。目前尚无公论。

过去时。①这一现象在吐本《弥勒会见记剧本》中也有存在,充分说明该文本的戏剧文体属性。

综上可知,吐本《弥勒会见记剧本》在龟兹及其周边吐火罗语圈内抄写、传播的时间大约是中国隋唐时期,因此将其纳入中国唐代戏剧文学范畴是没有问题的。换言之,吐火罗A《弥勒会见记剧本》是隶属于唐五代的戏剧文学作品,它是唐代已有剧本的一个证明。需要注意的是:中外戏剧就其文体本质而言是有相似性的,但这并不意味着它们所包含的戏剧要素就完全一致、戏剧特征就能互相对应。因为不同国家戏剧发展的文化背景有相异性,戏剧兴盛的时间、特色也有较大不同;即使同为中国戏剧,时代、发展阶段或区域的差异也会令文本呈现不同特点。吐本《弥勒会见记剧本》虽与印度梵剧、古希腊戏剧或宋元戏曲的戏剧标准存在一定差异,但这并不影响对其戏剧文体性质的判定。只是《弥勒会见记剧本》处于中国戏剧发展初步阶段,很多戏剧因素尚不具备。以往探讨中国剧本,往往默认为中原地区的汉族戏剧,而忽视了边疆少数民族在戏剧文学方面的贡献,对形成并广泛传播于龟兹周边地区的吐火罗A《弥勒会见记剧本》的关注度也不够。吐火罗A《弥勒会见记剧本》不仅是我国唐代戏剧作品,而且很有可能是我国最早的以西域龟兹、焉耆地区少数民族语言文字——吐火罗语A对印度文原本进行编译的剧本作品。即使不论它对后世西域及中原地区戏剧、讲唱等文学艺术的影响,吐本《弥勒会见记剧本》的唐代剧本属性本身,也有助于研究者重新定位西域少数民族戏剧在我国戏剧发生发展史上的价值和意义,甚至可以重新书写中国戏剧史。推而广之,这足以让后人以全新视角审视、评估少数民族戏剧在中华戏剧发展史中的地位和作用,也对后人更加审慎地研究多民族多文化背景下的中国戏剧文学具有重要的启发和引导意义。

---

① 季羡林:《吐火罗文和回鹘文本〈弥勒会见记〉性质浅议》,《北京大学学报(哲学社会科学版)》1991年第2期,第67页。

第三节 唐代剧本吐火罗A《弥勒会见记剧本》 对后世文学的影响

隋唐时期,吐火罗 A《弥勒会见记剧本》在塔里木盆地周边地区的抄写传播与龟兹文化有着密切关系。吐本首先发展演变成回鹘本《弥勒会见记》,并在此基础上对后世文学作品产生进一步影响。

一、吐火罗A《弥勒会见记剧本》流传过程中的龟兹文化因素及意义

（一）龟兹及其周边地区戏剧文化源远流长

本文所依据的吐火罗 A《弥勒会见记剧本》是 1974 年在新疆焉耆七个星北大寺发现的版本,现藏于新疆博物馆。考之 E.Sieg 和 W.Siegling1921 年刊布的 Tocharische Sprachreste(《吐火罗语残卷》),德国探险家还曾在焉耆硕尔楚克遗址①发现了以吐火罗 A 写成的《弥勒会见记》的其他几个抄本。如编号为 No.251—294 的残卷几处书页上留有书名 *Maitreyasamitināṭaka*(《弥勒会见记剧本》)②;编号为 No.295—305 和 No.306—310 的残卷也分别记录了《弥勒会见记剧本》相关内容,但没有出现书名;经 E.Sieg 和 W.Siegling 确定,这三个手写稿均记录了《弥勒会见记剧本》的内容。另外还有一个编号为 No.212—216 的残卷抄写的也是《弥勒会见记剧本》,但最初未被 E.Sieg 和 W.Siegling 识别出来,季羡林进行了说明。目前所见吐火罗 A《弥勒会见记剧本》虽然都是在新疆焉耆发

① 按:硕尔楚克遗址即今天的锡克沁古城遗址,在焉耆县七个星镇内,包括南大寺、北大寺和寺院不远处的千佛洞石窟群。新博本吐火罗 A《弥勒会见记剧本》即发现于遗址内的北大寺。因此现在已知的吐火罗 A《弥勒会见记剧本》都发现于焉耆硕尔楚克遗址内。

② 按:德国探险家发现的由吐火罗 A 写成的该文本的名称,与新疆博物馆所藏吐火罗 A 本的名称一致,都是《弥勒会见记剧本》,这应该不是一种巧合,而在一定程度上说明:以吐火罗 A 写成的该作品名为《弥勒会见记剧本》是一种普遍现象。

现的,但应该不是一批写成并存放于此的。从剧本传播角度分析,这恰恰说明该剧本当时在焉耆及其周边地区流传的广泛性。除《弥勒会见记剧本》外,德国探险家还在硕尔楚克遗址发现另外两个以吐火罗语写成的唐代剧本残卷。第一个是《难陀本行集剧本》(*Nandacaritanāṭaka*),由吐火罗语 A 写成,《吐火罗语残卷》No.89—143 部分存有此剧本的残卷,这部书自称为 Nāṭaka(剧本),讲述的是 Nanda 和妻子 Sundarī 的故事,文本中韵散交互出现。第二个是 Araṇemi 残卷,由吐火罗语 B 写成,《吐火罗语残卷》No.71—106 部分包含此剧本残卷,讲述的是 Araṇemi 的本生故事。Araṇemi 也称 Aranemi,是一位婆罗门仙人的名字,耿世民《古代维吾尔语佛教原始剧本〈弥勒会见记〉(哈密写本)研究》则认为这是一位国王的名字。季羡林指出:"吐火罗语残卷中保留了不少剧本,足征当年新疆一带戏剧颇为流行。"[①]

其实,古龟兹及其周边地区的戏剧渊源非常久远,这从该地区出土的梵文剧本也可看出。20 世纪初,德国新疆吐鲁番考察队的勒柯克曾在克孜尔石窟发现大批佛经残卷,经德国著名梵文学家吕德教授研究后,于其中辨识出三部梵剧残本,其中一件九幕剧本残卷卷尾注有"金眼之子马鸣所著舍利弗世俗剧",可确认为马鸣的《舍利弗剧》(*Śariputraprakaraṇa*)。另外两件剧本更加残缺不全,从内容上看与佛教相关,应当也是马鸣作品。这三件应是世界上现存已知最古老的印度梵文剧本。《舍利弗剧》中的人物、语言、格式等都符合印度古代戏剧理论著作《舞论》对剧本的要求,是成熟的梵剧作品,公元 5 世纪时该剧还在印度本土上演,法显在《佛国记》中记录了他在印度的见闻:"众僧大会说法。说法已,供养舍利弗塔。种种香华,通夜燃灯,使彼人作《舍利弗》。本婆罗门,时诣佛求出家,大目连、大迦叶,亦如是。"[②]因此,虽有学者怀疑印度戏剧的表演

---

① 季羡林:《吐火罗文研究》,《季羡林文集》第十二卷,南昌:江西教育出版社,1998 年,第 25—81 页。
② [晋]释法显:《佛国记》,北京:商务印书馆,1937 年,第 6 页。

形式是否真的传至新疆①，不可否认的是印度梵剧剧本确实传至古龟兹，并在古龟兹及其周边地区传播发展，焉耆等地频繁出现的吐火罗文剧本残卷与之应有密切关系。尤其是梵本《舍利弗剧》传入龟兹的时间较早，其成熟的戏剧形态对龟兹戏剧及相关文学作品的产生、发展都有重要影响。

（二）吐本流传与龟兹佛教的关系

《弥勒会见记剧本》是在与佛教相关的节庆日上进行表演的，其本身丰富多彩的戏剧情节和冲突都能很好地吸引信众，比起单纯的佛义讲说和经文抄阅也更有助于佛法宣传。古代戏剧，无论是希腊剧还是印度剧，其产生都与宗教有着密切关系，龟兹及其周边地区所发现的梵剧剧本、吐火罗语剧本也都与佛教相关，这充分说明印度戏剧传播至西域、中原等地，都是伴随佛教东进而来的，也是为传播佛教服务的。很多佛经故事本身就具有宗教仪式性，但吐本《弥勒会见记剧本》及其印度文母本的形态则说明龟兹地区的佛经文学已经呈现出从佛教仪式化向戏剧表演化过渡的特点。这说明在佛教具体的传播实践中，佛经及其载体——戏剧或采用戏剧性方式（如讲唱）表现的文学作品，已经逐渐被新地域的人们所接受。这些都是《弥勒会见记剧本》能以吐火罗文译出并在龟兹文化圈中广泛流传的原因，也从侧面充分体现出龟兹文化的博大精深和兼容并包。

（三）龟兹壁画"看图讲故事"表现方式对戏剧表演的启发

季羡林有言："我始终强调的是吐火罗文和回鹘文《弥勒会见记》的戏剧的性质，而这种戏剧又与我们通常所认为的戏剧不同，是看图讲故事的戏剧。……我目前只能想象，吐火罗文剧本的叙述者是从古代印度看图讲故事者发展出来的。看图者眼前是有图画的，而吐火罗剧则似乎没有（根据 von Gabain 的提示，回鹘文剧本可能有的）。于是原来用图画表述的情节，只能用表演者来

---

① 按：如廖奔《从梵剧到俗讲——对一种文化转型现象的剖析》中有言："吐火罗文 A 本是否用作演出的底本，我们不知道，但由回鹘人在转抄或翻译时已不去注意它原是一个戏剧剧本看，大概至少在 8 世纪回鹘人统治新疆的时候，这种佛教戏剧的演出已经停止了（或者干脆就没有从印度传过来）。"廖奔：《从梵剧到俗讲——对一种文化转型现象的剖析》，《文学遗产》1995 年第 1 期，第 70—71 页。

表演了。"①龟兹壁画中就有这种看图讲故事的画面,如克孜尔第 205 窟右甬道内侧墙壁绘有《阿阇世王闷觉复苏》图,该壁画中的《佛四相图》帛画就以线描手法绘制了佛陀一生的重要事迹(图 2.1、2.2),包括树下诞生、降魔成道、初转法轮、双林涅槃。行雨大臣手持帛画,正向阿阇世王边展示画面内容边讲述故事情节,以期较平缓地讲述佛陀涅槃之事,防止阿阇世王因情绪激动而昏厥。克孜尔石窟中的这些壁画大约形成于公元 6、7 世纪,早于唐朝,也早于吐本在龟兹等地抄写、传播的时间。以壁画形式再现佛教经典故事,不仅为印度看图讲故事叙述方式的东传提供了证据,还进一步暗示出龟兹文化背景下佛教戏剧舞台表演的可能性。正如季羡林所言:"新疆剧本属于另外一个体系。在这里,图画与表演并举,有点看图表演故事的味道。"②克孜尔石窟壁画所反映的

图 2.1 克孜尔 205 窟"阿阇世王闻佛涅槃闷绝复苏"③　　图 2.2 克孜尔 205 窟"阿阇世王闻佛涅槃闷绝复苏"细节图

---

① 季羡林:《吐火罗文和回鹘文本〈弥勒会见记〉性质浅议》,《北京大学学报(哲学社会科学版)》1991 年第 2 期,第 69 页。

② 季羡林:《吐火罗文研究》,《季羡林文集》第十二卷,南昌:江西教育出版社,1998 年,第 79 页。

③ 按:本文引图一律以"出现章节"加"在章节中出现次序"格式标示。本文所引壁画类图片除特殊标注外,一律出自新疆维吾尔自治区文物管理委员会等编写的《中国石窟》画册新疆诸石窟卷,文物出版社1989 年、1997 年等年份出版;《中国新疆壁画艺术》编辑委员会编写的《中国新疆壁画艺术》,乌鲁木齐:新疆美术摄影出版社,2015 年;赵莉主编的《西域美术全集 龟兹卷》,天津:天津人民出版社,2016 年。具体图例不再一一标注。

看图讲故事艺术表现方式对中国文学诸多文体都有影响,尤为需要强调的是:它对唐代兴盛于龟兹及周边地区的佛经剧本文学的传播有重要启发意义;同时这种艺术表现形式与佛经讲唱文学之间的关系似乎更加密切,回鹘本《弥勒会见记》文体呈现出更多讲唱文学的特色即与此有关;它还间接启发引导了敦煌变相与变文相结合的唱导方式;而众所周知,讲唱文学的兴盛又进一步促进了中原戏剧文学的繁盛。

二、吐火罗A《弥勒会见记剧本》的传承及影响

吐火罗 A《弥勒会见记剧本》在其流传发展过程中首先演变成回鹘文《弥勒会见记》,并在一定时间和空间范围内并存。两种文本继续东传至敦煌地区,与中原文学相遇并不断碰撞融合,进而对后世文学作品产生重要影响。

(一)吐火罗 A《弥勒会见记剧本》的传承

回鹘文《弥勒会见记》译自吐火罗 A《弥勒会见记剧本》,两异本在一定时空范围内并存,文本因传承性而显现出更强的生命力和影响力。两异本既有相似性又有各自的独特性。通过比较两个文本,既可以探究吐火罗 A 语在印度文转译成回鹘文过程中所发挥的媒介语作用, 又能进一步确定回鹘本的文体性质演变并推究两文本出现差异的原因。

1.《弥勒会见记》回鹘本与吐火罗 A 本在内容上的相似性

耿世民先生所译回鹘文哈密本《弥勒会见记》的第一品末尾有:“精通一切经论的、像甘露一样痛饮毗婆沙诸论的圣月菩萨大师从印度语制成吐火罗语,智护戒师又译成突厥语的《弥勒会见记》中的‘跋多利婆罗门行施舍’(第一章)完。”其后,第三、十、十六、二十、二十一、二十三、二十五、二十七等品末尾皆有相似文字①,这足以说明回鹘文《弥勒会见记》是由吐火罗文《弥勒会见记剧本》

---

① 耿世民:《回鹘文哈密本〈弥勒会见记〉研究》,北京:中央民族大学出版社,2008 年,第 89—90、195、274、436—437、452、463—464、471、498、536—537 页。

翻译而来,两语本现存可对应内容之间有着极大相似性。主要表现在:吐本现存较完整的前三幕与回鹘本前三章中,出现的人物及其身份、言行基本相同;故事发生地较为一致;情节内容和矛盾冲突大体一致,很多词句甚至可以一一对应。因此回鹘本应从属于吐火罗本故事传承体系,两语本实现了文本内容的传递。同时,与其汉文异本《贤愚经·波婆离品第五十》相比,吐本和回鹘本的相同之处还在于两者的文学色彩要比《贤愚经·波婆离品第五十》更加浓郁,这在客观上更有利于佛教经义的传播。

2. 吐火罗语在《弥勒会见记》印度文转译至回鹘文过程中承担了媒介语作用

吐火罗 A《弥勒会见记剧本》在语言上对回鹘文《弥勒会见记》也有影响,主要体现在吐火罗语在由印度文转译至回鹘文过程中承担了媒介语作用。正如季羡林所言:"最早的汉文里的印度文借字都不是直接从梵文译过来的,而是经过中亚古代语言,特别是吐火罗语的媒介。但是这个事实在吐火罗语发现以前是无从知道的。……在中印文化交流的初期,我们两国不完全是直接来往,使用吐火罗语的这个部族曾在中间起过桥梁作用。……饮水思源,我们不应该忘记这些曾经沟通中印文化的吐火罗人。"[1]考察《弥勒会见记》中的吐火罗语,可以发现其中某些佛教外来词在印度文转译至回鹘文过程中发挥了媒介语作用,具体而言有以下几种情况:第一种,人名"圆满",梵文为 pūrṇaka,吐火罗文为 purṇake,回鹘文为 purnaki;人名"尼坦那",梵文为 Nirdhana,吐火罗文为 nirdhane,回鹘文为 niridani;神名"三十三天大王",梵文为 Dhṛtarāṣṭra,吐火罗文为 dhṛḍhirāṣṭre,回鹘文为 tritraštri。以上三组词的词尾元音均呈现出由梵文 a 到吐火罗文 e,再到回鹘文 i 的元音高化现象,这类情况是对比中最常见的。第二种,人名"潘吉卡",梵文为 Paiṅgika,吐火罗文为 paiṅgike,回鹘文为 payngike。该词由梵文转译至吐火罗文时,词尾元音由 a 直接高化为 e,回鹘文也以 e 结尾,与吐火罗文词尾一致,该词回鹘文写法更多受到吐火罗文写法的影响。第三种,神名"舍利弗",梵文为 śāriputra,吐火罗文为 śariputr,回鹘文为

---

① 季羡林:《中印文化关系史论文集》,北京:三联书店,1982 年,第 110—111 页。

šariputr；地名"尼拘陀罗"，梵文为 Nyagrodhārāma，吐火罗文为 nyagrodharām，回鹘文为 nigodaram；佛教术语"轮回"，梵文为 Saṃsāra，吐火罗文为 saṃsār，回鹘文为 sansar；经书名"一切异学"，梵文为 sarvapāṣā，吐火罗文为 sarvapāṣāṇḍik，回鹘文为 sarwapašantikṇḍika。以上四组词梵文词尾本有字母 a，但吐火罗文词尾元音脱落，回鹘文保持与吐火罗文一致的零形式。第四种，山名"喜马拉雅"，梵文为 Himalaya，吐火罗文为 himawanṭ，回鹘文为 ximawanti；神名"毗湿缚羯磨"，梵文为 Viśvakarman，吐火罗文为 viśvakār，回鹘文为 wišwakrmi；人名"目犍连"，梵文为 Maudgalyāyana，吐火罗文为 maudgalyāyan，回鹘文为 motgalyini。以上四组词中，梵文词尾的元音 a 在吐火罗文中脱落，但译作回鹘文时仍然变为 i，说明其依旧遵循语言转化时词尾元音从 a 到 i 的高化规律。第五种，神名"毗卢则迦"，梵文为 Virūḍhaka，吐火罗文为 Virūḍhaki，回鹘文为 Wirutaki；人名"帕提尼"，梵文为 patina，吐火罗文为 paṭṭinī，回鹘文为 paṭṭinī。两词词尾元音从梵文到吐火罗文经历了由 a 到 i 的高化过程，该词回鹘文与吐火罗文结尾一致，这说明高化过程中 e 的变化体现得不明显，且该词回鹘语写法受吐火罗语写法影响较大。第六种，山名"孤绝山"，梵文为 Pāṣāṇaka，吐火罗文为 Pāṣānak，回鹘文为 pašanak taɣ；花名"优昙花"，梵文为 udumbara，吐火罗文为 udumbar，回鹘文为 udumbar čäčäkkä。以上两词从梵文转译为吐火罗文时都经历了词尾元音的脱落，又在吐火罗语音译词基础上增加表示类属关系的回鹘词语，如"山 taɣ""花čäčäk"等，从而构成词语的回鹘文写法。地名"贝拿勒斯城（即波罗奈城）"，梵文为 Vārāṇāsī，吐火罗文为 bārāṇasi，回鹘文为 barnas，词尾同样缀有表示类属意义的名词。城市 känt、uluš，该词回鹘文写法与梵文差别较大，沿袭吐火罗文写法，并在此基础之上稍加变化而成，说明该词转译为回鹘语时较多受到吐火罗语的影响。通过《弥勒会见记》上述词语转译过程中所发生的变化可知：在从源头语印度文到目的语回鹘文转译的过程中，中间语吐火罗文起到了媒介语作用，按照翻译转化的规律，回鹘语与吐火罗语距离较近，影响更大也更直接，这也从侧面印证了吐火罗 A 本对回鹘本《弥勒会见记》的影响。郑玲《〈弥勒会见记〉异本对勘研究——回鹘文（哈密本）与吐火罗 A（焉耆本）文本之比较》

对此问题也有关注。①

3.《弥勒会见记》回鹘本的发展变化

对比两版本现存内容，可以发现两个语本的区别主要体现在以下三个方面：

（1）回鹘本增加了经书供养人和抄写者的信息。比如第三品末尾，吐本有："愿由此功德塔海·伊干获得佛果。愿由此功德我麴·塔思·依干都督与我母亲一起获得佛果。……年二月初五我通阿哈特帕读和抄写了。……我麴·塔思·依干·都督让人抄写了。"②我麴·塔思·依干·都督是《弥勒会见记》抄写活动的组织者，也是捐资祈愿者；塔海·伊干、我麴·塔思·依干都督及其母亲是经书抄写的功德获得者；我通阿哈特帕是经书抄写者之一。这类内容在敬章中出现最多，其他散见于后面某些品末尾。这类含有抄写目的和抄写者姓名的信息在吐本中均不存在。

（2）具体细节有所不同。以尼坦那婆罗门到波婆梨婆罗门处索要布施为例，对比分析两个版本的区别。吐本译文已见于前，现将回鹘本相关内容抄录于下：

（第一品十二叶）

12a第1—22行：尼达那从施舍之处出去了。之后跋多利婆罗门坐在自己的家中像在天上，十分高兴地想到：这值得称赞的法，就是慷慨地布施东西。我毫无根据吝惜地布施了。我为我的善行而感到高兴。当他说这番话时，尼达那高举双手恭敬地站在跋多利婆罗门的面前说道：师父，你怜悯像我这样的穷人，可怜像我这样不幸的人。你如给所有的，现请发慈悲之心，给五百金币，让我还债安心。听到此话后，跋多利面有难色，说道：好人，我……

---

① 郑玲：《〈弥勒会见记〉异本对勘研究——回鹘文（哈密本）与吐火罗A（焉耆本）文本之比较》，中央民族大学中国古典文献学专业博士学位论文，2013年，第15—235页。

② 耿世民：《回鹘文哈密本〈弥勒会见记〉研究》，北京：中央民族大学出版社，2008年，第196页。

12b第1—20行：我到哪里去布施给你五百金币？这时Nirdhana生气地说道：请可怜我这个可怜的人，给我五百金币。怀着对你的希望，我从远处艰难地走来，不要使我失望。你如不给，将使我再次陷入囹圄，他们将日夜殴打我。听到此话后，跋多利声音颤抖着说道：我的孩子，我活了一百二十岁，从未说过谎。我连一个钱的东西也没有，到哪里去找五百金币？Nirdhana发怒道：哎老东西，无知的婆罗门，你给我金币则罢，否则你将⋯⋯

（第一品十三叶）

13a第1—5行：我将⋯⋯你将受惩罚。你说施舍了十二年的财物，但你最后唯独对我吝惜五百金币。说罢愤怒走出。

13b第19—30行：之后，当跋多利婆罗门想到尼丹那责难他的话后，心中闷闷不乐。夜间躺在床上想到：那个婆罗门是谁？他诅咒我要顶裂七块。愿不要发生那样的事！如那样，像我一心行善之人在七天内心胆俱裂，第七天又顶裂七块，那时异教徒们将变得高兴。他们会说那是布施的⋯⋯结果。跋多利婆罗门十二年内

（第一章十四叶）

14a：第1—11行：不断地布施，最后还是头裂七块，丧了命。要让人认为，是因未向尼丹那婆罗门布施的结果。如人们听说跋多利婆罗门是因布施过多而头裂（七块）的话，那时虔诚人们之心将十分沮丧，非虔诚之人将高兴。那样，我为众生之心也将十分难过。①

两异本的区别主要体现在以下几个方面。第一，回鹘本在上下文间增加了必要的衔接词。吐本以"于是来了尼坦那婆罗（门）"描述尼坦那的出场，回鹘本则紧承上文跋多利肯定自己布施行为的独白，续以"当他说这番话时"，顺理成章引出尼坦那的登场。这种起承上启下作用的衔接语一般用在人物出场、说话

---

① 耿世民：《回鹘文哈密本〈弥勒会见记〉研究》，北京：中央民族大学出版社，2008年，第73—76页。

者改变,或故事情节、事件发生地发生变化时,如回鹘本以"听到此话后""这时"引出另一位说话者的言论,以"说罢"引出尼坦那行为,以"之后"引出跋多利心理变化。吐本较少这样的连接语。这恰好可以印证两者文体性质的不同:在戏剧剧本中,人物语言最终要在舞台上表现为对话,所以不必关注不同人物交替发言时的衔接;但回鹘本在文体性质上偏向讲唱文学,虽然以散文说白讲故事、韵文唱词歌唱,但毕竟不像戏剧那样通过人物表演传达不同话语,文本为叙事性语言,因此需注意转折衔接语的使用。第二,回鹘本增加了部分细节内容,更有助于塑造人物、推进情节、激化冲突。还是以尼坦那出场为例,吐本为"来了尼坦那婆罗(门)";回鹘本为"尼达那高举双手恭敬地站在跋多利婆罗门的面前"。相较而言,回鹘本多了对尼坦那行为(高举双手)和态度(恭敬地站)的描绘,人物形象更加生动饱满,也更有助于和尼坦那之后言行举止进行对比,比如得不到布施时尼坦那"生气地说""发怒道""愤怒走出"等。回鹘本对人物动作态度的描绘更加生动细致。再如尼坦那叙述自己得不到布施的悲惨生活时,吐本内容如下:"〈我从很远的地方来〉……我是……如果你不给我,阔人肯定会把我关进监狱。"回鹘本内容如下:"怀着对你的希望,我从远处艰难地走来,不要使我失望。你如不给,将使我再次陷入囹圄,他们将日夜殴打我。"相较而言,回鹘本增加的内容有:对波婆梨情感的描述——怀着对你的希望;对路途的描述——艰难地;对波婆梨期望的描述——不要使我失望;对无法偿还债务后果的渲染——再次陷入囹圄、将日夜殴打我。可以说,回鹘本增加的内容丰富了故事情节,更有利于激化戏剧冲突。第三,回鹘本某些词语发生细微变化。当波婆梨表明自己没有五百金币布施时,尼坦那的态度,在吐本是"满面愁容",在回鹘本是"生气地",有所不同。再如,当波婆梨回想尼坦那诅咒时,吐本形容他"满怀忧愁",回鹘本形容他"闷闷不乐"。相较而言,吐本也有翻译得更精妙之处,比如尼坦那初见波婆梨时,吐本敬称其为"师尊",回鹘本则用了"师父"一词,此处吐本称谓更有利于塑造尼坦那这一形象。整体而言,从吐本到回鹘本发展演变中,文本的叙事性特点愈加明显,细节描写更加生动,显示出文学作品内容在传播过程中不断丰富充实的客观现象。

（3）形式有所不同。首先，回鹘本多了一些吐本中没有或不明显的程式化信息。比如回鹘本每一个大的内容段落称"品"或者"章"，而不称"幕"；且很多品的末尾都会标示出该品名称，如第一品为跋多利婆罗门行施舍，第二品为弥勒菩萨出家为僧，第三品为阿那律罗汉譬喻（故事）。这些在吐本中都已不存在。又如，回鹘本每品前都用朱墨标明故事发生地点，比如前三品分别标示如下："现在应知此法的故事发生在摩加陀国王舍城""现在此事发生在跋多利婆罗门家中""现在此法之景发生在迦毗罗卫城尼拘陀罗寺中"。对故事发生地进行说明的情形在回鹘本中普遍存在，不仅说明一品发生的背景，也预示了情节发展。吐本偶有提及故事发生地，但并没有作为程式化信息出现在确定位置，只在叙述过程中偶尔言之。这也是两个语本的不同之一。其次，吐本使用的一些戏剧术语在回鹘本中被舍弃了。回鹘本篇名为《Maitrisimit》，没有吐本书名中可用以标明其戏剧身份的重要词汇"Nātaka"；吐本"幕间插曲终""全体下"等戏剧术语在回鹘本中消失不见；吐本韵文诗前带有感情色彩的曲调名称在回鹘本中也都省略，且吐本的韵文唱词在回鹘本中呈现出对话特点。这些原本可用于证明吐本文体为戏剧的重要信息在回鹘本中的缺失，恰恰说明后者戏剧特征减弱、讲唱特征增强。

4. 回鹘本文体性质的判定

关于回鹘本《弥勒会见记》的文体性质，学界观点多有不同，有将其判定为戏剧的，如季羡林[①]、黎蔷[②]，可以葛玛丽观点为代表，她在《高昌回鹘王国》谈及高昌回鹘王国讲唱文学时曾论述道："前面提到的回厥文本子的《弥勒会见经》可以说是〔回厥〕戏剧艺术的雏形。在民间节日，如正月十五日〔回鹘〕善男信女云集寺院，他们进行忏悔、布施，为死去的亲人举行超度，晚上听劝谕性的故事，或者欣赏演唱，挂有连环画的有声有色的故事。讲唱人（可能由不同的人扮演不同的角色）向人们演唱诸如《弥勒会见经》之类的原始剧本，或者讲说某法

① 季羡林：《吐火罗文和回鹘文本〈弥勒会见记〉性质浅议》，《北京大学学报（哲学社会科学版）》1991年第2期，第64—70页。

② 黎蔷：《中国最早佛教戏曲〈弥勒会见记〉考论》，《中华戏曲》1999年第00期，第121—141页。

师同其学生关于教义的对话。这种宗教讲唱文学,不是学院式的枯燥教条,而是由通晓经论的人用生动的语言写成,从而达到向群众宣传教理的目的。"①也有学者认为其文体性质为指图说故事,如梅维恒在《绘画与表演》谈及克孜尔"摩耶第二洞"壁画"阿阇世王闻佛涅槃闷绝复苏"时曾指出:"这个故事在佛典中的存在及其用壁画再现的传统,为印度的看图讲故事和中国的变文演唱提供了坚实的联系。因为目前已知的大部分描绘此景的壁画都产生于6、7世纪(此为克孜尔石窟绘画的中期),所以稍晚一点时间在中国开始出现看图讲故事是可以讲得通的。这一事实构成可靠的证据,说明在唐朝前期或更早一些时候,用绘在布帛上的图画作为讲唱故事的帮手的作法就已经在中亚传播开来。"②耿世民没有对回鹘本文体性质进行确切判定,他最初认为其为戏剧作品③,后来又认为其"是戏剧的雏形,或相当于敦煌发现的汉文变相、变文文体,或是'指图讲故事'"④。两人所谓"看图讲故事"实际都指出回鹘文本的讲唱文学性质。沈尧《〈弥勒会见记〉形态辨析》则从叙事角度、叙事时间、叙事结构三个方面考察证明了回鹘语本的讲唱文体性质⑤,论证较为详细充实。本文认为,前辈学者都自成一家论证了回鹘本《弥勒会见记》或戏剧、或讲唱文学的文体性质,这实际就说明:这两种文体要素在回鹘本中是共存的。回鹘本既有戏剧的内容和形式要素,又具备讲唱文学的特点,但它又不同于纯粹代言体的戏剧或叙述体的讲唱底本,从其变化趋势来说应属于具备一定戏剧特征、但更倾向于讲唱文学的中间过渡状态。

5.《弥勒会见记》回鹘本与吐本出现差异的原因

回鹘本与吐本《弥勒会见记》出现差异的原因可归为以下三个方面:

---

① [德]葛玛丽著,耿世民译:《高昌回鹘王国(公元850年—1250年)》,《新疆大学学报(哲学社会科学版)》1980年第2期,第60页。

② [美]梅维恒:《绘画与表演》,上海:中西书局,2011年,第69—70页。按:此处的"中亚"包括中国的新疆地区。

③ 耿世民:《回鹘文哈密本〈弥勒会见记〉研究》附录二《古代维吾尔语佛教原始剧本〈弥勒会见记〉(哈密本)研究》,北京:中央民族大学出版社,2008年,第594—616页。

④ 耿世民:《回鹘文哈密本〈弥勒会见记〉研究》附录三《古代维吾尔语讲唱文学〈弥勒会见记〉》,北京:中央民族大学出版社,2008年,第617—626页。

⑤ 沈尧:《〈弥勒会见记〉形态辨析》,《戏剧艺术》1990年第2期,第4—12页。

一是现存回鹘本《弥勒会见记》未必译自现存吐火罗本《弥勒会见记剧本》。《弥勒会见记》现知有三个语本,而吐火罗语本和回鹘语本都已发现多个抄本,不同语本之间出现个别词语、句子的差异也属正常。

二是回鹘本译者智护戒师可能并未完全按照他手中的吐火罗本《弥勒会见记剧本》进行翻译。吐本和回鹘本现存部分在内容上的差异虽然不大但又是明显的,吐本在印度文原本基础上编译而成,因此文学再创造的痕迹比较明显。而智护在进行二度翻译时,极有可能根据自己的文学理解对吐本《弥勒会见记剧本》中的故事情节、人物对话进行补充修饰,以期表述更加自然流畅、人物形象更加生动丰满,回鹘本增加了一些上下文承接语、动作和状态描述语或许就出于此原因。值得注意的是:回鹘本中戏剧舞台术语以及演唱曲调的缺失应该出于译者有意识的省略。原因可能在于这些戏剧标示性术语对智护的翻译没有什么实际意义。回鹘文哈密本《弥勒会见记》敬章中,有一些叙述说明该文本的抄写目的,如:

"还有在被赞颂之月、吉日、特选的良辰福时、羊年闰三月、二十二日,我敬信三宝的优婆塞(麹)塔思·依干·都督与我的妻子土尊一起,为了将来能和弥勒佛会面,特让人画弥勒像一幅,并让人抄写《弥勒会见记》经书一部。我们愿把画像、抄经的功德首先转给天上的梵天、帝释和四天王。借此功德之力,愿他们的天威增大。保护我们的国家和城市,让其内无疾病,外无敌人,五谷丰登,全体人民幸福。还有,我们要把此功德首先转给登里·牟羽·骨·毗迦·阿斯兰·登里·回鹘王陛下。愿被赞颂的十姓回鹘国、三十王子、九宰相及千万侍从千秋万代永享治国之乐。还有,愿在书写此经时同享快乐的我的女儿侃奇土尊、长子凯德·伊干,(次子)塔哈(?),儿媳土凯勒·土尊,女儿阔耳克拉·土尊,借此功德之力,无病无灾,一切平安。我们还要把此功德转给我们的母亲提斯丽夫人、我们的弟弟伊勒·宋古·达干、伊勒·托赫迷什,愿他们借此功德,无病无灾。再有,我们转此功德给我们功勋卓著的父亲载盖克都督、养母托耳胡夫人、兄长别干·都督,以及所有亲族。愿他们幸福！愿借此之力生在天上！当生在天上时，要生在兜率天弥勒菩萨的面前。当仁者弥勒菩萨从兜率天下来时，让我们及所有亲族也一起从兜率天下来。当弥勒菩萨得道时让我们所有人也能得到授记。那时我们将以金纸抄写此经！"①

　　这段话出自高昌回鹘王国高级官吏、佛教徒优婆塞(麴)塔思·依干·都督与其妻子土尊，他们捐资请人抄写这部经书的直接目的是希望可以积累功德，日后与弥勒会面；同时还能转化功德，希望诸神保佑君臣安邦有方、国泰民安，护佑家人身体安康、日后得见弥勒菩萨。这与经书抄写者在正文某些品末尾的讲述是一致的，如："愿由此功德塔海·伊干获得佛果。愿由此功德我麴·塔思·依干都督与我母亲一起获得佛果。"②"(我麴·)塔思·依干·都督为了会见弥勒佛而让人抄写(此经)。"③"此经是我们应塔思·依干之愿望而写。"④可见，回鹘人抄写这部经书完全是出于宗教原因，而不是作为文学作品进行欣赏或作为戏剧作品进行表演观看的。回鹘文本的抄写目的应与智护将此作品转译成回鹘本的目的有一致之处。因此在具体翻译时，没有必要过多在意其戏剧形式，而应更多关注这部经书的佛教信仰宣说：与未来弥勒佛的相见将带给人无上功德。同时反过来讲，吐本《弥勒会见记剧本》各抄本都没有任何关于捐资祈愿者或抄写目的的信息，这恰恰说明吐火罗 A《弥勒会见记剧本》的抄写在当时并非一种纯粹的个人礼佛行为，吐本在当时更有可能是被当作佛教文学作品去看待的；即使抄写目的仍为传播佛教教义、宣传弥勒信仰，这已经不同于回鹘本中以增加个人功德为目的的抄写行为了；这也说明吐本受到印度梵剧的影响较多，解释了其在整体上更多保持梵剧文体特征的原因。

　　三是文学发展的客观规律。智护将吐本翻译成回鹘本时不再关注前者的

---

① 耿世民：《回鹘文哈密本〈弥勒会见记〉研究》，北京：中央民族大学出版社，2008 年，第 12—14 页。
② 耿世民：《回鹘文哈密本〈弥勒会见记〉研究》，北京：中央民族大学出版社，2008 年，第 196 页。
③ 耿世民：《回鹘文哈密本〈弥勒会见记〉研究》，北京：中央民族大学出版社，2008 年，第 274 页。
④ 耿世民：《回鹘文哈密本〈弥勒会见记〉研究》，北京：中央民族大学出版社，2008 年，第 437 页。

戏剧性特征,这并非完全出于他个人的主观意识,而是文化在异域、异族间沟通交流时出现传播差异的一种客观结果。因为回鹘民族在接触外来文化过程中会根据本民族文化现状和传播目的对外来文化进行有选择的改造、吸纳以促进其更快地融入本民族文化体系,而这一文体选择和交融过程本身也遵循社会文化发展的基本规律,有利于促进外来文学形式更好地融入本民族文化发展进程。这正好与梁启超《翻译文学与佛典》所言相应:"盖有外来'语趣'输入,则文学内容为之扩大,而其素质乃起一大变化也。"①回鹘语本的这种变化还应结合其他宣传佛经教义的回鹘文献进行分析:进入高昌的回鹘人在传播佛经时,除采用直接性的经文传抄讲解外,还以其较为熟悉且简便易行的讲唱方式进行宣传,而较少采用戏剧这种颇为复杂的正式文体,这就在客观上促进了戏剧的变文化。正如吕超所言:"可以推测:当时,回鹘民族并没有与梵剧匹配的成熟戏剧形态,因此翻译传抄也就不可能以复制演出为目的;翻译者,特别是传抄人员,便会想当然地省略自以为'多余'的剧本格式,以适应本地区传统的讲唱艺术形态。"②而戏剧和讲唱文学是两种非常相似、差别较小的表演艺术,很容易相互影响、转化。出于民族文化的表达惯性,回鹘本译者也会采用大众更加喜闻乐见的讲唱文学方式传播佛教,文本中的戏剧文体特征既然对于传播佛教没有什么实际意义,自然也就不会再受到人们的特殊关注,程式化的戏剧术语被有意放弃,而有利于讲唱文学表述的故事地点、章节名称等信息还留存于文本中。姚宝瑄曾指出:"语言译制中的再创作,民族文化的不同,信仰的不同,民族意识的不同,使得回鹘语在西域占领统治地位以后,西域戏剧的文学性质有了新发展。一方面高昌一带的戏剧以对话为主接近了变文,同时呈现出明显的戏剧结构。《弥勒会见记》的翻译就是这发展的一个标志。"③这充分说明,《弥勒会见记》吐火罗本到回鹘本文体性质的演变既非个案,也非一蹴而

---

① 梁启超:《中国佛教研究史》,北京:三联书店,1988年,第111—112页。

② 吕超:《印度表演艺术与敦煌变文讲唱》,《南亚研究》2007年第2期,第82页。

③ 姚宝瑄:《试析古代西域的五种戏剧——兼论古代西域戏剧与中国戏曲的关系》,《文学遗产》1986年第5期,第59页。

就,而是广泛存在且潜移默化的,它预示着西域戏剧文学的发展转向。

(二)吐火罗 A《弥勒会见记剧本》的影响

龟兹文化背景下,吐本《弥勒会见记剧本》伴随龟兹戏剧及看图说话讲唱方式东传中原并发生一系列变化。吐本及其回鹘文传承本在一定程度上影响了后世文学作品的创作。

首先,由印度戏剧到西域戏剧,再到中原戏剧,文学样式在文化传递中不断发展演进。梵剧剧本曾经传至龟兹,并在龟兹文化影响下呈现出新的特点。就《弥勒会见记》而言,在其继续东传过程中,内容和形式都经历了一系列变化,当它最终到达中原地区汉族文化圈时,已经远非其初始状态。一方面,正如季羡林所言:"通过河西走廊,西域的(其中也包括印度)歌舞杂伎传入中国内地。像《弥勒会见记剧本》这样的源于印度的戏剧传入中国内地是完全可以想象的。至于传入的是吐火罗文,还是回鹘文,那就很难说。也许二者都不是,而是通过一种在二者之外的文字,现在还无法确定。"①龟兹文化背景下的戏剧终究会以某种文本形式传入中原并对彼处的文学产生影响。另一方面,文化的接触和传播并不意味着文学作品的原样输入,一种文学作品的内容和形式能否影响并被另一种文化所接受,是一个极其复杂的问题,其中不乏内容和形式的适应性改变。《弥勒会见记》的翻译和传播毕竟要依托佛教宣说这样一个背景,它是当时西域僧侣宣传佛教的附属品,而非独立创作意识非常强烈的文学作品。

其次,吐本《弥勒会见记剧本》强烈的戏剧色彩,一是源自印度文原本的影响,毕竟吐本是印度文本基础上的第一次翻译;二是龟兹戏剧传统有助于该作品以其原有文学样式传承下来,这是龟兹佛教、乐舞等文化因素共同作用的结果。而梵剧或者说龟兹戏剧东进至高昌回鹘汗国时,已然失去动力,戏剧文学的色彩也逐渐消退。葛玛丽在谈及"讲唱文学"相关内容时,提出回鹘文《弥勒

---

① 季羡林:《吐火罗文 A(焉耆文)〈弥勒会见记剧本〉与中国戏剧发展之关系》,《社会科学战线》1990 年第 1 期,第 313 页。

会见记》是供寺院演唱的"原始剧本",实际已暗示出其文体性质已倾向于讲唱文学。而且高昌回鹘以《弥勒会见记》为代表的说唱艺术的表演场地不是市井,多为寺庙等宗教场所,讲唱、宣传的也是佛教教义,这与敦煌讲唱文学也是不谋而合的。"这也印证了西域所传梵剧的演变轨迹:梵剧在印度本土为成熟的戏剧形态,但却在西域文化的影响下逐渐蜕变;到敦煌之时,因中国戏曲尚未成形,梵剧无法恢复其面貌,只得完全汉化,最终和变文讲唱融为一体。"①由于高昌与敦煌都处于丝绸之路,且两地相距较近,因此高昌地区处于文体过渡状态的回鹘讲唱文学也自然而然传到敦煌。而当时的敦煌文学作品并不存在完整的戏剧形式,相反,其讲唱文学却较为发达,于是来自西域的文学作品,无论是带有较多龟兹文化色彩的剧本还是带有较多高昌回鹘文化色彩的讲唱文学,它们在敦煌会合后便融入当地的文学发展体系中,并依据文学发展演变规律继续分化成戏剧、变文、叙事诗歌等多种文体,并对后世文学产生影响。

龟兹佛教文化对唐五代戏剧文学的影响不仅体现在吐火罗A《弥勒会见记剧本》是唐代戏剧文学不可或缺的组成部分,还体现在龟兹高僧鸠摩罗什所译佛教文学作品的戏剧性特征、龟兹壁画中的菱格画和佛陀涅槃图等讲述故事的形式都对唐五代及后世戏剧作品有所启发。同时,印度梵剧《舍利弗传》在龟兹既有发现,就说明该剧在此地有传播及上演的可能性,而考察其内容,又与莫高窟变文之目连救母类戏剧有极大的相似性,因此两者之间也存在着文学传承关系。除此之外,龟兹乐舞文化中的苏幕遮、拨头戏等表演形式本身就是唐五代时期龟兹歌舞戏演出的真实写照,在其随龟兹乐舞传入中原之后,它们也越来越多地促进了中原文学尤其是戏剧艺术的发展。因此整体而言,龟兹文化对唐五代戏剧文学的影响可谓深远异常。

---

① 吕超:《印度表演艺术与敦煌变文讲唱》,《南亚研究》2007年第2期,第82页。

第三章　龟兹壁画与唐五代戏剧研究

　　龟兹佛教文化最为光辉灿烂的艺术留存便是古龟兹境内的几处重要石窟,比如克孜尔石窟、库木吐喇石窟、森木塞姆石窟、克孜尔尕哈石窟等。这些石窟约兴建于东汉至唐朝,见证了龟兹佛教文化的传播和兴衰。尤其值得一提的是石窟中的龟兹壁画,可谓集中承载了龟兹佛教文化艺术发展的全过程。龟兹壁画现存数量众多,约有两万平方米,内容丰富多彩,其中囊括了众多佛本生、因缘和佛传故事,包含释迦牟尼等佛菩萨、阿难等佛弟子、伎乐飞天、梵天魔王以及供养人等人物形象。龟兹壁画采用勾线、平涂、晕染等画法以及曲铁盘丝等描绘手法,制作技法娴熟巧妙,壁画色彩清新明丽,极具特色。

　　龟兹石窟壁画描绘了龟兹乐舞演奏的精彩场景,对唐五代及后世的戏剧表演有一定影响;龟兹壁画中还绘有后世戏剧表演舞台的雏形状态。从故事内容来看,龟兹壁画主要描绘了佛教故事,这些故事对唐五代及后世戏剧的题材内容必然有重要影响。同时,龟兹壁画中存在的菱格画式、方形框式、连环画式等构图方式对唐五代及后世戏剧的结构组织也有一定影响。总之,从龟兹壁画信息中可以挖掘出很多戏剧因素,其对唐五代及后世戏剧的发展演变都有重要作用。①

---

　　① 按:目前学界关于"壁画对戏剧的影响"研究较少,喻忠杰《石窟戏剧壁画初探——以莫高窟和克孜尔石窟壁画为中心》对此问题较有创获,对本文有一定启发。喻忠杰:《石窟戏剧壁画初探——以莫高窟和克孜尔石窟壁画为中心》,《曲学》第二卷,第340—346页。

第一节　龟兹乐舞壁画对唐五代戏剧表演和戏场设置的影响

王国维认为,戏曲是"以歌舞演故事也"①,因此戏曲必备两个基本要素:歌舞表演和故事性。龟兹石窟壁画恰恰在这两个方面都体现出对唐五代及后世戏剧的影响。本节所要探讨的龟兹壁画对唐五代戏剧表演的影响属于第一个要素。

一、龟兹壁画乐舞演出对唐五代及后世戏剧表演的影响

龟兹壁画对戏剧表演的影响性主要展现在两个方面, 一是龟兹壁画中的乐器;二是龟兹壁画中的舞蹈,主要体现在舞者的表情动作和衣着打扮上。

（一）龟兹壁画中的乐器

关于龟兹壁画中出现的乐器,前人已有相关研究,比如《中国音乐文物大系·新疆卷》将龟兹石窟壁画中出现的乐器划分为龟兹系统和中原系统两大类,其中"石窟壁画中出现的龟兹体系乐器有:弓形箜篌、竖箜篌、五弦琵琶、曲项琵琶、阮咸、排箫、筚篥、横笛、贝、大鼓、腰鼓、细腰鼓、羯鼓、毛员鼓、鸡娄鼓、答腊鼓、铃、铜钹等。这些乐器与历史文献记载的隋、唐乐部'龟兹乐'中的乐器,大体可以对应"②,提的乐器共有 18 种。还有学者提出龟兹乐器有 24 种或 28 种。对龟兹壁画中实际出现的龟兹类乐器的名目统计虽有不同, 但龟兹典型性乐器基本都包含在内了。这些乐器出现在壁画中,生动鲜明地反映了龟兹地区音乐表演的兴盛和乐器种类的丰富。吕光破龟兹并带至凉州的龟兹乐最初只有 15 种,后来吕氏亡,龟兹乐也随之分散各地,直到魏平定中原才又重新获得,在此过程中

① 王国维:《王国维戏曲论文集·戏曲考原》,北京:中国戏剧出版社,1984 年,第 163 页。
② 《中国音乐文物大系总编辑部》:《中国音乐文物大系·新疆卷》,郑州:大象出版社,1999 年,第 3 页。

图 3.1　库木吐喇 46 窟　觱篥

可能会有一些原始的龟兹乐器消失或者发生变化①。即使这样，龟兹乐器东传中原之后，还是对戏剧产生了重要影响，许多龟兹乐器都在后世戏剧表演中发挥重要作用，比如管乐器类的觱篥、笛子、笙、箫等，打击乐器类的鼓、铜钹，还有弹拨乐器类的琵琶、阮咸、箜篌和筝等，它们对突出戏剧的特殊音乐效果做出不可忽视的贡献，并成为戏剧表演时的重要主奏或伴奏乐器。这些乐器至今还可在龟兹壁画中找到踪迹（图 3.1—3.6），当它们从龟兹壁画中走下来，又在后世戏剧表演中获得新的生命力。龟兹壁画中的乐器表演者或独奏或合奏，但显然只是普通的乐舞演奏，还不是成熟的戏剧表演。当龟兹乐器传至敦煌并被吸收进壁画艺术时，才进一步呈现出与戏剧演出更为紧密的关系，比如敦煌莫高窟第 72 窟南壁上有一幅百戏图，该图最显眼的画面当属中间头顶长竹竿的杂技演员以及竹竿上倒立的童子。在杂技演员身边还有左、右两组奏乐伎人，左侧站立五人，分别演奏琵琶、竖笛、横笛、排箫和拍板，右侧毯子上坐有四人，正在演奏鸡娄鼓、羯鼓以及竖笛、横笛和拍板。其乐器既有源于中原者，又有来自龟兹者。值得注意的是，在壁画中，龟兹乐器演奏呈现出与百戏表演相结合的方式，而这与龟兹古国在佛教节日举行行像活动后所进行的歌舞表演有一定相似性，而歌舞表演与百戏相结合的模式显然促进了早期戏剧形态的萌芽，在此过程中，龟兹乐器发挥了重要作用，其在突破宫廷音乐统治地位，促进以龟兹乐为代表的俗乐演奏与舞蹈相结合的表演形式上发挥了重要作用，而这必然影响到以俗乐歌舞

① 按：需要注意的是，龟兹壁画中出现的乐器并非都是龟兹本地乐器或从印度等外国传至龟兹的，有些乐器可能是由中原地区传过来的，比如笙，学者一般认为就是起源于中原地区。

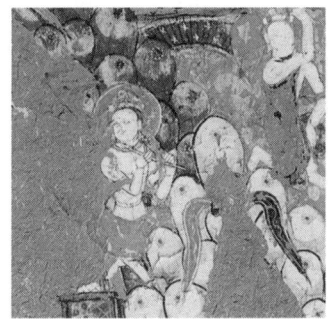

图 3.2　克孜尔 193 窟　横笛　　　　　　图 3.3　克孜尔 135 窟　鼓、排箫

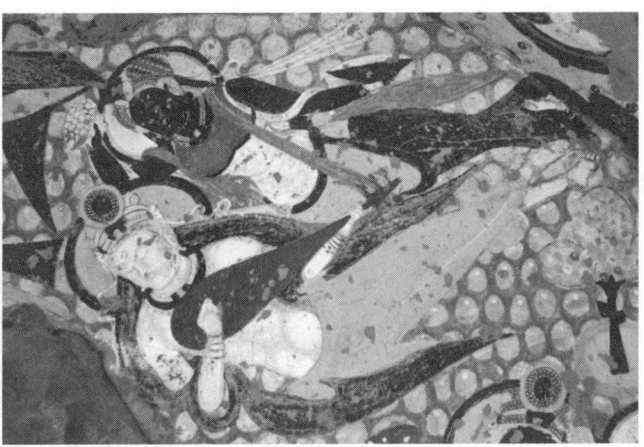

图 3.4　克孜尔 80 窟　筌篌　　　　　　图 3.5　克孜尔 8 窟　琵琶

图 3.6　克孜尔 118 窟　阮咸　　　　　图 3.7　库木吐喇 46 窟"帝释窟说法"供养天人

表演为基本伴奏模式的戏剧的形成和发展。

同时龟兹石窟中的乐器合奏场景也反映了当时龟兹现实生活中音乐演奏的真实面貌,显示出龟兹乐队演奏的规模编制、乐器选择和演奏特点。①龟兹石窟伎乐演奏组合有多种表现方式。第一种,乐器演奏表面上呈现出独奏特征,奏乐者被单独绘于一独立画框内,但该壁画往往同时出现多组此类器乐画面,于是就形成乐器合奏的效果,如克孜尔135窟主室穹顶的伎乐图(图3.3),此处乐器演奏以扇形为基本构图单位,但单位的分割性并没有妨碍画面整体所形成的连贯效果,所以仍可以看作是一出乐队演奏场景。其所选乐器基本为龟兹乐演奏的常用乐器,如鼓、排箫等。第二种,传统伎乐表演者演奏乐器的场景,以库木吐喇石窟第46窟主室正壁"帝释窟说法"图中所绘供养天人(图3.7)乐器演奏为代表。该窟窟龛上方半圆形壁画的中央部位有梵天和帝释天相对而坐,其23位天众分布两边和后方。其中第二排有三身天众或在弹箜篌,或在吹排箫,或在拨琵琶,一起奏出美妙乐声;画面边缘有只猕猴正在弹奏琵琶供养佛;最后一排有两身天众分别执华绳或散花供养,似乎正在和乐而舞。这种演奏者与乐器共同出现的演奏场景是龟兹壁画乐器表演的一贯表现方式,

图3.8 库木吐喇10窟 不鼓自鸣

乐器数量虽然不多,但基本都是龟兹乐器的典型代表。第三种,只有乐器而没有演奏者的"不鼓自鸣"场景,如库木吐喇第10、12、13、15、16等窟壁画均有描绘,其中以第10窟和第13窟最具代表性。第10窟(图3.8)主

---

① 按:这一点也得到喻忠杰的认同,他认为:"克孜尔乐舞壁画中所保留的大量舞蹈音乐场面,直观再现了西域地区乐队的规模、面貌、编制以及演奏形式等内容,同时在一定程度上,也影响了隋唐时期经变画中乐队编制的形成和这一时期戏剧的发生和发展。"参见喻忠杰:《石窟戏剧壁画初探——以莫高窟和克孜尔石窟壁画为中心》,《曲学》第二卷,第341页。

室券顶绘满了排箫、琵琶、箜篌、拍板、萧、筝、羯鼓、答腊鼓等乐器，乐器上均系着飘带，正显示出不鼓自鸣的美妙场景，另外主室券顶还绘有较为模糊的天人手持箜篌的画面；第13窟（图3.9）不鼓自鸣画面中亦出现很多龟兹类乐

图3.9 库木吐喇13窟 不鼓自鸣

器，主室券顶左侧有曲项琵琶，系着丝带在空中飘荡，佛座上方天花飘散，腰鼓、笙、筚篥、竖箜篌、排箫、横笛、阮咸等大多系着红、绿颜色的丝带，正飘扬于虚空之上，不奏自鸣。这类画面虽然没有出现乐器演奏者，但却比传统乐舞画面描绘了更多的龟兹乐器，可以说史籍中所载龟兹乐器基本都出现在这类图像中了。多种不同乐器被编排在一起组成一个颇具规模的乐队，形成了龟兹乐独特的乐器体系，体现出多元文化在龟兹的交流融合，比如龟兹乐器组合中吹奏乐、弹拨乐、打击乐几种类型并用，吹奏乐器有能吹奏旋律及和声的筚篥、笛子等，弹拨乐器有能弹奏旋律及表现节奏的琵琶、箜篌等，打击乐器有能击打节奏的羯鼓、腰鼓、答腊鼓、拍板等。乐队的音域多达两到三个八度，可分高、中、低音三个声部。如吹奏乐器组，横笛、排箫为高音乐器，筚篥、箫、笙为中音乐器，贝为低音乐器，这些乐器独奏、合奏均可。打击乐器在"龟兹乐"中占有绝对优势，乐器种类较多，其中羯鼓最为重要，它在大型乐舞中担纲指挥和领奏，这与文献所载龟兹乐中鼓乐占重要地位是一致的。虽然库木吐喇石窟壁画中的乐器组合是以天乐形象出现，但还是能够反映出龟兹乐队的组合特点。只伫立在壁画之前，就可出神入化地被引领欣赏到辉煌壮丽的龟兹乐演奏，感受龟兹乐队丰富的音声特色和生动的表现张力。龟兹壁画中的乐器演奏虽然以独奏或者小规模合奏为主（不鼓自鸣实际也是龟兹乐多种乐器合奏演出），反映出当时龟兹地区乐队演奏的规模，形式虽小，但却为隋唐以后的乐队组合范式

奠定了基础,并进而影响到后世文学艺术表演中涉及乐器演出的文艺样式,比如戏剧表演中的乐队演出模式以及讲唱文学中的乐队伴奏。龟兹乐器在其东传过程中对戏剧等文学艺术都具有较为重要的作用。

(二)龟兹壁画中的舞蹈

有乐器自然也有舞蹈,龟兹壁画同样反映了龟兹地区舞蹈的异彩纷呈。龟兹壁画中的舞蹈组合形式可分成三种,独舞、双人舞和群舞,以第一种为多。独舞舞者男性多为菩萨装,女性多裸体披飘带。舞者身体动作的幅度比较大,躯体一般呈现"S形",扭腰摆胯,双脚交叉,舞者的这一姿势配合飞舞的丝带很有仙气飘飘的感觉。比如克孜尔第83窟"太子观舞图"中有一位裸体舞女,头上戴着花冠,身上装饰璎珞,手持条纹花饰的长巾正翩翩起舞,女子头部偏向右方,胸部朝左,胯部右提,膝盖回转向左,整体构成三道弯S形身姿,与挥舞的长巾共同构成一幅和谐唯美的舞蹈场面。再如库木吐喇第46窟主室前壁说法图(图3.10)中绘有一位身穿绿色龟兹样式长袍的舞者正在舞动一条深色披巾,舞者右手持灯,披巾一端绕在左手,另一端缠在右臂上,飘舞的长巾为舞者增添了几分飘逸之感。龟兹舞蹈还包含丰富且有意蕴的手势动作,以抃(即胸前摊掌)和弹指为主,另外还有捻指、正托掌、反托掌等。这些手势动作具有印度乐舞的特点,而印度舞蹈特征之一便是S形身体造型以及来自佛教的丰富手势。龟兹壁画中的舞者在跳舞时会跟随音乐节拍做出一定的手势动作,用于配合其躯体语言,使舞蹈的节奏感更强,身体与音乐的配合更加协调,舞者的情感状态也能更好地通过手势传达出来。龟兹壁画还表现出龟兹舞者丰富的表情和眼神动作,其与舞者的手势、身体动作一同起到传情达意的作

图3.10 库木吐喇46窟主室前壁 舞者

用,这些都增强了舞蹈的表现力。比如龟兹舞蹈中非常有特点的"撼头"和"弄目"的动作。撼头是指跳舞时,舞者头部、颈部随着音乐节奏左右晃动或转动,而身体其他部位保持不变,从而使舞姿流畅优美且富有特色。弄目即要求舞者要以丰富贴切的眼神表达内心情感,反映的是龟兹舞蹈"心目和谐""目为心声"的特点。龟兹石窟中最有特点的弄目表情当属克孜尔第77窟后室券顶回首斜视的伎乐菩萨,其表情有"回眸一笑百媚生"的效果。其实龟兹石窟舞者的眼神非常丰富生动,有欢欣雀跃者,有悠闲惬意者,有深情凝视者,有金刚怒目者,不一而足。《通典》曾对"龟兹舞蹈"的特点进行过如下描述:"是以感其声者,莫不奢淫躁竞,举止轻飚,或踊或跃,乍动乍息,跷脚弹指,撼头弄目,情发于中,不能自止。"[1]对比壁画图像理解杜佑这段话,可知其对龟兹舞蹈特点的总结非常生动形象。比如,龟兹舞蹈动作幅度较大,不仅表现在舞者身姿扭动幅度较大,整个身体呈现出三道弯姿势,身体重要节点如头、颈、胸、腰、胯、腿、脚等,无不表现出舞蹈的张力;撼头、弄目等头部动作和眼神表情则更生动地表达出舞者的心态和感情。龟兹舞者的身段、手势、面部表情最丰富者当属克孜尔第77窟东甬道券顶外侧(图3.11)和后室券顶的伎乐图(图3.52—3.63)[2],其中所绘几十位伎乐菩萨的舞蹈动作都鲜明地体现出龟兹舞蹈的特点。就每

身伎乐菩萨来看,其身姿、手势与眼神等动作相互配合,完美地表达出其踏乐而舞的生动形象;多身伎乐天一起舞蹈,就可对比出其身姿扭动之多样性、手势造型之丰富性、眼部神态之多变性,

图3.11 克孜尔77窟东甬道外侧壁 天宫伎乐

---

[1] ［唐］杜佑:《通典》,北京:中华书局,1984年,第739页。
[2] 按:为方便第三节相关内容的图示说明,将图放至第228—230页。

这些都传达出龟兹舞者内心细腻微妙的感情,舞蹈动作之重要作用可见一斑。唐代诗人观赏曾广泛流行的龟兹舞蹈时,就作诗描绘过舞者的动作神情,仅以刘禹锡《观柘枝舞二首》和李端《胡腾儿》为例进行分析。刘诗之"垂带履纤腰""翘袖中繁鼓""长袖入华裀"与李诗之"葡萄长带一边垂"正是形容舞者挥舞水袖飘带表演的情景;刘诗之"曲尽回身去,曾波犹注人"与李诗之"扬眉动目踏花毡",则是形容舞者的眼神传情。正如喻忠杰所言:"透过造型丰富的手姿,以手指间的律动变换传递细腻的情感,为舞蹈增添了更强的表现力,而这种广见于克孜尔石窟和莫高窟壁画中的手势造型,在后世戏剧中得到了极为广泛的应用"①,龟兹壁画所反映出的这种龟兹单人舞的舞蹈特点,在后世戏剧表演中都有动作投射。首先,龟兹壁画中飘带、长巾等装饰物与舞者优美身姿的结合,启发了后世戏剧服装与身段的配合,比如戏剧表演时经常采用宽大水袖或腰带饰品等服装配置,这些都是舞者能够借以凸显人物形象的辅助性工具,比如飘带与舞蹈配合营造了一种长袖善舞的情景,这一辅助性舞蹈道具就有可能与龟兹壁画中女性以飘带配合舞蹈表演的情景有关。其次,戏剧表演对手势和眼神的要求都很高,"眉目传情"和"我手舞我心"都成为戏剧中舞蹈表演的重要准则。比较后世戏剧表演的眼神及手势动作,可以看出其中有些与龟兹壁画中舞者的动作、眼神非常相像,戏剧中某些手势所体现出来的佛教手势特点,是可从龟兹壁画舞者那里探究来源的;龟兹舞者眼神在传情达意方面的重要作用也成为戏剧舞蹈的要求之一,这些都有助于表演者通过自身舞蹈动作、表情的生动传神更好地塑造戏剧人物形象并表达人物情感。龟兹壁画中舞者的身段、手势及表情动作虽然都是静止的,但它却对后世灵动的戏剧表演有着重要影响。尤其是龟兹壁画中的伎乐天形象,其曼妙的身段舞姿、传神的表情动作,加上巧妙的服饰装扮,都直接影响了后世戏剧中的人物形象、舞台装饰等,龟兹舞蹈的气质神韵对戏剧中的舞蹈表演有着重要的传承意义。

龟兹壁画中双人伎乐舞蹈组合的形象也在多窟壁画中存在,这种舞蹈表

① 喻忠杰:《石窟戏剧壁画初探——以莫高窟和克孜尔石窟壁画为中心》,《曲学》第二卷,第343页。

图 3.12 克孜尔 98 窟主室券顶右侧下沿 天宫伎乐

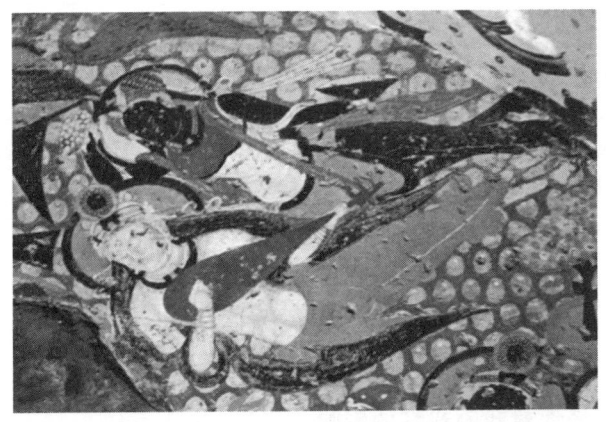

图 3.13 克孜尔第 8 窟主室前壁 伎乐飞天

演形式在克孜尔石窟中较为常见，其基本形式是一人持乐演奏，一人翩翩起舞。如克孜尔 98 窟主室券顶右侧下沿天宫伎乐图（图 3.12）中绘有两身伎乐，一身手拨阮咸，一身肩披飘带，挥动双手，应节而舞，两人头都转向内侧，互相照应，配合默契。龟兹壁画中的双人舞蹈形象还出现于在天空飞舞的伎乐天身上，比如克孜尔第 8 窟主室前壁上方绘有一组伎乐飞天（图 3.13），这两身飞天肤色一黑一白，下方男性飞天正在弹奏五弦琵琶，上方身着龟兹装的女性飞天正一手持托盘、一手散花，两脚成交叉状，边飞边随琵琶乐音而舞。克孜尔第 38 窟主室东、西两壁的天宫伎乐图，虽每壁参与伎乐表演的有 14 人，但都是两人一组，或均奏乐，或一奏乐一舞蹈，或均舞蹈，形式不一，但都呈现出龟兹歌舞表演上的配合之态。需要指出的是，这种双人伎乐舞蹈组合的范式并不见于龟兹石窟之外的敦煌莫高窟、云冈石窟等石窟壁画中，这应该是龟兹石窟特有的一种舞蹈形式，自然与龟兹古国本地的舞蹈表演有着紧密关系。双人伎乐舞组合中，两人表演时已经有眼神、手势的交流和配合，甚至已经具备一定的情节性，从而成为影响后世戏剧表演的重要因素。尤为需要注意的是，龟兹壁画还进一步体现出歌舞乐三位一体的表演方式，正如仲高所言，包括龟兹在内的"诸绿洲流行的都是乐、歌、舞为一体的综艺形式，舞蹈往往随音乐'引节而起'，音乐也因其强烈的节奏将舞蹈推向高潮，歌又丰富了音乐、舞蹈语汇。故绿洲不存在没有歌乐的舞蹈，也不存在没有舞蹈的歌乐，乐歌舞合一是西域诸绿洲乐舞最显著的特点。"①壁画是无声的图像艺术，因此只能记录下奏乐和舞蹈的场景，但是伴乐而歌既然是龟兹乐舞表演的既定内容，也必然存在于龟兹壁画中，龟兹壁画中乐、舞结合的双人舞或群舞必然会伴随歌唱形式。而歌乐舞三位一体的"载歌载舞"表演范式，既有助于歌、舞、乐表演者之间交流情感，又带有一定的情节故事性，在其东传中原过程中，这一特性被不断加强，敦煌壁画中歌舞表演的戏剧性特征增强与之应有一定的关系。当其传至中原之后，在中原文学、艺术的浸染之下，本身又必然会获得进一步的发展，并且对唐五代时期的歌舞戏表演程式的发展成熟产生重要影响。因此，如果要探讨龟兹乐舞对唐五代歌舞戏形成的作用，就必须到龟兹壁画中去寻找根源。

二、龟兹壁画中乐舞演出场地对戏剧戏场的影响

龟兹"管弦伎乐，特善诸国"，因此乐舞演出应该是龟兹国经常举行的娱乐活动。既然有歌舞表演，那就应该有相对固定的演出场地，这一点在史籍中也可找到印证。玄奘《大唐西域记》提及古龟兹国有一个"大会所"，在龟兹大城西门外、路左右两方所立佛像之前的空地上，每年秋分时节，龟兹举国上下都会集于此受经听法并举行行像活动，可以容纳数千人。行像时，要将佛像安置在装饰过的花车上，众人跟随花车巡行并对佛像进行瞻仰、膜拜，在此过程中还

---

① 仲高：《西域艺术通论》，乌鲁木齐：新疆人民出版社，2004年，第197页。

往往伴随歌舞表演和杂戏演出。此大会所即为当时龟兹国歌舞演出的重要场所。非佛教节日时，大会所也不会闲置废弃，而是经常举行各类乐舞表演活动。由现实上升为艺术，龟兹壁画在记录龟兹乐舞表演时，也会不自觉地将这一演出场所绘制于图画中，虽然并非写实，但仍可从中窥探出古代戏台的雏形。

　　龟兹多处石窟壁画在描绘乐舞表演时都简单绘制了其所处的表演场地，这应该是对龟兹古国现实生活中歌舞表演环境的一种真实反映和模拟，呈现出龟兹早期歌舞表演的环境面貌。通过分析其表演舞台的构造和特点，可以初步探究其与唐五代及以后的戏剧表演舞台之间的传承关系。龟兹壁画中出现歌舞表演场地的画面一般为天宫伎乐图，它集中地表现了伎乐菩萨、天人、宫女等载歌载舞的群欢场面。天宫伎乐图遵循一定的构图方式，比如"都是横着一字排列的方格图形，中间用廊柱隔开，上面绘有屋檐式花纹，下面是墙垛式平台，具有很强的装饰性"[①]。考之克孜尔第 38 窟主室东、西两壁上端的两幅天宫伎乐图，其所展示的图像正与此段文字相符。每幅伎乐图由七组独立画面组成，每组绘有两位对视的伎乐天人。"每幅图都用凹凸型花墙垛作通栏，组与组之间用楣式龛框作间隔。"[②]

图 3.14　克孜尔 38 窟　天宫伎乐之一

此处的花墙垛位于伎乐天人前面，连成一排正好形成一道长长的多彩墙体栏杆，不仅将歌舞演出规划于花墙垛背后一定范围的场地内，还将表演者与观众隔离开来，使乐舞演出集中于"戏台"之上。伎乐面前是道楼台栏杆，而不

---

　　① 《克孜尔石窟志》编辑组：《克孜尔石窟志》，上海：上海人民美术出版社，1993 年，第 123 页。
　　② 《克孜尔石窟志》编辑组：《克孜尔石窟志》，上海：上海人民美术出版社，1993 年，第 124 页。

图 3.15　克孜尔 38 窟　天宫伎乐之二

是画框，这一点可从 38 窟两幅伎乐天特写（图 3.14、3.15）中找到答案，图 3.14 中的散花天女左手正从盘中取花做散花供养状，右手持盘，从其盘身有一部分绘于栏杆之上说明散花天女已经探身将花盘伸到栏杆之外；图 3.15 中，手持答腊鼓的伎乐左手手指挡住花墙垛的一小部分，说明其手指也是伸出到花墙垛外侧的，这些都充分表明 38 窟中伎乐演奏是站在一定空间的表演场地之内，场地背景为圆拱形龛状画面，伎乐前方已经有一道实体的栏杆，且伎乐在进行表演时可以探出栏杆做各种表演动作。与之相似的还有克孜尔第 100 窟主室券顶右侧的天宫伎乐图（图 3.16），此图描绘了两个圆拱形龛背景内的四身伎乐，左侧龛内第一身捧盘供养，第二身正弹奏箜篌，右侧第一身双手合十致敬，第二身右手托花盘，左手散花供养，其散花之手明显也是伸到栏杆之外的，这说明这四身伎乐与 38 窟伎乐所处的表演场地相似，前排都是一道通栏。龟兹壁画中还有一些天人伎乐图不再以起到分割作用的圆拱形龛作为演出背景，而

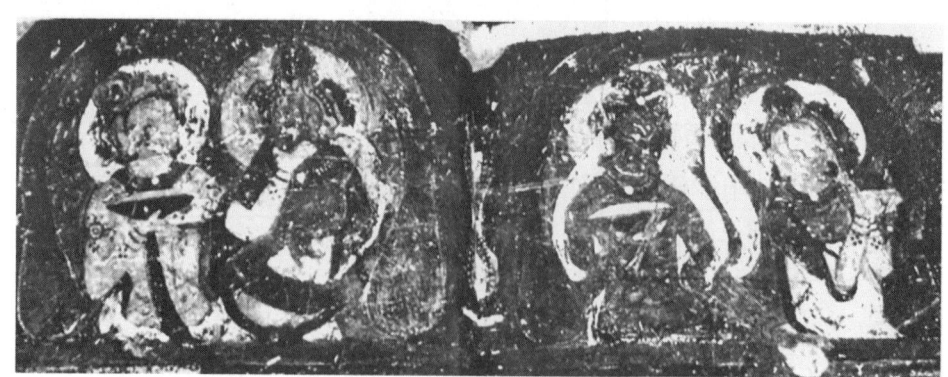

图 3.16　克孜尔第 100 窟主室券顶右侧　天宫伎乐

是发展变化为一个整体
统一的大画面，这体现
出伎乐表演场合设计得
有意识性，比如森木塞
姆 26 窟左甬道外壁上
部的天宫伎乐图（图
3.17），此图背景与通栏
的设计配合表现出伎乐
天是在一个较为专门的

图 3.17　森木塞姆 26 窟左甬道　天宫伎乐

乐舞表演场所进行演出，四身伎乐所处场地的背景由于画面漫漶已不能完全
识别，但已经不再是圆拱形龛。从图像下半部分来看，他们应该是站在白黑格
相间的墙栏内进行表演，因为墙栏可以遮挡住他们小腿及脚的部位，但是右侧
第一、二身伎乐天身上所搭配的深色和白色飘带又飘到墙栏外，显示出墙栏的
立体化和真实性，这道横栏应该也是演出场地正前方的"戏台"围栏。

　　类似的人、景构图方式在克孜尔第 77 窟东甬道外侧壁上方的天宫伎乐图
（图 3.11）中也可以看到，这几位伎乐天或吹奏横笛，或踏节而舞，手势动作丰
富多彩，舞姿身形轻盈曼妙。伎乐前面的通栏与前几例相比，已不是较为厚重
的墙垛式栏杆，而是非常清新小巧、类似于后世戏剧表演舞台的木、石结构的
栏杆造型。整个通栏呈长条状，中间每隔一段距离便有一根绘彩粗柱，两粗柱
之间又有很多细柱，细柱之间以横棍或圆圈图案并行连接，从正面看，其"戏
台"的前栏效果非常明显。伎乐表演场地的楼台栏杆还可从克孜尔第 76 窟线
描图（图 3.18）中更清晰地看出，该线描图一共有四组画面，应该是前两组合成
一幅，后两组合成一幅，均以带头光的菩萨为中心，两边绘有很多进行歌舞表
演的伎乐天，有的吹奏横笛、排箫等乐器，有的挥动飘带、花绳而舞，有的扭动
身姿、舞动双手，有的和乐踏节击掌，还有的将手搭在栏杆上向外观望。有些伎
乐的表演道具如飘带、花绳等的一部分搭在凹凸型墙栏之外，有的伎乐还将手放
在墙栏上或者探出墙栏之外；而且从其眼神来看，他们几乎无一例外地扭动头部

图 3.18　克孜尔 76 窟　天宫伎乐线描图

向左下方或右下方观看，而不同于前面几例中伎乐两相对视的情景，因此可以推测：他们极有可能是站在以凹凸型花墙垛为外围建筑的楼台上进行歌舞表演，龟兹壁画中所反映出的歌舞演出场所具备了更多后世戏台的建筑因素。此种相似建筑造型图案在敦煌壁画中可找到更多，比如敦煌莫高窟第 359 窟南壁的经变画中就出现了演出的台基和勾栏，第 341 窟和 335 窟奏乐演唱的戏台都位于二楼位置，以利于观众更好地观看演出。敦煌壁画中的庭院戏场或者勾栏酒肆虽也是绘制于二维壁画之上，但画面多绘出表演场地的三面墙栏以凸显戏场的空间感。相较而言，龟兹壁画中所绘制的表演场地一般只有舞台背景和前栏，显得非常平面化，当然这与龟兹壁画的表现特点及龟兹歌舞表演场所的实际发展状况是有关系的。据前所述，古龟兹进行乐舞表演很可能就是在大会所中进行，但该场地首先是为举行讲经授法等佛教活动而设置的，并不是专门的歌舞演出场地，因此在表演场地设计上自然与后世较为成型的戏台样式有一定差距。但正如喻忠杰所言："从克孜尔石窟和莫高窟部分戏剧壁画相同的内容与构图形制，一方面可以看出西域地区与中原地区在文化艺术上的相互交流与融合，另一方面也反映出它们二者在佛教影响下所具备的文化共性。"[1]从龟兹壁画中的雏形状态到敦煌

---

① 喻忠杰:《石窟戏剧壁画初探——以莫高窟和克孜尔石窟壁画为中心》,《曲学》第二卷,第 343 页。

壁画中的发展状态，画面中演出场地的变化实际正是对现实表演的一种客观反映，这一由低级到高级的变化演进必然对后世戏剧表演舞台——戏场的发展成熟有着重要的启发及影响作用。

第二节　龟兹壁画故事的戏剧性与唐五代及后世戏剧情节的选择

任何一种戏剧的起源都与宗教仪式有着密切关系，这一点已经在印度梵剧、古希腊悲剧中得到证实，作为世界三大古老戏剧之一的中国戏剧也不例外。宗教的仪式性可以说是一切原始戏剧的共同基本特征。原始宗教祭祀多伴随图腾崇拜，为表达对神与兽的各种原始崇拜，先民在举行宗教仪式的过程中，通过对自然界生物的模仿达到娱神的目的。而这种模仿带有原始宗教戏剧祭祀和表演的特征，在一定程度上促进了原始戏剧的萌芽，并进一步影响了各种乐舞戏剧表演活动的生成。随着人类对客观世界探索和了解程度的增强，人类对自然的恐惧感逐渐减少，在举行宗教仪式的过程中逐渐增加进娱人的目的，因此仪式更具世俗性、表演性和观赏性，朝着进一步戏剧化的方向发展。但是在此过程中，戏剧产生的原始形态始终伴其左右，宗教文化成为后世很多戏剧形成的背景，宗教故事也逐渐演变成戏剧并在舞台上得以搬演。

宗教仪式与戏剧表演的具体发展关系在不同国家有着不同表现。比如在中国，佛教文化历史悠久、源远流长。而龟兹作为佛教东传的重要站点，在佛教文化的积累和传播上发挥了重要作用，龟兹壁画就是一个勾连佛教仪式与戏剧表演的重要载体。龟兹壁画的主要题材就是佛经故事，具体又可分为本生故事、因缘故事、佛传故事和供养故事等。壁画中出现的主要形象有佛陀、菩萨、佛徒四众、各种动植物，同时为了突出故事主题和背景，还会描绘山水图案以及各种装饰性画面。龟兹壁画所描绘的故事虽多来源于佛经，但同时也是对龟兹现实生活的一种反映，比如龟兹壁画中出现的某些人明显是龟兹世俗装扮，长相也与史书所载龟兹当地居民无异，尤其是画面所绘内容带有非常浓郁的社会世俗气息，因此颇具故事性和情节性。龟兹壁画中的佛教故事内容经过发展，有的成为后世戏剧表演曲目的主要情节；其展演方式在一定程度上影响了后世戏剧对佛教故事情节的把握，并启发了戏剧的结构安排。关于后者将在下一节专节论述，本节主要探讨龟兹壁画中佛教故事的内容及其世俗化特征对唐五代及后世戏剧剧本内容和表演的影响。

龟兹壁画中以单幅壁画表现一个完整故事的画面较多，虽然只截取整个故事中的一个画面，但却最能体现故事的矛盾冲突并展现故事的情节高潮，颇具代表性。龟兹壁画中还有一些故事是以多幅较为连续画面展现一个主题性故事，这类故事多幅图画连缀在一起，不仅构成一个较为完整的故事主体，还在客观上促进了故事画面的滚动和情节的延续。分而述之。

一、龟兹单幅壁画故事的戏剧性

龟兹壁画中以单幅图画完成整个故事叙述的多为本生故事和因缘故事，另外还有一部分佛传故事。这些故事以较小的画面篇幅表述了整个故事的中心主题，且在以图像形式表现文本信息的过程中注意与龟兹本土文化和社会生活的结合，使得壁画中的佛教故事不仅体现出宗教教义，还带有更多的龟兹地方世俗特色，从而具备了戏剧表演的某些基础性特征。

龟兹本生故事、因缘故事和佛传故事中均有以单幅壁画形式表现完整故事者，尤以前两者居多，多绘于菱格画内，且很多故事的情节性和戏剧性特征非常浓郁。比如本生故事中，克孜尔第 38 窟绘有摩诃萨埵投身饲虎的故事（图 3.19），此故事见于《六度集经》，38 窟该本生画实际由两幅小型图画组成，上幅为萨埵从高处落下，下幅为一只母虎、两只虎仔正啃食萨埵。画面虽简，但却表现出此故事中最为重要的情节，观者于此可做一联想，补足未在画面中展示的其他情节，比如母虎产子后饥饿难耐欲食虎子、萨埵心生怜悯欲舍身饲虎、萨埵死后升兜率天等佛经故事原有情节。克孜尔 17 窟、38 窟还绘有萨薄迦燃臂

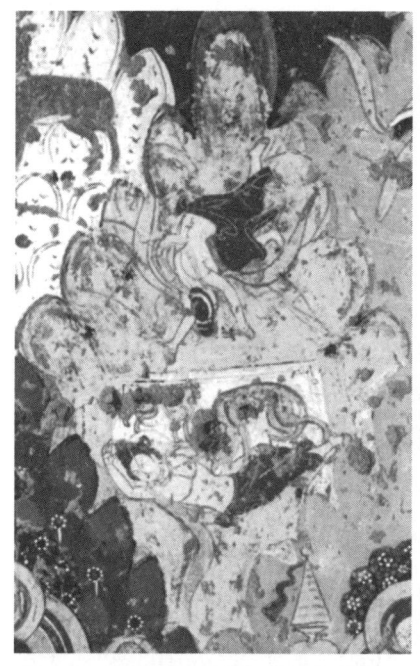

图 3.19　克孜尔 38 窟　萨埵饲虎本生　　　图 3.20　克孜尔 17 窟　萨薄迦燃臂引路

引路的本生故事（图 3.20、3.21），冲突鲜明、情节曲折，颇富戏剧性，该故事见于《贤愚经》，讲述五百客商行至黑暗山谷不能前行，担心盗贼劫掠财物因此非常紧张。商主萨薄迦用白毡缠绕双臂，浇上酥油，点燃双臂为客商引路，经过七天七夜终于走出山谷，客商感激不尽。本生故事描绘的主角有时会是动物，比如克孜尔 14 窟中的马王本生 （图 3.22）、克孜尔 14 窟和 114 窟的马璧龙王本生（图 3.23、3.24），这类故事多描绘动物如何帮助人类摆脱困境，因此故事中也会有较为明显的戏剧冲突，且情节

图 3.21　克孜尔第 38 窟　萨薄迦燃臂引路

回环复杂。比如马王本生,讲述五百商客入海寻宝,船破之后流落到罗刹国。后来商主爬到树上看到一座铁城,才知道这些罗刹女是专门诱食商客的恶魔,于是设计逃走。当他们乘坐神马飞跃大海时,罗刹女抱着幼儿追上并倾诉夫妻之情,凡心动者皆落水被食,唯商主不为所动,终于回国。该故事在龟兹壁画中有两种表现方式,一种描绘商主上树观察罗刹城,一种描绘马驮着商客飞奔于海上,此处图 3.22 属于第

图 3.22 克孜尔 14 窟 马王本生

图 3.23 克孜尔 14 窟 马璧龙王本生

图 3.24 克孜尔 114 窟 马璧龙王本生

二种,壁画中水面波纹清晰可见。马璧龙王本生故事见于《经律异相》,仍是讲述五百客商入海取宝,包含两个故事情节,一为海龙怀嗔意欲杀害商客独吞财宝,一为马璧龙王心怀慈悲、渡商客出海,显然后一情节更为重要,因此在龟兹壁画中,马璧龙王或环绕于山,或盘卧于地,商客或载物的牲畜正从其身上走过,正凸显了故事主题。龟兹壁画因缘故事中戏剧性特征体现较明显者当属绘于克孜尔第 8、184、186 等窟的小儿播鼗踊戏缘(图 3.25),该壁画讲述了一个非常有趣的故事,佛向其弟子讲述他前生曾化身帝释

图 3.25 克孜尔第 8 窟小儿播鼗踊戏缘

天,弥勒曾转世为一富贵人家之妻,贪恋财富。帝释天为度化此妇,便化作商人来到其家。妇人命一儿取座,小儿动作迟缓便遭妇打,商人见而笑之。商人见旁边一小儿拨弄鼗鼓玩耍,更是笑而不止。妇人问其故,商人回答:我之所以笑,是因为被你打的那个儿子实际是你父亲今生转世,你打儿子即是打父亲;另一儿子实际是牛托生而来,其前世之牛皮正好蒙贯其手中鼗鼓,他拨弄鼗鼓戏耍如同玩弄自己故体皮囊,因而笑之。这个故事以商人的两次笑引发两次矛盾冲突,推动故事走向高潮,并最终以商人的回答化解冲突,完成故事讲述,其情节性和戏剧性色彩都非常浓郁。

龟兹单幅壁画故事虽只选取一个画面表现整个故事内容,但故事的情节性和戏剧性色彩较强,其对后世戏剧表演也有一定的启发作用,主要表现在以下几个方面。第一,以有限画面凸显壁画故事最重要的情节和最主要的冲突,

启发戏剧以有限场景表演故事中最为重要的内容，并根据情节的重要性和连贯性安排戏剧演出的场幕。比如萨薄迦燃臂壁画正是抓取了此故事情节中最具代表性的"燃臂引路"画面，鲜明地突出了萨薄迦舍己为人的高贵品质，以有限的画面展示了故事的主要矛盾及解决办法，并成功塑造了生动鲜明的人物形象。由于画幅限制，龟兹壁画中多数本生和因缘故事只能以单幅图像表现故事内容，但有趣的是龟兹壁画同一故事在不同石窟中可能被绘制为两种不同场景，比如马王本生故事。这一方面是因为龟兹石窟壁画并非由同一批人绘制于同一时期，因此画面图像取舍不同实属正常；更重要的原因应该在于龟兹壁画中故事的复杂性和情节的曲折性，整个故事的重要情节并非只有一个。对于马王本生故事来说，商主爬到树上观察到罗刹国秘密和马驮商主等人离开罗刹国都是该故事中非常重要的情节，如果将其作为一部戏剧进行演出的话，这个故事至少应铺演成以这两个情节为中心的两幕剧。第二，龟兹壁画中关于龟兹社会世俗信息的引入也使整个壁画呈现出更多戏剧性特征，这也启发了戏剧表演应从现实生活中取材。龟兹壁画首先将龟兹本土人物及其服饰引入画面。萨薄迦燃臂本生故事画中，跟随萨薄迦的两个商人明显穿着龟兹本地服饰：头戴小帽，身穿白底绣花边或花色图案的长外衣，下身着裤装，脚蹬长靴，这些都是龟兹佛教盛行时龟兹本地男子的世俗着装。马王本生故事画中，坐于马背上的两人上身穿边缘绣花的同色长上衣，下着裤装，脚穿短靴，也是典型的龟兹服饰。马璧龙王本生故事在龟兹壁画中出现两种图像，但不管哪种，图中人物都是典型的龟兹衣着装扮。尤其需要指出的是，114窟马璧龙王本生故事中还出现了身驮重物的骆驼和牛的形象，38窟萨薄迦燃臂本生中出现了牛驮商品的形象，这种动物运输工具在古龟兹地区是非常流行的，牛一般用于短途运输，马和骆驼用于长途运输，直至今天，在新疆地势特殊的偏远地区，这种运输工具仍然存在，这一图景的绘制也反映了当时龟兹社会生活的真实状况。再如小儿播鼗踊戏缘中，菱格画中央为一高大坐佛，身体微向侧倾，面朝小童。佛的右侧为一裸体小儿，左手举鼗鼓作摇拨状，左腋与呈胡跪状的右腿夹着鸡娄鼓，右手作击打鸡娄鼓状。另两窟小儿形态稍异。小儿左手摇拨鼗鼓，右手击打鸡娄鼓,两种鼓乐器同时出现,说明两者可以配合演奏。鸡娄鼓为龟兹乐器之一,陈旸在《乐书》中记载了它的演奏方法:"左手持鼗牢,腋挟此鼓,右手击之,以为节焉。"①鸡娄鼓与鼗鼓确实是配合演奏的。此壁画故事出自《六度集经·弥勒为女人》,佛经原典中小儿播鼗踊戏,并未出现鸡娄鼓身影,且鼗鼓早在《诗经》中已有记载,并非从龟兹等西域地区传至中原的乐器,但龟兹壁画在表现这一情景时还是绘出了鼗鼓与龟兹乐器鸡娄鼓配合演奏的情形,极其鲜明地表现出此故事确实从龟兹现实生活中寻找到绘画素材。龟兹壁画于现实生活中汲取营养并用于艺术创作的精神态度可见一斑,而这些都启发了戏剧创作和表演对本土生活的借鉴。第三,壁画内容所反映的佛教故事,成为后世戏剧表演的重要情节。比如克孜尔第 17 窟绘有端正王智断儿案壁画(图3.26)。故事以两母争一子为引子,以端正王怀抱小儿、让真假两位母亲撕扯小儿并判定得到小儿者获胜为故事高潮,以两位母亲的不同反应判定儿子生母

作结。这个故事与《佛本生故事》中的《大隧道本生》非常相似,另外在《贤愚经》乃至《圣经》中都有类似记载。此故事自外国传入后,在龟兹本地以壁画的形式敷衍出主要情节,后进一步在敦煌第 98 窟《檀腻羁缘》壁画中表现出来,并最终演化发展成元杂剧《包待制智赚灰阑记》中的重要情节。可见,克孜尔石窟对此故事的绘画表现,在一定程度上

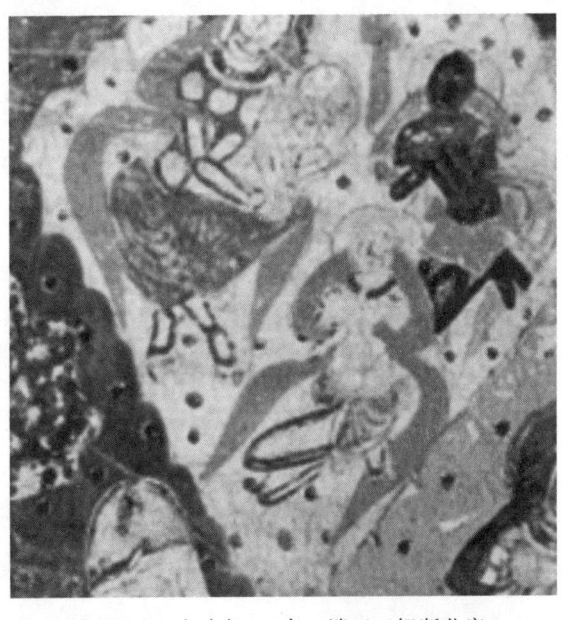

图 3.26　克孜尔 17 窟　端正王智断儿案

---

① [宋]陈旸:《乐书》卷一百二十七,载《原国立北平图书馆甲库善本丛书》第 32 册,北京:国家图书馆出版社,2014 年,第 198 页。按:"此鼓"指鸡娄鼓。

促进这一故事从文本走向艺术,并以戏剧表演的样式出现在观众面前。

二、龟兹连续性壁画故事的戏剧性

龟兹壁画中还出现了很多以连续性画面表现同一故事内容的绘画形式,其连续性画面的展现犹如一幅幅连环画,观者就像在欣赏一部佛教戏剧的一幕幕具体情节,这对后世戏剧故事情节的选择和展演具有一定的启发意义。龟兹壁画中这类构图方式在本生故事和佛传故事壁画中都有一定数量的存在。比如绘于克孜尔第 212 窟东壁的亿耳入海取宝故事(图 3.27)和西壁的弥

图 3.27 克孜尔 212 窟东壁 亿耳入海取宝

图 3.28 克孜尔 212 窟西壁 弥兰入海求宝

兰入海求宝故事(图 3.28)。两个故事各有五个情节独立的画面。亿耳入海取宝故事中,情节一为左边一人合掌蹲跪,画面残缺较多;情节二描绘在椭圆形大海上,亿耳与商人从海中探宝归来,装满珍宝的龙船被运至岸边,亿耳手捧宝物;情节三,亿耳与商人席地而坐准备运宝归国,画面中还绘有两头驴和一辆篷车;情节四出现两个商人和一头毛驴,商人夜间趁亿耳睡着单独启程,结果来到魔鬼城,亿耳醒来追随毛驴的味道也来到这里,魔鬼城门和城墙都为绿色,画面以六个骨瘦如柴的饿鬼代表城中的险恶景象;情节五分为两部分,亿耳夜晚在树下看到一对男女寻欢作乐,白天在同样位置看到狗正啃食这个男人的身体,后得知这个男人因过去曾做恶事而得到报应。弥兰下海寻宝故事中,情节一描绘弥兰下海前同父母商议请求下海;情节二,弥兰等人所乘之船撞上大鱼被毁,弥兰骑在木板上得免一死;情节三,弥兰漂流上岸后来到银城,四位美女迎其入城;情节四,弥兰在银城过着奢靡纵欲的生活,弥兰被美女环绕,美女们有的在舞蹈,有的在弹箜篌;情节五,弥兰在铁城内看到铁轮在鬼头上滚动,恶鬼把铁轮放到弥兰头上,弥兰脑焦裂而死。从画幅来看,整个故事由五幅连续画面组成,图与图之间并没有画框等分割线,连缀而成一个故事整体。连续性画面相较单图画面而言,故事情节更加复杂多变,但每一个情节都是故事中非常重要的情景,如果将其以戏剧形式表现出来,则每个画面所展现的内容都为一个情节,从而勾连起整个故事,"基本可以看作是佛教戏剧的演出再现"[1]。

龟兹壁画中还有须摩提女因缘的连续故事画,以克孜尔第 224 窟(图 3.29、3.30)为代表,该图绘于该窟主室券顶的中脊部位。该故事出自《须摩提女经》,三国吴支谦译,克孜尔 224 窟的这幅壁画也应据此绘制。该经讲述印度舍卫城长者之女须摩提虔诚皈依佛教,后来嫁给满富城长者满财之子。按照习俗,迎娶的新妇要供养礼拜六千外道,但遭到须摩提女拒绝,并因此得罪六千外道。满财非常生气,向其友修跋梵志诉苦,修跋梵志得知满财儿媳为须摩提

---

① 喻忠杰:《石窟戏剧壁画初探——以莫高窟和克孜尔石窟壁画为中心》,《曲学》第二卷,第 345 页。

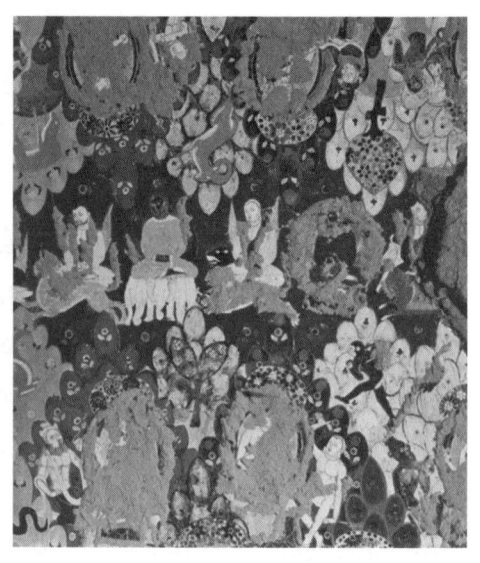

图 3.29　224 窟　主室券顶中脊全景 1　　　　图 3.30　224 窟　主室券顶中脊全景 2

女,便告知其须摩提女的佛弟子身份并描述了佛的神威。满财非常好奇,便让须摩提女请她师傅前来,须摩提女非常高兴,上楼焚香请佛,佛遥知其意,准备带弟子前去赴约。第二天,须摩提女所在城市人民都出来迎接佛陀,佛弟子各显神通,纷纷乘坐不同坐骑前来,最后释迦牟尼佛在众弟子簇拥下出场,显示神通。满财为佛陀的各种"相好"和神通折服,皈依佛法。外道也离开满富城,整个国城都虔心向佛。224 窟主室券顶中脊便描绘了此故事中较有代表性的情节——佛陀弟子纷纷从天而降来到满富城(图 3.31—3.38)。因画面有所损坏,弟子坐骑不可完全辨认,现尚能认出的有迦匹那乘五百金翅鸟、大迦旃延乘五百白鹄、阿那律乘五百狮子、大目犍连乘五百六牙白象、离越乘五百虎,佛陀被弟子簇拥缓缓而降。在佛经中,佛弟子是逐一而到的,因此在对应的壁画中,每个弟子的出场都构成一个小的情节,当所有弟子都来到满富城时,佛陀才在众弟子迎接下出现,画面所展现的故事情节具有较强的动作性,富有戏剧色彩。224 窟在构造此画面时显然根据佛经内容进行了重新设置,将佛陀形象绘于众弟子之前,形成一种引领向导的作用。众弟子与佛陀从天空纷纷而来凸显其神通变化,也形成画面的连续性,体现了龟兹壁画故事构图的连续性特点。

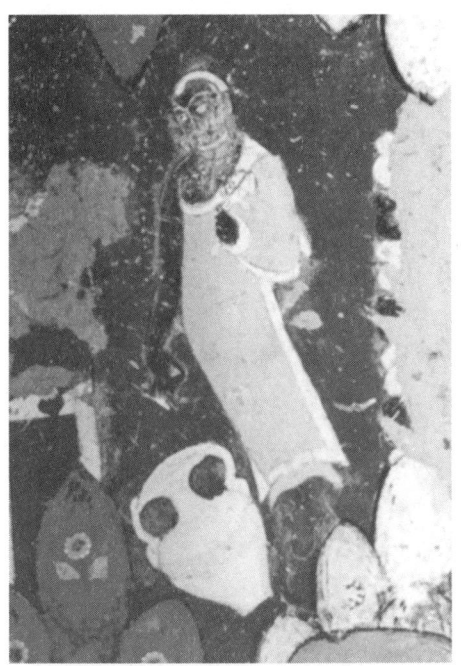

图 3.31　224 窟须菩提因缘 1

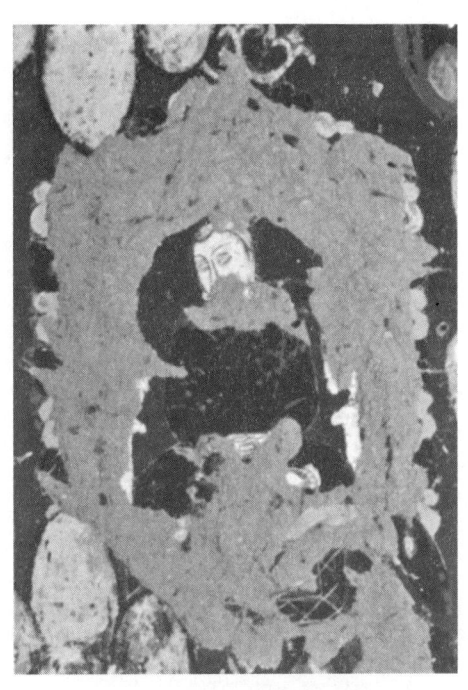

图 3.32　224 窟须菩提因缘 2

图 3.33　224 窟须菩提因缘 3

图 3.34　224 窟须菩提因缘 4

图 3.35　224 窟须菩提因缘 5　　　　　　图 3.36　224 窟须菩提因缘 6

图 3.37　224 窟须菩提因缘 7　　　　　　图 3.38　224 窟须菩提因缘 8

　　涅槃系列故事中的"阿阇世王闻佛涅槃闷觉复苏"也是龟兹壁画中连续性故事画的典型。克孜尔第205窟右甬道即绘有这幅故事画(图3.39)。此故事画共三幅图,可分为上下两部分,下半部分为一幅整体画面,描述的是皈依佛门的阿阇世王某一天晚上梦见夜落日出,星宿云雨,缤纷而殒。画面上大地震动、城墙坍塌、华盖滑落、日月星辰与须弥山共倾入海的破败景象都被阿阇世王梦到,预示着佛涅槃对世间的震撼,这一画面既是阿阇世王所梦之景,又是佛陀涅槃时对现世的真实震撼。是日,佛果然涅槃。左上角第二幅描绘的是行雨大臣入宫请阿阇世王及王后去花园游玩并委婉讲述佛涅槃事;在此之前图中尚未绘出的情节应是:迦叶预知阿阇世王得知佛涅槃消息将吐血而死,于是授意行雨大臣绘制佛一生化迹,并造八大函,其中七罐装生酥、一罐装牛头旃檀香水,以待阿阇世王昏厥时能及时将其救醒。右上角第三幅包含故事内容最多,但有一些情节并未在图画中呈现出来,如国王一众行至花园时,行雨大臣拿出事先准备好的佛四相图为阿阇世王讲述佛之行迹,当述及佛涅槃时,阿阇世王

图3.39　205窟右甬道　阿阇世王闻佛涅槃闷绝复苏

晕厥,行雨大臣将其引至生酥澡罐和牛头旃檀香水澡罐,终于使其复苏;之后的情节才在图中显示:阿阇世王在澡罐中苏醒后,行雨大臣继续为其讲述佛四相图并使其慢慢接受这个事实,而阿阇世王身在澡罐,双手上举,眉头紧锁,眼神忧伤,仍可看出其情绪之激动。此图从行雨大臣和阿阇世王眼神相对的角度来讲,应为一幅图,但是不应将其看作行雨大臣一开始为阿阇世王讲述佛涅槃事件时的情景,因为当时阿阇世王听闻此事时应该不是在澡罐中的。这显示出龟兹壁画中的某些佛传故事虽然是由多幅图组成,呈现出连环画的模式,但受到画面篇幅的限制,其在画面选择上仍会有所跳跃和结合。这幅画显然受到印度绘画艺术的影响,如行雨大臣和阿阇世王分别出现在绘于同一空间的两幅图画中,三个情节巧妙连接在一起贯穿起整个故事,虽没有严格按照一定的时空顺序排列,但画面之间衔接自然圆融,仍表现出连续性和整体性的特点。此处尤应注意行雨大臣手中所持佛四相图(图 3.40)。此图以白描手法描绘了佛传四相,左下第一幅描绘的是树下诞生,左上第二幅描绘的是降魔成道,右下第三幅描绘的是初转法轮,右上第四幅描绘的是双林涅槃,四处场景以"N"字形为序,以佛的一生中颇具纪念意义的四件大事为代表形成四幅画面以简述佛陀生平,最为重要的是缓慢引出佛涅槃的消息。这四幅图均占据画布一角,篇幅大体相同,画面之间没有明显分界线,但是从人物的朝向来看仍较容易对画面进行区分。因此,无论是阿阇世王闷觉复苏的三幅图画,还是佛四相图的四幅图画,都通过龟兹壁画的内在秩序性体现了故事的顺序性和完整性,保持了壁画整体的恢弘气势,并使观者感受到连环

图 3.40 205 窟 佛传四相

画式的观赏效果。而"画中有画"格局的呈现，更显得这一连环画式构思生动而巧妙，这对于戏剧表演情节的选择和设置具有重要启发意义。而壁画不仅对后世戏剧的故事内容有所影响，还对舞台表演背景的设计有所启发，正如刘传海所说："壁画这种演绎情节的特质为后来的戏曲创作提供了直接的素材，不仅有大批宗教内容的戏曲就直接搬演了壁画上的故事。而且在一些创作剧目里，相关的天堂地狱、仙境神界的舞美创意和布局也借鉴了壁画所展示的场景。"[①]

　　如前所述，戏剧以歌舞演绎故事，按照此种界定，龟兹壁画中也描绘了以歌舞乐三者相结合的方式演绎佛教故事内容，加之佛教故事充满情节性和冲突感，已经具备后世戏剧的一些基本要素，只是没有通过舞台表演的方式展现出来，而是通过静态的壁画进行了描绘。这一特点体现最明显的当属涅槃系列画中的度善爱乾闼婆王情节，《根本说一切有部毗奈耶杂事》记载了这一故事。

善爱乾闼婆王住在舍卫国南方，琴技高超，但骄傲自大，要与舍卫国五百乾闼婆比试琴艺。佛陀便化作乾闼婆王以琉璃琴弹奏使善爱折服，并导引其信佛以得证阿罗汉果，自此佛陀常受善爱乾闼婆妙乐供养。克孜尔石窟中表现这一故事的壁画很多，主要展现了两个情节，一是佛与善爱比试弹奏箜篌并令其信服，这一情节在克孜尔196窟主室券顶左侧的菱格画（图3.41）中也有描绘，佛的箜篌共鸣箱被折断了但仍可发出妙音，善爱琴弦断了音也跟着

图3.41　克孜尔196窟　度善爱乾闼婆王

　　① 刘传海：《壁画与戏剧的艺术互动》，《戏剧之家》2002年第4期，第25页。

图 3.42　克孜尔 13 窟　度善爱乾闼婆王

断了,这幅图是以佛与善爱比试箜篌弹奏为表达重心的。乐器箜篌不仅是该佛教故事的重要道具,还客观反映了龟兹壁画中普遍存在的乐器演奏场景。乾闼婆及其眷属的形象多刻于石窟后室右端壁,即靠近佛头的右甬道外壁最里端,在 178、14、13 窟(图 3.42)等众多石窟中均有描绘。乾闼婆的女性眷属手持弓形箜篌弹奏,乾闼婆一边将左手臂搭放在眷属肩上,轻微依靠,手势柔婉,一边两脚交叉、踏节而舞,两人亲密依偎并时有眼神交流,充满爱人间的浓情蜜意,乐器演奏与舞蹈表演协调顺畅,配合得天衣无缝。乾闼婆王及其眷属应是龟兹壁画中最为有名的双人乐舞组合,这里绘制的应该是乾闼婆王对佛陀的妙乐供养。将 13 窟与 196 窟两组画面联合起来进行分析,恰可体现出一个佛教故事中的两个情节,这是壁画故事情节性的客观展示;同时这两个情节都与龟兹乐舞表演有着密切关系。总之,该龟兹壁画将音乐和舞蹈纳入绘画情境,以乐舞表演演绎佛教故事,而这种表演方式也恰恰与戏剧尤其是歌舞戏的展现方式相类,对后者应有一定的启发作用。

第三节　龟兹壁画的构图方式对唐五代戏剧结构的启发

在龟兹众多石窟中,克孜尔石窟现存一百多个洞窟,所存壁画总量在各石窟中位居首位,而且基本囊括了龟兹石窟开凿和壁画绘制的整个过程,最具代表性,因此本节壁画构图方式即以此石窟为讨论对象。克孜尔石窟壁画按照构图方式可以分为以下几种:菱格画式、方形框式、连环画式。这三种构图方式同中有异,但它们对于后世戏剧结构的设置有一定的启发引导意义。分而述之。

一、菱格画式构图

菱格画这种壁画组图方式可以说是龟兹壁画中特有的一种,地域性非常强,也占据龟兹石窟壁画的大部分面积,一般位于中心柱窟和方形窟的券顶部分、主室正壁佛龛的上方以及甬道。在克孜尔现存有壁画的一百多个洞窟中,六十多个有菱格画形式, 如克孜尔第 8 窟、14 窟、17 窟、38 窟、69 窟、77 窟、80窟、92 窟、101 窟、114 窟、163 窟、171 窟、175 窟、188 窟、196 窟、205 窟、224 窟均有非常丰富且有代表性的菱格画故事。从绘图来看,菱格画一般先用一组若干向左、向右各倾斜约 45 度的平行直线,将画面分割成很多排列整齐的菱形网格◇,每个网格大约一尺见方,网格数量在几十到上百之间。从整体看,每个小的区域为菱形,众多小菱形图案又可以组成更大面积的菱形图(图 3.43)。◇也有变形者,比如△和▽形状,多根据画面整体构图绘制在壁画最上方或者最下方。菱格画早期多绘本生故事,中期多绘因缘故事,晚期多绘千佛。本生故事主要讲述释迦牟尼佛前生在轮回中行善求法的事迹;因缘故事主要讲述释迦牟尼佛成道后,为

图 3.43 菱格画简化图

大众讲说佛法,以因果报应之说为契机化导众生的事迹。克孜尔石窟中的菱形格壁画主要体现了以下两个特点:

(一)单独之故事组成连续之序列

龟兹小乘佛教盛行,与之相关的佛教故事数量众多,因此为了在有限面积内绘制尽可能多的故事,只能将壁画分割成紧密相连的一个个小画面。菱格画

一般由两部分组成：外部的菱格和内部的画，每幅画都讲述一个主题鲜明的故事，这个故事或为一个整体情节，或包含两个组合情节，均囊括于这一方菱格中，故有"一图一故事"之称。一个整体情节的画面基本以佛陀前世形象（如本生故事）或佛陀本人（如因缘故事）居于中央，旁边附以必要的人物或动物以凸显整个故事主题，因而从构图造型上来说，中间的主要人物形象最为高大，旁边的次要形象则较为矮小，这非常符合菱形格◇造型对空间的利用规则。一个故事包含两个情节的则从菱形格中间将画面分成上下两部分，分别绘在各自所属的三角形区域中，互相照应。菱形格故事画面以竖线为中轴线，左右再配以对称的树木、花朵或者其他装饰，则更显得设计秩序井然、画面饱满圆润。

虽然每个菱形格内讲述一个独立故事，但菱格画并不是单独孤立存在的，而是以连续整体的方式呈现出来。在一块菱形格区域内绘制多组同类别、同主题的佛教故事，比如 114 窟主室券顶西侧壁菱形格基本是本生故事、196 窟主室券顶东侧壁菱形格基本是因缘故事、38 窟主室券顶西侧壁菱形格则是本生和因缘故事的集合体。以开凿于公元 6 至 7 世纪、处于龟兹石窟繁盛期的第 17 窟为例，此窟主室券顶东侧壁绘有菱形格本生故事画（图 3.44），现在可以识别的大约有 20 幅，比如六牙白象本生（图 3.45）、慕魄太子本生（图 3.46）、设头罗犍宁王本生（图 3.47）、独角仙人本生（图 3.48）、猴王以身做渡桥本生（图 3.49），等等。

图 3.44　克孜尔 17 窟　主室券顶东侧壁菱格本生故事　　图 3.45　17 窟　六牙白象本生

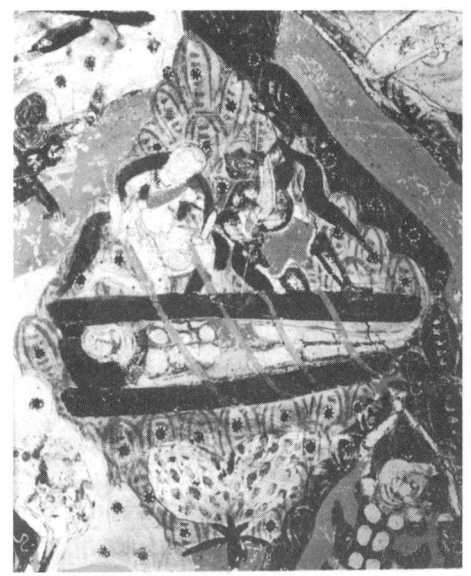

图 3.46　17 窟　慕魄太子本生

图 3.47　17 窟　设头罗犍宁王本生

图 3.48　17 窟　独角仙人本生

图 3.49　17 窟　猴王以身做渡桥本生

这些故事共同展示了释迦牟尼成佛前在多次轮回业报中以多种身份所做的各种善事。克孜尔壁画中的佛本生故事基本出自《贤愚经》《六度集经》,一幅菱格画有时甚至就是一部独立经书。但从菱格画的艺术形式来看,其将佛教故事中矛盾冲突最强烈的情节进行抽象概括,凝练成图;众多画面连续排列在一起,又通过情节的独特性、内部构思或外在颜色的特殊性体现出同中之异。使人在欣赏克孜尔石窟中的一则则菱格画时,仿佛在翻阅一本描述佛的本生故事或因缘故事的连环画,虽然每页画面都独立形成一个完整故事,但串连在一起更是一出主题鲜明、矛盾突出、情节激烈的完整大戏。

(二)菱形格乳突造型的整体寓意

龟兹菱格画造型可能与龟兹地区手工艺品的菱形花纹有关,比如新疆拜城县克孜尔水库墓地出土的高流大彩陶罐(图 3.50)、山川纹彩陶釜(图 3.51),其装饰花纹均为倒三角(浅色为倒三角,若与深色正三角部分上下结合就形成菱形格图案,与菱格画一幅画面有两个情节的构图方式相类)。因此,龟兹菱形格图案的选择极有可能是人们日常生活的艺术特色在佛教壁画上的体现。克

图 3.50　高流大彩陶罐

图 3.51　山川纹彩陶釜①

① 穆舜英:《中国新疆古代艺术》,乌鲁木齐:新疆美术摄影出版社,1994 年,第 30 页。按:图 3.51 出处与此同。

孜尔石窟菱形格图案的具体样式较多,其中以乳突状形成菱形格外框最为常见、最具代表性。壁画中的菱形格极少有像图 3.43 那样,直接由线条隔成不同画幅。乳突状菱形格是由数座乳突状山峰勾勒出菱形格的外部框架,而后内绘佛教故事。不同菱形格背景绘以不同的背景底色,如石青、石绿、土红、朱砂、褐、黑、白色,一眼望去,菱格画从整体上呈现出崇山峻岭的既视感;同时不同颜色冷暖相间,又将菱形格分割成一个个不同的个体画面,既清晰又颇具层次感和连续性。龟兹菱格画的乳突状造型与龟兹佛教艺术有着密切关系,龟兹菱格画在形式上有可能采用了印度仙山——须弥山的造型,以位于一小世界中央的须弥山象征无所不在的三千大千世界,或者更宽泛一点说,采用以须弥山为中心、以游乾陀罗等八山环绕、山与山之间又有海水相隔的构图模式,即囊括山水树木花鸟等在内的"九山八海"世界,所以具有更为宏大的整体意义。

因此,从菱形格壁画的整体造型来看,壁画的表现空间既被菱形框阻隔成一个个小的单元格,又被有序地排列组织成具有特殊构思创意的整体结构形态。从每一个单元格来看,菱格画以所述佛教故事中最具代表性的故事情节和矛盾冲突作为描述对象,既简明扼要、中心突出又完整独立。而且同一佛教故事种类的众多菱格画组合在一起,彼此之间既衔接呼应,又使画面具有连续性和整体性特点,观众或可以在本生菱格画中感知佛陀前世是如何在无数轮回转世中以不同身份积累善业、济救世人,而不惜抛却自己的地位、财产、家眷甚至生命,终于忍受苦难成就今世之佛缘;或可以在因缘故事中了解释迦牟尼佛如何通过故事为大众讲述灵魂不灭、轮回转世以及因果报应等众多佛教经义;这些都无不体现了佛的理想化信仰,并促使佛教徒自觉生发虔诚向佛之心。菱格画以由一幅幅独立的菱格故事组成的连续故事整体为媒介,犹如戏剧的一幕幕情节一样,主题鲜明,矛盾突出,在画面转换中便完成了宣传佛教思想教义的任务。

二、方形框式构图

菱格画是克孜尔石窟中分布最广的一种系列画组合模式。除此之外，克孜尔石窟中还有一部分画绘制在方框内，所绘内容多为佛传画（包括因缘佛传画），如克孜尔第 14 窟、17 窟、77 窟、100 窟、110 窟、129 窟、107A 窟中都有包含这种佛教故事的方形框壁画。

（一）龟兹伎乐图

第 77 窟位于后室券顶的伎乐壁画（图 3.52—3.63），每位站立伎乐天被单独绘于一个方形框中，方形框虽与菱形格一样可起到分割画面的作用，但从伎乐天优美曼妙的舞姿、生动活泼的形态仍可体会其想要冲破边框汇集一处载歌载舞的心理冲动。这里的方形画虽然不是以突出情节讲述一个完整的佛教故事，但每幅图画中的伎乐表情、舞姿各异，富有动态美感，将绘制在后室券顶的伎乐图组合在一起，则更像在欣赏一幕巨大的歌舞表演剧，动态化的表演色彩非常明显。可见，白色粗线分割的边框虽然隔开了伎乐人物，但并没有隔断

图 3.52　77 窟后室券顶伎乐 1　　　图 3.53　77 窟后室伎乐 2　　　图 3.54　77 窟后室伎乐 3

  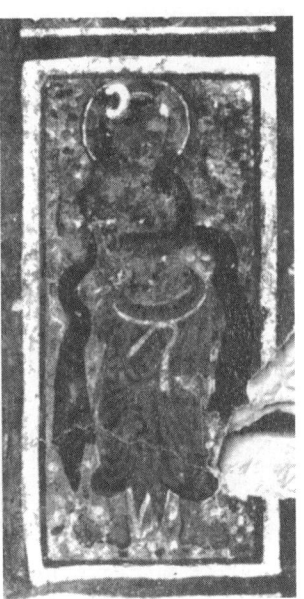

图 3.55　77 窟后室伎乐 4　　　图 3.56　77 窟后室伎乐 5　　　图 3.57　77 窟后室伎乐 6

图 3.58　77 窟后室伎乐 7　　　图 3.59　77 窟后室伎乐 8　　　图 3.60　77 窟后室伎乐 9

图 3.61　77 窟后室伎乐 10　图 3.62　77 窟后室伎乐 11　　　图 3.63　77 窟后室伎乐 12

伎乐演奏的连续性。若将其与 38 窟及 77 窟东甬道外侧壁的伎乐图相比,则可看出:38 窟东、西两壁的天宫伎乐(图 3.14、3.15),也是两人一组,相对而奏,画面客观上仍有分割效果;而 77 窟东甬道外侧壁的伎乐图,则以中间带有头光的菩萨为中心,两边伎乐各自朝向他吹奏,每个伎乐演奏者仍可看作一独立之图,但是综合起来,又是一幅主题明确的伎乐演奏图。与刚才所言 77 窟券顶的伎乐壁画相比,都可令观者感受到演出场面的盛大和演出活动的热烈。在这一例中,方框虽有分割性,但仍可体现出一帧一帧画幅的连续性效果。

(二)佛传故事

佛传故事是克孜尔石窟中最为常见的一种佛教故事题材,主要用以叙述并赞颂佛陀一生的光辉事迹。克孜尔石窟佛传壁画从内容上看可以分为两种,第一种以释迦牟尼说法为表现中心,主要描述其说法教化众生的因缘,也称《因缘佛传图》或《说法图》;第二种是描述释迦牟尼入胎、降生、求学、求法、成道、涅槃等生平事迹,即所谓《佛传画》或《佛本行图》,方形图式中即包含这两种内容的佛传故事。第一种以第 100 窟主室南、北两壁(图 3.64、3.65)以及第 129 窟南壁、正壁的因缘佛传图(图 3.66—3.68)为代表,共同表现佛陀为众生

图 3.64　100 窟主室南壁　因缘佛传图特写　　图 3.65　100 窟主室北壁　因缘佛传图特写

图 3.66　129 窟南壁　　　　图 3.67　129 窟正壁　因缘　　图 3.68　129 窟正壁　因缘
　　　　因缘佛传图　　　　　　　佛传图之一　　　　　　　佛传图之二

说法的情形。此种壁画构图遵循一定规范，比如释迦牟尼佛体型高大，坐在宝座上说法，头朝右下微微倾向听法者，听法菩萨或弟子作为胁侍人物体型较小，位于佛陀宝座两侧，有时是两人，有时是围绕在佛陀周围的多人，都聚精会神凝听佛陀说法。佛传故事描述的是佛陀现世的一生，并着重强调其根据众生根基不同，善巧方便进行说法的故事。以方形框配合故事内容，使得整个故事形式更加具有规范性。克孜尔 129 窟正、南两壁皆绘有方形框佛传故事，各铺画面四边皆以棕色粗线中点缀白色小圆点作为画面分隔符，所以当观者在 129窟观赏正、南两壁方形框佛传故事时，犹如在翻阅同样带有边框线的连环画，每一页的独立故事串连在一起，又形成一个主题鲜明的完整故事。当观者走入第 100 窟，从洞窟北壁转向南壁时，一幅幅方形框壁画也随着眼神转移由静而动，仿佛形成了一个动态的画卷；画面更加灵活生动，情节更加深刻清晰，琳琅满目的故事情节尤令人应接不暇，这也是龟兹画工会选择将多个方形框组合在一起用来表达相似内容的重要原因。

　　以方形框图式更好地体现画面连续性的当属第二种佛传故事。以第 110 窟为例，此窟四面墙壁均绘有装饰在方形画框中的佛传图，东、西两壁各有三栏，每栏有七格分别绘七铺佛传故事，北壁下部亦分三栏，每栏又分六格，分别绘六铺佛传故事，南壁下部只可见分栏壁画的痕迹，具体画面已漫漶不清，但应该也是与东、西、北三壁相一致的画面，四面墙壁上的方形框画幅有近七十铺。现在尚能辨识清楚的佛传故事有北壁的娱乐太子图，西壁的出家前后图、出家决定图、四门出游图、踰城出家图、树下静观图、牧女奉糜图，东壁的吉祥施座图、四天王奉钵图、降魔成道图、龙女供养图（图 3.69—3.79）等。这些图都

图 3.69　110 窟北壁　娱乐太子

图 3.70　110 窟东壁　龙女供养

图 3.71　110 窟东壁　吉祥施座

图 3.72　110 窟东壁　降魔成道

图 3.73　110 窟东壁　四天王奉钵　　　　图 3.74　110 窟西壁　四门出游

图 3.75　110 窟西壁　出家前后　　　　　图 3.76　110 窟西壁　出家决定

图 3.77　110 窟西壁　树下静观　　　　　图 3.78　110 窟西壁　踰城出家

绘制在同样纹饰的方形画框中，画框上下以粗白线相隔，左右以波状条纹和三点形花瓣的组合图案相隔，环绕 110 窟东、北、西、南四面墙壁，每图都以一个中心情节凸显一个佛传故事，而这些佛传故事又有一定的连续性和顺序性，共同

图 3.79　110 窟西壁　牧女奉糜

讲述了佛陀"一生所有化迹"中的重要内容。此种壁画构图较为灵活,画中人物比例悬殊较小,释迦牟尼佛也并非都位于画面中央。最为重要的是画面依据故事情节灵活构图,更加生动自然,且多幅连续画面一一排列,基本完整绘出佛陀一生的重要事迹,形成连续的卷轴画效果。

三、连环画式构图

虽然克孜尔石窟中的壁画多绘制在菱形格或者方形框内,基本为"一图一故事"的模式,但也不乏其他形式,比如"多图一故事"的连环画式。与菱格画或方框画相比,"多图一故事"的模式选取整个佛教故事中较有代表性的几个画面,还原一个情节较为复杂曲折、矛盾冲突较为尖锐刺激的故事原型,画面更加丰富多彩,表现力更强。受洞窟壁画面积及形制等条件的限制,这类连环画式壁画或较为集中地绘制于洞窟内某面墙壁上,或以整个洞窟为一个整体创作画卷,各画面分布在窟内不同墙壁及券顶等位置。在具体绘画形式上,多没有严格的规范要求,几个重要情节组成的多幅静态画面连接在一起,较为集中地组成一个动态持续且连贯完整的故事画面,犹如连环画一般。克孜尔石窟中的涅槃题材壁画就具有这一特点,不仅数量众多、画面丰富,而且非常具有代表性,绘有其他地区石窟涅槃题材壁画中所不曾有的画面内容。龟兹石窟壁画中的涅槃题材内容主要依据《长阿含经》及《根本说一切有部毗奈耶杂事》所绘。涅槃题材多绘于克孜尔中心柱窟的甬道、后室以及大像窟的后室。其中中心柱窟左右甬道部分多绘与涅槃题材相关的画面内容,后甬道多绘佛涅槃图,大型中心柱窟或者大像窟还会在后室放置佛涅槃塑像，现已发掘整理的石窟中只有新1窟中还存有一躯涅槃塑像，尚存躯体大半部分（图3.80）。克孜尔第4、7、17、38、47、48、58、69、77、80、98、99、101、104、163、175、176、178、179、192、205、219、224、227等众多洞窟都有涅槃题材画面。现以涅槃题材为分类标准，分析克孜尔石窟涅槃画面所呈现出来的特点。

图3.80 新1窟 后甬道 涅槃塑像

（一）无余涅槃图

涅槃图无疑是涅槃题材中最为重要的内容，广泛存在于克孜尔第4、7、8、17、27、34、38、58、69、76、77、80、97、98、99、110、161、163、175、178、179、189、192、193、198、205、207、219、224、227等窟中。[①]克孜尔中心柱窟后室正壁基本都绘有佛涅槃图。佛在拘尸那揭罗娑罗双树间涅槃，于是将僧伽胝枕在头下右胁而卧。克孜尔第38窟后室正壁便绘有一面佛涅槃图像（图3.81），是目前克孜尔石窟中保存最完整的一幅，包含了非常丰富的涅槃题材：画面主体是佛着袈裟面朝外，右手置于头下，一并枕在僧伽胝叠成的枕头上，双足相叠，侧身横卧于涅槃床；佛具头光、身光，身光上绘有火焰，象征此遗体正在燃烧火化，佛陀已达无余涅槃境界；佛身光后是六位举哀弟子，分别为梵天、帝释天和举哀力士[②]；涅槃床尾部为三位佛弟子，跪于床前抚摸佛足者应为大迦叶，后面两身分别为

---

① 按：赵莉的《龟兹石窟"解脱观"研究——以"无余涅槃"图像为中心》对龟兹石窟中以"无余涅槃"图像为中心的涅槃系列题材图像进行了说明，对本文也有一定启发。赵莉：《龟兹石窟"解脱观"研究——以"无余涅槃"图像为中心》，《新疆师范大学（哲学社会科学版）》2015年第5期，第101—111页。

② 按：也有人认为是四王天。

阿难和梵摩那；涅槃床前佛头部位下方是身着白色覆头衣的须拔陀罗外道，他听佛说法证得佛果后便面向佛结跏趺坐，先行涅槃；画面上方前后两端各绘有一棵缀有白花的婆罗树，佛涅槃前树神有所预知，曾将在外的众比丘送至佛陀面前[①]。除佛涅槃壁画外，该窟还在后室前壁及甬道两侧壁面上绘制众多佛塔，佛塔也称窣堵波，用以表示佛涅槃后分舍利进行供奉之意。因此38窟壁画中包含着诸如须拔陀罗先佛入灭、梵天帝释举哀、拘尸那城力士举哀、迦叶捧足、阿难举哀、梵摩那站立、树神举哀、佛塔供养等众多佛涅槃题材相关画面，以后室正壁的佛涅槃画面为主，加以周遭几乎满壁的佛塔图，可谓主题明确，具有画面的流动性。其他绘有佛涅槃图的洞窟，画面与38窟大体相类，比如80窟（图3.82）、

图 3.81　38窟　佛涅槃图

图 3.82　80窟　涅槃图

① 按：树神在龟兹壁画中多以茂密树叶中的半身女性形象出现，38窟此婆罗树虽未显示女性形象，但仍可喻指为树神。

图 3.83　161 窟　涅槃图

161 窟（图 3.83），举哀弟子数量稍有变化。

（二）密迹金刚哀恋

密迹金刚是一位威猛无比的力士，曾为印度毗纽天侍从，后成为佛教勇猛的护法神。他手持金刚杵，曾发愿亲近佛陀，后来终得跟随佛陀左右，常以猛烈行为来保护佛陀、捍卫佛教，对佛法非常忠诚。因此当佛入灭时，密迹金刚悲痛昏厥，久而复苏，自感佛陀涅槃，

图 3.84　69 窟　密迹金刚哀恋

金刚杵也无人可护，便将其抛掷于地。克孜尔石窟壁画中也描绘了这一情景，主要体现在第 69 窟（图 3.84）。壁画中，密迹金刚面部被毁，上身裸露，孔武有力，双手交叉于胸前作痛苦失措状，金刚杵被弃于其后，与佛经所言相应，生动形象地描绘了密迹金刚哀恋的场景。

图 3.85　205 窟　焚棺荼毗图

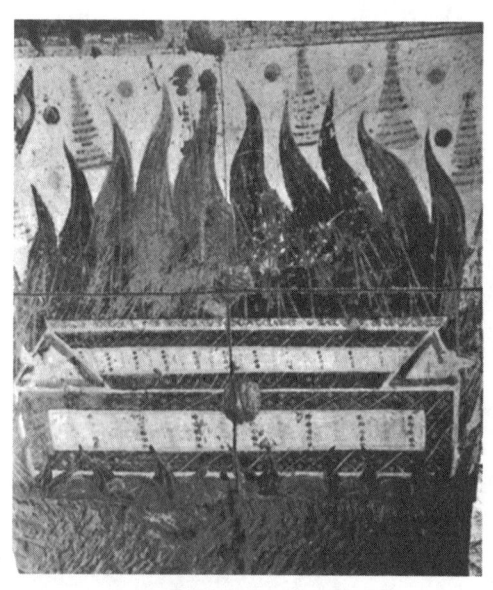

图 3.86　227 窟　焚棺图

（三）焚棺荼毗

克孜尔石窟中多次出现焚棺荼毗场景,如第 4、7、27、69、76、98、101、114、163、175、178、179、193、198、205、224、227 窟。荼毗意为燃烧,即火葬,焚棺荼毗的内容出自《根本说一切有部毗奈耶杂事》:"以五百斤上妙叠毛以用缠身,上下各有五百妙衣以为装饰。于铁棺中满盛香油,举王置内,然后盖棺以诸香木焚烧其棺,次洒香乳以灭炎火,方收王骨安置金瓶。"①在佛涅槃图中,荼毗也是非常重要的一项描绘内容。205 窟(图 3.85)中,佛陀已穿戴完好被置于铁棺,众弟子正欲盖上棺盖,因此尚可见佛陀遗容,令观者肃然起敬。而棺盖上的熊熊火焰燃烧正旺,举哀弟子、天人等正环绕在铁棺周围,悲痛凝视佛陀。227 窟(图 3.86)中,荼毗火焰上方还绘有舍利塔造型,可见焚棺有时与舍利塔供养结合在一起,内容愈加丰富。

（四）八王争、分舍利

佛陀涅槃荼毗之后,舍利被佛涅槃地的拘尸那国收藏,但很快波婆国、遮

---

① 《永乐北藏》整理委员会:《永乐北藏》第 85 册,北京:线装书局,2008 年,第 787 页。

罗颇国、罗摩伽国、毗留提国、迦毗罗卫国、毗舍离国、摩揭陀国七国派遣使者前去求佛骨,并准备军队渡恒河发动战争。后经拘尸那国多卢那调解,佛骨被平分为八份,各国带回一份起塔供养。八王分舍利在克孜尔壁画中也普遍存在,如第 4、8、27、58、69、80、98、114、163、175、178、179、192、193、205、207、219、224 窟(图 3.87、3.88)。八王争、分舍利实际也是两个情节,克孜尔 163 窟壁画就描绘了八国派兵拟以武力夺取舍利的"争舍利图"(图 3.89)以及国王手捧舍利盒等待分舍利的"分舍利图"(图 3.90),但有些石窟将其绘制为一幅;而且由于分、争舍利紧承荼毗而来,所以有时会与焚棺图绘于同一面墙壁;而分争舍

图 3.87 8 窟 后室前壁 八王分舍利

图 3.88 224 窟 八王分舍利

图 3.89 163 窟 八王争舍利局部图

图 3.90 163 窟 八王分舍利局部图

利之后各国带回起塔供养，因此在这一画面旁边或者甬道侧壁上有时也会出现供塔情景，以示佛涅槃后众人对佛的尊重和怀念。

（五）第一次结集

结集又称集法、集法藏、结经、经典结集，意为合诵。第一次结集发生在佛涅槃当年，佛陀生前讲法都是口耳相传，并没有佛经记载。佛涅槃后，为避免佛教教义日后散轶，便在阿阇世王的支持下，由大迦叶召集佛五百阿罗汉弟子在摩揭陀国王舍城外七叶窟举行结集大会。迦叶主持，阿难诵经书，优婆离诵戒律，诸弟子历时七月将佛陀生前说法教化的言论整理成文字，成为最初的佛经。这次结集对于佛经的传播发展具有非常重要的意义，避免了佛陀涅槃后经法的流失。在克孜尔第 114、178、224 窟中多绘有第一次结集的场景。其中克孜尔第 224 窟（图 3.91）壁画仅存大迦叶听闻佛陀涅槃急忙从外地赶来飘在空中的场景，以及阿难与众比丘结集述说经律的场面。

图 3.91　224 窟　第一次结集

（六）断五趣轮回

佛教认为，人周而复始，处于不断的生死轮回中，就像车轮一般，旋转不休。所谓五趣，又称为五道、五恶趣或五有，是指众生投生的五种地方或生存之界，即地狱、畜生、鬼、人、修罗。其中，地狱、畜生和鬼界为恶趣，人和修罗是善趣。小乘佛教诸论多为五趣，大乘佛教则有六趣之说，多一天道，都用来说明佛教的生死观。众生轮转，不知其为苦之本际。因此，应持有"断五趣轮回"的思想，而只有涅槃才能真正解脱生死轮回之苦。所以,断五趣轮回也是佛涅槃题材之一,暗示佛涅槃即是与生死轮回断离,不再为其所苦。五趣轮回场景仅存于克孜尔第 175 窟东甬道西壁(图 3.92—3.99),场面非常宏大壮观。画面正中为交脚趺坐于莲花台上正在说五趣轮回的佛陀,佛陀座下为代表生死苦海的水池。佛陀为中心,外绘三道轮回图,每圈中不同画面各有一站立小佛像以手指向相应画面,既在客观上起到

图 3.92 175 窟 五趣轮回图 整体

图 3.93 局部 1

图 3.94 局部 2

图 3.95 局部 3

图 3.96　局部 4

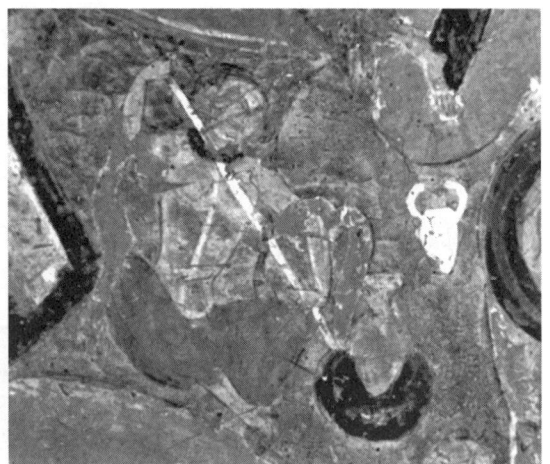

图 3.97　局部 5

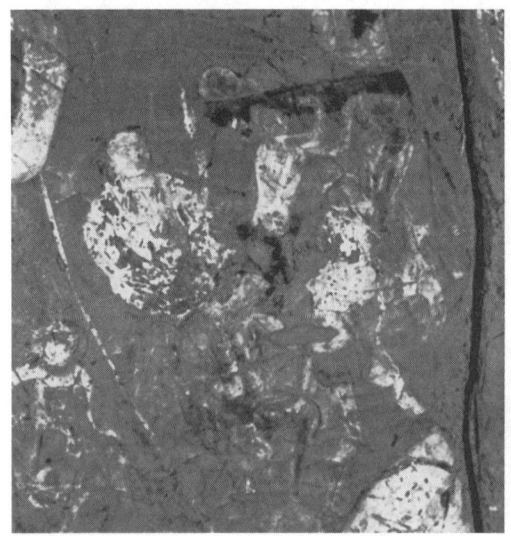

图 3.98　局部 6

图 3.99　局部 7

分割画面的效果，又显示出佛陀独立于五趣之外观看众生之相，揭示皈依佛教并断除五趣之必要性。离佛陀最近的第一圈为天趣，共绘有五幅画面，最上为佛为众天人讲法，左右相接二幅为伎乐和歌舞图，最下二幅为五衰相现和舆尸出殡，意在说明天趣虽好，仍逃脱不了轮回。第二圈六幅画面表现人趣，其中有几幅描绘劳动场景的画面非常有特点，图 3.94 描绘的是两个头戴帽子、手持坎土曼的农民正在刨地;图 3.95 描绘的则是一农民正执鞭驱赶犁田之牛,两牛则带动铁犁铧耕地的"二牛抬杠图";图 3.96 描绘的是两个制陶师正在制作陶坯、烧制陶器,旁边还放置了几个已经制作好的陶罐。这几幅图可以说反映了龟兹社会当时农耕及手工业劳动的真实状况,是对现实生活的一种客观反映,具有强烈的地域代表性。但此圈人趣中还绘有烈火灼烧的五个裸体人以及烈焰中瘦骨嶙峋的老人,这都预示着人生之艰辛。最外圈目前仅可识别三幅画面,其中一幅画的是烈焰煮汤镬,展示地狱趣之苦,还有一幅描绘虎捕食鹿之场景,展示畜生趣之苦,另有一幅描绘了一群饥饿之鬼,展示鬼趣之苦。整体画面强调五趣为苦根,涅槃即可断绝苦根。以圆圈为基本单位,又根据具体描述内容的不同以立佛进行分界,整幅画面犹如一个旋转流动的罗盘,分别而言既有类型性又具备各自独立性,统观而言既具备连续性又具备整体性,独立清晰且又浑融一体,可谓克孜尔石窟壁画格式之一变革者。

克孜尔石窟出现频率较高的佛涅槃题材为以上几种,佛度乾闼婆王和阿阇世王闻佛涅槃闷绝复苏故事画也经常出现。度善爱乾闼婆王是佛涅槃前的一项重要事件,因此常与佛涅槃图绘制在一起以显示佛生前的教化之功。而阿阇世王闻佛涅槃闷绝复苏则间接反映出佛陀涅槃给整个自然界和人类社会带来的巨大震撼。因上节内容已经涉及,这里不再赘述。除此之外,还有其他一些出现在个别石窟中的与涅槃相关的佛传故事。比如行雨大臣送佛渡恒河,此故事见于克孜尔第 4、161、178、189、219、224 等 窟 (图 3.100),发生在佛涅槃前,讲述佛陀至行雨大臣处宣说佛法后,行雨大臣便护送佛至恒河边,但河边非常拥挤,佛陀显示神通渡过恒河,行雨大臣为了表赞对佛陀的信仰,

图 3.100 212 窟 行雨大臣送佛渡恒河

图 3.101　123 窟后室券顶　伎乐天与七宝

图 3.102　224 窟　提婆达多砸佛

便于恒河边修建门楼和道路。因行雨大臣与阿阇世王有关，并且也虔诚信佛，所以这一图画在佛涅槃题材中也有一定的意义。再如七宝现示，佛将涅槃地选在拘尸那城的原因在于佛前世曾为拘尸那国的大善见王，七宝具足，王死七日，七宝俱消，变为土木，佛陀因此教诲阿难："此有为法，无常变易。"七宝示现在克孜尔石窟中仅存于第 123 窟后室券顶，且与伎乐天举哀共同构成一幅画面（图 3.101）。另，伎乐天举哀还出现于第 8 窟中，忉利天为使佛之金棺顺利升起，便在佛涅槃上空撒落漫天香花，并由伎乐天演奏美妙音乐以供养佛陀。克孜尔部分石窟后室券顶也存有伎乐天画面。另 224 窟主室券顶左侧还绘有提婆达多砸佛的壁画（图 3.102），佛的图像已无存，壁画中提婆达多双手举起一块石青色巨石，身体腾空而起，将巨石砸向佛陀。提婆达多是释迦牟尼佛的堂弟，他向释迦牟尼佛要求获得僧伽的领导权，遭到拒绝后，便率领五百弟子离开僧团，并开启一系列分裂和破坏佛教团结统一的"破僧"行为。在阿阇世王的供养支持下，提婆达多对释迦牟尼佛进行肉体残害，比如令五百僧众投石击佛、以狂象袭击佛陀，以及本图所展示的以巨石砸佛。后来阿阇世王悔过自新,皈依佛教,而提婆达多变本加厉,竟然在十指中放毒药意欲置佛陀于死地,最后坠入阿鼻地狱。本窟采用塑像与雕塑结合的场景表现提婆达多砸佛这一主题,既是对提婆达多等人毁佛灭佛行为的斥责和警示,又是对释迦牟尼维护僧团统一行为的歌颂赞美,这一题材出现于佛涅槃系列壁画中,无疑是对佛陀一生为佛教所做贡献的总结。

值得注意的是,克孜尔石窟中涅槃题材壁画并不是在某一石窟中单独存在的,往往与涅槃相关的几个画面集中在一起,共同构成一组涅槃主题画面。大体如下图所示:

表 3.1　克孜尔石窟涅槃题材内容表

洞窟号	所绘涅槃题材内容
第 4 窟	佛涅槃图、阿阇世王闷觉复苏、焚棺图、争分舍利图、度善爱乾闼婆
第 7 窟	涅槃图、举哀图、焚棺图、度善爱乾闼婆
第 8 窟	凿有涅槃台,绘有伎乐举哀、分争舍利图
第 17、97、107 窟	涅槃图、举哀图
第 27 窟	涅槃图、举哀图、焚棺图、争分舍利图
第 34 窟	涅槃图
第 38 窟	涅槃图、举哀图、供养舍利塔图、须拔陀罗先佛入灭
第 47、48、77 窟	凿有涅槃台,绘有举哀图
第 58 窟	涅槃图、举哀图、争分舍利图
第 69 窟	凿有涅槃台,绘有涅槃图、举哀图、焚棺图、争分舍利图
第 76 窟	涅槃图、焚棺图
第 80 窟	涅槃图、举哀图、争分舍利图、舍利塔图、度善爱乾闼婆、须拔陀罗先佛入灭
第 97 窟	涅槃图
第 98 窟	涅槃图、举哀图、焚棺图、争分舍利图、度善爱乾闼婆、须拔陀罗先佛入灭、阿阇世王闷觉复苏
第 99 窟	凿有涅槃台,绘有涅槃图、举哀图、装舍利图
第 101 窟	阿阇世王闷觉复苏
第 104 窟	凿有涅槃台,绘有焚棺图
第 110 窟	涅槃图、须拔陀罗先佛入灭

续表

洞窟号	所绘涅槃题材内容
第 114 窟	须拔陀罗先佛入灭、焚棺图、争分舍利图、第一次结集
第 123 窟	七宝示现
第 161 窟	涅槃图、须拔陀罗先佛入灭
第 163 窟	度善爱乾闼婆、须拔陀罗先佛入灭、焚棺图、争分舍利图
第 175 窟	涅槃图、举哀图、焚棺图、争分舍利图、断五趣轮回图
第 176 窟	涅槃图、举哀图、阿阇世王闷觉复苏、争舍利图
第 178 窟	涅槃图、度善爱乾闼婆、焚棺图、争分舍利图、阿阇世王闷觉复苏、第一次结集
第 179 窟	涅槃图、焚棺图、举哀图、八王分舍利、度善爱乾闼婆、须拔陀罗先佛入灭
第 189 窟	涅槃图、须拔陀罗先佛入灭
第 192 窟	涅槃图、争分舍利图
第 193 窟	涅槃图、焚棺图、争分舍利图、阿阇世王闷觉复苏
第 198 窟	涅槃图、焚棺图
第 205 窟	涅槃图、焚棺图、争分舍利图、阿阇世王闷觉复苏
第 207 窟	涅槃图、争分舍利图
第 219 窟	凿有涅槃台,绘有涅槃图、争分舍利图、阿阇世王闷觉复苏
第 221 窟	凿有涅槃台,绘有争舍利图
第 224 窟	涅槃图、焚棺图、阿阇世王闷觉复苏、第一次结集、八王分舍利
第 227 窟	凿有涅槃台,绘有涅槃图、焚棺图
第 244 窟	涅槃图、行雨大臣送佛渡恒河、度善爱乾闼婆、须拔陀罗先佛入灭、争分舍利图

　　按佛教顺时针绕佛塔而行的规定，信众在克孜尔石窟礼佛时也是顺时针绕中心柱而行。涅槃图具体画面的放置与人们绕中心柱窟礼拜的顺序有一定关系,这也决定了涅槃题材壁画位置相对固定。信众进入洞窟,在主室一般会欣赏到释迦牟尼本生、因缘或佛传故事,当进入左甬道时开始接触涅槃题材画面,涅槃画面一般位于左右甬道、后室前后两壁及相关墙壁券顶部分。说涅槃题材壁画位置相对固定,是因为具体绘制时也会有所变化,并非完全按照时间顺序而来,还要考虑画面重要性及场景布局合理性等问题。比如最重要的佛涅

槃图一般绘于后室正壁,占据整面墙篇幅,而并非绘于左甬道两侧墙壁;与佛涅槃图相关的众多涅槃题材一般都可从涅槃图这面整壁绘画中体现出来,如须拔陀罗先佛入灭、梵天帝释举哀、拘尸那城力士举哀、迦叶捧足、阿难等弟子举哀等;提婆达多砸佛和度善爱乾闼婆一般出现于左甬道外壁,均为佛涅槃前发生之事;七宝示现及伎乐天哀叹一般位于后室券顶部位;而焚棺图一般与涅槃图相对,位于中心柱窟后壁,即后室前壁;焚棺图有时也绘于中心柱右壁或左壁,与其共同出现的往往还有八王争分舍利图;阿阇世王闻佛涅槃闷觉复苏一般位于右甬道内侧壁,该壁画内容多与八王争舍利同时出现在中心柱两侧,具有较紧密的内在联系;八王争舍利和分舍利本为两个情景,但壁画有时会用兵临城下和八王各分得一份舍利代表这两个情节,并内化为一连贯画面;而第一次结集一般也绘于甬道侧壁,与前面所述甬道侧壁壁画构成一组连续画面。比如 178 窟西甬道东壁绘有阿阇世王闷绝复苏图,东甬道东壁绘有第一次结集图,西壁绘有八王分舍利图;205 窟西甬道东壁绘有阿阇世王闷绝图,东甬道西壁绘有八王分舍利图;224 窟西甬道东壁绘有阿阇世王闷绝图,东甬道东壁绘有第一次结集图,西壁绘有八王分舍利图,都是这一紧密关系的证明。涅槃重要题材中,涅槃图、焚棺、八王分舍利、度善爱乾闼婆、阿阇世王闷觉复苏五图齐集的有第 4、98、178 窟等,五个重要题材中能占据三题材者为第 4、27、98、163、175、178、179、193、205、224 等窟。整体而言,涅槃题材壁画的选择和位置安排基本与佛一生中所发生的大事件顺序相一致。

四、龟兹壁画构图方式与戏剧结构设置

通过对克孜尔石窟壁画中菱格画式、方形框式、连环画式等构图方式的分析,可以发现,菱形格式的本生故事、因缘故事,虽然遵循"一图一故事"原则,但整体上却呈现出同类主题内容的有机排列组合,画面之间虽为平行关系,且前后画面不具备因果联系,不遵循时间顺序,但每一个菱形画都可作为佛本生或因缘故事长剧中的一个情节片段,由众多情节片段共同完成了整部佛本生

因缘故事剧的创作。因此,随着观者视线的移动,每一个菱形格故事中的典型画面所内蕴的故事情节都得以展现,而众多不同故事又连缀在一起,共同描述了佛前世的诸多善行或今世度化众生的主要行迹。对于以方形框式构图方式描绘的佛传因缘故事而言,其组图效果与菱格画式相类,都是在平行模式上以同一主题画面的流动形成戏剧性效果。而对于方形框式构图方式所描绘的佛传故事而言,因为故事本身涉及佛今世从出生到涅槃整个过程的重要事件,因此具备一定的时间性,方形框式的佛传故事便是基于这一原则,不同画幅之间呈现出连续的卷轴画式风格, 与戏剧同一场幕不同画面情节的递相展示有一定相似性。克孜尔壁画中,画面连续性特点表现最明显的当属连环画式的构图方式。这一构图方式又可分为三种。第一种是须摩提女因缘图这种模式,上节已有分析,此图位于 224 窟主室券顶中部。在很多洞窟中,这一位置多绘天象图, 但 224 窟将众弟子先行来到须摩提女家中恭迎佛陀的几个画面组合在一起,虽然几个画面共同构成此故事的一个情节,但这些画面在客观上呈现出连环画式的特点。第二种即是阿阇世王闷觉复苏图,上节亦有分析,组成这一壁画故事的三幅画面本身就具备一定的连续性。符合这一特点的还有八王分争舍利图,这一故事情节在有的画面中被处理为两个情节,一是兵临城下、八王争舍利,一是谈判协调、八王分舍利,但在大多数画面中,两者合二为一,画面本身呈现出连续性。同时,阿阇世王闷觉复苏画面中还绘有"佛四相图",呈现出"画中画"范式,而"佛四相图"本身也是以佛的生平事迹为时间顺序组合而成,也具备连环画的特性。这些都遵循"多图一故事"的原则。克孜尔石窟壁画也呈现出越来越自由灵活的特点, 比如晚期 175 窟后室左右端壁即绘有较为连续的佛传故事,可辨析的有四门出游、树下降生、七步宣言、阿私陀占相等。与 110 窟佛传故事相比,已经没有方形框的限制,但仍保持一定顺序使佛传故事具备一定的连续性。第三种就是克孜尔石窟中的佛涅槃系列组画。佛涅槃事件既具有共时性,又具有历时性。从共时性来说,佛涅槃时,梵天、帝释、佛弟子及伎乐天等众多与佛陀相关人物的表现都是佛涅槃题材的重要组成部分;从历时性来说,佛涅槃前对乾闼婆的度化、须拔陀罗先佛入灭,以及佛涅槃后所发生的阿阇世王闷觉复苏、荼毗焚棺、八王分争舍利以及第一次结集等也都属于佛涅槃内容。而且佛涅槃题材一般出现在中心柱窟,以涅槃图为中心,其他题材或多或少也会出现在同一洞窟的左右甬道、后甬道前后壁以及相应券顶部位。与涅槃相关的画面基本都能在洞窟中错杂看到,这说明这一画面组合具有配套性特征。因此信众在洞窟中欣赏这些画面时,并不像欣赏佛四相图那样具备完全确定的顺序性和连贯性。佛涅槃图相关画面虽然并不是在一面墙壁上被完整绘出,而是存在于多面或平行或垂直、或相对或相背的墙壁上,且并不是完全按照游览顺序安排画面先后次序的,但从整体上看,仍然呈现出戏剧性的连续画面模式。这一系列佛涅槃图连缀成一个与经书相对应的、颇为完整的涅槃故事。

连环画式比起菱格画式或方形框式要复杂成熟很多,启发了敦煌莫高窟壁画中更为复杂的构图方式。同时,不管哪一种,画面都从整体上具有连续性的特点,体现出戏剧的场幕效果,对戏剧结构设置有所启发。尤其是行雨大臣为阿阇世王所描绘的佛四相图,这一构思方式,更显示出看图讲故事的特点。这种明显的"看图讲故事"构图虽然只存在于阿阇世王闷觉复苏这一内容中,但是观者欣赏龟兹石窟壁画的过程又何尝不是与阿阇世王看佛四相图相似,有看图讲故事的感受呢?菱格画多描述本生故事,因此多为一图一故事,不过很多并列的故事连接在一起,仍可体现出连续性。而佛传故事,尤其是描述佛一生事迹的,不管是110窟中的,还是佛涅槃题材的,都有丰富众多的画面,且有一定的时间顺序,所以也会呈现出连环故事画的特点。因此,无论是观赏菱形格画,还是方形框画,抑或是以佛涅槃图为代表的连环画,众多画面或按照同类组合的规则,或以故事间顺序性为原则,有机组合在一起,形成画面连续、主题明确的诵佛之作。信众在克孜尔石窟欣赏壁画时也犹如欣赏一部多幕戏剧,不同画幅之间犹如戏剧的不同场幕;每幅画都采用最具代表性的情节来表示,这也与戏剧以主要冲突和重要情节推进故事发展相一致。虽然这幕戏剧是静态无声的,但它对龟兹本土佛教戏剧的结构和形式产生一定启发,并进而影响到唐五代及后世的戏剧创作。

第四章　龟兹乐舞文化与唐五代歌舞戏

　　"戏剧"一词在中国常与"戏曲"通用,戏曲实际是中国传统的戏剧形式,在论述中国早期戏剧时,二者所指相同。王国维《戏曲考原》有言:"戏曲者,谓以歌舞演故事也。"[①]细分析之,中国传统戏剧至少包含两个核心要素:一为故事文本,一为以歌舞形式进行表演,两者合而为一,共同展现了戏剧的基本特征。我国戏剧雏形在唐代已经形成,除了第二章所介绍的佛教戏剧外,还有只存戏剧形式而没有剧本及曲谱流传的歌舞戏[②]。唐代杜佑在《通典》卷一百四十六中首次提出"歌舞戏"一名,并将其纳入"散乐"范畴。这与唐代段安节《乐府杂录·鼓架部》的观点一致:"戏有《代面》……《钵头》……《苏中郎》……羊头浑脱,九头狮子,弄白马,益钱,以至寻橦、跳丸、吐火、吞刀、旋槃、觔斗,悉属此部。"[③]鼓架部即为散乐。《旧唐书》亦有言:"歌舞戏,有大面、拨头、踏摇娘、窟礧子等戏。"[④]歌舞戏与传统歌舞表演的相似之处在于表演中都以歌、舞为基础形式,但是不同之处在于歌舞戏中有一定的故事情节和人物角色扮演,说白俱备,服饰化妆兼善(有时会用面具),并有乐器伴奏和伴唱等戏剧形式,是戏剧艺术的雏形状态。自南北朝以来,歌舞戏在前代歌舞和百戏表演基础上发展而来,在

---

　　① 王国维:《王国维戏曲论文集·戏曲考原》,北京:中国戏剧出版社,1984年,第163页。

　　② 按:任半塘先生在《唐戏弄》中有言:"剧本不传,不等于无剧本;无剧本,不等于无戏剧。"也说明歌舞戏虽没有剧本,但仍应将其看作戏剧发展的一个阶段性状态。

　　③ [唐]段安节撰,亓娟莉校注:《乐府杂录校注》,上海:上海古籍出版社,2015年,第30—35页。

　　④ [后晋]刘昫:《旧唐书》,北京:中华书局,1975年,第1073页。

唐代非常兴盛。唐代歌舞戏中,以苏幕遮、拨头、狮子舞等面具类戏的戏剧特色最为明显。尤为值得注意的是,这几种歌舞戏雏形基本都在龟兹古国流行过,它们与龟兹国有着或明或暗的渊源关系,其形成发展和传播演进都与龟兹文化,尤其是龟兹乐舞文化有着密切关系。在龟兹歌舞戏雏形发展演进为唐代成熟歌舞戏的过程中,龟兹乐舞文化在其戏剧特征彰显上发挥了重要作用。

第一节　龟兹歌舞戏兴盛的表现及其所受龟兹乐舞文化的影响

一、龟兹歌舞戏兴盛的表现

苏幕遮、拨头、狮子舞等歌舞戏缘起或表演于龟兹地区,并成为龟兹歌舞戏的典型代表,无论是在龟兹本地还是东传中原后,都获得了很多演出机会,得到进一步的发扬光大。需要注意的是,此时的龟兹歌舞戏尚处于萌芽状态,更多呈现出龟兹歌舞表演的特征,但也开始出现戏剧性情节。

(一)龟兹歌舞戏在本地的兴盛

1. 龟兹丰富的民俗及佛教活动促进了龟兹的歌舞戏表演

唐代段成式《酉阳杂俎》记载了龟兹国异常丰富的民俗活动:"龟兹国,元日斗牛马驼,为戏七日,观胜负,以占一年羊马减耗繁息也。"①可见,龟兹国自元日起就开始举行为期七天的斗牛、斗马、斗骆驼比赛,场面不可谓不壮大。这些活动虽为斗兽表演,但其中已经蕴含戏剧表演的色彩了。

龟兹国依托佛教活动进行歌舞戏表演的机会也很多,玄奘在《大唐西域记》中称赞龟兹"管弦伎乐,特善诸国",并描述了龟兹佛教的兴盛。在其"大城

---

① [唐]段成式撰,方南生点校:《酉阳杂俎》,北京:中华书局,1981年,第37页。

西门外,路左右各有立佛像,高九十余尺,于此像前,建五年一大会处。每岁秋分数十日间,举国僧徒皆来会集,上自君王,下至士、庶,捐弃俗务,奉持斋戒,受经听法,渴日忘疲。诸僧伽蓝庄严佛像,莹以珍宝,饰之锦绮,载诸辇舆,谓之行像,动以千数,云集会所。常以月十五日、晦日,国王、大臣谋议国事,访及高僧,然后宣布"①。玄奘西行至龟兹,正赶上龟兹举办盛大的佛教节日——行像节,巨大的佛像被置于车中在全城驶过,上至国王、下至百姓,都放弃俗务,虔心观瞻,并参与到行像节相应的活动中。佛像巡行活动离不开伎乐歌舞百戏表演,行像之后必会举行一系列民俗百戏,苏幕遮、拨头、大面等表演均应在此范围之内。

2. 龟兹出土文物证明了龟兹歌舞戏的繁盛

苏幕遮、拨头、狮子舞歌舞戏表演的重要特点是戴有面具,面具的表演性和装扮性是龟兹歌舞戏戏剧特征的重要体现之一。龟兹古国历史悠久,文化灿烂,出土了很多精美文物,其中很多面具或面具相关文物的出土,都侧面证实了龟兹歌舞戏演出的繁荣兴盛。这其中最有名的当属 20 世纪初,日本大谷探险队在敦煌和新疆考察时,在库车发掘到的一面木质面具(图 4.1),面具残损严重,仅存整个面具的四分之一,尚可见左半部的额头、脸颊、眼睛、耳朵以及耳饰部分。面具造型整体呈现出高额、深目、大耳的形态,具体而言,面具额头部位有一道道清晰可见的皱纹,眉毛粗且长,眼睛的瞳孔部位被镂空,尚留眼白部分,耳朵雕刻得非常真实,耳垂上缀有巨大耳饰,整个面具雕刻得生动形象、刚劲有力,呈现出典型的西域胡人形象。经傩文化研究专家顾朴光鉴定,其应为"我国目前所知年代最古老的木质面具"②。此外,龟兹苏巴什古城曾出土过两件怪兽像,其形象分别为"印在泥板上,眉低压眼眶,圆眼突出,大嘴上翘露齿""耳及左眼残缺,眼球突出,鼻梁中低,鼻孔向前,唇向外大口露齿"③。这两件怪兽像虽不是面具,但其形象却与龟兹歌舞戏(如苏幕遮)中的怪兽类面

---

① [唐]玄奘撰,章巽点校:《大唐西域记》,上海:上海人民出版社,1977 年,第3—4 页。

② 李强:《中西戏剧文化交流史》,北京:人民音乐出版社,2002 年,第 292 页。

③ 黄文弼:《新疆考古发掘报告》,北京:线装书局,2006 年,第 85—86 页。

具有着极大的相似性。另外,在距离库车县东南 110 公里的大黑汰沁古城还曾出土过一件唐代木雕狮像,据黄文弼先生考证,"狮像为半身侧面,顶毛披及身,张目,鼻孔向前,唇向外,张口露齿,作跪卧状。狮表涂红白颜色,但大部分已脱落。高 7.5 厘米"①。这一形象也与龟兹歌舞戏《狮子舞》中的狮子形象较为吻合。这些面具或与面具造型相似的雕刻像既然出土于古龟兹,应该对古龟兹地区歌舞戏表演中的面具形象具有一定启发意义,出土面具甚至有可能就是当时进行歌舞戏表演时所佩戴的。这不仅是龟兹歌舞戏表演中面部

图 4.1　库车出土木质面具

化妆富有戏剧色彩的重要表现,更证实了龟兹歌舞戏的真实存在和广泛流行。

(二)龟兹歌舞戏繁盛中原的表现

龟兹歌舞戏不仅在龟兹地区盛行,其传至中原后,在形式上更加成熟,从而获得了更广泛的发展。龟兹歌舞戏东传中原的历史非常悠久,面具类歌舞戏在南朝梁宗懔的《荆楚岁时记》中已有相应记载:"十二月八日为腊日。……谚云:'腊鼓鸣,春草生。'村人并击细腰鼓,戴胡公头,及作金刚力士以逐疫。沐浴,转除罪障。"②宗懔记载的虽然是中国古代楚地岁时节令的风物故事,但其中有些条目所涉及的风俗来源却蕴含着丰富的西域乃至龟兹文化信息。从活动内容来看,有"击细腰鼓",据《文献通考·乐考·革之属·雅部魏鼓》所载:"昔苻坚破龟兹国,获羯鼓,鞀鼓,杖鼓。腰鼓,汉魏用之,大者以瓦,小者以木,类皆广首纤腰,宋肃思话所谓细腰鼓是也。"③腰鼓为中原传统乐器,但是《新唐书》

① 黄文弼:《新疆考古发掘报告》,北京:线装书局,2006 年,第 70 页。
② [南朝梁]宗懔撰,宋金龙校注:《荆楚岁时记》,太原:山西人民出版社,1987 年,第 64 页。
③ [元]马端临:《文献通考》,北京:中华书局,1986 年,第 1208 页。

所载"龟兹部"乐器中,羯鼓、腰鼓等都列入其中,可见腰鼓后来也成为龟兹乐的重要乐器之一,这是龟兹音乐与中原音乐交流融合的结果。此地还有"戴胡公头"的风俗活动,"胡公头"有的版本也作"胡头",是指面部形象为西域胡人的假面,苏幕遮、拨头舞、大面等都属此类。这一风俗活动的举办日期是十二月八日,这一天也是释迦牟尼佛成道日,还有"作金刚力士以逐疫"的活动,应该也与佛教有关。北齐、北周时,龟兹类歌舞戏已在宫廷上演,《北齐书·恩幸传》序言就有:"刑残阉宦,苍头卢儿,西域丑胡、龟兹杂伎,封王者接武,开府者比肩。"①后主对以"龟兹杂伎"为代表的西域艺人的高官厚禄封赏,恰恰说明歌舞戏等龟兹伎艺在南北朝已经广泛上演并受到高度重视。

薛道衡《和许给事善心戏场转韵诗》描述的虽是隋朝戏场内的歌舞杂戏表演,但于其中仍可见龟兹歌舞戏上演的盛大状况:"羌笛陇头吟,胡舞龟兹曲。假面饰金银,盛服摇珠玉。……纵横既跃剑,挥霍复跳丸。抑扬百兽舞,盘跚五禽戏。狻猊弄斑足,巨象垂长鼻。青羊跪复跳,白马回旋骑。"②在薛道衡所描述的戏场精彩演出中,融汇龟兹乐舞和表演的龟兹歌舞戏带有浓郁的地方民族特色,体现出一定的戏剧性,比如假面装饰和盛装打扮的歌舞戏演出风格、具备一定故事情节和角色扮演的百戏表演,等等。

龟兹歌舞戏雏形发展演变至唐朝,获得进一步的突破,并成为唐代歌舞戏的一部分,在唐代宫廷及民间戏剧表演中扮演着重要角色,并获得上至朝廷、下至市井的众人喜爱。《全唐文》卷二七九郑万钧《代国长公主碑文》中就记载了宫廷贵族观看龟兹歌舞戏表演的情景:"初则天太后御明堂宴,圣上年六岁,为楚王,舞《长命□》;□□年十二,为皇孙,作《安公子》;岐王年五岁,为卫王,弄《兰陵王》;兼为行主词曰:'卫王入场咒愿神圣神皇万岁!孙子成行。'公主年四岁,与寿昌公主对舞《西凉》殿上,群臣咸呼万岁!'"③武后久视元年,六岁的李隆基、五岁的岐王李隆范和四岁的妹妹代国公主等,曾在祖母武则天面前表

---

① [唐]李百药:《北齐书》,北京:中华书局,1999年,第473页。
② [唐]徐坚等:《初学记》卷一五,北京:中华书局,1982年,第374页。
③ [清]董诰等编:《全唐文》,北京:中华书局,1983年,第2826页。

演节目。其中李隆基表演《长命女》舞蹈、李隆范表演大面《兰陵王》、代国公主与寿昌公主对舞《西凉》,年仅五六岁的皇孙所表演的三个节目中,有两个是龟兹歌舞戏,虽然具体表演内容可能与成熟的歌舞戏形式有所不同,但这足以说明龟兹歌舞戏影响之深、传承之远。

二、龟兹乐舞对龟兹歌舞戏形成的重要作用

任半塘先生认为唐代歌舞戏"纵面承接汉晋南北朝之渊源,横面采纳西域舞戏之情调"①。他还指出,唐代歌舞戏不仅采纳了西域歌舞戏的情调,还吸收了它们的剧目,例如《苏幕遮》《西凉伎》《拨头》《大面》《舍利弗》《弄婆罗门》等。这些歌舞戏不仅具备一定的戏剧情节、角色扮演、矛盾冲突,还有歌有舞有对白,其戏剧特性表现得非常突出,成为流行于唐代的一种"准戏剧"形式,也是戏剧由最初萌芽到后来成熟形态之间的重要过渡环节。这些西域歌舞戏大多在龟兹得以发扬光大,并受到龟兹乐舞文化的影响,在其东传中原过程中,其歌舞戏特征得到进一步加强。龟兹乐舞对诸如此类唐代歌舞戏戏剧性特征的形成具有重要促进作用。

这一方面源自歌舞戏对歌舞情境的要求,龟兹歌舞戏首先是在龟兹乐舞的基础上发展而来的,而龟兹乐舞在整个西域地区都享有盛名;同时,龟兹地区歌舞和伎艺表演在当地非常流行,以歌舞为重要表演方式的歌舞戏一旦在龟兹演出并经由龟兹发展传播,自然会带上龟兹乐舞的痕迹,并能成为全国歌舞戏表演的典范。

另一方面,龟兹乐舞和深受其影响的西凉乐舞等,在唐代整个乐舞文化中都占据重要地位,不论是宫廷还是民间,龟兹乐舞都受到时人的欢迎。唐代立部伎和坐部伎中,以龟兹乐演奏者占到总数的一半以上,因此即使龟兹歌舞戏传至中原地区后再经发展,仍然会受到当时无处不在的龟兹乐舞的影响,《西

---

① 任半塘:《唐戏弄》,上海:上海古籍出版社,2006年,第95页。

凉伎》便是一个很好的证明。

　　歌舞戏表演是歌、舞、乐三者结合的综合性艺术,主要是以歌舞演故事,因此对白较少,歌舞表演在戏剧故事情节的展现和冲突矛盾的激化解决上都发挥了重要作用。龟兹音乐和舞蹈是龟兹文化中最为光辉灿烂的艺术之一,其对唐代以苏幕遮为代表的一系列歌舞戏的发展也有深远影响,龟兹乐舞表演对唐五代戏剧尤其是歌舞戏的创作、改编、演出都有重要作用。龟兹乐舞文化的重要影响力与其在唐代戏剧文学中所发挥的作用是一致的。

第二节　苏幕遮

　　苏幕遮在典籍中多次出现,如:

　　《一切经音义》:"'苏莫遮',西戎胡语也,正云'飒磨遮',此戏本出西龟兹国,至今由有此曲。此国浑脱、大面、拨头之类也。或作兽面,或象鬼神,假作种种面具形状。或以泥水沾洒行人,或持绢索搭钩,捉人为戏。每年七月初,公行此戏,七日乃停。土俗相传云:'常以此法禳厌、驱趁罗刹恶鬼食啖人民之灾也。'"①
　　《续一切经音义》:"'苏莫遮',胡语也,本云'飒麽遮',此云戏也,出龟兹国。"②
　　《酉阳杂俎》:"婆罗遮(即苏幕遮),并服狗头、猴面,男女无昼夜歌舞。八月十五日,行像及透索为戏。"③

　　唐代释慧琳的《一切经音义》应该算是记录"苏幕遮"最详细者,集中描写

---

① [唐]释慧琳:《一切经音义》,台北:大通书局,1985年,第868页。
② [辽]释希麟:《续一切经音义》,上海:上海古籍出版社,1986年,第3757页。
③ [唐]段成式撰,方南生点校:《酉阳杂俎》,北京:中华书局,1981年,第37页。

了苏幕遮表演的形式、时间、意义。《一切经音义》和《续一切经音义》都直言此戏出自龟兹国,应该是源于龟兹或在龟兹广泛流行过的。苏幕遮表演中体现出浓郁的龟兹文化特色。苏幕遮所属的面具类歌舞戏是龟兹非常有代表性的一种艺术表演形式。苏幕遮为波斯语的译音,原义是披在肩上的头巾。据慧琳记载,苏幕遮是龟兹古乐舞曲①,其基本表演内容为跳面具舞、以泥水沾洒行人、持绢索搭钩并捉人为戏。其中演员戴帽子或面具进行表演与乐舞浑脱、大面、拨头等相类。中唐般若所译《大乘理趣六波罗蜜多经》卷一有言:"又如苏莫遮帽,覆人面首,令诸有情,见即戏弄,老苏莫遮,亦复如是。从一城邑,至一城邑,一切众生,被衰老帽,见皆戏弄。"②这几句佛经揭示了以下几点信息:第一,苏幕遮为一种帽子的名称,可以覆盖人的头和脸,因此是一种套头面具;第二,佩戴苏幕遮帽会让人产生一种滑稽的感觉,因此会遭人戏弄,这种情况比比皆是,不分老幼,只要着此帽便会惹人戏弄。苏幕遮舞蹈需要戴面具,与其舞蹈特点密不可分。一是这种舞蹈涉及用水沾洒行人,因此为了避免水弄湿头发或流

---

① 按:这里需要指出的是据慧琳所载,苏幕遮出于古龟兹,但是也有学者认为其最初的源头是波斯,如岑仲勉先生在《唐代戏乐之波斯语》中提出泼胡王乞寒戏或与古波斯的"倾水节"有关。向达在《唐代长安与西域文明》中指出:"所谓苏幕遮之乞寒胡戏,原本出于伊兰,传至印度以及龟兹;中国之乞寒戏当又由龟兹传来也。为此者多属胡人,碧眼紫髯,指其为伊兰族而言耳。"刘宗迪在《泼寒胡、苏幕遮与波斯雨神节》,马冬雅在《关于苏幕遮研究的几个问题初探》中都探讨了苏幕遮的波斯源头。苏幕遮本为波斯语译音,意为"乞寒舞",但是苏幕遮来源于波斯并未明确见于史书记载。葛晓音、户仓英美《飒磨遮》与印度教女神祭的关系》则认为龟兹"飒磨遮"源自与印度湿婆教秋季女神祭有关的节庆活动,包含公众参与的多种娱乐形式。文献中还有认为苏幕遮起源于西域其他国家的记载,比如康国,《新唐书·康国传》云:"十一月鼓舞乞寒,以水交泼为乐";《文献通考》:"《乞寒》,本西国外蕃康国之乐。其乐器有大鼓、小鼓、琵琶、五弦、箜篌、笛。其乐大抵以十一月,裸露形体,浇灌衢路,鼓舞跳跃而索寒也。"比如高昌,《宋史·高昌传》载:"(高昌)乐多琵琶、箜篌,……俗好骑射,妇人戴油帽,谓之'苏幕遮'。用开元七年历,以三月九日为寒食,余二社、冬至亦然。用银或鍮石为筒,贮水激以相射,或以水交泼为戏,谓之压阳气去病。"据相关学者研究,苏幕遮之最终源头应为波斯,但是西域诸国,尤其是龟兹,在该艺术形式辗转传至中原的过程中发挥了非常重要的作用。比如苏幕遮本为乞寒胡舞曲,其表演目的为乞寒求福,但是在龟兹浓郁的佛教影响之下,苏幕遮歌舞戏还有了佛教驱逐恶鬼的意思在其中,而且演奏乐器均为龟兹乐,表演者衣着也为龟兹世俗服饰,舞蹈动作和类型也与龟兹本地其他舞蹈相类。因此不管龟兹是起点还是中转站,其在苏幕遮东传中原的过程中都是不可回避的重要艺术拓展地。且宋朝时期,高昌回鹘王国的《苏幕遮》歌舞戏极有可能是自龟兹地区传播开来并得以发展,李强曾在其《民族戏剧学》中引上述《宋史·高昌传》内容并指出:"由此可知,隋唐时期西域龟兹《苏幕遮》歌舞戏延续至宋高昌仍很盛行。又载:王延德一行受礼遇,'旁有持磬者击以节乐,王闻磬声乃拜,既而王之儿女亲属皆出,罗拜以受赐。遂张乐饮宴,为优戏,至暮。明日泛舟于池中,池四面作鼓乐。'亦证实此地民族乐舞敷演戏剧乐舞不绝。"

② 《永乐北藏》整理委员会:《永乐北藏》第71册,北京:线装书局,2008年,第252页。

入脖颈,就需要戴上这种防水的像头套一样的面具帽子。二是龟兹地区佛教信仰浓郁,因此盛行于龟兹地区的苏幕遮民俗活动还与佛教驱逐罗刹恶鬼有关,因此舞者需要佩戴相应面具进行一定的装扮;同时还要有"持索搭钩,捉人为戏"等驱除妖魔的动作以相配合,所谓"透索"是指"持绢索搭钩",是佛教行像仪式中的驱魔活动,与佛教关系密切。据霍旭初先生考证,这一活动是龟兹所独有的,其他西域国家均无,《宋史·高昌传》所引苏幕遮民俗亦无此项活动,这也是这一歌舞戏自龟兹传播延展至中原的证明。据《一切经音义》和《酉阳杂俎》记录,苏幕遮举行的时间是每年的七月初或者八月十五,蕴含着禳灾祈福之意,其固定节目是以水洒扬行人,实际是祈求冬季降雪丰盈,这应与龟兹的地理位置和气候环境有关。龟兹位于塔里木盆地北缘、天山南麓,气候干燥,年降雨量较少,用水基本都靠天山积雪融化而成的冰水,因此"乞寒"是为了冬季温度更低一些,天山能有更多积雪,从而在春暖花开之时融化成更多冰水供给生活和农耕所需,其目的是祈求水源充足,这也是苏幕遮表演时向行人身上洒水的寓意所在。

苏幕遮为唐代乞寒舞或泼寒胡戏之别名,早在刘宋时期,泼寒胡戏就已经流传至中原宫廷,比如《周书·宣帝纪》:"(宣帝)御正武殿,集百官及宫人内外命妇,大列妓乐,又纵胡人乞寒,用水浇沃为戏乐。"[1]唐代以后,乞寒胡戏更加流行,且从宫廷走向民间。《旧唐书·张说传》:"自则天末年,季冬为泼寒胡戏,中宗尝御楼以观之。"[2]《新唐书·宋务光传》亦载吕元泰给唐中宗的上书:"比见坊邑相率为浑脱队,骏马胡服,名曰《苏莫遮》。旗鼓相当,军阵势也;腾逐喧噪,战争象也。"[3]可见早在唐中宗时,该舞曲已传至中原地区,并且颇为流行。

苏幕遮在多处典籍中被称为"戏",此处之"戏"并非"百戏之戏",而是具备一定戏剧特征的雏形"歌舞戏"。比如《酉阳杂俎》称举行婆罗遮时"透索为戏",即前文所言"持索搭钩,捉人为戏"。《旧唐书·中宗纪》:神龙元年十一月己丑,皇

---

① [唐]令狐德棻:《周书》,北京:中华书局,1971年,第122页。

② [后晋]刘昫:《旧唐书》,北京:中华书局,1975年,第3052页。

③ [宋]欧阳修,[宋]宋祁:《新唐书》,北京:中华书局,1975年,第4277页。

帝、皇后"御洛城南门楼观泼寒胡戏"①;景龙三年十二月乙酉,上"令诸司长官向醴泉坊看泼胡王乞寒戏"②;《新唐书·睿宗纪》载:景云二年十二月丁未,"作泼寒胡戏"③;《旧唐书·康国传》载:"至十一月鼓舞乞寒,以水相泼,盛为戏乐"④;《唐会要·论乐》中张说批判苏幕遮一系列不合仪礼行为后提出"特罢此戏"⑤;北宋王延德《西州使程记》:"高昌即西州也。……妇人戴油帽,谓之苏幕遮。用开元七年历,以三月九日为寒食,余二社、冬至亦然。以银或鍮石为筒,贮水激以相射,或以水交泼为戏,谓之压阳气去病。"⑥也称苏幕遮"贮水激以相射,或以水交泼"的活动为"戏"。慧琳还进一步将苏幕遮归为"戏头之类",此处的"戏头"为戴假面具进行戏剧表演的意思,与"透索为戏"和"以水交泼为戏"一致。诸种文献都将苏幕遮看成一种"戏",一是说明这种活动最初有游戏之意,是供人娱乐的,具备大众参与性;二是说明这一活动传至中原地区时已非原始自娱自乐性的歌舞游戏,而是有主观意识且具备一定故事情节导向的娱乐表演活动,大众参与性减弱,观赏性增强,多在节庆期间举行;三是指出这一活动要求舞者进行面具装扮,且泼水戏谑,带有更多戏剧色彩,歌舞戏雏形初具。正如任半塘先生在《唐戏弄》中所言:"其曲调演变,与伎艺配合情形,均甚复杂,非他戏所有。而所演故事,则比较模糊,乃歌舞进为歌舞戏之初期变态。"⑦

苏幕遮歌舞戏的戏剧性特征,在唐诗中也有所表现,张说有《苏幕遮》五首传世:

> 泼寒胡戏所歌,其和声云"亿岁乐"。
>
> 摩遮本出海西胡,琉璃宝服紫髯胡。闻道皇恩遍宇宙,来时歌舞助欢娱。

① [后晋]刘昫:《旧唐书》,北京:中华书局,1975年,第141页。
② [后晋]刘昫:《旧唐书》,北京:中华书局,1975年,第149页。
③ [宋]欧阳修,[宋]宋祁:《新唐书》,北京:中华书局,1975年,第118页。
④ [后晋]刘昫:《旧唐书》,北京:中华书局,1975年,第5310页。
⑤ [宋]王溥:《唐会要》,北京:中华书局,1955年,第629页。
⑥ 杨建新编注:《古西行记选注》,银川:宁夏人民出版社,1987年,第159—160页。
⑦ 任半塘:《唐戏弄》,上海:上海古籍出版社,2006年,第554—555页。

绣装帕额宝花冠，夷歌骑舞借人看。自能激水成阴气，不虑今年寒不寒。

腊月凝阴积帝台，豪歌击鼓送寒来。油囊取得天河水，将添上寿万年杯。

寒气宜人最可怜，故将寒水散庭前。惟愿圣君无限寿，长取新年续旧年。

昭成皇后帝家亲，荣乐诸人不比伦。往日霜前花委地，今年雪后树逢春。

    张说组诗描述了苏幕遮的相关史料信息，比如苏幕遮的出处、表演时间、舞者装束形象和动作、演出盛况、表演道具、新改名称以及乞寒娱神祝寿等演唱目的，尤其是组诗对苏幕遮的表演盛况进行了细致描述，比如指出表演者为"紫髯"胡人，身穿"琉璃宝服"的"绣装"，头戴"帕额宝花冠"；演唱时"豪歌击鼓"，表演时"夷歌骑舞""寒水散庭前"；歌舞乐三者合而为一，且展示了泼水祈福的故事情节。诗人以歌诗形式不仅对苏幕遮进行了较为全面系统的整理描述，还再次凸显了苏幕遮歌舞戏深受龟兹乐舞影响的戏剧性特征。正如诗歌所展示的，泼寒胡戏在唐朝以后才成为一种大众性的社会风俗，按其最初形制，其名为"戏"，但实际上并没有特定演员、故事情节和演出场地，其表演形式就是泼水为乐，全民共同参与。在表演方式上，以水泼洒行人，有游戏、戏弄之意，还带有祈求生命旺盛、无灾无难的祝愿性质。比如《旧唐书·中宗纪》载"十二月乙酉，令诸司长官向醴泉坊看泼胡王乞寒戏"，泼胡王乞寒戏从名字来看，至少包含两个情节：泼胡王和乞寒；此戏由当时宫廷教坊演出，因此演员中有扮演胡王者，也有扮演以水泼胡王者，不同演员承担不同角色；且有"以水泼胡王"的故事情节，因此可将其看作具有戏剧色彩的唐戏弄之萌芽。①根据演出地点和观看对象的不同，苏幕遮的故事情节可能还略有差异，比如观看者如果是以帝王为首的王公大臣时，苏幕遮除了泼水、乞寒、驱鬼等应有情节外，可能还有颂圣祝寿的色彩在里面，如张说《苏幕遮》就有"闻道皇恩遍宇宙，来时歌舞助欢娱""油囊取得天河水，将添上寿万年杯""唯愿圣君无限寿，长取新年续旧

---

    ① 按：王凤霞在《从泼寒胡到苏幕遮——泼寒胡戏在中原地区流变的几个阶段》也分析了泼寒胡戏的具体表演形态。参见王凤霞：《从泼寒胡到苏幕遮——泼寒胡戏在中原地区流变的几个阶段》，《广州大学学报（社会科学版）》2005 年第 3 期。

年"等。综合苏幕遮的相关记录可知,泼水乞寒这一故事情节是苏幕遮歌舞戏的题中应有之意,因此无论苏幕遮故事与政治结合之后发生多少变化,这个核心性的主题情节是不会变的。苏幕遮歌舞戏表现形式发生变化应该是在其流传中原的过程中逐渐显现出来的,通过唐代的几则例子可知,帝王等众人在这一活动中充当了观众角色,而泼寒胡戏的实际参与者则化身表演者,使该歌舞戏带有更多戏剧色彩。

　　龟兹乐舞文化对歌舞戏苏幕遮的戏剧特征完备有着重要作用①,这点可通过出土于龟兹国的图像类文物加以印证。其中最突出者当属1903 年日本大谷探险队发掘于苏巴什古寺遗址的一具舍利盒(图4.2、4.3),该舍利盒盒身覆盖红、灰白、深蓝三色,外贴装饰性金箔,内

图 4.2　龟兹苏巴什佛寺遗址出土舍利盒②

图 4.3　龟兹苏巴什佛寺遗址出土乐舞图舍利盒盒壁伎乐展开图③

---

　　① 程璐瑶硕士论文《〈苏幕遮〉研究》中也提及苏幕遮演奏乐器与龟兹乐之间具有一定关系。参见程璐瑶:《〈苏幕遮〉研究》,河北师范大学中国古代文学专业硕士学位论文,2012 年。
　　② 中国音乐文物大系总编辑部:《中国音乐文物大系·新疆卷》,郑州:大象出版社,1999 年,第 179 页。
　　③ 中国乐文物大系总编辑部:《中国音乐文物大系·新疆卷》,郑州:大象出版社,1999 年,第 183 页。

层绘有精美壁画。日本熊谷宣夫认为这只舍利盒是 7 世纪的文物。①我国学者霍旭初先生辨识后,认为这幅图画描绘的是典型的龟兹"苏幕遮"乐舞图。从其歌舞队列编制和演出形式来看,具有明显的龟兹歌舞戏的特点,显示出其深受龟兹乐舞文化影响的特点。首先,从舞蹈队列来看,该舞蹈共有 21 人参与,队列开头有一男一女手持幡幢,紧随其后为六位手牵手的舞者和一位持棍舞者,再接下来为八位演奏乐器者,最后一组画面亦是一位持棍独舞者在旋转,其左右还有三位儿童观看并做拍手雀跃状,舞蹈阵容不可谓不强大、气势不可谓不雄壮,呈现出龟兹舞蹈的博大壮观图景。具体而言,该组苏幕遮舞者在跳舞行进过程中基本上两人一组、侧首互视,进行眼神交流并协调对应舞蹈动作,显现出龟兹舞蹈大队列中两人一小组的范式,这在龟兹克孜尔石窟乐舞类壁画中也多有相关呈现。这幅图画舞蹈最具特点之处在于其八位舞者戴有面具,他们或扮作武士、将军,或佩有青年或老人的人面,或戴有鹰面、狗面、猴面,形式各异,与文献记载苏幕遮的面具佩戴类型相似。他们都身穿甲胄,腰间系带,呈现出典型的龟兹武士形象。他们基本边走边舞,舞姿奔放优美,姿势各异,其舞蹈动作及所扮演的故事角色也与各位舞者所戴面具相应,呈现出戏剧的构成要素。而演奏苏幕遮曲的泼寒胡戏与浑脱、大面等面具舞蹈的共同之处得以凸显——以面具表演为戏,以绘于龟兹舍利盒上的苏幕遮舞者面具而言,鹰面、狗面、猴面等野兽以及鬼神的面具可以象征食人的恶鬼,人面以及队伍中持幡幢者则象征着驱逐恶鬼的神灵及众人。面具在这里既是佩戴者身份和角色的象征,可以凸显佩戴者的人物形象及性格,又是展示故事内容和情节的手段,因此颇富戏剧性。据《酉阳杂俎》记载,苏幕遮所用面具有狗面、猴面等,但是与苏巴什古寺出土的舍利盒相对照,可发现后者在佩戴面具上更加丰富多彩,苏幕遮既然作为一种从歌舞到歌舞戏的过渡状态,应该初步具备戏剧的情节和冲突,在具体表演时可能会根据情节稍有的差异对演员所佩戴的面具进行一定调整。而面具的丰富多彩性也恰恰凸显出这一活动的戏剧性特征。

① [日]熊谷宣夫:《库车出土之彩画舍利容器》,《美术研究》1957 年第 191 册,第 239—265 页。

霍旭初就曾论断:"就以西域歌舞戏之一的'苏幕遮'(或称乞寒胡戏)而言,它有着印度的佛教内容及印度古典戏剧'情'和'味'的美学倾向。……西域歌舞戏的面具,实际上起到了故事情节、人物塑造、感情表达、审美教化的诸多作用。"①同时,不管苏幕遮演出的目的是乞寒还是为了驱逐恶鬼,在整个表演过程中都存在着戏剧性冲突,前者表现为冬日以水洒泼别人,展示了祈求天寒、来年兴旺与气候温暖、不利人丁及收成减少之间的矛盾;后者表现为以钩锁捉人和戴人面驱鬼,展示了恶鬼为非作歹与驱魔者斩魔除妖之间的矛盾,这些矛盾冲突凸显了苏幕遮歌舞戏的戏剧特征。而面具与情节性舞蹈形式的配合又反映了龟兹乐舞文化的影响。

其次,从演奏乐器来看,八位鼓乐手共演奏了六种乐器。排在乐队最前列的为两童子抬一大鼓,一位鼓手执鼓槌正认真敲鼓。大鼓为乞寒舞固有乐器之一,曾见于文献记载,如《文献通考·乐考》载"乞寒……其乐器有大鼓"②,正与此相应。据李安宁叙述,"德国人格隆威德尔从克孜尔千佛洞窃去壁画里,有一人头戴大象面具,身背大鼓,后面有一头戴猴面具的人举槌击鼓,这说明龟兹广泛使用大鼓,而且戴面具作戏的舞乐之中也是当时此地民间之习俗。"③紧随击鼓者之后为一弹奏竖箜篌者,该乐器也为龟兹乐主要乐器之一,其在隋唐宫廷乐器中也占据首要地位。竖箜篌之后为一弹奏凤首箜篌者,该乐器亦为龟兹乐器中非常重要的一种。第四位表演者吹奏的乐器是排箫,这种乐器自中原传入,但在龟兹乐中也有所使用。第五位演奏者所持乐器为腰鼓,将鼓系于腰间,两手执槌敲打鼓面。最后一位表演者正回首吹奏铜角,为紧随其后的猴面舞棍者奏乐。整体而言,苏幕遮所奏乐器均为龟兹乐中常用乐器,其在古龟兹国广泛使用,今日仍可在龟兹石窟壁画中见到其踪迹。且乐器中的大鼓和铜角演奏使得整个乐舞有了一种威武昂扬的气势,将古时军队作战的形象和架势融汇其中,这也与《新唐书·宋务光传》所载苏幕遮"旗鼓相当,军阵势也;腾逐喧噪,

---

① 霍旭初著,新疆龟兹石窟研究所编:《龟兹艺术研究》,乌鲁木齐:新疆人民出版社,1994年,第264—265页。

② [元]马端临:《文献通考》,北京:中华书局,1986年,第1294页。

③ 李安宁:《龟兹舍利盒乐舞图研究》,《新疆艺术学院学报》2003年第3期,第33页。

战争象也"暗合,进一步显现出此歌舞表演的戏剧性色彩。且从乐器归属来看,这些乐器都属于龟兹乐,这不仅是苏幕遮来源于龟兹的重要证据,也是其深受龟兹乐舞影响的一个证明。乐器中鼓类有大鼓、腰鼓,占据六种乐器的三分之一,与龟兹乐以鼓舞曲为主暗合;鼓乐极易渲染战争气氛及作战场景,又与苏幕遮的表演效果相一致。

再次,舞者的仪容服饰也体现出龟兹乐舞文化影响。从整体看,呈现出两种不同的风格,戴面具者服饰较为夸张,布料花纹繁多,装饰性色彩较为明显,如多有系于腰间并垂至脚踝处的宽边竖条纹形腰带;六位成年鼓乐手的衣着则清晰体现出龟兹世俗服饰的特点,比如男子的翻领对襟窄袖束腰花边长袍、联珠纹花样腰带、长筒皮靴,以及腰间佩戴的短剑等。不管是否佩戴面具,都可见他们剪发垂项,符合文献记载中龟兹人的日常打扮:"男女皆剪发,垂与项齐,唯王不剪发。"[1]从克孜尔壁画龟兹供养人或者乐舞演奏者中均能找到类似服饰,有些元素甚至在今日库车地区的维吾尔族服饰中仍有所显现,这也是其深受龟兹乐舞文化影响的一个证明。这是龟兹现实生活的生动反映,说明隋唐时期龟兹古国的苏幕遮表演极具普遍性。龟兹乐舞对苏幕遮歌舞戏的影响在其中得到清晰展现。

总之,苏幕遮作为来自龟兹地区的歌舞戏,其戏剧的特征体现得非常明显,比如歌、舞、乐三位一体下的集体表演;具有一定的演出时间和场地,比如每年的七月、十一月等,并与龟兹佛教仪式相结合选择合适场地进行表演,或为寺庙或为街道或为皇宫观台前面;带有一定的故事情节和矛盾冲突,比如泼水乞寒主题、颂扬祝寿主题、驱逐恶鬼主题等,具体演出过程中还伴随着向人洒水、用钩锁套人、裸体跳舞等情节;演出时演员以衣帽着装标示一定的角色身份,比如戴面具者,或佩戴鹰面、狗面、猴面以示恶鬼,或佩戴人面、手持幡幢以示驱魔者,舞者衣着具有浓郁的龟兹(或其他西域国家)特色;表演方式多样化,既有舞蹈者和奏乐者,又有马上表演和马下表演,还有单独的乐队,等等。

①[后晋]刘昫:《旧唐书》,北京:中华书局,1975年,第5303页。

需要注意的是,苏幕遮最初在龟兹举行时,带有明显的宗教仪式感,如前所述,这与古代戏剧起源多少与宗教仪式相关是有一致之处的。其原生态艺术形式虽然表现为多元复合的状态,但更多呈现出全民参与的游戏性特点,因此就龟兹地域举行的苏幕遮而言,戏剧表演色彩可能仅体现在佩戴假面扮演角色和钩锁捉人的故事情节中。随着苏幕遮自龟兹等西域国家流传至中原地区,其影响力和涉及范围进一步扩大,但这一歌舞活动最初产生的世俗土壤却远去不存,因此这一歌舞戏便带有更多的表演和观赏性质,其主题才会根据不同的表演情景和观看人群发生相应变化。演出者依据苏幕遮原生状态进行的表演,不仅是对苏幕遮表演形态的一种模拟,还是对最初的演出者胡人、最初的展示对象胡俗的一种效仿,是通过衣着、装扮等对这一歌舞戏中的异域元素的再现,尤其是唐朝以后,演出者可能为教坊蕃汉杂作,并非全部为胡人,因此还存在对胡人衣着打扮的一种模拟和角色扮演,所以会有向胡王扮演者身上泼水的情节出现,这些都是该歌舞戏戏剧性增强的表现。中原地区的苏幕遮歌舞戏已经远离其最初的世俗宗教背景,成为一种独立的、可与新的文化相结合的文艺表现形式,带有戏剧表演更为明显的视觉、听觉刺激,观赏性远大于全民参与的世俗性。因此,苏幕遮的戏剧性特征是随着其在中原的流传和发展而不断加深增强的,这是一个逐步发展的过程。来自龟兹的苏幕遮,在高昌、撒马尔罕等地也非常流行,其传至中原后,极大影响了中原地区戏剧表演的形式。随着文化交流的深入发展,苏幕遮在中原地区进一步漂洋过海东传至日本(图4.4)、朝鲜等国家,苏幕遮作为

图 4.4 日本《信西古乐图》所载唐乐《苏莫者》舞者形象图[1]

---

[1] 中国音乐研究所:《信西古乐图》,北京:人民音乐出版社,1958年,第32页。

歌舞戏的戏剧性色彩也随其流传而愈演愈烈。这一歌舞戏的戏剧性特征也必然会对后世歌舞戏的继续发展成熟有极大启发意义。自从唐玄宗颁布《禁断腊月乞寒敕》，此歌舞戏在宫廷中遭到禁止，但由慧琳记载可知，该歌舞戏在民间仍然保留下来，且举行时间由每年的十一月调至七月。同时，朝廷禁止的是以苏幕遮为曲的胡戏，苏幕遮曲子则继续流传，在唐代成为教坊曲和太乐署供奉曲，并且后来还出现了变曲，比如太蔟宫沙陁调的"苏莫遮"更改为"万宇清"，金风调的"苏莫遮"更改为"感皇恩"，南吕宫水调的"苏莫遮"名称不变，仍可配合乐舞进行表演。但是至此，苏幕遮作为歌舞戏表演的龟兹文化的民俗意义已不再被时人关注，与其他曲调相类的歌乐舞三位一体的普通形式却成为其基本特点。

第三节　拨　头

"拨头"，也称"钵头""拔头"等，也是龟兹乐舞表演的一种文艺形式，唐朝时已经传入并流行于宫廷。唐宋典籍中对其多有描述，比如：

> 唐代杜佑《通典》："拨头出西域，胡人为猛兽所噬，其子求兽杀之，为此舞以象也。"①
>
> 唐代段安节《乐府杂录·鼓架部》："《钵头》，昔有人父为虎所伤，遂上山寻其父尸。山有八折，故曲八叠。戏者被发，素衣，面作悲啼，盖遭丧之状也。"②
>
> 后晋刘昫《旧唐书·音乐志》载："拨头出西域。胡人为猛兽所噬，其子求兽杀之，为此舞以像之也。"③
>
> 宋代陈旸《乐书》："《拨头》出于西域。胡人为猛兽所筮，其子登八折山

---

① [唐]杜佑：《通典》，北京：中华书局，1984 年，第 764 页。
② [唐]段安节撰，亓娟莉校注：《乐府杂录校注》，上海：上海古籍出版社，2015 年，第 31 页。
③ [后晋]刘昫：《旧唐书》，北京：中华书局，1975 年，第 1074 页。

求兽杀之。故为舞曲有八叠,戏人披发、素衣,面作悲啼之容,盖象遭丧之状也。"①

宋代曾慥《类说》卷十六:"八叠戏苏中郎歌场独舞:乐有搭鼓,即腰鼓也。昔有人父为虎伤,上山寻尸,山有八折,故曲八叠,戏者披发丧衣,盖遭丧之状也。"②

王国维在论述拨头名称的来历时主张"音译说",他认为:

魏齐周三朝,皆以外族入主中国,其与西域诸国交通频繁。龟兹、天竺、康国、安国等乐,皆于此时入中国;而龟兹乐则自隋唐以来,相承用之,以迄于今。此时外国戏剧,当与之俱入中国。如《旧唐书·音乐志》所载《拨头》一戏,其最著之例也。案《兰陵王》《踏摇娘》二舞,旧志列之歌舞戏中,其间尚有《拨头》一戏,志云:'拨头者,出西域。胡人为猛兽所噬,其子求兽杀之,为此舞以象之也。'《乐府杂录》谓之钵头,此语之为外国语之译音,固不待言;且于国名、地名、人名三者中,必居其一焉。其入中国,不审在何时。按《北史·西域传》有拔豆国,去代五万一千里。(按五万一千里,必有误字,《北史·西域传》诸国,虽大秦之远,亦仅去代三万九千四百里,拔豆上之南天竺国去代三万一千五百里,叠伏罗国去代三万一千里,此五万一千里,疑亦三万一千里之误也。)隋唐二《志》既无此国,盖于后魏之初,一通中国,后或亡或隔绝,已不可知。如使'拨头'与'拔豆'为同音异译,而此戏出于拔豆国,或由龟兹等国而入中国,则其时自不应在隋唐以后,或北齐时已有此戏。③

王国维认为拨头戏出自西域拔豆国,或经由龟兹等国,与龟兹乐一起进入

---

① [宋]陈旸:《乐书》卷一七三,载《原国立北平图书馆甲库善本丛书》第32册,北京:国家图书馆出版社,2014年,第73页。
② [宋]曾慥:《类说》,上海:上海古籍出版社,1993年,第279页。
③ 王国维:《宋元戏曲史》,上海:商务印书馆,1915年,第8页。

中国,且拨头戏是外国戏剧(实指龟兹、天竺、康国等西域国家的戏剧)中与龟兹乐等一起传入中原地区的最显著的例子,这肯定了拨头的艺术形式为戏剧,并暗示出龟兹乐舞在拨头歌舞戏传播过程中所发挥的重要作用。刘大白与许守白承袭王说。任半塘先生则认为王国维仅凭二字音近,便将拨头戏的源头归为拔豆国,是值得商榷的,但并未对王国维先生的观点进行言之确凿的否定。同时,任半塘先生赞同地名说,认为拨头表演最早源自印度。①就目前史料而言,尚不能完全确定拨头的最终源头为何处,但有一点值得肯定的是:龟兹在拨头戏从其来源地传至中原的过程中发挥了重要的中转站作用。

传世文献对"拨头"与龟兹国的关系也有描述,如唐代释慧琳《一切经音义》:"'苏幕遮'……,此戏本出龟兹国,至今由有此曲。此国浑脱、大面、拨头之类也。"②释慧琳此处将苏幕遮称为"戏",并言其与浑脱、大面、拨头相类,表明他认为拨头与苏幕遮等相同,都是出自龟兹国的戏剧,大面、拨头等含有戏弄的成分在里面。葛晓音女士也曾论及拨头戏与龟兹之间的关系,她在日本法隆寺看到过拨头假面的实物,发现假面的头顶和后脑部位有很多小孔,每个小孔都穿过一缕细绳似的假发,而且假发长度大约与颈相齐,"正与《旧唐书》所说龟兹国'男女皆剪发,垂与项齐'相同,符合慧琳说此舞出自龟兹的记载"③。实际上,拨头的故事内容和表演方式都符合戏剧的基本特点,与苏幕遮同样可以归入具备戏剧特点的龟兹歌舞戏类别中。具体而言:第一,该戏具备一定的故事情节,其情节可分成三部分,情节一为胡人被虎所伤而死,情节二为胡人之子上山寻找父亲尸体,情节三为胡人之子寻虎并杀之为父报仇;其中,情节二、三为戏剧故事的主体。第二,有戏剧冲突的存在:老虎食胡人,胡人之子与老虎之间存在杀父之仇的尖锐矛盾,冲突的解决以胡人之子杀掉老虎作结。第三,戏剧中人物有身份角色的划分:该剧共有三个角色需要扮演,分别为胡人、胡

---

① 按:参看任半塘:《唐戏弄》,上海:上海古籍出版社,2006年,第291—308页。
② [唐]释慧琳:《一切经音义》,上海:大通书局,1985年,第868页。
③ 葛晓音:《跨学科研究的探索与实践——以日本雅乐和隋唐乐舞研究为例》,《文史知识》2016年第10期,第10页。

人之子和老虎,围绕三人的不同角色展开故事情节并引发矛盾冲突。第四,人物以服饰和化妆凸显戏剧的表演特征和情感内涵,塑造了立体化的人物形象:依据段安节《乐府杂录》所言,胡人之子头发披散、身着素衣,此处的"面作啼"应该是佩戴"作啼哭状"的面具,以表现遭遇丧父的悲伤情态,而不应由表演者一味通过自己的面部表情做出啼哭状。绘以啼哭表情的面具可用以辅助戏剧表演,表现出胡人之子在其父死于猛虎之后心理和感情的进一步发展变化,其所起到的作用与苏幕遮中的面具有一定相似之处。此处寻找父尸之悲与杀虎复仇之怒巧妙结合在一起,凸显了人物性格的多样性。第五,戏剧中凸显歌、乐、舞三位一体的演出模式:"拨头"在《类说》中被题作"八叠戏","八叠"之名来自"山有八折,故曲八叠"之说,根据八折之山,设置八叠之曲,曲子到底是重复演奏八遍,还是略有区别,抑或是随着情节演进体现出更多不同,具体情形虽不可知,但音乐在此处确实与"八折之山"相结合,推进了故事情节的发展。因胡人是在山上被老虎所噬,胡人之子由山脚一路走上山来,曲曲折折,弯弯绕绕,走了八折山路,奏了八遍曲子,所表现的内容虽然均为上山寻父尸并寻虎,但这一路走来,戏剧情节与胡人之子的情感也随之演进变化,既有丧父的悲痛、对老虎的切齿之恨,又有遍寻父亲而不见的伤心绝望、不见老虎之迹却坚持寻觅的毅力与执着,还有寻见父尸时的号啕大哭、与虎搏杀时的英勇无畏,更有杀虎之后为父报仇的欣慰与同父亲永远阴阳两隔的悲戚,山路虽同,曲子却异,每叠曲子与相应情节对照,使得此戏剧具备明显的场幕分隔效果。胡人之子内心的悲伤与愤怒之情,也适宜通过咏唱歌曲的形式进行抒发。①除此之外,胡人之子丧父的悲伤情状、与虎搏斗的场景,以及一路走来寻觅父尸和老虎的情节,都需要胡人之子的扮演者通过其神情、步态、舞姿、身段等舞蹈程式表现出来,舞蹈是"拨头"这出歌舞戏中表现戏剧情节最有利的武器,所谓

---

① 按:葛晓音、户仓英美《"拨头"考》引证日本学者观点,认为"山有八折"表达的是胡人"因为父复仇心中喜悦,遂从山路八折喜跃而下"。之所以出现这种差别是因为《通典》所载为盛唐时期的"拨头"情节,而《乐府杂录》所载属晚唐时期,"拨头"在其流传过程中发生了变化。葛晓音、[日]户仓英美:《"拨头"考》,《中华文史论丛》2013 年第 1 期,第 335 页。

"舞以象"便是此意。整出戏的表演并不借助过多人物语言,可能全戏仅在胡人之子丧父悲伤哭泣时、与虎搏杀发出打斗威吓之声时会有语言独白,戏剧故事情节的展现、矛盾冲突的产生与解决、人物形象的刻画等整个戏剧表演,都主要依靠胡人之子与老虎通过歌、舞、乐三者结合的形式去完成。第六,其他戏剧要素的具备。拨头戏所谓"山有八折,故曲八叠",不仅表明其艺术形式为边唱边舞边演,还凸显了该歌舞戏的代言体特征,是戏剧"以歌舞演故事"的很好的注脚。而在此过程中,龟兹乐舞无论是在配乐伴奏还是在以歌舞凸显戏剧基本要素方面,都发挥了巨大作用,整个戏剧仍属于歌舞戏范畴并带有明显的龟兹异域痕迹。正是在龟兹乐舞文化兴盛的大背景下,拨头戏才得以在龟兹地区传播流行,并以之为中转站进一步向中原传播;拨头戏在龟兹地区表演时,龟兹的音乐和舞蹈也会融入其戏剧情境中,使之带有一定的龟兹特色。可以说,拨头这部歌舞戏所具备的基本戏剧特征都与龟兹乐舞有着密切关系,龟兹乐舞文化要素在参与故事情节演绎、凸显人物情绪和性格、营造矛盾冲突等方面都发挥了重要作用。

从语义角度分析,"拨头"一词见于很多民族语言,其意思为"英雄""勇士",这一发音对应的词义在维吾尔语、哈萨克语、柯尔克孜语、土耳其语、波斯语、阿拉伯语、乌克兰语等中外民族语言中都存在。[1]因此歌颂英雄也成为这个戏剧流传演变过程中所要表达的重要主题。比如就唐代文献所载拨头戏的故事内容来看,其通过胡人子为父报仇情节,想要传达的核心旨意便是歌颂、赞扬胡人子的英勇无畏行为。直到该歌舞剧传播发展至日本国时,这一戏剧主题仍未改变,日本"钵头"所载内容亦与英雄勇士有关,通过人与凶猛野兽搏斗的胜利表达出保护人类生命安全的中心思想。今日本钵头舞的具体表演形式在向达先生的《唐代长安与西域文明》中有所描述:"钵头舞今存于日本,舞者衣胡服,戴面具,披发,手持短桴。"[2]日本保存了平安时代(公元 794 年至公元 1192 年)所绘关于唐舞、散乐和杂戏古图的《信西古乐图》,其中亦有拨头图案

---

[1] 按:黄永明《〈钵头〉小议》、王宁《唐戏"钵头"别解》、韩文慧《钵头小考》也都从"拨头"的音译与词义对应角度,阐释"英雄"一名所体现出来的拨头戏的戏剧主题。

[2] 向达:《唐代长安与西域文明》,石家庄:河北教育出版社,2001 年,第 73 页。

（见图4.5），与向达先生此处描述一致。将
该图与唐代典籍中的文字记录相比较，亦
可见其与唐代拨头歌舞戏中的戏剧表演
装束有一定相似之处，有着浓厚的西域地
方特色；傅芸子《奈良春日若宫祭的神乐
与舞乐》则更进一步描述了今日本钵头戏
与唐代钵头戏之密切渊源关系：

图4.5　日本《信西古乐图》所载唐乐
《拔头》舞者形象图①

　　余曾一研考，察其舞容，诚有如
《乐府杂录》所云情状，盖亦确为今存
之唐乐舞也。舞者一人，戴披发巨目
丰鼻愁容之红色面具，裲裆绯袍，持
桴以舞，舞分两大节，前节持桴，伸阖
双臂，绕台作圆形而舞，以大鼓及笛
为节奏。后节置桴于台之中央，徒手阖拳，仍绕四周而舞，左折右旋，前趋
后进，辗转屈伸，繁复异常，众乐和之，尤形凄壮。《乐府杂录》所谓：'山有
八折'，今观此舞，颇有状其遭丧颠顿，登山艰难之情态者；不过今非素衣，
想其传来之后，日久当有所更易也。"②

　　可见，无论从戏剧的故事内容、表演方式，还是衣着装扮、感情抒发等角度而
言，日本之钵头都与《乐府杂录》所载之唐代拨头戏有着极大相似，也从侧面证实
了唐代拨头戏的戏剧特征，并通过图像生动反映出其与龟兹乐舞之间的密切关
系。廖奔《中国戏曲发展史》还记载："在日本广岛市严岛神社藏有钵头面具，其
背面有承安三年（公元1173年）铭文，面具作胡人状，表情悲愤，面色土灰。"③

---

① 中国音乐研究所：《信西古乐图》，北京：人民音乐出版社，1958年，第30页。
② 傅芸子：《正仓院考古记　白川集》，沈阳：辽宁教育出版社，2000年，第100页。
③ 廖奔、刘彦君：《中国戏曲发展史》，太原：山西教育出版社，2000年，第96页。

更可见其与唐代文献所载拨头面具的一致之处。

戏剧在其流传过程中,根据演出场合和表演目的不同,其具体情节和装扮细节也会有所改变,这一特点在叙述苏幕遮歌舞戏时也曾提及,拨头亦是如此。比如张祜有《容儿钵头》一诗:"争走金车叱鞅牛,笑声唯是说千秋。两边角子羊门里,犹学容儿弄钵头。"其诗描写的是盛唐为庆祝唐玄宗生日——千秋节,在皇宫中所上演的钵头戏。每年千秋节,唐玄宗都会在兴庆宫内花萼相辉楼前举行大型的宴会和乐舞表演,与文武百官和长安百姓共同庆祝生日,这其中就不乏乐舞百戏表演,这里言及的便是当时宫廷伎人仿效容儿的钵头表演。《张祜诗集校注》云:"容儿当是张云容。《太平广记》卷六九《张云容》云容语:'某乃开元杨贵妃之侍儿也,妃甚爱惜,常令独舞霓裳于绣岭宫。'"①据张祜诗歌可知,容儿曾经表演过钵头戏,而千秋节之际,又有宫廷伎人争相效仿,搬演该剧,这也是钵头戏在中原地区兴盛发展的重要证据。文献虽未对钵头戏中的人物角色进行性别规定,但根据该剧铺设的情节:胡人之子寻找噬父之虎并杀之,此戏剧中应有胡人之子走八折之山找寻父尸与老虎的情节,更有与老虎搏斗并杀之的情节,因此在演员设置上倾向于以一强壮男性饰演这一英雄角色,考之传世图画亦可见该角色扮演者为男性,这从今天日本以男子出演钵头戏中也可得证。据尹占华先生校注可知,张云容为杨贵妃侍女,其应是女扮男装后参与钵头表演活动,这充分说明这种文艺形式的表演性、装扮性和戏剧性,又从另一侧面反映了这一戏剧的开放性、流行性和创新性。同时,张祜所言"弄钵头"或许还有戏弄之意,与唐朝时盛行的弄参军、弄孔子等戏弄类戏剧有一定的相似之处。在戏弄类戏剧中,参军、孔子、拨头(英雄勇士)的身份角色有一定相似性,比如他们地位都比较高,在传统社会中都被当作歌咏盛赞的对象;但在戏剧中却有意贬低他们的身份,对其呈现出戏弄姿态。这种表演范式在更为古老的印度戏剧中也是存在的,比如在印度种姓制度中,婆罗门属于地位最高者,但是印度戏剧中的丑角一般都是由婆罗门来担任,成为被戏弄和调侃的

---

① 尹占华校注:《张祜诗集校注》,成都:巴蜀书社,2007 年,第 177—178 页。

对象。唐代参军戏又称弄参军,本来就是戏弄,随着唐代戏剧的发展,戏弄的对象也呈现出扩大趋势,从这个角度理解,被看作英雄勇士的"拨头"成为被戏弄的对象,且由女性来参与角色扮演,也是极有可能的。[①]同时,依据任半塘先生《唐戏弄》所言:"张诗所指为盛唐宫中所演之钵头,于一片欢笑声中,庆贺'千秋圣节';杜、段二人所指,乃中唐以后民间所演之钵头,剧情悲壮,遭丧啼泣、被发素衣,寻尸复仇,招魂哀挽:彼此所演,果能同为一剧乎? 内人果能演出遭丧啼泣,被发素衣,寻尸复仇,招魂哀挽,来庆祝玄宗降诞之千秋节乎? 盛唐风尚,即使脱略恒蹊,与其他帝王拘拘忌讳者不同,但彼此亦不应处于两极端。故凭此矛盾,可以断言:朝野所演之钵头戏,绝非一戏;所谓钵头之范围内,绝不限于遭丧报仇之一种剧情而已。"[②]任氏指出拨头戏在千秋节上演,按照情理,在唐玄宗生日背景之下,不应由宫内伎人表演主题内容为胡子丧父号哭并杀兽报仇情节的戏剧,由张祜诗歌中的"弄钵头"一词联想到张云容曾经表演过"弄钵头"以示对拨头(英雄)的戏弄之意;而在千秋节的节日庆典中,伎人们从戏谑角度出发表演钵头戏,以增加戏剧节目的趣味性和观瞻性,令人轻松愉悦,应该是有一定道理的。这一点也得到王宁先生的认可。[③]其实退一步讲,不管张诗中容儿演出的钵头戏与唐代典籍所言之钵头戏情节是否一致,不可否认的一点是:经由龟兹传入的钵头戏,在唐代中原地区已经成为歌舞戏的保留曲目,并由专业的戏剧表演者参演。这一情形不仅说明戏剧作为一种鲜活的艺术形式,在其传播发展过程中不断与新的文化模式、政治背景融合并拓展出新的文学特色,这是戏剧艺术不断保持生命力并在久远的历史长河中得以传承的重要原因;同时还说明戏剧形式具备一定的稳固性,这种稳固性源自戏剧主题所内含的核心内容,新的艺术形式可以改造戏剧内容,但是这种精神内核却不能被抛弃,这是戏剧在经过几千年、若干国家地区的传播、流行、融合之后,

---

① 按:晚唐时期,参军戏演出时,就有女性角色的出场。这当是戏弄类戏剧中,"女扮男装"戏剧角色的进一步发展。

② 任半塘:《唐戏弄》,上海:上海古籍出版社,2006 年,第 294—295 页。

③ 王宁:《唐戏"钵头"别解》,《民族艺术》2008 年第 4 期,第 68—69 页。

仍可寻出其源头、探究其演变形式的原因所在;更说明钵头戏随其发展演变呈现出愈加成熟之姿态,这也是它能继续东传日本等国,并在日本钵头戏中寻找到该戏起源痕迹的重要原因。在唐玄宗千秋节上表演的"容儿弄拨头"与至今仍在日本上演的"钵头戏"便生动地说明了这几点。当然,葛晓音女士从另外一个角度解释了千秋节可以表演拨头的原因,她指出杜佑《通典》中关于拨头的记录与《乐府杂录》并不完全一致,前者只强调拨头戏所表达的胡人之子与猛兽搏斗拼杀的故事情节,并未有对表演者衣着和装扮的说明,也没有展示遭丧寻尸、素衣号哭的情状,因此只将其看作赞颂英雄的歌舞戏,故可以在千秋节上演并用以为玄宗祝寿。①也可单独作为一说。

综上可知,拨头戏作为古代重要的歌舞戏,突破了单纯的歌舞展示以及倡优即兴戏谑表演的成分,表现出歌舞与戏剧情节并重、冲突设置解决与人物性格刻画并行的特点,朝着文体戏剧性愈加凸显的方向发展,虽然剧情和表演稍显简单,但毕竟是古代歌舞戏的初创之作。更为值得关注的是,拨头戏虽未必最早出自古龟兹国,但龟兹在此戏东传中原过程中的确发挥了巨大作用,该剧在发展过程中深受龟兹地区苏幕遮歌舞戏、龟兹百兽舞、龟兹乐舞表演的深刻影响,使其舞蹈形式呈现出典型的龟兹特色;同时为了展示戏剧效果,该剧在音乐使用上也必然选用典型的龟兹乐器,史书虽没有相关记录,但从慧琳记载中不难探知:这样一部典型的歌舞戏在龟兹得到广泛传播,必然会带有深刻的龟兹烙印。当然这种文化烙印一方面表现在龟兹乐舞的影响上,还表现在该戏剧所传承出来的龟兹佛教文化或者说可能更为久远的印度佛教文化的影响上,这在戏剧故事主题"寻父打虎"中有所体现。因此,唐朝盛行的拨头戏,是经由龟兹文化浸润过的"以歌舞演故事"的戏剧文体,其戏剧特性主要表现在通过服饰和化妆装扮,以人物扮演不同角色,配合乐舞表演以展示故事情节的活动中。该剧之所以在唐朝时得到广泛的传播发展,可能与其伴随龟兹乐、同苏

---

① 葛晓音:《跨学科研究的探索与实践——以日本雅乐和隋唐乐舞研究为例》,《文史知识》2016 年第 10 期,第 10 页。葛晓音、[日]户仓英美:《"拨头"考》,《中华文史论丛》2013 年第 1 期,第 329—350 页。

幕遮等龟兹歌舞戏一起自龟兹传至中原，并以其异域的神秘色彩和表演的精彩绝伦获得中原人士认可有着密切关系。

第四节 狮子舞

狮子舞在中国的历史源远流长，早在三国时就已有其踪迹，到隋唐发展至高潮。狮子并非中国本土动物，其原产地应为非洲、西亚等地区，因此中原地区的狮子是由外国进贡而来的，这在文献中也有记载，比如东汉章帝章和元年时，安息国王首次遣使向汉帝进献狮子；章和二年，月氏国再次进献；汉和帝永元十三年，安息再次进献狮子；汉顺帝阳嘉二年，疏勒国进献狮子。史书中最早记录狮子舞表演的当属《汉书·礼乐志》："常从倡三十人，常从象人四人。"注："孟康曰：'象人，若今戏虾鱼师子者也。'韦昭曰：'著假面者也。'师古曰：'孟说是。'"[1]孟康乃三国时魏人，可知至迟到曹魏时期就已出现戴着绘有狮子面具跳舞的"狮子舞"。[2]需要注意的是：狮子舞传入中国未必在狮子传入中国之后。不管狮子这种动物是何时传入中国的，中原王朝对狮子舞这种艺术形式的接受必然源于中外文化的契合，这一点是毋庸置疑的。《旧唐书》在介绍五方狮子舞时，曾提及："师子鸷兽，出于西南夷天竺、师子等国。"[3]古天竺主要指今印度地区，师子国为锡兰，即今日之斯里兰卡。考之狮子、狮子舞的文化内涵及其与发源地之间的紧密联系，可以推知狮子舞极有可能是通过印度等地传至我国西域，进而再传至中原地区。天竺、师子两国盛行佛教，狮子在梵语中被叫

① ［东汉］班固：《汉书》，北京：中华书局，1962 年，第 1073—1075 页。

② 按：关于狮子、狮子舞东传中原的过程及发展，前辈学者文章中多有论及，如黎虎：《从狮子舞看传统文化与外来文化的融合》，《团结报》2011 年 2 月 3 日第 007 版，第 3 页；周君平：《漫谈古代民间百戏中的狮子舞》，《文史杂志》1987 年第 6 期，第 40—41 页；胡小杰：《西域狮子舞东渐及其在日本的嬗变》，《新疆大学学报（哲学社会科学版）》1992 年第 2 期，第 47 页；高登智：《耍狮子与傩文化关系蠡测》，《民族艺术研究》1994 年第 1 期，第 10—11 页；杨国学：《西凉伎与西域乐舞的渊源》，《西域研究》1999 年第 3 期，第 106—107 页；孙晓丹：《狮子舞源流研究》，中国艺术研究院舞蹈学专业硕士学位论文，2013 年，第 9—16 页。

③ ［后晋］刘昫：《旧唐书》，北京：中华书局，1975 年，第 1059 页。

作僧伽罗,是兽中之王,以勇猛力称,两国都存在对狮子的强烈崇拜,这种动物崇拜随着对佛教的推行也逐渐东传至中国。同样,狮子舞也与佛教东传有着密切关系。首先,狮子在佛教中有着丰富的寓意,具有护法镇邪、开导劝诫等作用,比如狮子寓指威严坚强,有佛曾以"狮子"为名号,可以《地藏经》中的"狮子奋迅具足万行如来"为代表,意为佛修行之勇猛精进者。佛经又称讲法为"狮子吼",传说释迦出生时,一手指天一手指地,作狮子吼,这里取其振聋发聩、扶正邪见之意;《楞严经》亦云:"我于佛前助佛转轮,因师子吼,成阿罗汉。"①唐代刘禹锡《送鸿举游江西》就有"与师相见便谈空,想得高斋狮子吼"。佛经中还以狮子形容佛,比如《大智度论》卷七有言:"佛为人中狮子。"②文殊菩萨的坐骑也是一头青狮,佛坐卧之处也被称为狮子床或狮子座。其次,狮子舞有娱佛功能。北魏时,洛阳长秋寺在佛教节日举行行像活动时,就会于其中进行狮子舞表演。如《洛阳伽蓝记》所言:"作六牙白象负释迦在虚空中。……四月四日此像常出,辟邪师子导引其前。(辟邪师子皆兽名。案佛说太子瑞应经云:'佛初生时,有五百师子从雪山来侍列门前。'故行像时,即作师子为导引。)吞刀吐火,腾骧一面。采幢上索,诡谲不常。奇伎异服,冠于都市。像停之处,观者如堵。"③佛诞日行像时用以开道的狮子舞显然是一种舞狮表演,其中的狮子是由人来扮演的,它与吞刀吐火等异域伎艺同时出现在佛教节日的艺术活动中。④可见,由于狮子在佛教中的美好寓意,佛教庆祝仪式中常表演狮子舞以宣扬佛法威仪,并用来增加佛教节日的欢快喜庆气氛,狮子舞成为一种既能娱佛又能娱人的表演形式。

狮子舞传至中原后,与佛教的关系不再那么紧密,演出范围逐渐扩大。唐朝时西域地区继续向中原进贡狮子舞,李白《上云乐》"金天之西,白日所没。康

---

① [唐]般剌密帝译:《楞严经》,广州:广州出版社,2003 年,第 49 页。

② [印]龙树菩萨造,[后秦]鸠摩罗什译,王孺童点校:《大智度论》,北京:宗教文化出版社,2014 年,第 144 页。

③ [魏]杨炫之撰,周祖谟校释:《洛阳伽蓝记校释》,北京:中华书局,1963 年,第 52—53 页。

④ 按:关于狮子、狮子舞与佛教之间的关系,杨国学《西凉伎与西域乐舞的渊源》以及陈军、李雁《中国古代狮子舞的起源及兴衰史》也有所涉及。参见杨国学:《西凉伎与西域乐舞的渊源》,《西域研究》1999 年第 3 期,第 106—107 页;陈军、李雁:《中国古代狮子舞的起源及兴衰史》,《农业考古》2009 年第 6 期,第 217—218 页。

老胡雏,生彼月窟……老胡感至德,东来进仙倡,五色师子,九苞凤凰"便是西域康国向唐朝进献"仙倡"狮子舞的证明。由于狮子为百兽之王,舞狮仍是一种威严权利和尊贵地位的象征,因此受到历代统治者的喜爱和宣扬,狮子舞经常在朝廷中演出,白居易《江南喜逢萧九彻因话长安旧游戏赠五十韵》"忆昔嬉游伴,多陪欢宴场。寓居同永乐,幽会共平康。师子寻前曲,声儿出内坊……"即可略见一斑。除此之外,狮子舞还在民间节日庆典时广泛上演,带有更多世俗色彩,如《教坊记》中与舞狮相关的乐曲名除了宫廷用乐《太平乐》外,还有用于民间世俗场合的舞狮乐《师子》《西河师子》等。由此可知,狮子舞在中原地区得到更为迅速的发展,在朝廷和民间都拥有重要地位,并成为龟兹乐和西凉乐的代表性乐舞节目之一;尤其是唐玄宗设置立、坐部伎之后,唐朝官方狮子舞——五方狮子,渐成规模,并与《太平乐》相配合,成为宫廷乐舞表演中一道亮丽的风景线。关于五方狮子,唐朝诸史籍多有著录,如:

> 《旧唐书》卷二九:"《太平乐》,亦谓之五方师子舞。师子鸷兽,出于西南夷天竺、师子等国。缀毛为之,人居其中,像其俯仰驯狎之容。二人持绳秉拂,为习弄之状。五师子各立其方色,百四十人歌《太平乐》,舞以足,持绳者服饰作昆仑象。"①

> 《新唐书》卷二一有言:"龟兹伎,有弹筝、竖箜篌、琵琶、五弦、横笛、笙、箫、篥、答腊鼓、毛员鼓、都昙鼓、候提鼓、鸡娄鼓、腰鼓、檐鼓、贝,皆一;铜钹二。舞者四人,设五方师子,高丈余,饰以方色。每师子有十二人,画衣,执红拂,首加红袜,谓之师子郎"②

> 《乐府杂录·龟兹部》亦载:"戏有《五方狮子》,高丈余,各衣五色,每一狮子有十二人,戴红抹额,衣画衣,执红拂子,谓之'狮子郎',舞《太平乐》曲。"③

---

① [后晋]刘昫:《旧唐书》,北京:中华书局,1975 年,第 1059 页。
② [宋]欧阳修,[宋]宋祁:《新唐书》,北京:中华书局,1975 年,第 470 页。
③ [唐]段安节撰,亓娟莉校注:《乐府杂录校注》,上海:上海古籍出版社,2015 年,第 38 页。

《通典》卷一百四十六亦载:"宴乐,武德初,未暇改作,每宴享,因隋旧制,奏九部乐。……其后分为立坐二部。立部伎有八部:……二《太平乐》,亦谓之《五方狮子舞》……"①

五方狮子舞之源头也是天竺、师子等国,在其流传过程中,中转站龟兹发挥了非常重要的作用。狮子舞在龟兹得到发展普及和改进演变,具有了浓郁的龟兹地方特色。可以说,五方狮子之所以能在唐朝获得如此大的成就,与龟兹文化有着密切关系。龟兹是西域重要国家之一,狮子也是该国人民崇尚信奉的一种动物。在龟兹,狮子与佛教文化间的密切关系深刻渗透进社会生活,《高僧传》即言:"龟兹王为造金师子座,以大秦锦褥铺之,令什升而说法。"②《宋史》也有如下记载:"龟兹本回鹘别种。其国主自称师子王。"③可见,龟兹崇奉狮子并视其为吉祥之兽的历史由来已久。而唐朝五方狮子之所以在当时获得如此大的成就,与其受到龟兹乐舞文化的影响密不可分。据《新唐书》记载,五方狮子舞本就是龟兹伎演出时,伴随龟兹乐而跳的正统舞蹈。龟兹乐早在隋朝就进入宫廷乐范畴,隋开皇初年制七部乐,《龟兹伎》为其中之一;至隋大业中,增《康国伎》《疏勒伎》成九部乐,《龟兹伎》仍为其一;唐初继承隋《九部乐》,乐舞制度依旧;至贞观年间唐太宗加奏《高昌伎》,遂成十部乐。唐玄宗时,又将十部乐改为立部伎和坐部伎,龟兹乐在大唐音乐中所发挥的作用也越来越重要了。《唐会要》卷三十三有载:

其后分为立坐二部,立部伎有八部,一安乐……二太平乐,亦谓之五方狮子舞,三破阵乐,四庆善乐,五大定乐……六上元乐……七圣寿乐……八光圣乐……自安乐已下,每奏皆擂大鼓,同用龟兹乐,并立奏之……坐部伎有六部,一燕乐……二长寿乐……三天授乐……四鸟歌万

① [唐]杜佑:《通典》,北京:中华书局,1984 年,第 762 页。
② [南朝梁]释慧皎撰,汤用彤校注:《高僧传》,北京:中华书局,1992 年,第 48 页。
③ [元]脱脱:《宋史》册四〇,北京:中华书局,1977 年,第 14123 页。

岁乐……五龙池乐……大小破阵乐……自长寿已下，皆用龟兹乐，舞人皆
著靴。①

由此可见，立部伎八部中有五部使用龟兹乐，坐部伎六部中有四部使用龟
兹乐，龟兹乐演奏在唐代乐舞中占有较大比例。《太平乐》及其配套的《五方狮
子舞》属于立部伎八部之一，也使用龟兹乐演奏。尤其值得注意的是，《新唐书》
在介绍"龟兹伎"时，首先列举其所常用的十七种乐器，而后还专门介绍了龟兹
伎的乐舞形式——五方师子。可见，龟兹伎最为经典的演出方式便是以龟兹乐
器演奏《太平乐》，跳五方狮子舞。五方狮子作为龟兹伎不可或缺的组成部分，
确实具有明显的龟兹乐舞风格。从龟兹乐的演奏乐器来看，十七种乐器中，管弦
类乐器有九种，鼓舞类乐器有八种，后者所占比重之大，在各部乐中都是独一无
二的。因此《旧唐书·音乐志》（卷二九）有言："自周、隋以来，管弦杂曲将数百曲，
多用西凉乐；鼓舞曲，多用龟兹乐。"②又言："自《破阵舞》以下，皆雷大鼓，杂以龟
兹之乐，声振百里，动荡山谷。"③跳五方狮子舞时，以龟兹乐器演奏《太平乐》，尤
其是鼓类乐器的使用，亦使得乐舞呈现出"铿锵镗鞳，洪心骇耳""声振百里，动
荡山谷"的特点。同时，据《旧唐书》卷二八《音乐志一》所载：唐玄宗宴饮勤政楼
时，"又令宫女数百人自帷出击雷鼓，为《破阵乐》《太平乐》《上元乐》。虽太常积
习，皆不如其妙也"④。在表演五方狮子舞时，龟兹乐擂大鼓伴奏，铿锵有力、撼
人心魄，虽是宫女擂鼓奏乐，亦能演奏出龟兹乐与五方狮子舞配合之妙意。⑤

五方师子，即李白《上云乐》所云之"五色师子"，以五种颜色代表东西南北
中五个方位，前所引"太常有师子乐，备五方之色"即所谓也。根据"东西南北中"

① ［宋］王溥：《唐会要》，北京：中华书局，1955 年，第 609 页。
② ［后晋］刘昫：《旧唐书》，北京：中华书局，1975 年，第 1068 页。
③ ［后晋］刘昫：《旧唐书》，北京：中华书局，1975 年，第 1060 页。
④ ［后晋］刘昫：《旧唐书》，北京：中华书局，1975 年，第 1051 页。
⑤ 按：关于狮子舞与龟兹伎的关系，黎虎教授《从狮子舞看传统文化与外来文化的融合》一文也有分
析，颇具启发意义。参见黎虎：《从狮子舞看传统文化与外来文化的融合》，《团结报》2011 年 2 月 3 日第 007
版，第 3 页。

的五方属性与颜色的对应关系,可推知五色师子的颜色应为东方青狮、西方白狮、南方红狮、北方黑狮、中央黄狮。史书对五方狮子记载略有不同,今按《旧唐书》所载分析。五方狮子不同于民间狮子舞,具有较为严格的组织程序和演出规则,舞蹈分成狮舞和人舞两部分,互相联系。演出时,五只颜色不同的缀毛狮子各按其方色站位,每只狮子四人居于其中,四只脚由四位舞者充任,他们戴面具或者涂面,披着狮子状皮毛衣做舞狮状,并模仿狮子俯仰驯狎的姿态;每只狮子外面还各有两个人化装成昆仑奴,手持红拂,逗弄狮子而舞;另有一百四十位乐人、歌工演奏《太平乐》;场面宏大,服饰统一,生动传神。表演时,虽"缀毛为之,人居其中",但是伴随着龟兹鼓舞乐激昂澎湃的鼓点节奏,狮子郎做出各种引导动作,指挥狮子表演腾翻、扑跌、跳跃、登高、朝拜等各种技巧,以及挠痒、抖毛、舔毛等各种姿势,甚至还有一些高难度动作。狮子郎对狮子的逗弄,令其做出"习弄之状",都将狮子的雄壮威武与活泼可爱一并展示在舞狮活动中,表现了狮子的"俯仰驯狎之容"。而这些舞蹈动作恰与《通典》卷一四二《乐二》所载龟兹舞的特点相一致:"胡舞铿锵镗□,洪心骇耳。……皆初声颇复闲缓,度曲转急躁,……举止轻飙,或踊或跃,乍动乍息,跷脚弹指,撼头弄目,情发于中,不能自止……"①可谓恰如其分地描述了龟兹舞者舞狮时的动作神情,并将这些舞蹈动作成功地传递到所舞狮子之上,使其灵动活泼起来。而五方狮子舞表演过程中的这些舞姿也可在克孜尔石窟壁画伎乐表演中见到,比如克孜尔第 69 窟中有"撼头"动作、第 17 窟中有"弄目"动作,等等。因此,五方狮子就是龟兹乐舞的典型代表,即使其广泛传播表演于远离龟兹本土的大唐中原地区,仍不能忽视龟兹乐舞对它的深刻影响,龟兹音乐和舞蹈已经成为五方狮子的灵魂,深刻融会到表演之中。

狮子舞在军队等其他私人宴饮娱乐场合则多以《西凉伎》形式出现,体现出异于宫廷乐舞表演的特点,唐朝诗人经常将其写入诗歌中,虽时隔数千年,仍能感受到狮子舞表演时的精彩场景及其背后蕴含的深刻文化内涵。唐诗中

---

① [唐]杜佑:《通典》,北京:中华书局,1984 年,第 738—739 页。

描写狮子舞最著名者当属白居易的《西凉伎》：

> 西凉伎，假面胡人假狮子。刻木为头丝作尾，金镀眼睛银帖齿。奋迅毛衣摆双耳，如从流沙来万里。紫髯深目两胡儿，鼓舞跳梁前致辞。应似凉州未陷日，安西都护进来时。须臾云得新消息，安西路绝归不得。泣向狮子涕双垂，凉州陷没知不知。狮子回头向西望，哀吼一声观者悲。贞元边将爱此曲，醉坐笑看看不足。娱宾犒士宴监军，狮子胡儿长在目。有一征夫年七十，见弄凉州低面泣。泣罢敛手白将军，主忧臣辱昔所闻。自从天宝兵戈起，犬戎日夜吞西鄙。凉州陷来四十年，河陇侵将七千里。平时安西万里疆，今日边防在凤翔。缘边空屯十万卒，饱食温衣闲过日。遗民肠断在凉州，将卒相看无意收。天子每思长痛惜，将军欲说合惭羞。奈何仍看西凉伎，取笑资欢无所愧。纵无智力未能收，忍取西凉弄为戏。

元稹也有一首涉及狮子舞描写的诗歌传世，《和李校书新题乐府十二首·西凉伎》：

> 吾闻昔日西凉州，人烟扑地桑柘稠。蒲萄酒熟恣行乐，红艳青旗朱粉楼。楼下当垆称卓女，楼头伴客名莫愁。乡人不识离别苦，更卒多为沉滞游。哥舒开府设高宴，八珍九酝当前头。前头百戏竞撩乱，丸剑跳踯霜雪浮。狮子摇光毛彩竖，胡腾醉舞筋骨柔。大宛来献赤汗马，赞普亦奉翠茸裘。一朝燕贼乱中国，河湟没尽空遗丘。开远门前万里堠，今来蹙到行原州。去京五百而近何其逼，天子县内半没为荒陬，西凉之道尔阻修。连城边将但高会，每听此曲能不羞。

比较《新唐书·礼乐志》中对"五方狮子"的描述和白居易、元稹两首涉及狮子舞描写的诗歌，可以发现一个问题，即同样是狮子舞，《新唐书》将其视为龟兹伎的代表性乐舞，而白、元两诗歌却将其归入西凉伎的行列。而不管是隋《九部乐》还是唐《十部乐》,龟兹伎和西凉伎都是并列的两部乐。这到底是怎么回事呢?其实,考之龟兹乐和西凉乐的形成过程,可知西凉伎与龟兹伎之间存在着密切关系,西凉伎本身含有丰富的龟兹伎因素。据《通典》卷一四六《乐六》所载:"《龟兹》乐者,起自吕光破龟兹,因得其声。吕氏亡,其乐分散,后魏平中原,复获之。……周武帝聘突厥女为后,西域诸国来媵,于是有龟兹、疏勒、安国、康国之乐。帝大聚长安胡儿羯人白智通教习,颇杂以新声。"①而据《隋书·音乐志》载:"《西凉》者,起苻氏之末,吕光、沮渠蒙逊等据有凉州,变龟兹声为之,号为《秦汉伎》。魏太武既平河西得之,谓之《西凉乐》。至魏、周之际,遂谓之《国伎》。"②隋大业中置《九部乐》时,又将《国伎》改为《西凉伎》。前秦末年,吕光攻占龟兹后,曾"以驼二千余头,致外国珍宝及奇伎、异戏、殊禽、怪兽千有余品,骏马万余匹而还"③凉州,共获得龟兹乐器十五种、工二十人,以及以《善善摩尼》《于阗佛曲》为代表的西域佛曲。这些乐舞伎艺尤其是龟兹乐舞,成为《西凉伎》形成的基础。加之"晋朝和南北朝时期,大量的龟兹人不仅迁至凉州,而且还有部分龟兹人迁徙到秦州(今甘肃天水市)一带"④,也为音乐的改造提供了现实依据。《太平广记》还记载了凉州本地乐舞《凉州曲》与龟兹的关系,故事讲述李謩为开元年间教坊吹笛之第一人,有一次应邀到湖上吹笛,众人皆赞咏不绝,唯独孤生不置可否,如是者再,众人皆怒。李生曰:"公如是,是轻薄为?复是好手?"独孤曰:"公试吹凉州。"至曲终,独孤生曰:"公亦甚能妙,然声调杂夷乐。得无有龟兹之侣乎?"李生大骇,起拜曰:"丈人神绝,某亦不自知,本师实龟兹人也。"⑤龟兹乐传至凉州后,便与《凉州曲》等凉州本地所传中原乐舞相融合进而形成《西凉乐》。可见,西凉伎的确是在龟兹伎基础上"变龟兹声"而创编出来的一种新型乐舞,龟兹乐也的确是西凉乐的一个重要源头。西凉乐必定受到

① [唐]杜佑:《通典》,北京:中华书局,1984年,第763页。
② [唐]魏征:《隋书》,北京:中华书局,1973年,第378页。
③ [北齐]魏收:《魏书》,北京:中华书局,1974年,第2085页。
④ 张建春:《论晋唐时期西域龟兹文化与中原文化的交融》,《新疆师范大学学报(哲学社会科学版)》2007年第3期,第87页。
⑤ [宋]李昉等编:《太平广记》,北京:中华书局,1961年,第1553—1554页。

龟兹乐舞的深刻影响。龟兹伎和西凉伎的区别及传承关系,可以通过比较两部乐的乐器得知。《隋书》卷十五《音乐志》载《西凉伎》演奏的乐器有:钟、磬、弹筝、搊筝、卧箜篌、竖箜篌、琵琶、五弦、笙、箫、大筚篥、长笛、小筚篥、横笛、腰鼓、齐鼓、担鼓、铜拔、贝等共计十九种。《隋书·音乐志》载《龟兹伎》所用乐器有:竖箜篌、琵琶、五弦、笙、笛、箫、筚篥、毛员鼓、都昙鼓、答腊鼓、腰鼓、羯鼓、鸡娄鼓、铜拔、贝等共计十五种。两相比较可知,龟兹伎使用笛、筚篥各一,而西凉伎使用笛、筚篥各二,乐器相同,数目不同。同时《西凉伎》中的竖箜篌、琵琶、五弦、大筚篥、长笛、小筚篥、横笛、腰鼓、铜拔、贝等胡乐乐器均与《龟兹伎》中乐器重合。因此整体而言,西凉乐乐器种类与龟兹乐乐器相合者有十三种,多达乐器总数的一半以上,西凉乐之龟兹乐基因不可谓不强大,这也是为何史书有西凉乐是"变龟兹之声"而来的说法。实际上,周隋以来的音乐形式基本都与龟兹乐相关,乐舞或直接用龟兹乐演奏,或以其变声西凉乐为之。

同时还要注意的是,《西凉乐》之狮子舞并非《龟兹乐》之五方狮子。两者均为狮子舞,但却存在明显不同。《西凉乐》之狮子舞已经更鲜明地体现出歌舞戏的戏剧特征。第一,《西凉伎》应是西凉乐融汇《狮子舞》《胡腾舞》所形成的一种新的乐舞形式,在凉州时已经成熟,并且经由凉州传至中原地区;五方狮子舞则是唐朝宫廷用于宴饮朝会时的一种乐舞表演,其形成时间应为狮子舞(包括《西凉伎》中的舞狮表演)以龟兹、凉州等为中转站而最终传至唐代长安后,又经太常寺中专职机构和官员培训排演而成[1],《西凉伎》对五方狮子表演应该有一定的影响和启发意义。第二,据史书记载,五方狮子配套乐曲为《太平乐》,以龟兹乐演奏之;白居易、元稹诗歌中所描述之狮子舞,属于《西凉乐》,虽然《龟兹乐》与《西凉乐》之间存在着传承关系,但是两者还是有所区别的,管弦杂曲多用《西凉乐》,鼓舞曲多用《龟兹乐》。因此元白诗歌中的狮子舞表演时应为多以管弦杂曲演奏的西凉乐,其乐声更多呈现出娴雅的特点。第三,五方狮子表

---

[1] 按:《旧唐书》卷四四《职官志三》列举太乐署的职责之一便是:"凡大宴会,则设十部伎。"《太平乐》(《五方狮子》)即属于十部伎后来所分坐、立二部伎中的立部伎。

演时为五组狮子,每组十二人,再加上演奏《太平乐》所需之百四十人,共计二百人;而据白诗可知,其所描述的狮子舞由两胡儿担任狮子郎,因此应该只有一头狮子。第四,传自凉州地区的以《西凉乐》伴奏的狮子舞应为狮子舞东传中原时的一个重要转折点,因此该狮子舞的具体表演内容与最终传至中原地区、呈现出愈加成熟华美状态的宫廷五方狮子是不一样的。在乐舞规模、服饰装扮等方面,《西凉乐》之狮子舞肯定没有五方狮子更加完备正规。同时,史书所载五方狮子之狮子郎,服饰皆作昆仑象;《西凉乐》狮子舞之狮子郎,"高鼻紫髯",实际已为胡人扮相,显示出一定区别,表明舞蹈的最初起源地和流行地有所不同。第五,两种狮子舞的演出规定不同,《龟兹伎》之狮子舞为朝廷乐舞,由太常寺及其下级机关太乐署负责管理,只有在诸侯群臣朝拜天子或者聘问献纳宴享等朝廷重大庆典时才可演奏,私人在民间是不能表演观看的。《旧唐书·赵宗儒传》就有言:"太常有《狮子乐》,备五方之色,非会朝聘享不作,幼君荒诞,伶官纵肆,中人掌教坊者移牒取之。宗儒不敢违,以状白宰相。宰相以为事在有司执守,不合关白。以宗儒怯不任事,改太子少师。"[1]赵宗儒本为管理师子乐的太常卿,因中人取五方狮子并在非朝会聘享场合演出,恐惧担忧并告之宰相,以致后来降为闲散之官;王维更是因为伶人舞黄狮子受到牵扯而被贬为济州司仓参军,这对他一生仕途都产生重要影响。可见唐朝对五方狮子的演奏管理是非常严格的。元、白《西凉伎》描述的是唐代将领歌舒翰镇守凉州时宴请将士饮酒享乐的场景,狮子舞表演虽然场面宏大,但仍然属于民间世俗场合的表演,与五方狮子不可同日而语。因此,五方狮子是与龟兹乐器所奏之《太平乐》配套演出的,代表着皇室权威,由太常卿管理,只可在宫廷特殊场合进行表演;民间表演的狮子舞则是以《西凉伎》为音乐的民间演出,且要避免形成五方狮子的演出阵势。元稹、白居易在私下宴饮场合所欣赏者,必非五方狮子,而是《西凉伎》之狮子舞。《西凉伎》本是由胡腾舞和狮子舞共同编组而成,其歌舞演奏中包含两个乐舞的内容,这一点在元稹诗歌中表现较为明显:"狮子摇光毛彩竖,

---

① [后晋]刘昫:《旧唐书》,北京:中华书局,1975年,第4363页。

胡腾醉舞筋骨柔。"元、白《西凉伎》中的狮子舞表演虽以西凉乐为伴奏,但白诗正文进一步反映了其所描述的狮子郎、狮子舞与龟兹间的密切关系,由"道是凉州未陷日,安西都护进来时"可知,西凉伎的演员(即狮子郎)来自龟兹(唐朝时安西都护府治所),因为"安西路绝归不得"而悲伤哭泣。这一内容恰好说明狮子舞首先是由龟兹传至河西走廊凉州地区,也印证了本文前面所叙狮子舞东传中原时是以龟兹为重要中转站、以凉州为东进枢纽站的观点。

狮子舞本为普通的歌舞表演,狮子郎虽然"戴红抹额,衣画衣,执红拂子",着表演装束,但其实质却是百戏类的歌舞表演,借狮子勇猛无畏的吉祥寓意,增加节日表演的喜庆气氛和美好祝愿,原始的狮子舞中并没有特定的故事情节包含在内,自然也没有明显的戏剧色彩。即使在朝廷上表演的五方狮子舞,其戏剧性也不是那么明显。狮子舞真正成为歌舞戏或全能剧的代表作①,是在其成为《西凉伎》歌舞表演内容之一后。西凉伎在表演狮子舞的同时,演员参与了更为广阔的故事书写,于是呈现出戏中有歌舞、歌舞中有故事的特点。西凉伎中的狮舞表演因为结合时代背景,加入了更多的现实故事和感情因素在内,并以歌舞形式表现出来,因此具备明显的戏剧性色彩。第一,《西凉伎》具备一定的故事情节。该剧的故事背景是:安史之乱后,唐朝国力逐渐衰退,位于西南地区的吐蕃趁机作乱,侵吞了唐王朝西南、西北大片领地,河西地区被完全阻断,整个中国处于动荡不安之中。天宝年间,凉州尚未陷落时,安西都护向中原进贡狮子,由两位胡人护送而来并负责驯服,胡人暂住中原,时刻惦念归乡。后来凉州失守,河西走廊断绝,胡人难以返回安西,时刻忧伤悲愤,只能逗弄狮子排遣郁闷,但却触景生情,想到与狮同来却不得归去,不禁对狮涕泣。岂料狮子与人感同身受,也西望哀吼。这一声吼叫足令胡人惊讶诧异,也令观者悲伤流泪。狮兽尚如此,何况人乎!胡伎且如此,何况汉将士!第二,生动鲜明的戏剧形象。《西凉伎》中所出现的人物形象即为"两胡儿",就其服饰装扮而言,胡儿

---

① 按:任半塘先生在《唐戏弄》中称《西凉伎》为全能剧的代表作。参见任半塘:《唐戏弄》,上海:上海古籍出版社,2006年,第529—553页。

"假面",并非带有假面具,而是涂面化妆并加以局部修饰,而形成"高鼻紫髯"的效果。两胡儿既是与狮子相向而望、双目含泪、有家难归的流浪者,又是舞弄狮子、参与表演的狮子郎。白诗有"紫髯深目两胡儿,鼓舞跳梁前致辞",两胡儿作为《西凉伎》主要演员,不仅通过表演抒发了凉州失陷、边镇失守后将帅软弱无能、不思收复的悲愤之情,更作为整幕戏剧的引导者,在舞狮表演中穿插进对故事的科白介绍,两胡儿在该剧中所扮演的角色非常重要。尤其值得注意的是"前致辞"一语,已经具备代言体的说白功用,这也是戏剧性的表现之一。胡儿致辞应该是向狮子(同时也是向观众)讲述自己与狮子千里迢迢来到中原,但是凉州陷落却有家难回,并对狮子发出问话:"凉州陷没知不知?"狮子以其回头西望做出反应,这实际具有了戏剧的对话效果;观众看戏状态也不一样,将士的"醉坐笑看看不足"与征夫的"见弄凉州低面泣"形成鲜明对比,也可看作是对胡儿致辞的一种观看反应。除了两胡儿,该剧塑造的另一形象是狮子,在戏剧故事情节中,狮子为真兽,可以感知到狮子郎的情感并对其产生惺惺相惜之情;在狮子舞中,两胡儿调弄的狮子应至少由两人表演,其衣着虽未描绘,但据史书中对五方狮子和狮子郎的描绘,狮子郎应该也是头戴红抹额、身着彩绣衣、手持红拂子,狮子则外披雄狮状貌的演出服,狮头以木刻之,狮尾以丝做之,金粉涂抹眼皮,银片装饰牙齿。狮子或腾空跳跃,昂首摆耳,做英勇无畏状;或披毛而舞,眨眼回首,做乖巧驯服状,无不生动活泼、精神抖擞。新疆阿斯塔那墓曾出土过一件唐代狮子舞陶俑(图4.6),狮子昂首挺立,头部与躯干连为一体,狮身上压有细密弯曲的线状花纹象征狮毛,狮背有三个竖条装饰,狮子双眼圆睁、眼球外凸,狮嘴半张,露出舌齿。狮子四脚明显为两个舞狮人的腿足,动作像正在舞狮。狮子陶俑之摇头晃脑、眨眼摆尾的姿态与白诗相关描述恰好对应。值得注意的是该墓还出土了一件黑人俑(图4.7),手持棍棒,极有可能是史书所载狮子舞中"作昆仑象"的狮子郎。第三,戏剧冲突较为尖锐。《西凉伎》中的戏剧冲突主要表现为戏剧形象(胡儿和狮子)与社会环境之间的冲突。据前文背景分析可知,安史之乱以后唐朝国势衰落,面对逐步沦陷的国境,将帅无能,不但不思收复,反而沉迷宴饮游乐。在这样一种情境之下,胡儿和狮子

图 4.6 吐鲁番阿斯塔那第 336 号墓
唐代狮子舞陶俑①

图 4.7 吐鲁番阿斯塔那第 336 号墓 唐代黑人俑②

有家难回,虽日夜思念家乡,却也只能西望哀号以表达心中的愤怒不平。胡儿
所渴望的国泰民安与大唐现实之生灵涂炭形成鲜明对比,而当时观赏《西凉伎》
的将士虽不是大唐衰微的始作俑者,但其不作为的表现却加速了这种形势的恶
化。《西凉伎》中的狮舞表演并非诗人要批判的对象,恰恰相反,狮子郎在表演
过程中所传达出来的对祖国和家乡的热爱,正鞭挞了沉迷于歌舞升平的边疆将
帅的无能与骄奢,从而在戏剧表演者和观赏者之间也形成一组对比鲜明的冲
突。第四,具有一定的表演性。无论是胡儿与狮子的"涕双垂",还是狮子的回头
西望、哀吼一声,无不充满表演者深厚的感情,真情投入是表演能够完美展现的
前提。戏剧的表演性还体现在动作的生动形象上,无论是胡儿的"鼓舞跳梁前
致辞",还是狮子的"奋迅毛衣摆双耳",都表现出这一特点。成功的戏剧表演还
在于引起观众的共鸣,表演者不仅需要感动自己,更需要将戏外之人拉入戏内
之境,并促使其有所反应。元、白等诗人对这一乐舞形式的描写恰从客观上反
映了时人对《西凉伎》的喜爱程度:"贞元边将爱此曲,醉坐笑看看不足。娱宾犒
士宴监军,狮子胡儿常在目。"第五,音乐与舞蹈的有机结合。该剧所用音乐为

---

① 《中国音乐文物大系》总编辑部:《中国音乐文物大系·新疆卷》,郑州:大象出版社,1999 年,第 205 页。
② 《中国音乐文物大系》总编辑部:《中国音乐文物大系·新疆卷》,郑州:大象出版社,1999 年,第 205 页。

西凉乐,西凉乐从龟兹乐变化而来,同时也吸收了中原"清商乐"标志性乐器"钟磬"的特点,从而表现出娴雅的音声特质,其所用曲调可能为《凉州》大曲、《西河狮子》或者《胡醉子》等,而不太可能用到配合五方狮子在宫廷场合演奏的《太平乐》。据《唐戏弄》所言,《西凉伎》发生过几次变化,最初仅指音乐,后来成为结合《狮舞》和《胡腾舞》的乐舞形式。凉州陷没之后,时人激愤,便删去《狮舞》,专注《胡腾》而发其思乡之情。贞元末年,六州陷落已久而君臣不思收复,民愤愈深,便又恢复《狮舞》,通过表现狮子的思乡回望而讽刺封疆,这也正是白诗所叙述阐发的情境。①因此,《西凉伎》中的舞蹈是《狮舞》与《胡腾舞》并存且相互穿插,《狮舞》中有两胡儿作为狮子郎引导调弄狮子的舞蹈场面,与狮共舞而非专做导引,另在《胡腾舞》中还可见胡儿跳跃腾踏之雄健迅急、潇洒奔放,元诗"狮子摇光毛彩竖,胡腾醉舞筋骨柔"可谓两种舞蹈形式的有机结合。

而白氏《西凉伎》狮子舞的某些戏剧性特征也可以通过日本《信西古乐图》中关于唐代狮子舞表演的记载(图 4.8)进行印证,将两者进行图文对比,发现有一些相似之处。图中狮子全身覆毛,头部虽看不出是否由木头刻成,但是尾巴确实是以丝做成,狮目巨大且炯炯有神,牙齿尖尖似乎发出耀眼白光,两耳直立显得精神抖擞。狮子腿部明显为人腿,脚上还穿着与狮子身上条纹近乎一致的舞鞋,显示出这只狮子是由两人装扮而成,与白诗所言"假狮子"相合。一个狮子郎(并未戴假面)左手牵着拴狮子的绳子,右手持杆,做戏弄状,在其左

图 4.8　日本《信西古乐图》所载唐乐《狮子舞》形象图②

---

① 任半塘:《唐戏弄》,上海:上海古籍出版社,2006 年,第 531—532 页。
② 中国音乐研究所:《信西古乐图》,北京:人民音乐出版社,1958 年,第 35—40 页。

右,还有两名舞者在跟随节奏跳舞,与白诗所言情形相合。其旁边则是由十一人组成的乐队,左八人右三人,相对奏乐,其乐器有大鼓、腰鼓、横笛、觱篥等,也有拍手打节拍者。画面虽静止,但从中亦可感受到这场乐舞表演的热闹程度。从画面来看,狮子郎眼睛看向狮子,正在与其进行眼神或语言交流,而随着音乐节奏,狮子和狮子郎共同舞蹈,两者已不再是单纯的百戏表演,而是带有更多戏剧性特征。日本正仓院所藏"狮子儿"的伎乐面(图4.9、4.10),"从正面看不大清楚,但是从侧面可以清楚看出仍是西域胡人"[①]。

综上而言,狮子舞的发展演变经历了一个过程,从其重要中转地龟兹开始,狮子舞从乐舞百戏表演发展到凉州的民间西凉伎,再演变至长安的宫廷五方狮子。这三种关于狮子舞的艺术形式应该是并存的,有其各自独特的演出场合和机制;其中《西凉伎》中的狮子舞是最具戏剧色彩的,并且成为唐代歌舞戏的典型曲目之一。《西凉伎》中的狮舞表演来源于现实而又回归现实,在其发展过程中,逐渐演变成具备完整故事情节、生动戏剧形象、鲜明冲突矛盾等戏剧基本因

 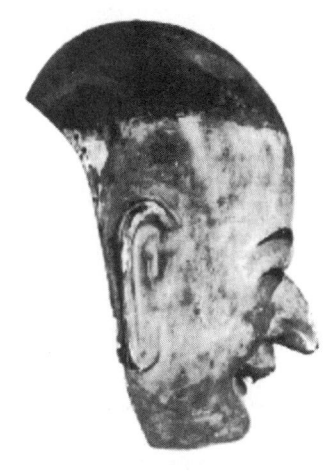

图4.9　日本正仓院所藏狮子　　　图4.10　日本正仓院所藏狮子
　　　儿伎乐面　正面　　　　　　　　　儿伎乐面　侧面

① 周菁葆:《日本正仓院所藏伎乐面钩沉》,《艺术百家》2013年第3期,第159页。

素,并富有表演性的乐舞兼备的戏剧艺术形式,呈现出任半塘先生所言之全能剧的特点①。其中,以龟兹乐器演奏和舞蹈表演为代表的龟兹乐舞文化对《西凉伎》中的戏剧人物形象塑造和故事情节展示都起到了重要作用。

---

① 按:任半塘先生在《唐戏弄》中对"全能剧"进行了定义:"唐戏之不仅以歌舞为主,而兼由音乐、歌唱、舞蹈、表演、说白五种伎艺,自由发展,共同演出一故事,实为真正戏剧也。"任先生认为《西凉伎》是借伎艺名作剧名,如果按照后世情形为其取名的话,可以称之为《雄狮恨》《胡儿思乡》或《凉州梦》。仔细审视这三个剧名,已经带有浓厚的情感色彩和故事情节,与《西凉伎》所体现出来的戏剧性相一致。同时还应注意的是,九部伎、十部伎中的《西凉伎》与元、白新乐府诗之《西凉伎》是不同的,前者是朝廷所设乐部之一,在其之下又有乐舞表演的相关制度;后者为新乐府诗的名字,取其名只是为了以诗歌写时事。前者作为九部伎、十部伎中的一种,符合朝廷设置伎乐的基本思想,都是为了彰显国力的强盛以及诸方来贺的威严性,因此主要表现大唐的繁华盛世及兼容并包情怀;元、白之《西凉伎》将安史之乱后凉州陷落、边将无力收复失地的背景纳入其中,思想感情与前者截然不同。九部伎、十部伎中的《西凉伎》属于燕乐,用于宴享群臣,因此其艺术形式为乐舞表演;白氏之《西凉伎》已经具备全能剧的戏剧特征,属于散乐。王建琴在其硕士学位论文《唐代〈西凉伎〉研究》中也进行过表述。在《唐戏弄》中,任先生从剧情、致辞、表演、歌舞、服饰、效果六个方面对《西凉伎》的戏剧性进行了全面描述,可谓鞭辟入里,当以之为基础进行学习研究。

第五章　唐五代时期的龟兹本土文学

　　龟兹地处丝绸之路交通要道,是古印度、希腊罗马、波斯和汉唐四大文明在世界上的唯一交汇处,汇集东西方多元文化,经济、政治地位显著。悠久的历史、灿烂的文明也成就了龟兹古国在文学方面的造诣。如同其他文明中心一样,龟兹本土文学的最初形态表现为丰富多彩的传说故事,包括神话传说和民间传说,它们是龟兹古国及其民族异常宝贵的精神财富,承载了龟兹人对周围世界的最初认知,也彰显出龟兹古国所经历的原始社会变迁。唐五代时期的文学作品就记载有龟兹本土成长起来的传说故事, 而龟兹神话传说及民间传说的故事内容及人物形象也成为创作题材, 尤其是其丰富多彩的想象激发了文学家的浪漫情怀与创新能力,这些都在一定程度上影响了后世的文学创作。同时,古龟兹国佛教信仰浓厚,本地成长起来的佛教故事也成为龟兹本土文学的重要组成部分。西域与内地僧侣在古丝绸之路上的交通往来,加之龟兹在佛教东传过程中的重要作用, 使得龟兹佛教故事能够传播至中原并被保留在唐代僧侣的文学作品中。

　　龟兹传说故事和佛教故事共同构成了龟兹本土文学的主体[1],它们的形成是一个漫长而复杂的过程,并非某一朝代的产物。但到唐代时,龟兹传说故事

---

　　[1] 按:正如《龟兹古国史》所言:"在汉唐时期,中原的文学主要包括诗歌、辞赋、神话、仙话、鬼话等。是时的龟兹文学没有那么复杂,据现有材料,我们只知道有佛教故事、神话故事等。"刘锡淦、陈良伟著:《龟兹古国史》,乌鲁木齐:新疆大学出版社,1992年,第178页。

和佛教故事被较多著录于唐五代文人编撰的史学及文学作品中，并呈现出主题鲜明、情节曲折的文学性特点，成为后人了解龟兹文学、文化的一个切入点。本文所言及的唐代龟兹本土文学便直接指向这两者。理解并剖析这些文学作品，对于今人探索龟兹古国和民族的真实面貌具有重要意义。它们不仅是非常有代表性的地域文学作品，同时也是唐五代文学的一部分，对于建构和完善我国多民族文学体系具有重要价值。

第一节　龟兹传说故事

龟兹文化古老而又神秘，充满着奇异色彩。诞生于这样一种原始文化基础之上的龟兹传说故事，也必然如同散落于文化长河中的一颗颗珍珠，既饱含着龟兹历史的悠久厚重，又闪烁着龟兹文明的光辉灿烂。龟兹传说故事既包含与民族生存发展息息相关的神话传说，又囊括体现社会历史风俗的民间传说。这些文学文本无不表现出古代龟兹人民观察、认识并且希望改变世界的朴素愿望，它们不但是龟兹古国及人民的重要文学遗产，而且是古代中国及中华民族的宝贵精神财富，在文学史上有着特殊意义。作为本民族尚处于萌芽阶段的文学作品，其题材内容和思想感情对本民族精神品格和文化内涵的形成具有重要作用，反映了本民族形成发展过程中的历史风貌和社会特点。比如龟兹传说故事也与佛教有着千丝万缕的联系，这实际是龟兹古国佛教兴盛的客观表现。随着古西域与中原地区经济、政治、文化交流的深入发展，龟兹本土的神话故事和传说故事也沿着丝绸之路传至中原，并记载于唐代文人的作品之中。

一、龙与龟兹王

唐五代时期的龟兹神话传说可以记录于唐代玄奘《大唐西域记·屈支国》中的《大龙池与金花王》为代表。该故事内容如下：

国东荒城。国东境城北天祠前,有大龙池。诸龙易形,交合牝马,遂生龙驹,㤘戾难驭,龙驹之子,方乃驯驾,所以此国多出善马。闻之耆旧曰:近代有王,号曰金花,政教明察,感龙驭乘,王欲终没,鞭触其耳,因即潜隐,以至于今,城中无井,取汲池水。龙变为人,与诸妇会,生子骁勇,走及奔马,如是渐染,人皆龙种,恃力作威,不恭王命,王乃引搆突厥,杀此城人,少长俱戮,略无噍类。城今荒芜,人烟断绝。①(玄奘《大唐西域记·屈支国》)

唐朝文学作品中还有一则记录于段成式《酉阳杂俎》中的《阿主儿降龙》故事,与此相类,一并抄录于下:

古龟兹国王阿主儿者,有神异力,能降伏毒龙。时有贾人,买市人金银宝货,至夜中,钱并化为炭,境内数百家皆失金宝。王有男,先出家,成阿罗汉果。王问之,罗汉曰:"此龙所为。龙居北山,其头若虎,今在某处眠耳。"王乃易衣持剑默出。至龙所,见龙卧,将欲斩之,因曰:"吾斩寐龙,谁知吾神力?"遂叱龙。龙惊起,化为狮子,王即乘其上。龙怒,作雷声,腾空至城北二十里。王谓龙曰:"尔不降,当断尔头。"龙惧王神力,乃作人语曰:"勿杀我,当与王乘,欲有所向,随心即至。"王许之,后常乘龙而行。②(段成式《酉阳杂俎》卷十四)

两则龟兹神话传说可从以下几点进行文学比较。首先从出处看,《大龙池与金花王》出自玄奘《大唐西域记》,《阿主儿降龙》出自段成式《酉阳杂俎》,一为游记散文,一为笔记小说,两书都描述了异域珍奇物事,有传奇小说之风范,这里所选两则神话传说尤为明显地体现出这一特点。

进一步分析故事文本,还可发现两则传说存在诸多内容上的相同之处:第

---

① [唐]玄奘撰,章巽校点:《大唐西域记》,上海:上海人民出版社,1977年,第3—4页。
② [唐]段成式撰,方南生点校:《酉阳杂俎》,北京:中华书局,1981年,第105—106页。

一，故事发生地相同，《大龙池与金花王》有言"国东境城北天祠前有大龙池"，《阿主儿降龙》亦言"古龟兹国王阿主儿者，有神异力，能降伏毒龙……龙居北山"，龙之居所都位于龟兹国城北部①。第二，主人公身份相同，均为龟兹王。《大龙池与金花王》主人公为金花王，梵文写作 Suvarṇapuṣpa，据季羡林考证，其应是公元 438 年至公元 504 年内某段时间在位的一位龟兹王②。《阿主儿降龙》主人公为阿主儿，也是一位龟兹王。第三，出现的兽均为龙，具有神奇本领，可变换形体，所化之物均具备龙之精神或特点。《大龙池与金花王》中，龙变形后（应是变为牡马）与牝马交合而生龙驹，即为强壮骏马；还可变形为人，与妇人媾和而生人子，骁勇善跑。《阿主儿降龙》中龙受惊变作威武雄壮的狮子与阿主儿对抗。第四，故事情节发展相类，龙或主动臣服或为恶作乱，但最终都归顺于英勇神武的龟兹王。《大龙池与金花王》中，龙起初感动于金花王的清明政治，主动供其骑乘，听从王命后潜隐；后与城中妇人生骁勇善战后代，违抗王命，迫使金花王联合突厥人屠城以平祸。《阿主儿降龙》中，龙窃人金宝，烧人钱币，引发王怒，誓要屠龙，最后阿主儿驯龙为其坐骑。

两则故事都是龟兹本土文学的典型代表，体现了龟兹神话传说的文学性特征。比如想象奇特：龙的变化多端使其存在形象上的不确定性，与不同物种结合所生后代亦具备神异色彩；塑造了鲜明的人物形象，两位龟兹王都具备英勇无畏的品质、高瞻远瞩的谋略；连恶龙形象都描绘得令人如见其形、如闻其

---

① 按：今从库车出发，沿天山公路向北行驶约 120 公里，即可到达位于天山深处的大龙池。

② 参看季羡林：《龟兹国王金花考》，《文史知识》2001 年第 3 期，第 14—18 页。按：季羡林先生引用德国梵文学者吕德斯的论证，并结合其在梁宝唱的《比丘尼传·伪高昌都郎中寺冯尼传》中新发现的材料论证了玄奘《大唐西域记》中所言之"金花王"并非《新唐书·龟兹传》所载向唐高祖进贡的苏伐勃駃。吕德斯的学生瓦尔德施米特将玄奘的"闻诸先志曰：近代有王"译作"人们听到过去的志传（报告）"，其中说：前一个朝代有一位国王，名叫金花。这里需要注意的一个问题是：如果玄奘所言之金花王为唐朝苏伐勃駃，他在唐高祖受禅时去世，其在位终止时间应为公元 618 年。如果他是玄奘此处所言之金花王，"乃引勾突厥，杀此城人"的叙述与突厥战胜柔然并将龟兹纳入统辖的说法相一致；也与唐初西突厥可汗将女儿嫁给龟兹王诃黎布失毕（即苏伐勃駃的儿子）有着密切关系。但从《大龙池与金花王》相关叙述，如"王欲终没，鞭触其耳，因即潜隐，以到于今。""龙变为人，与诸妇会，生子骁勇，走及奔马。如是渐染，人皆龙种，恃力作威，不恭王命。"可以看出，从龙听从金花王旨意、潜隐颇久，到龙与妇人交会生子皆为龙种、不听王命，应该经历了很长时间，不应是唐朝苏伐勃駃的经历。但季羡林所推测的另一位金花王在位期间并未与突厥有直接关联。传说中的相关经历应该是结合北魏以后突厥统一西域的史实进行编纂的。

声。但两则故事在叙述方式上略有不同,《大龙池与金花王》以第三人称叙述,故事显得波澜不惊;《阿主儿降龙》则更擅长通过动作描写及内心情感的变化表现人物个性,推动故事发展。除此之外,还可以从两则故事中挖掘出龟兹文学作品背后丰富的文化现象,并结合历史文献及考古实物进行分析,以便对文学作品进行更全面的解读。在此过程中不仅可以提炼出龟兹神话传说在龟兹古国及民族形成、发展过程中所传达的精神力量,还可与古代社会、历史生活相勾连,探究其所阐释的人类文明的共同现象。不能仅仅将龟兹神话传说视作普通的个体文本,更应看重其背后所体现出的汇通时空的意象内蕴,将不同历史时期、地理范围的不同文化现象进行整合从而形成新的风貌并展示在文学作品中。而且,背景越复杂、跨度越久远的文学形象,其内涵往往越深厚,文化对文学的正面影响以及文学对文化的顺承揭示也就越明显。"龙"这个意象恰恰就具备这样的特点,两则神话传说中的龙形象,不仅是推动故事发生发展的原动力,还承载着更为厚重的文化启示意义。

考察《大龙池与金花王》《阿主儿降龙》,其记录者玄奘、段成式均生活于唐朝,虽然一为记录作者在龟兹国亲耳听闻的传说,一为记录作者所搜集整理的异域奇闻,但故事都是围绕龟兹王与龙进行的,可见两者之间应有着密切关系。探究龟兹国祖先吐火罗人的信仰,可在一定程度上对这个问题做出解释。仲高先生在《龟兹文化导论》中说:"吐火罗人早期是信仰龙马神的游牧部落,他们定居于天山以南绿洲以后开始信仰佛教。"他还进一步引用学者考证结果指出:"吐火罗人龙神的艺术原型实乃印欧人原始宗教的双马神。这和先秦文献将中亚马称作'龙'是一致的。"印欧信仰系统的双马神传至龟兹地区后为其所接受,成为其精神信仰的载体,古龟兹国所辖区域就曾出土过带有双马神图像的物件,"温宿、轮台、焉耆、吐鲁番等地均有出土",比如"轮台琼巴克古墓出土的属于公元前800至公元前400年间的文物,是一件双马神牌饰"[1]。这一信仰也深深体现在龟兹文化当中。龟兹文化与中原文化的交流互鉴可向前延伸

---

① 仲高:《龟兹文化导论》,《龟兹学研究》2012年第四辑,第303—317页。

至张骞开通西域时，包括龟兹在内的西域与中原在政治、经济交往的同时也拓展了文化往来。《汉书·西域传下》就曾记载龟兹王绛宾"乐汉衣服制度，归其国，治宫室，作缴道周卫，出入传呼，撞钟鼓，如汉家仪。外国胡人皆曰：'驴非驴，马非马，若龟兹王，所谓骡也'"①。龟兹地区还曾出土过一些汉文官府文书、民间契约以及汉文佛经。中原地区的龙图腾也随之潜移默化地输入古龟兹。而龟兹先人的龙马神信仰在其传承过程中也与中原汉文化的龙图腾发生密切关系，从而形成新的文学形象。龙在中原文化体系中一直处于重要地位，其最初以图腾形式成为中华民族的崇拜对象，本身就是各民族图腾信仰的一个综合体，龙在传统观念中被赋予英勇威严、神通多变、惩恶扬善等诸多本领和品质。而中原地区的龙图腾也在异质文化的互相吸收和借鉴中衍生出新的意义，比如龙与马的结合，这恰与吐火罗人早期的龙马神信仰有一致之处。《周礼》有言："马八尺以上为龙。"②《山海经》亦言："马实龙精。"③因此在中原传统文化中，马与龙有着可融为一体的共性。所谓"龙马"，或指传说中似龙似马的动物，或指跑得很快的骏马，在《西游记》中还演化成西海龙王三太子，因触犯天条被贬下界，后得观音指点，化身为帮助唐僧求取真经的白龙马。《尚书》有言："伏羲王天下，龙马出河，遂则其文以画八卦，谓之河图。"④伏羲降伏龙马，画出八卦，《周易·乾》有言："乾，元亨利贞。初九，潜龙勿用。"⑤《周易·坤》有言："坤，元亨。利牝马之贞。"⑥《周易集解》有言："干宝曰：……行天者莫若龙，行地者莫若马。故乾以龙繇，坤以马象也。"⑦可知龙马原指天地乾坤，被赋予刚健、昌明、激昂、发达等积极向上的因素。中华文化中的"龙马精神"亦用来形容中华民族奋斗不止、自强不息的进取精神。这与龟兹的龙马神信仰也有异曲同工之妙：在

---

① ［汉］班固：《汉书》，北京：中华书局，2007 年，第 975—976 页。
② ［清］孙诒让：《周礼正义》，北京：中华书局，1987 年，第 2629 页。
③ ［清］郝懿行：《山海经笺疏》，杭州：浙江人民美术出版社，2013 年，第 716 页。
④ ［清］阮元校刻，蒋鹏翔主编：《阮刻尚书注疏》，杭州：浙江大学出版社，2014 年，第 1101 页。
⑤ ［唐］李鼎祚：《周易集解》，上海：上海古籍出版社，1989 年，第 6 页。
⑥ ［唐］李鼎祚：《周易集解》，上海：上海古籍出版社，1989 年，第 21 页。
⑦ ［唐］李鼎祚：《周易集解》，上海：上海古籍出版社，1989 年，第 21 页。

长期的发展演化中,马的形象不断与龙糅合而成为新的具象载体,比如马首、龙身、长有羽翼等,今新和县通古斯巴西古城出土过一件龙马纹陶器,外侧陶腹花纹为马首龙身鹰翅的神兽。这一图像所彰显出来的精神内涵与后凉创立者吕光对龟兹良马"天骥龙麟"的评价不谋而合,从中亦可推论出古人喜以龙马结合的物象形容高大健壮、英勇威武、速度耐力俱佳的马,在玄奘所述传说中,这种品种优良的天马是龙与牝马交配而成。

龟兹还生活着其他以龙为图腾崇拜的少数民族,比如旧属古龟兹国的沙雅曾在于什格提出土过一枚刻有"汉归义羌长"的铜印,是汉朝政府给龟兹地区羌族首领的官印,由此可见羌族曾在此大量存在并与龟兹土著杂居共处,而羌族以龙为图腾信仰也势必影响了龟兹古国的其他民众。还需注意的一点是,龟兹与其西域邻国之间也常有交往,势必会产生相互影响,比如与龟兹紧邻的焉耆。敦煌写本《唐光启元年沙州伊州图经》载:"龙部落本焉耆人,今甘肃、伊州各有领首。其人轻锐,健斗战,皆禀皇化。"[1]焉耆国王为龙姓家族,被称为"龙部落"或"龙家";龟兹国王为白姓家族。但两国均使用吐火罗语,只是略有方言差别[2],因此两国的风俗习惯乃至文化传承均有一致性[3]。《阿主儿降龙》中的龟兹国王名阿主儿,可写作 Argir,是"焉耆"的异名,龟兹与焉耆之间的密切关系于此也得以体现。但在此神话传说中,对龙的信仰和崇拜已经在不同文化交融过程中被内化成龟兹独特的民族品格,龟兹与"龙"意象之间的关系不应仅仅被视作焉耆文化的附属产物。从诸多出土实物来看,在龟兹龙马信仰的演化过程中,龙的生物特征越来越明显,比如今库车县苏巴什佛寺遗址出土过一件木雕龙头(图 5.1),今库车县塔里木乡唐王城出土过一个木雕龙首的构件(图

---

① 万斯年辑译:《唐代文献丛考》,上海:商务印书馆,1947 年,第 80 页。

② 按:吐火罗语 A 为焉耆语,吐火罗语 B 为龟兹语,关于两种语言的异同,本文第二章已有相关解说,此处不再赘述。

③ 按:玄奘在《大唐西域记》中对焉耆有如下描述:"伽蓝十余所,僧徒二千余人,习学小乘教说一切有部。经教律仪,既遵印度,诸习学者,即其文而玩之。戒行律仪,洁清勤励。然食杂三净,滞于渐教矣。"其佛教信仰和风俗习惯均与龟兹相类。[唐]玄奘撰,章巽校点:《大唐西域记》,上海:上海人民出版社,1977 年,第 2 页。

5.2)，克孜尔石窟还出土过一个唐代龙首陶祖（图 5.3）。此外，阿克苏博物馆还藏有汉代的龙首铜镯（图 5.4）、唐代的龙形图案铜镜（图 5.5）[1]等。这些考古发现说明龟兹龙马信仰已经被民众吸收消化并渗透到社会生活的方方面面，比如丧葬领域和宗教范围等。

龟兹石窟壁画中体现龙马信仰的也比比皆是，据史晓明先生考证，克孜尔石窟新 1 窟后室前壁有四例龙面纹图案（见图 5.6）；库木吐喇新 1 窟（编号为库木吐喇沟口区第 20 窟）也有四例龙面纹，位于主室左侧壁上端（见图 5.7）。龙面纹乃至龙图像大量出现在龟兹壁画中，与龟兹佛教中的龙意象有着密切

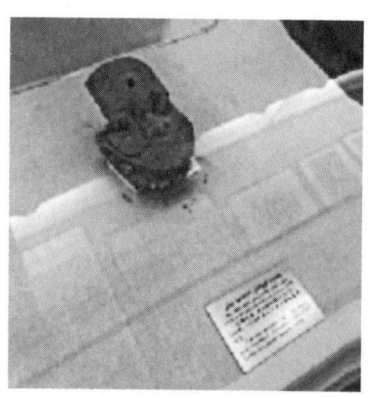

图 5.1 南北朝木雕龙头，龟兹博物馆藏

图 5.2 唐木雕龙首构件，龟兹博物馆藏

图 5.3 唐龙首陶祖，阿克苏博物馆藏

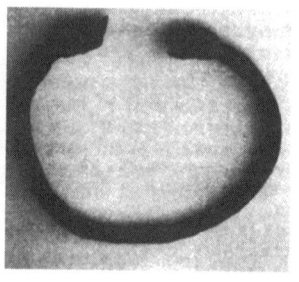

图 5.4 汉龙首铜镯，阿克苏博物馆藏

图 5.5 唐龙纹铜镜，阿克苏博物馆藏

---

[1] 图片 5.2—5.5 均来自陈娟：《龟兹地区龙崇拜之初探》，《丝绸之路》2015 年第 18 期，第 18—19 页。

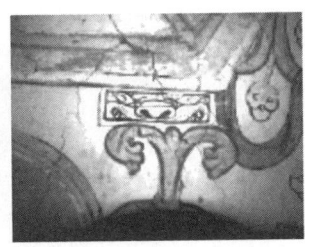

图 5.6　克孜尔新 1 窟后室前壁装饰图案　龙面纹①

图 5.7　库木吐喇新 1 窟主室左壁壁画，王健林摹

关系。龙众(Naga)作为天龙八部之一，是佛教的重要护法神。但龙也有善恶之分，守护佛法的护法龙王代表着"龙之善"，但兴风作浪、危害人间的恶龙则是佛陀斗法教化的对象。自释教传入西域，佛经中的"龙之善、恶"也与诸地方民间传说相结合，龙的身份特征更加多变。《大龙池与金花王》的记录者玄奘即为大唐高僧；《阿主儿降龙》中，龟兹王的儿子出家修成阿罗汉果，识破恶龙伎俩并指引父亲前去捉龙。两个故事中"龙"的身份角色都已浸染佛教内涵，龙已不再仅仅是图腾崇拜的对象，其身上的善、恶特性也使这一形象更加鲜活生动，这在龟兹壁画中也有所呈现。龟兹壁画中有恶龙被降伏的故事，如绘于克孜尔

① 史晓明：《克孜尔石窟第 69 窟的龙图像》，《敦煌研究》2012 年第 4 期，第 16 页。

图 5.8　克孜尔 186 窟主室券顶左侧　降伏火龙

图 5.9　克孜尔 80 窟主室券顶左侧　龙王守护

第 186 窟主室券顶左侧的降伏火龙菱格画（图 5.8），讲述佛陀为教化迦叶便住进有恶龙的石室，石室被恶龙焚烧，但佛终以神通力降伏火龙，图中所描绘的正是蛇形龙在佛身上缠绕攻击佛陀的景象。龙最终被佛陀降伏也与前两个传说故事中龙被龟兹王所制服相一致，体现出善对恶的征服与化解。龙在龟兹壁画中体现更多的是正面形象。如克孜尔第 80 窟主室券顶左侧菱格画中绘有龙王守护图（图 5.9），该故事讲述释迦牟尼成佛后来到牟枝磷陀龙王池边的树下思考，龙王预知天将连下七天雨，便从池中出来绕佛身七匝并将其蛇形龙头覆盖在佛的头部，形成华盖为佛遮雨，龙王则双手合十跪于佛侧。克孜尔 163 窟绘有伊罗钵龙王礼佛的故事（图 5.10），因佛帮助摩纳婆解释了伊罗钵龙王的偈，龙王非常崇敬佛陀便现原形前去礼佛，蛇上所立之人便是龙王到达佛所后恢复的王者形象。这两则壁画故事都显示出龙王虔诚向佛的一面。①还有一幅龙王壁画

① 克孜尔 163 窟的这则壁画故事在《中国新疆壁画艺术 2 克孜尔石窟》中也被收录，但是解读为《贤面受毒蛇身缘》，贤面富贵贪吝，死后变作毒蛇危害于民，佛知晓后便前往调教，佛左侧之人便为贤面，其身下毒蛇，正与其一起听从佛陀说法教化。此种解读可备为一说。

图 5.10　克孜尔 163 窟主室券顶右侧伊罗钵　　　图 5.11　克孜尔第 69 窟　龙王夫妇护法
　　　　　龙王礼佛

非常值得注意，即克孜尔第 69 窟券顶右侧右下角靠近主室正壁主尊的菱格画中绘制了一对龙王夫妇，其头光上的云气中还各自绘有三条蛇形龙图像（图 5.11），这两组蛇形龙排列整齐，相对而立。史晓明指出，这幅壁画的特殊之处在于其绘于靠近主室正壁的主尊位置，这种突出龙王天界地位的制图方式实际提升了供养人的身份和地位。克孜尔 69 窟龙形图像比较多，但只有龟兹本地拥有至高无上地位的王室才能称得起"龙"的名分。[①]至此，龙在龟兹壁画中已不再仅仅是原始的图腾崇拜，它还经历了龙之善、恶的双重形象特征，并最终成为龟兹王权的代表性符号。这一变化过程也体现出龟兹壁画中的龙观念越来越多地受到中原文化的影响，如克孜尔第 198 窟装饰性图案"龙图"中就绘有三条形态各异的龙（图 5.12），但这三条龙的形象都与中原地区的龙图像非常相似；克孜尔 205 窟焚棺图壁画中，金棺前部就装饰有中原龙头的图案（图

————————
① 史晓明：《克孜尔石窟第 69 窟的龙图像》，《敦煌研究》2012 年第 4 期，第 14—19 页。

图 5.12　克孜尔第 198 窟　龙图

5.13)；克孜尔 212 窟主室左壁亿耳因缘故事画中，亿耳等商人在海上运送财宝的船只也雕有中原形式的龙头（图 5.14）；克孜尔 14 窟和 114 窟所绘马璧龙王本生故事画（图 3.23、3.24）①描绘了龙王对入海商人的帮助，两幅故事画中所绘龙王均为中原造型。克孜尔 193 窟主室前壁门道右侧的龙王图像（图 5.15）则更鲜明地体现出龟兹龙文化与中原龙文化的结合。该龙王像立于水池中，身披铠甲，头戴六角高顶毡帽且有头光。壁画中所描绘的龙形图案有两种，一种是龙王左侧四条、右侧三条蛇形龙，同于克孜尔 80 窟龙王守护、克孜尔 69 窟龙王夫妇护法等壁画中龙王头上的图案，这应该是龟兹龙王的传统表现手法；另一种是龙王右手所持龙形幡首上的汉式龙头图像。在这幅壁画中，传统龟兹龙王的蛇形龙图像与中原地区长期流行的汉式龙头图像被巧妙地组合在一起，

 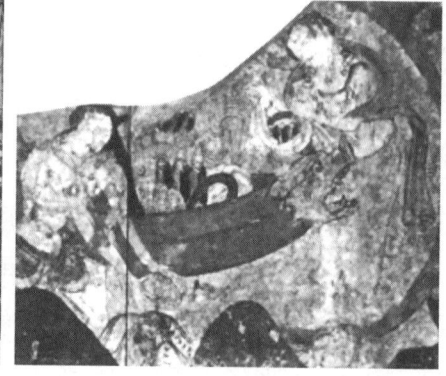 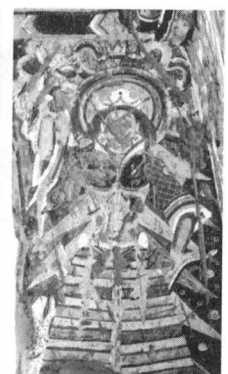

图 5.13　克孜尔 205 窟　　图 5.14　克孜尔第 212 窟　亿耳因缘故事　图 5.15　克孜尔 193 窟
　　　　焚棺图局部　　　　　　　　　局部　　　　　　　　　　　　　　　　　龙王

---

① 关于"马璧龙王"的故事及其图像，本书第三章已有相关介绍。

明显体现出龟兹龙文化与中原龙文化的交流结合。龟兹壁画中的龙图像是对龟兹本地现实文化的反映,在其发展过程中,这一图像形式吸收借鉴了中原文化对龙的特殊身份地位的界定,强化了龙对于政治和皇权的象征意义,并在壁画中将其融会贯通地表现出来。这一文化交融同样体现在《大龙池与金花王》和《阿主儿降龙》两则神话传说中,只是龙在这两则故事中还没有被提升到国家政权符号的高度,尚处于由龙之善、恶到皇权象征的过渡阶段,因此龙虽具备通天变幻的神奇本领,但最终还是归顺于肩负国泰民安使命的龟兹王金花王和阿主儿。

综上可以看出,龟兹神话传说中的龙马信仰实际是龟兹本土文化、中原文化、印欧文化在丝绸之路上经过碰撞、交流所产生的脱胎于各文化母体且进一步融合而成的具备独立特征之新形象。不同文化在碰撞融合的过程中相互吸收借鉴,尤其是多种文化在某一具象上呈现出相似性时,这种互补融合就显得更加"润物细无声"。而文化的这种传播、互通,甚至重组之后再植入的过程都可以通过文学作品客观地展现出来,《大龙池与金花王》和《阿主儿降龙》两则神话传说就鲜明地体现出这一点。

二、《耶婆瑟鸡》羯鼓曲与龟兹千泪泉

古龟兹有一处寺庙叫作耶婆瑟鸡寺,充满着神奇色彩。该寺庙为人所知,更多是由于以之为名的龟兹乐曲《耶婆瑟鸡》的广泛传播。龟兹羯鼓名曲《耶婆瑟鸡》的故事曾记载于宋代赞宁《宋高僧传》卷三《唐丘慈国莲华寺莲华精进传》中:

> 安西境内有前践山,山下有伽蓝,其水滴溜,成音可爱,彼人每岁一时,采缀其声,以成曲调,故《耶婆瑟鸡》。开元中用为羯鼓曲名,乐工最难

其杖撩之术。进寺近其滴水也。①

该曲的相关记载在《宋高僧传》以前还曾出现于唐代僧人圆照大师的散文《悟空入竺记》中：

> 次至安西，四镇节度使、开府仪同三司、检校右散骑常侍、安西副大都护兼御史大夫郭昕，龟兹国王白环（亦云丘兹），正曰屈支城。西门外有莲花寺，有三藏沙门名勿提提犀鱼（唐云莲花精进），至诚祈请，译出《十力经》，可三纸许，以成一卷。三藏语通四镇，梵汉兼明，此《十力经》，佛在舍卫国说。安西境内有前践山、前践寺，复有耶婆瑟鸡山。此山有水，滴雷成音，每岁一时，采以为曲，故有耶婆瑟鸡寺、东西拓厥寺、阿遮哩贰寺。于此城住一年有余。②

散文讲述了羯鼓曲《耶婆瑟鸡》的由来，龟兹还流传着与之相关的"千泪泉"的传说：很久以前，龟兹国王有一位美丽的公主善弹琵琶，被国王视为掌上明珠。有一年，公主到耶婆瑟鸡山打猎，遇到一位正在吹奏觱篥的牧羊人，两人惺惺相惜、一见钟情。为了能与心爱的人在一起，牧羊人与公主商定，决定向龟兹国王提亲。但是龟兹国王看不起穷困潦倒的牧羊人，便给他出了一个难题想让其知难而退——牧羊人必须在耶婆瑟鸡山开凿一千个洞窟才能来娶公主。牧羊人没有畏难，而是毅然决然地进洞开凿，时间过去好多年，当牧羊人终于凿完999个洞窟时，不幸心力衰竭而死。公主闻讯赶来，号啕大哭，泪水流尽而死。耶婆瑟鸡山也被这对有情人所感动，三面山崖流淌出水形成滴答之声，人们为了纪念这对相爱之人忠贞不渝的爱情，将其命名为"千泪泉"。又经过若干

---

① ［宋］赞宁撰，范祥雍点校：《宋高僧传》，北京：中华书局，1987年，第46页。
② 杨建新编注：《古西行记选注》，银川：宁夏人民出版社，1987年，第125—126页。

年,龟兹国一位著名音乐家①为千泪泉的故事所感动,便根据其所听到的声音优美的水滴声,和着鼓乐器,创造出一首美妙的乐曲《耶婆瑟鸡》②,后来传入中原成为唐朝宫廷中一首有名的羯鼓曲。

《耶婆瑟鸡》羯鼓曲与龟兹千泪泉的民间传说蕴含着丰富的龟兹文化内涵,是集文化书写与文学创作于一体的典范,反映出深广的背景内容,略析于下:

第一,该传说故事反映了唐代龟兹与中原之间频繁的文化交流。首先,从故事文本出处——《悟空入竺记》所述主人公角度分析,文章表现了唐朝龟兹与中原人员交流互动的频繁性。《悟空入竺记》作者圆照,十岁时便在西明寺出家,广阅群经,颇有造诣,尤其于律学更有所得,同时在诗歌文章方面也取得一定成绩。公元800年,圆照访问了入竺求法归来的唐代僧人悟空,并以散文游记的形式创作了《悟空入竺记》,记述悟空亲历天竺及西域的见闻感受。悟空俗名车奉朝,公元751年,以左卫身份跟随张韬光前往罽宾安抚接纳,后因患病无法回国便在罽宾养病,病好之后皈依佛门并游历天竺。后来回国,其师舍利越魔赠予他梵文《十力经》《十地经》《回向轮经》等。回国途中,他在龟兹停留一年,请龟兹莲花寺高僧莲花精进将《十力经》翻译成汉文。这段历史在《悟空入竺记》中都有记叙,至该文被收入《贞元释教录》成为《十力经》序言,悟空入龟兹及龟兹高僧莲花精进的故事才得以见诸史籍。悟空生活时期,《耶婆瑟鸡》曲在中原地区应该已经广为流传,因为唐代南卓《羯鼓录》成书于《悟空入竺记》之后,他还将此曲列为龟兹羯鼓曲的重要曲目。《悟空入竺记》客观上促进了《耶婆瑟鸡曲》在中原的传播,这与悟空自觉学习、接纳并主动传播龟兹佛教、乐舞文化有着密切关系,也反映出当时两地高僧取经论学、频繁往来的事实。其次,散文中出现的龟兹乐器体现出龟兹与中原音乐文化交往的丰硕成果。千泪泉民间传说发生在古龟兹国,因此故事中充满着鲜明的龟兹意蕴;而觱篥、

---

① 按:有人认为此音乐家为苏祇婆,也有人说是耶婆瑟鸡寺主持创作了此曲。
② 按:《耶婆瑟鸡》曲在当时及后世极有可能被叫作《滴滴泉》。宋代沈括《梦溪笔谈》记载:"唐羯鼓曲,今唯有邠州一父老能之,有《大合蝉》《滴滴泉》之曲,予在鄜延时尚闻其声。"此处之《滴滴泉》当为《耶婆瑟鸡》曲。

琵琶、羯鼓三种龟兹乐演奏乐器的引入,则反映了这个地域浓厚的音乐特色。关于觱篥,唐代段安节《乐府杂录》有言:"觱篥者,本龟兹国乐也。"[1]其龟兹语发音为 pi-li,龟兹本国管乐器之一,在克孜尔石窟第 38、100、115 窟壁画中都有其身影。[2]琵琶可分为秦琵琶和胡琵琶,胡琵琶的基本形制如唐代薛收《琵琶赋》所言:"尔其状也,龟腹凤颈,熊据龙旋,戴曲履直,破瓠成圆,虚心内受,劲直外宣。"[3]又有曲颈四弦琵琶和直颈五弦琵琶之分,源于西亚、印度等地区。曲颈琵琶是龟兹乐的主要乐器,在龟兹地区广泛演奏;五弦琵琶自印度传至中国后,也被吸纳进龟兹乐,与曲颈四弦琵琶一同演奏,两者都可被叫作龟兹琵琶,在古龟兹诸多石窟壁画中均能看到这两种形制的琵琶,比如开凿于晋至北朝时期的克孜尔第 8 窟、开凿于北朝的克孜尔尕哈第 30 窟,其伎乐飞天中都有弹奏直颈五弦琵琶和曲颈四弦琵琶者(图 5.16、5.17)。随着龟兹乐东渐中原,龟兹琵琶也随之传入内地,并于北朝后期开始广泛流行。河南安阳北齐范粹墓中曾出土黄釉

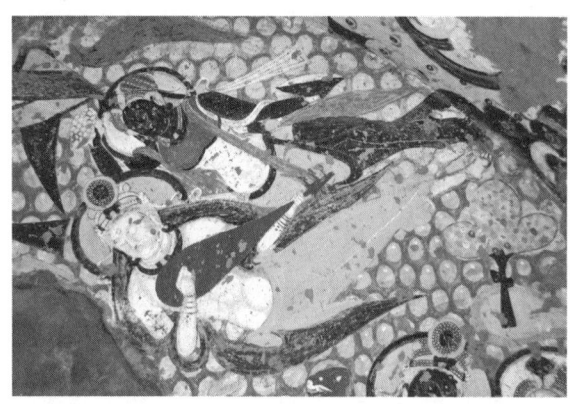

图 5.16 克孜尔石窟第 8 窟主室前壁 持琵琶飞天

图 5.17 克孜尔尕哈 30 窟后室券顶 飞天

---

[1] [唐]段安节撰,亓娟莉校注:《乐府杂录校注》,上海:上海古籍出版社,2015 年,第 104 页。
[2] 按:觱篥相关内容在第六章第一节已作专节介绍,此处不再赘述。
[3] [清]董诰等编:《全唐文》,北京:中华书局,1983 年,第 1337 页。

瓷扁壶,该墓简报介绍道:"该壶以两幅乐舞场面最为突出,即在一杏仁状边框内刻画出五人一组的乐舞活动形象。中央一人婆娑起舞于莲座上,右手前伸,左手下垂,双足腾跳,反首回顾,动态盎然。左边二人:一有髭须者双手持笛吹奏。另一人,侧身,注视舞者,双手仰起作打拍状。右边二人:一人手执五弦琵琶作弹奏状,另一人面向舞者,双手击铰。"①五人均为头戴胡帽、身着窄袖衣、脚蹬高靴的胡人形象,这是五弦琵琶随龟兹乐舞一起流行于北齐的证明。北齐至隋初,宫廷有一位出身琵琶世家的乐官曹妙达,其祖父曾跟随一位商人学习龟兹琵琶,并传艺于曹氏后人,至曹妙达时,其琵琶演奏已达到炉火纯青的地步,妙达亦因此而被封赏。尤为值得注意的是,周武帝时随突厥皇后一同入周的龟兹人苏祇婆,即善弹五弦琵琶,他还带来其父传授的"龟兹琵琶七调",在长安广为传播琵琶演奏技艺和龟兹音乐理论,对中原调式理论体系的创立有着突出贡献。这些都充分说明,曲项琵琶及五弦琵琶本为龟兹乐演奏乐器之一,其在龟兹古国必定获得更为广泛的流行,这与千泪泉民间传说中所反映出的龟兹公主善弹琵琶的信息是一致的。千泪泉传说故事至此还未结束,龟兹国音乐家又将所听到的滴水之声与凄美爱情故事糅合在一起创作了《耶婆瑟鸡》曲,该曲后来发展成为龟兹乐重要打击乐器——羯鼓的演奏曲目。羯鼓在唐朝备受欢迎,而《耶婆瑟鸡》为《羯鼓录》所载 132 首羯鼓乐曲中最为著名的龟兹乐曲之一。《羯鼓录》有言:"羯鼓出外夷,以戎羯之鼓,故曰羯鼓。其音主太簇一均,龟兹部、高昌部、疏勒部、天竺部皆用之,次在都昙鼓、答腊鼓之下,鸡娄鼓之上。鞣如漆桶,下以小牙床承之。"②由此可知,羯鼓为龟兹乐必备乐器之一,而且是诸多龟兹鼓乐器中最受欢迎者之一。《耶婆瑟鸡》羯鼓曲在唐末虽然逐渐失传,但《悟空入竺记》却永远记载下它的成曲过程,今虽不得取而听之,却愈发令人心向往焉。《耶婆瑟鸡》曲及其背后所隐藏的哀婉故事,恰是在这一游记散文中为后人所知。民间传说虽然有想象夸张的成分在内,但其背后所承载

① 河南省博物馆:《河南安阳北齐范粹墓发掘简报》,《文物》1972 年第 1 期,第 49 页。
② [唐]南卓等撰:《羯鼓录 乐府杂录 碧鸡漫志》,上海:上海古籍出版社,1988 年,第 3 页。

的音乐文化交流的事实,却通过具备写实特征的游记散文得以体现,并借此证明了龟兹与中原地区音乐交往的突出成果。

第二,《耶婆瑟鸡》民间传说彰显出龟兹乐曲蕴藏的深厚情感内涵。《悟空入竺记》中"此山有水,滴雷成音,每岁一时,采以为曲",讲述了《耶婆瑟鸡》曲的由来:泉水滴溜成音,非常悦耳动听,便有好音乐者采缀其声,创制而成曲调。《耶婆瑟鸡》曲是龟兹人民采缀滴水之音的原始声响谱写成曲的,用以阐释唯美凄凉的爱情故事,这也表现出龟兹古人对自然的崇拜。龟兹人采集自然之音以谱曲的相类故事在蔡絛《西清诗话》中也有记载:"欧阳《归田录》论王建《霓裳词》'弟子部中留一色,听风听水作《霓裳》',以不晓听风听水为恨。余尝观唐人《西域记》云:'龟兹国王与臣庶知乐者,于大山间听风水之声,均节成音,后翻入中国,如《伊州》《凉州》《甘州》,皆自龟兹至也。'此说近之,但不及《霓裳》耳。"①暂且不论《伊州》《凉州》《甘州》《霓裳羽衣曲》是否都来自龟兹,也不论王建诗中"弟子"是否为梨园弟子,单从龟兹君臣"于大山间听风水之声,均节成音"的作乐方式中,就可看出龟兹乐的创作灵感来源于自然,是龟兹人将自然之美与艺术之美融合在一起的结晶,具有典型的龟兹异域文化特色。另据《羯鼓录》记载,羯鼓"击用两杖,其声焦杀鸣烈,尤宜促曲急破,作战杖连碎之声,又宜高楼晚景,明月清风,破空透远,特异众乐。"②结合《耶婆瑟鸡》的故事背景,该曲用作羯鼓演奏时,应取其在明月清风的高楼晚景中所爆发出的"破空透远"的力量性。《耶婆瑟鸡》羯鼓曲在唐末虽然逐渐失传,但《悟空入竺记》却永远记载下它的成曲过程,今虽不得欣赏,却愈发令人神往。《耶婆瑟鸡》曲及其背后所隐藏的凄美故事,反映了龟兹人善以自然之美表达心中之悲,而这恰是《耶婆瑟鸡》曲的丰富内涵所在。

第三,《耶婆瑟鸡》曲传说故事反映了大唐兼容并包,乐于接受学习龟兹乐并追求技艺精湛的特点。《耶婆瑟鸡》曲"开元中用为羯鼓曲名,乐工最难其杖

---

① 张伯伟编校:《稀见本宋人诗话四种》,南京:江苏古籍出版社,2002 年,第 176 页。
② [唐]南卓等撰:《羯鼓录 乐府杂录 碧鸡漫志》,上海:上海古籍出版社,1988 年,第 3 页。

撩之术"便暗示出这一点。羯鼓为龟兹乐必备乐器,而且是诸多龟兹鼓乐器中最受欢迎的一种。羯鼓随龟兹乐一并传入长安后,受到时人所好,上至宫廷、下至百姓,都喜欢击打演奏,唐朝较为有名的擅击羯鼓者为皇帝唐玄宗、宰相宋璟以及音乐家李龟年等。《羯鼓录》记载了宋璟对羯鼓高手的判定:"'头如青山峰,手如白雨点。'此即羯鼓之能事也。山峰取不动,雨点取碎急。"①宋代沈辽《龟兹舞》中"红靴玉带踏筵出,初惊翔鸾下玄圃。中有一人奏羯鼓,头如山兮手如雨"便是对羯鼓高超演奏技艺的真实描写。宁王之子汝南王李琎也是击打羯鼓的好手,据《羯鼓录》载:"琎常戴砑绢帽打曲,上自摘红槿花一朵,置于帽上笪处,二物皆极滑,久之方安,遂奏舞山香一曲,而花不坠落。"②又《新唐书·礼乐十二》有言:"帝又好羯鼓,而宁王善吹横笛,达官大臣慕之,皆喜言音律。帝尝称:'羯鼓,八音之领袖,诸乐不可方也。'"③玄宗曾与李龟年比较打断羯鼓鼓杖的数量,李龟年打断五十只,而玄宗已打断三立柜。唐人对羯鼓的喜好和技艺追求可见一斑。在这样一种音乐背景氛围中,龟兹羯鼓名曲《耶婆瑟鸡》在盛唐时期受到众人追捧而名噪一时,恰在情理之中。但《耶婆瑟鸡》曲后来失传。唐代宗时,前双流县丞李琬善奏羯鼓,一天夜里于长安听到一位乐工演奏《耶婆瑟鸡》曲,演奏精湛却没有结尾,于是上前询问。乐工坦诚此曲源于其父,但尚未学会整首曲子父亲已殁。李琬告知曰:"夫曲有不尽者,须以他曲解之,方可尽其声也。夫耶婆色鸡,当用榅柏急遍解之。""工如所教,果相谐协,声意皆尽。"④《耶婆色鸡》曲的演奏特色及其在盛唐的受欢迎程度,不仅印证了龟兹乐以鼓舞曲为主的特点,还生动形象地说明了龟兹乐在唐代宫廷、民间的兴盛程度,这也间接反映出大唐文化兼容并包、广纳百川的胸襟和气魄。

第四,《耶婆瑟鸡》传说故事的出处——散文《悟空入竺记》,具有一定纪实特征,以散文相关线索为出发点,结合历史文献和实地考察,可以文证史用以

---

① [唐]南卓等撰:《羯鼓录 乐府杂录 碧鸡漫志》,上海:上海古籍出版社,1988 年,第 6 页。
② [唐]南卓等撰:《羯鼓录 乐府杂录 碧鸡漫志》,上海:上海古籍出版社,1988 年,第 4 页。
③ [宋]欧阳修,[宋]宋祁:《新唐书》,北京:中华书局,1975 年,第 476 页。
④ [唐]南卓等撰:《羯鼓录 乐府杂录 碧鸡漫志》,上海:上海古籍出版社,1988 年,第 9 页。

印证或解决龟兹的现实问题。依笔者看来,该文至少可引出三个问题的探讨。问题一,从《悟空入竺记》相关记载出发,结合悟空途经龟兹的时间,以印证龟兹佛教及佛寺的盛衰历史。悟空从罽宾出发在龟兹停留,考其时间应为公元788年左右。而《悟空入竺记》在"耶婆瑟鸡寺,东西拓厥寺,阿遮哩贰寺"前加上"故有"二字,是否是说在悟空到达龟兹国时,这三个寺庙已经不再繁盛,而龟兹佛教也已经衰落了呢?考之历史可知,1世纪时,佛教传入龟兹,至3世纪,佛教在龟兹已经相当兴盛,大、小乘佛教均获得发展,小乘佛教更胜一筹。这时候修建了很多重要佛寺,当时的国寺——东西拓厥寺即建于此时。4世纪,在鸠摩罗什影响下,大乘佛教流行。但随着罗什东去中原,4世纪末至6世纪,龟兹小乘佛教又占据统治地位。后来唐代在龟兹设置安西都护府,中原大乘佛教僧人来到龟兹,又促进了大乘佛教的再次流行。佛教在龟兹及其周围区域存在时间非常久远,可以说一直到11世纪末龟兹古国早已不复存在时,这个地区仍有佛教信仰存在。但需要注意的是,在龟兹佛教彻底灭亡前,它还曾遭遇过多次打击,致使其不断走向衰败,其中较为严重的一次发生在7世纪下半叶,当时吐蕃入侵西域,占领安西四镇,龟兹沦陷。吐蕃将异于龟兹佛教的藏传佛教带入龟兹,克孜尔第31、32窟中所存带有藏传佛教性质的壁画便是证明。吐蕃对龟兹实行残酷统治,其直接统治时间大约有六七十年,这严重影响了龟兹的经济、文化发展,龟兹佛教也遭受重大打击。8世纪时,龟兹佛教明显衰落,客观表现即是龟兹佛寺的衰败和石窟开凿的迟缓甚至停滞。考查玄奘西行龟兹时间,当在7世纪上半期,当时龟兹佛教正处于鼎盛时期,东西拓厥寺、阿遮哩贰寺也呈现出一片香火旺盛之象;然时过境迁,8世纪末当悟空到达龟兹时,龟兹佛教已处于衰落期,曾经在龟兹历史上名声显赫的东西拓厥寺、阿遮哩贰寺以及耶婆瑟鸡寺走向末路也是情理之中的事情。圆照散文《悟空入竺记》不仅记载了《耶婆瑟鸡》的传说故事,更通过散文游记的形式叙述了悟空在龟兹的见闻感受,与史实相合的客观叙述正印证这篇散文的纪实性写作风格。问题二,龟兹曲谱在文学文本与考古实物中的对举考证。《悟空入竺记》有"此山有水,滴溜成音,每岁一时,采以为曲",《宋高僧传》有"其水滴溜成音可爱,彼人每岁一时采缀其声以

成曲调,故《耶婆瑟鸡》。开元中用为羯鼓曲名,乐工最难其杖撩之术"①,都提到
《耶婆瑟鸡》曲子,此曲既然在龟兹形成,便应由龟兹谱记之,尤其在唐朝之前
中原尚无正规乐谱之时。龟兹谱起源颇早,一般是龟兹国音乐家以笔画较少的
汉字或取复杂汉字的偏旁,用作乐谱符号记录而成,其形成与传播和龟兹发达
的乐舞文化及龟兹与中原的文化交往有着密切关系。龟兹谱传至中原,在中原
地区引起了强烈反响。唐朝时,龟兹谱与龟兹乐器、龟兹乐曲一起,在朝廷音乐
中名声大噪,极大地促进了唐代乐舞文化的繁盛。唐代段成式《酉阳杂俎》中的

一段文字就反映出龟兹乐谱在唐朝传播
流行的实际状况:"玄宗尝伺察诸王,宁王
常夏中挥汗輓鼓, 所读书乃龟兹乐谱也。
上知之喜曰:'天子兄弟当极醉乐耳。'"②
结合《羯鼓录》中源自龟兹的乐曲记载,此
处龟兹乐谱极有可能就是《耶婆瑟鸡》曲。
遗憾的是龟兹本地考古尚未发现龟兹乐
谱的相关记录,但敦煌莫高窟藏经洞中却
有一件《龟兹琵琶谱》(图 5.18),内记十个
曲调,是目前我国发现的最为古老的一份
乐谱,对后人了解龟兹乐有巨大帮助。宋
朝开始用工尺谱记录乐曲,但比较两种曲
谱,可以发现其音符相同者颇多,这充分
说明工尺谱是从龟兹琵琶谱发展而来的。
明清时虽已通用工尺谱,但龟兹谱仍会出
现在文人笔下,成为他们吟咏西域时常会
记起的文学意象,明代曾棨《陈员外奉使

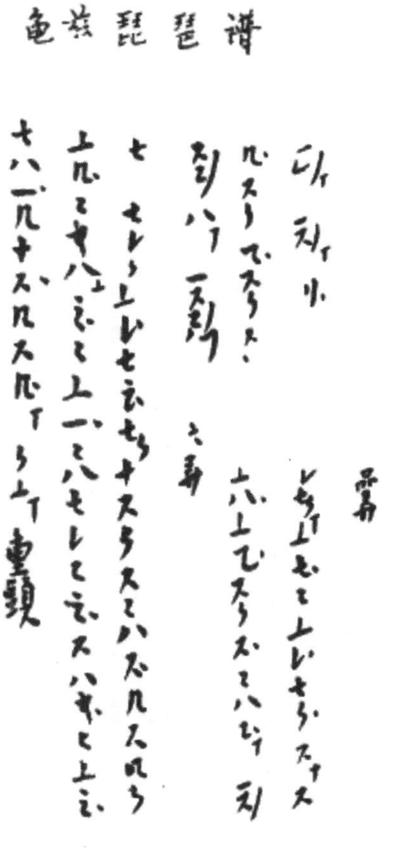

图 5.18 敦煌莫高窟藏经洞龟兹琵琶谱③

---

① [宋]赞宁撰,范祥雍点校:《宋高僧传》,北京:中华书局,1987 年,第 46 页。
② [唐]段成式撰,方南生点校:《酉阳杂俎》,北京:中华书局,1981 年,第 92 页。
③ 钱伯泉:《一千多年前的龟兹乐谱》,《文史知识》1994 年第 10 期,第 77 页。

西域周寺副席中道别长句》中的"舞女争呈于阗妆,歌辞尽协龟兹谱"①便成功勾起诗人脑海中的龟兹印象。问题三,在《悟空入竺记》文本基础上,通过典籍对比及新材料的引入分析,确认耶婆瑟鸡寺的方位及实际所指。通过《悟空入竺记》和《宋高僧传》相关记载可知,《耶婆瑟鸡》曲故事的发生地应有一处寺庙,该寺庙依山而建,且山间有水。两文都没有明言该寺位置,但考诸龟兹诸佛寺可知,这座寺庙极有可能是克孜尔石窟。首先,《悟空入竺记》中,与耶婆瑟鸡并列的是东西拓厥寺、阿遮哩贰寺,而后二寺即龟兹历史上赫赫有名的昭怙厘伽蓝(今亦称苏巴什佛寺)、阿遮哩贰寺(即阿奢理贰伽蓝、阿奢理儿寺、奇特寺),都是龟兹著名古寺,因此耶婆瑟鸡寺应该也是当时龟兹国一处非常著名的佛寺或石窟,且位于龟兹境内名山耶婆瑟鸡山上。其次,在千泪泉传说中,龟兹国王要求牧羊人在耶婆瑟鸡山上开凿一千个洞窟才能向公主提亲,因此,耶婆瑟鸡寺应该位于凿有石窟的耶婆瑟鸡山下。考之龟兹诸石窟寺,现可知规模较大的有克孜尔石窟、克孜尔尕哈石窟、森木塞姆石窟、温巴什石窟、库木吐喇石窟等。但综合考量,符合条件的只有克孜尔石窟一处。具体考察克孜尔石窟的地理位置、石窟所在山体的地理特征,可进一步印证克孜尔石窟与耶婆瑟鸡寺的相合之处。克孜尔石窟位于今新疆拜城县克孜尔镇东南七公里处的明屋塔格山悬崖上,对面即是雀尔塔格山和山脚下的木扎提河。克孜尔石窟正式编号的石窟有 236 个,绵延约三公里。明屋塔格山间(今克孜尔石窟谷西区和谷东区之间)有一条南北走向、呈喇叭状的沟谷,名为苏格特沟(即柳树沟),从沟内流出的泉水由北向南顺沟谷而行,最后汇入渭干河,全长约一千五百米。沟谷两岸崖壁垂直陡峭,没入云端。从北端出发,沿沟谷前行不多时,便进入一处幽远僻静山坳,一面四五十米高的石壁矗立眼前,与两侧山壁围成一个椭圆形状,崖壁上有道道山泉溢出,飞流而下汇入下方水潭中,就像一颗颗泪珠从空中翻飞一般,这处位于谷底的水潭便是千泪泉。泉水从崖壁上飞流而下,与两侧山壁形成共鸣,声音大小、远近产生不同,恰有音乐跌宕起伏之效果。时过境

① 陈田辑撰:《明诗纪事》乙谶卷八,上海:上海古籍出版社,1993 年,第 716 页。

迁,具体地理环境发生改变,今日在千泪泉边(图5.19)已经感受不到那种气势磅礴的滴水声响。但经考察,明屋塔格山山体为砂岩性质,结合千泪泉石壁下方的大量沙石,以克孜尔石窟一千多年来因风蚀、洪水、地震等自

图 5.19 千泪泉①

然原因所造成的坍塌、消失等情况做类比分析,可以推知千泪泉规模最大时,石壁更高、面积更大,渗出水流更多、声音更响,水潭范围也更广阔,因此"滴水成乐"的效果也应该更加明显。位于苏格特沟谷附近的克孜尔第105窟中的一方汉文题记也粗略说明了苏格特沟谷、克孜尔石窟与千泪泉之间的位置关系,可作为一证。该窟西壁题记分八行竖刻,内容如下:

吾三日款行入山

忽耳入山泉

□□躅处

圣肃不可

安定独山

□官王进

　四月十三日

礼拜②

---

① "千泪泉"网络图片,网址为:https://baike.baidu.com/pic/%E5%8D%83%E6%B3%AA%E6%B3%89/1391522/21584701/c8ea15ce36d3d539cdd1ec293387e950342ab068。

②《克孜尔石窟志》编辑组:《克孜尔石窟志》,上海:上海人民美术出版社,1993年,第154—155页。

　　在进入克孜尔石窟所在的明屋塔格山时，这位署名为王进的唐代官员可以听到耳边传来山泉之声,结合克孜尔第105窟的实际位置(图5.20、5.21)：位

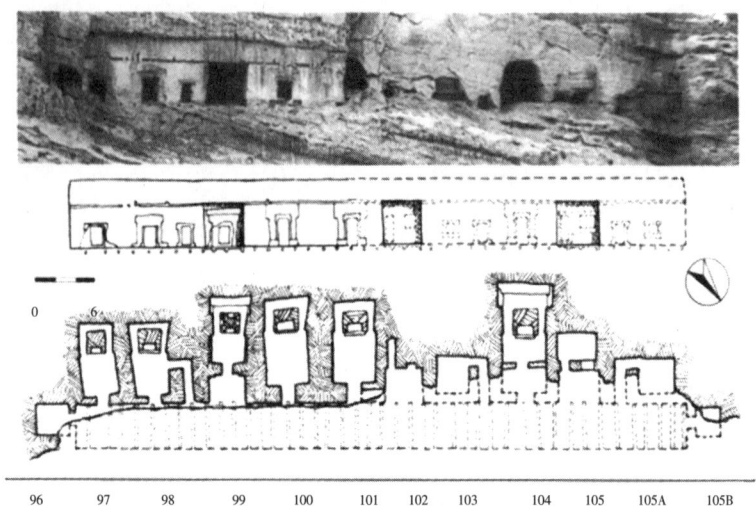

图5.20　克孜尔96—105B窟立面分布图、复原图联合平面图[①]

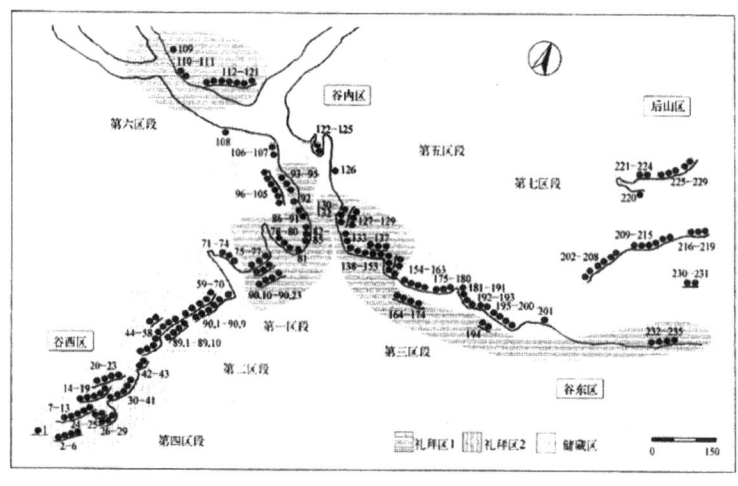

图5.21　克孜尔石窟七个区段分布示意图[②]

---

　　① [意]魏正中：《区段与组合:龟兹石窟寺院遗址的考古学探索》,上海:上海古籍出版社,2013年,第22页。

　　② [意]魏正中：《区段与组合:龟兹石窟寺院遗址的考古学探索》,上海:上海古籍出版社,2013年,第46页。

于谷内区，是西侧崖壁上位置最高的石窟，与千泪泉水平距离较近，因此可以望见千泪泉；与苏格特沟谷泉水的垂直距离较近，因此可以看到泉水流过，确实有《宋高僧传》中所云"进寺近其滴水也"的客观效果。因此从位置关系考证，刻于克孜尔第105窟汉文题记中的"山泉"应该是指千泪泉。①龟兹地区古代语言文献的发现则更有助于证明耶婆瑟鸡寺和克孜尔石窟之间的关系。伯希和首先在《吐火罗语与库车语》注76中指出："耶婆瑟鸡通常对音假拟是*Yavaškē；但烈维君（《亚细亚报》1913年刊第二册第三二〇页，三七二页）在库车出土之一'库车语'木简中，见有Yurpāṣke寺名，识其即是耶婆瑟鸡寺，可以说所见甚是。……此汉译名有其他著录作保障。列维君曾引《宋高僧传》谓纪元713年至741年间耶婆瑟鸡山名曾被用作本于外国之一羯鼓曲名，考《羯鼓录》（《守山阁丛书》本十一页）所列诸宫曲名，确有耶婆色鸡曲。"②说明了Yurpāṣke即耶婆瑟鸡寺。而后，荣新江、庆昭容、荻原裕敏在《龟兹地区现存吐火罗语写本与题记的调查与研究》一文进一步论证了Yurpāṣke—耶婆瑟鸡寺—克孜尔石窟之间的对应关系，他们"先是2009年在亦狭克沟石窟发现Yurpāṣka一名，支持了庆昭蓉与荻原裕敏当时依据德藏克孜尔出土龟兹语买卖契约木简THT4001等海外所藏龟兹语资料考据Yurpāṣka当在克孜尔石窟一带的学说；2011年以后又在克孜尔石窟第213、75窟的龟兹语题记中陆续发现Yurpāṣka的实例，是以确认克孜尔石窟应即汉文史料中的'耶婆瑟鸡寺'，而不是西方吐火罗语学界传统上认为的焉耆地方某寺"③。通过中外学者对吐火罗语题记的不断释读，最终确认耶婆瑟鸡寺即为克孜尔石窟。以唐代散文《悟空入竺记》所载"耶婆瑟鸡"民间传说为基础，综合历史典籍、实地调研及出土文献进行解读以确定文本中对应的地名，可谓以二重证据法解决古代文学及历史相关问题的一个实例。

---

① 按：姚士宏在《关于克孜尔石窟古寺名问题》一文中通过比照方法推导出克孜尔石窟古寺的名字应该是耶婆瑟鸡寺，对本文此部分问题颇有启发。姚士宏：《克孜尔石窟探秘》，乌鲁木齐：新疆美术摄影出版社，1996年，第234—237页。

② ［法］谢阁兰、伯希和、列维著，冯承钧译：《世界汉学论丛：中国西部考古记　吐火罗语考》，北京：中华书局，2004年，第155页。

③ 阿不都热西提·亚库甫主编：《西域—中亚语文学研究》，上海：上海古籍出版社，2016年，第23页。

第二节　龟兹佛教故事

　　产生于龟兹本地或以龟兹为描述对象的佛教故事也属于龟兹本土文学范畴,这自然与佛教本身富于想象有密切关系。同时还因为龟兹是佛教东传中原路途上的一个重要枢纽,龟兹国民信仰佛教、自觉传播佛教故事的情况非常普遍,这种现象既可从现存的各种文字材料中略见一斑,也可从龟兹大量石窟壁画中找到证明。龟兹佛教故事以阿奢理贰伽蓝的故事、《华严经》传播的故事、龟兹僧人释法丰的故事最为有名。

一、阿奢理贰伽蓝的故事

　　会场西北渡河,至阿奢理贰伽蓝。(唐言奇特。)庭宇显敞,佛像工饰。僧徒肃穆,精勤匪怠,并是耆艾宿德,博学高才,远方俊彦,慕义至止。国王、大臣、士、庶、豪右,四事供养,久而弥敬。闻之耆旧曰:昔此国先王,崇敬三宝,将欲游方,观礼圣迹,乃命母弟,摄知留事。其弟受命,窃自割势,防未萌也。封之金函,持以上王。王曰:"斯何谓也?"对曰:"回驾之日,乃可开发。"即付执事,随军掌护。王之还也,果有构祸者,曰:"王命监国,淫乱中宫。"王闻震怒,欲置严刑。弟曰:"不敢逃责,愿开金函。"王遂发而视之,乃断势也。曰:"斯何异物?欲何发明?"对曰:"王昔游方,命知留事,惧有谗祸,割势自明。今果有征,愿垂照览。"王深敬异,情爱弥隆,出入后庭,无所禁碍。王弟于后,行遇一夫,拥五百牛,欲事刑腐。见而惟念,引类增怀:"我今形亏,岂非宿业?"即以财宝,赎此群牛。以慈善力,男形渐具。以形具故,遂不入宫。王怪而问之,乃陈其始末。王以为奇特也,遂建伽蓝,式

旌美迹,传芳后叶。①——玄奘《大唐西域记》

　　玄奘《大唐西域记》卷一所载的这个故事当属龟兹佛教故事中最著名者。阿奢理贰伽蓝为玄奘西行至龟兹的挂锡之处,玄奘在《大唐西域记》中描绘了该寺的佛堂、讲堂、禅室、藏经阁、僧房、佛塔、塔院等,言及寺院内的精美壁画和雕像,并以国王大臣士庶豪右的支持彰显此寺在龟兹国的重要地位。然后还以佛教故事的形式讲述了建造阿奢理贰伽蓝的原因。相传古龟兹国国王崇信佛教,想要外出求取佛祖真迹,便将国家事务交由其胞弟打理。其弟为让国王安心并谨防他人进谗陷害,便自割生殖器藏入函中并请国王保存,后果然用以自证,国王对其胞弟也愈加亲信。其弟后来发善心救了五百头牛使众牛免遭阉割,这件事感动了佛祖,于是佛祖发挥神力使其弟恢复男形。这一神奇之事也让崇信佛教的国王大为惊叹,专门为其弟建造奇特寺以表彰他的忠信虔诚。

　　此佛教故事文本出自《大唐西域记》,这本书是玄奘游历印度、西域18年间的见闻记录,具有实录性质,但同样具备较高文学价值。阿奢理贰伽蓝即今天新疆库车县西南三十公里处库木吐拉石窟的夏合吐尔佛寺遗址,建于唐前。据王建林先生考证,故事中的龟兹王原型为唐代的苏伐勃駃,王弟为苏伐勃駃的胞弟,因为宫廷的政治斗争而出家,法号智月,是龟兹皇家的首位高僧。②阿奢理贰伽蓝修建的真实原因应该是为了适应龟兹古国日益浓厚的佛教信仰和日益增加的佛教信徒,玄奘在言及阿奢理贰伽蓝时讲述这个佛教传说亦是为了歌颂佛教徒的虔诚信仰并印证佛教的因果报应之说。而其所记传说故事无疑使得该寺庙更具神异色彩并增加了趣味性。故事的叙述类型与志怪小说相类,宣扬了佛教的灵异祥瑞,情节引人入胜且令人自觉对佛祖心生敬畏。故事篇幅虽然短小,但文字优美简练,注重细节描写,通过一连串生动曲折的故事情节,塑造了性格鲜明的龟兹王和胞弟形象。从国王出于对胞弟的信任"乃命

---

① ［唐］玄奘撰,章巽校点:《大唐西域记》,上海:上海人民出版社,1977年,第5页。
② 王赞、徐永明主编:《丝路·思路——2015年克孜尔石窟壁画国际学术研究讨会论文集》,石家庄:河北美术出版社,2015年,第224—231页。

母弟,摄知留事",到听闻谗言时的"震怒,欲置严刑",再到听完胞弟解释后的"深惊异,情爱弥隆"、令其"出入后庭,无所禁碍",直到最后得知胞弟身上发生的奇异之事后,"以为奇特也,遂建伽蓝",回环往复的故事情节连缀在一起,塑造了一个情义并重、是非分明的龟兹国王形象。而其胞弟在国王需要时受命任事,为避免国王担心、他人构祸而主动去势,由己及牛、改变五百头牛被阉割的命运,男形再具而主动远离后宫,故事情节所反映出的种种行为也都塑造了一位勇挑重担、忠勇善良、高瞻远瞩、信仰虔诚、谨慎自觉的王弟形象。人物个性鲜明生动、栩栩如生,故事亦愈加巧妙自然。此佛教故事同时采用比喻、夸张的修辞手法,充满神奇色彩,形象地表现了佛教的神异力量,达到扣人心弦、令人信服的客观效果。这一故事虽由玄奘记载传世,但形成时间远早于唐代,深刻反映了佛教精神信仰及慈悲情怀对龟兹国民的重要影响。①

龟兹阿奢理贰伽蓝的故事一经玄奘《大唐西域记》记载,也在中原地区迅速流传开来。故事所反映的佛教教义也为人们吸收借鉴,并在一定场合中表现出来。如始建于唐代贞观年间的陕西商洛大云寺,其大雄宝殿东山墙上有一幅名为《五戒本生》的壁画,壁画所包含的五个故事均取材于《大唐西域记》。其中第三幅为戒邪淫的缘起,画面展示的内容便是阿奢理贰伽蓝兴建的缘由,壁画中寺庙房顶上还画有一个类似于男根的装饰物,展现了龟兹国王用以表彰其胞弟对国王的忠信以及对佛教的虔诚。这应该是阿奢理贰伽蓝在中原佛教寺庙壁画

---

① 按:此佛教传说是玄奘根据龟兹国"诸先志"进行记述的,实际其源头为《阿毗达磨大毗婆沙论》中的一则佛经故事:昔健驮罗国迦腻色迦王,有一黄门恒监内事,暂出城外见有群牛数盈五百来入城内。问驱牛者:"此是何牛?"答言:"此牛将去其种。"于是黄门则自思忖:"我宿恶业受不男身,今应以财救此牛难。"遂偿其价,悉令得脱。善业力故。令此黄门则复男身。深生庆悦寻还城内,伫立宫门附使启王,请入奉观,王令唤入怪问所由,于是黄门具奏上事。王闻惊喜厚赐珍财,转授高官令知外事。(出自:《阿毗达磨大毗婆沙论》卷一一四,《大正藏》卷二七,台北:佛陀教育基金会出版部,1990年,第593页。)从故事情节来看,两者有明显一致之处。《阿毗达磨大毗婆沙论》中黄门为服务于健驮罗国迦腻色迦王的宦官,《大唐西域记》中为自去其势的龟兹王弟,两人物身份背景虽不同,但均与皇室有关;所做善事均为以钱财赎牛,使其免受去种之苦;均因此善业恢复男形;恢复之后均不再毫无顾忌地出入宫禁,要么拒入后宫,要么立门请观,但都令国王感到奇怪;国王知晓后,或倍感奇特为表彰族弟建造伽蓝,或惊喜异常而厚赐并委任高官。两故事的传承关系一目了然。但比较而言,玄奘所描述的阿奢理贰伽蓝佛教传说的背景构思更加真实可信,情节设计更加曲折生动,故事叙述更加丰盈完整,人物特征更加鲜明形象,因此故事所具备的佛教色彩和文学色彩也更加浓郁。

中的直接体现。

阿奢理贰伽蓝为唐人所熟悉，还因为唐代慧立在《大慈恩寺三藏法师传》中记载了玄奘与木叉毱多在阿奢理贰伽蓝展开的一场精彩辩论：

> 食讫，过城西北阿奢理儿寺，(此言奇特也。)是木叉毱多所住寺也。毱多理识闲敏，彼所宗归，游学印度二十余载，虽涉众经，而《声明》最善，王及国人咸所尊重，号称独步。见法师至，徒以客礼待之，未以知法为许。谓法师曰："此土《杂心》、《俱舍》、《毗婆沙》等一切皆有，学之足得，不烦西涉受艰辛也。"法师报曰："此有《瑜伽论》不？"毱多曰："何用问是邪见书乎？真佛弟子者，不学是也。"法师初深敬之，及闻此言，视之犹土，报曰：《婆沙》、《俱舍》本国已有，恨其理疏言浅，非究竟说，所以故来欲学大乘《瑜伽论》耳。又《瑜伽》者是后身菩萨弥勒所说，今谓邪书，岂不惧无底枉坑乎？"彼曰："《婆沙》等汝所未解，何谓非深？"法师报曰："师今解不？"曰："我尽解。"法师即引《俱舍》初文问，发端即谬，因更穷之，色遂变动，云："汝更问余处。"又示一文，亦不通，曰："《论》无此语。"时王叔智月出家，亦解经论，时在傍坐，即证言《论》有此语。乃取本对读之，毱多极惭，云："老忘耳。"又问余部，亦无好释。
>
> 时为凌山雪路未开，不得进发，淹停六十余日，观眺之外，时往就言，相见不复踞坐，或立或避。私谓人曰："此支那僧非易酬对。若往印度，彼少年之俦未必有也。"其畏叹如是。①——慧立《大慈恩寺三藏法师传》

《大慈恩寺三藏法师传》是唐代慧立原本、彦悰撰定的有关玄奘西行经历和佛学贡献的书籍，是唐人所写的一本关于唐代高僧的人物传记和游记散文结合体，因此书中故事带有较多纪实色彩。玄奘作为与鸠摩罗什、真谛并称的中国佛教三大译经家之一，历经 18 年西行至印度求取佛经、带回众多佛典并对其进行

---

① ［唐］慧立、彦悰：《大慈恩寺三藏法师传》，北京：中华书局，2000 年，第 26 页。

整理翻译,其功大矣。木叉毱多也是龟兹国著名的小乘佛教高僧,精通《毗婆沙论》《俱舍论》等佛学著作并以声明之学见长,其学问在龟兹被誉为"独步"。他深受当时龟兹国王阿耆尼王的敬重,住在阿奢理贰伽蓝中。因此,两人本身都是极具神秘色彩的高僧大德。玄奘在其著作《大唐西域记》中,以创作者的身份角色记述了关于阿奢理贰伽蓝的神奇故事,凸显了佛教的神奇力量并表达了龟兹人对佛教的虔诚之心。而在《大慈恩寺三藏法师传》中,玄奘身份忽转,成为文学作品中的被叙述者,并与木叉毱多在此上演了一场精彩论辩。木叉毱多精通《俱舍论》,但在玄奘的不断发问下连连败退,这不仅是因为玄奘注重论辩技巧,也是撰写者为了突出玄奘的佛门修为和学识,而特地赋予该故事以神奇色彩。玄奘、木叉毱多两位佛教高僧身上所体现出来的这种神秘性,恰恰与阿奢理贰伽蓝故事所散发出来的奇异色彩相对应,使得《大慈恩寺三藏法师传》这部偏重纪实的文学作品带有更多的浪漫色彩。

二、《华严经》传播的故事

《大方广佛华严经感应传》中记载着这样一个故事:

> 圣历年中,于阗三藏实叉难陀云:"龟兹国中,唯习小乘,不知释迦分化百亿,现种种身云。示新境界,不信华严大经。有梵僧,从天竺将华严梵本至其国中。小乘师等,皆无信受。梵僧遂留经而归。小乘诸师,乃以经投弃于井中,放光赫如火聚。夜诸师觇之,疑谓金宝。至明集议,使人漉之。乃是前所弃华严经也。诸师稍为惊异,遂却入归经藏中龛安置。他日忽见梵本,在其藏内最上隔。诸师念言:'此非我释迦所说耶,吾见有少异,乃收入藏中。何人辄将向此上隔?'又以梵本置于下龛。僧众躬锁藏门,自掌钥钩。明日开藏,还见华严在其上隔。诸师方悟一乘大教威灵如

此,惭悔过责,信慕渐生矣。"①

《大方广佛华严经感应传》,简称《华严经感应传》,是唐建中四年(公元783年)四明山大方广无生居士胡幽贞根据法藏弟子惠英的原作刊纂的。这部经书记录了很多灵异感应之事,用来宣扬华严经的教义,上述故事就是非常有代表性的一则,讲述龟兹国最初只信仰小乘佛教,在经历一系列奇异之事后,终于接受并信奉大乘《华严经》的过程。如果从文学性角度剖析这则佛教故事,可见其体现出了传奇小说的鲜明特点:想象奇特、情节曲折、叙事巧妙,等等。该故事文学性特征最突出的地方便是围绕华严梵本所涉及的一系列神奇巧妙之事:先是华严经书被弃井中发出像火一样的亮光,接着是被放入归经藏中龛的华严经书却出现在最上隔,最后僧众将梵本华严经置于下龛并亲自掌管钥匙,却依然发现其出现于最上隔,想象不可谓不奇特生动,引人入胜。而且故事情节构思巧妙,悬疑丛生,既跌宕起伏、错落有致,又衔接紧密、环环相扣,凸显了传奇小说情节设置的特点。同时该佛教故事还非常注重叙述技巧,通过于阗三藏实叉难陀之口将故事娓娓道来,得道高僧这样一个讲述者的身份也增加了故事的可信度,弱化了故事中想象、夸张等艺术手段所带来的现实超越性,增强了故事的真实性传播效果。

《华严经》是大乘佛教的代表性著作,上述佛教故事所反映的现象并不仅存于这部经典,而是反映了以之为代表的大乘经典在龟兹佛教某一历史时期内的普遍性遭遇。此故事发生的具体时间不详,但依据于阗僧人圣历年中讲述可知,该故事发生时间应为7世纪左右。考诸龟兹佛教史文献,当时的龟兹应处于大小乘佛教并存时期。但实际上,小乘佛教的说一切有部思想在龟兹一直占据主导地位,而大乘佛教却起伏数次,传教之路颇为坎坷。大乘佛教初传龟兹时,一直受到小乘佛教的强烈排斥。龟兹著名译经大师鸠摩罗什一开始也学

① [唐]惠英撰,[唐]胡幽贞纂:《大方广佛华严经感应传》,《大正藏》卷五一,佛陀教育基金会出版部,1990年,第176—177页。

习小乘经典,后来师从大乘经师须梨耶苏摩后转习大乘,最终成为大乘教著名法师,促进了大乘佛教在龟兹的流行。但随着罗什被吕光带至后凉,大乘高僧亦追随而去,因此龟兹地区大乘佛教的群众基础并不扎实广泛,大乘佛教呈现出渐趋衰败之势,小乘佛教重新成为龟兹国的主流宗教。公元 630 年左右当玄奘到达龟兹时,龟兹国到处显现的是小乘佛教的繁盛场面:"伽蓝百余所,僧徒五千余人,习学小乘教说一切有部。……尚拘渐教,食杂三净。……佛像庄饰,殆越人工。僧徒清肃,诚为勤励。……大城西门外,路左右各有立佛像,高九十余尺。于此像前,建五年一大会处。每岁秋分数十日间,举国僧徒皆来会集,上自君王,下至士、庶,捐废俗务,奉持斋戒,受经听法,渴日忘疲。诸僧伽蓝庄严佛像,莹以珍宝,饰之锦绮,载诸赞舆,谓之行像,动以千数,云集会所。常以月十五日、晦日,国王、大臣谋议国事,访及高僧,然后宣布。会场西北渡河,至阿奢理贰伽蓝。(唐言奇特。)庭宇显敞,佛像工饰。僧徒肃穆,精勤匪怠,并是耆艾宿德,硕学高才,远方俊彦,慕义至止。国王、大臣、士、庶、豪右,四事供养,久而弥敬。"① 可见龟兹小乘僧众建寺众多,高僧云集,常举办行像等佛教盛会,上自国王、大臣,下至平民百姓都积极参与,盛况空前。可以说,龟兹国不仅是小乘佛教的中心,在一定程度上还处于小乘佛教东传的枢纽位置。相应地,龟兹认为大乘《瑜伽论》为邪见之书,真正的佛门弟子是不应该学习这类经书的,龟兹国王对玄奘不食三净肉的行为也感到难以理解, 玄奘在此宣说大乘佛教遭遇困难。玄奘以后,龟兹国大、小乘信仰的基本趋势一如既往,大乘宣说一直处于困境中。到公元 699 年前后,按《大方广佛华严经感应传》故事记载,龟兹国只信仰小乘佛教,而不知大乘为何物,自然也不信奉华严经。但考诸历史,可知事实并非如此。自公元 658 年唐代安西都护府治所由西州迁至龟兹后,随着龟兹与中原之间政治、经济、文化交流的频繁发生,两地僧人之间的沟通往来愈加密切,中原地区的大乘佛教已呈现出向龟兹回流的趋势。当然,大乘佛教的这种重新抬头之势在龟兹小乘一切有部面前是微不足道的,但也不应忽略。比

---

① [唐]玄奘撰,章巽校点:《大唐西域记》,上海:上海人民出版社,1977 年,第 3—5 页。

如公元 726 年左右，龟兹僧人名利言者曾跟随来自东天竺的三藏法月大师学习梵本《大乘月灯三摩地经》七千偈、瑜伽真言五千偈，并翻译了大乘佛典。再如慧超在公元 727 年途经龟兹时描述道："又从疏勒东行一月，至龟兹国，即是安西大都护府，汉国兵马大都集处。此龟兹国，足寺足僧，行小乘法，食肉及葱韭等也。汉僧行大乘法。"①除了来自中原地区的汉僧外，龟兹本国应该也有践行大乘教派者；龟兹国还流行过密教，亦属于大乘。可见唐朝时期，龟兹国大乘佛教虽处于小乘佛教包围态势，但仍然顽强存在。

《大方广佛华严经感应传》中的这则佛教故事，虽然带有夸张成分，但从梵本华严经的遭遇中便可看出龟兹地区大、小乘佛教之争以及双方力量的对比抗衡：属于大乘经典的《华严经》最初从天竺带至龟兹时无人信受，梵僧留经归去后，经书还被小乘诸师抛至井中，即使收入经藏也是屡次被置底层。其最终被小乘诸僧接受是因为接连发生的一系列神异之事让僧人意识到"一乘大教威灵如此"，才渐生崇敬之情，开始信奉。故事背景的设置基本与历史真实相符合，但为了突出龟兹国大、小乘之间的力量悬殊，仍采用了夸张渲染的手法以突出其文学性。另外需要注意的是，这则故事的讲述者为于阗三藏实叉难陀，于阗的佛教信仰与龟兹相异，大乘教派居于主导地位，经书多直接采用梵本，对《华严经》的尊奉也蔚然成风，武则天还曾派人到于阗取回梵本《华严经》，惠远弟子支法领也曾到于阗带回梵本《华严经》三万六千偈。《大方广佛华严经感应传》这则佛教故事反映出：龟兹盛行小乘，于阗盛行大乘。而文学中所表现出来的宗教信仰差异可以印证史实，这也说明此佛教故事是以现实为蓝本进行创作的，文学源于现实又高于现实的意义在此得以体现。

考诸与《华严经》相关的故事，其神异不仅体现在此，还与大乘佛教首位论师龙树菩萨有着千丝万缕的联系。据传，《华严经》曾在龙王、阿修罗王及天宫中藏有千亿万偈，而龙树曾受龙王邀请去龙宫诵读《华严经》，这个传说本身就增加了《华严经》的神秘性。龙树在《大智度论》中也反复表述过《华严经》的不

---

① ［唐］慧超原著，张毅笺释：《往五天竺国传笺释》，北京：中华书局，2000 年，第 159 页。

可思议,《华严经》作为大乘佛教经典著作,是为大乘弟子所宣说的,即使小乘声闻弟子中智慧、神通兼善者,也因没有菩萨慧根而无法听到佛宣说的《华严经》,也无法看到大乘菩萨所显现的各种神通,因此难以体会大乘《华严经》的神秘玄幻色彩。与《华严经》相关的一系列故事所带有的神秘性,既是僧侣为家传佛教所营造的声势,又在客观上成为佛典故事文学性表现的特异之处,值得研究重视。

三、龟兹僧人释法丰的故事

唐代怀信《释门自镜录》卷下《宋法丰减僧食死作饿鬼事》中载有如下故事:

> 释法丰,姓竺氏,敦煌人。往适龟兹,修理一寺,触事周辩,时因号为法丰寺。既久专寺任,稍恃其功力,出内取与,颇乖斟酌。辄减省僧食,令不周足。久之遂亡,堕饿鬼中。常在寺院,至初夜后,作饿驼鸣,巡房声叫。弟子宝慧闻而叹曰:"是我师声,因问那尔。"丰曰:"由减僧食料,受饿鬼苦。苦剧难堪,愿见济度。"弟子广为斋忏,得生清胜云云。[①]
>
> ——怀信《释门自镜录》

此故事发生的背景为南朝宋,敦煌竺氏法号法丰,前往龟兹帮忙修理佛寺,因其勤勉努力,便得到众人拥护信任,并被推举为僧正,且以其名作为寺名。但法丰后来中饱私囊,克扣僧人生活开支。因此死后坠入饿鬼道,经常发出饿驼般的哀鸣。宝慧向其询问,得知缘由,便广为布施,并抄写《法华经》超度,法丰终免饥饿之苦。《释门自镜录》是唐代僧人怀信创作的佛教哲学书籍,他在该书《自序》中讲述自己之所以能够饮食无忧、生活安逸,全是由于释教之故。

---

① [唐]怀信:《释门自镜录》,《大正藏》卷五一,佛陀教育基金会出版部,1990年,第819页。

因此在《释门自镜录》中,怀信通过记叙相关佛教故事阐明其对佛教的虔诚敬仰之情。《宋法丰减僧食死作饿鬼事》虽然出自佛教哲学书籍,但它同样是一篇佛教文学作品。

从文学角度分析,该作品展现了佛经文学奇特夸张的想象力,如法丰坠入饿鬼道,日夜发出饿驼哀鸣;弟子写经超度并且广行布施才令法丰免受饥饿之苦。这恰恰反映了该经书的教义:生死轮回报应之说。佛教认为:人们的愚痴、贪爱、嗔恚导致了轮回报应。佛教有六道轮回之说,分别为:天人、人、畜生、阿修罗、饿鬼、地狱。生于饿鬼道之人,多有不善业、不肯施舍、偷盗或见死不救等因缘,因为曾经的贪婪嫉妒、坑蒙拐骗而坠入此道。其重要的解脱方法为施食和抄经。其中《法华经》《楞严经》《华严经》并称"经中之王"。古者有云:成佛法华,富贵华严,开慧楞严。《法华经》指出,诸佛世尊出现在众生面前就是为了让众生修持正道得以成佛。因此为度脱他人而抄写《法华经》正是题中应有之意。在《宋法丰减僧食死作饿鬼事》佛教故事中,法丰生前克扣众僧日常生活供给,属于不善业,因此死后坠入饿鬼道。其弟子通过抄写《法华经》和布施的方法帮助法丰解除痛苦。与饿鬼道相关的重要佛教仪式是盂兰盆会,讲述释迦牟尼大弟子之一的目犍连得六通后,以道眼看到逝去的母亲在饿鬼道中受难,想要解救却屡屡不成。于是目犍连向释迦牟尼寻求帮助,释迦牟尼让其在七月十五这天举行盂兰盆会,供养十方众僧,终于帮助母亲脱离饿鬼道。出土于克孜尔石窟的印度梵剧《舍利弗剧》便描述了舍利弗与目犍连由婆罗门外道皈依佛教的故事,虽未涉及目犍连救母情节,但已暗示出目犍连类故事在龟兹本土的传播,因此在这则描述龟兹僧人弟子度脱其师的佛教故事中,弟子所用抄写《法华经》和布施之法类似于目犍连救母中的施食方法。这说明龟兹与中原虽远隔千山万水,但其佛教经义是相通的。这则佛教故事也传达出龟兹佛教类本土文学作品劝人向善的思想。

文学作品能够反映时代背景,这一点同样体现在《宋法丰减僧食死作饿鬼事》故事中。它生动地反映了以下两点:第一,南朝宋时龟兹地区已出现汉僧和汉寺。这不仅是龟兹与中原间经济、政治、文化等方面双向交流的结果,更是龟兹佛教与中原佛教博采众长、宽宏涵养的表现。故事中,法丰本为敦煌人,出家后在龟兹遇到龟兹佛僧修理寺院,便热心帮忙,并获得龟兹本地僧人的信赖与支持。法丰寺的僧人主体应该是龟兹本地少数民族僧人,而非汉僧。法丰热心助人以及龟兹佛僧推荐他为僧正并以其名命名寺院之事恰能说明:龟兹少数民族佛僧与来自中原的汉僧在南朝宋时的龟兹古国已经有了较为密切的交往,没有地域、民族等门户之见而能相互信任。随着龟兹与中原佛教交流的加深,有越来越多的中原汉僧专门来到或者取道龟兹学习、取经,比如魏晋南北朝的释智猛、释法献、释法勇,以及唐朝的玄奘、悟空、慧超等。龟兹地区也有了越来越多的汉寺和汉人主持。唐设安西都护府治所于龟兹后,曾出资在龟兹修建大云寺、龙兴寺,大云寺寺主秀行、寺监义超、上座明恽均为中原汉族僧侣,龙兴寺主法海则为生于龟兹的汉人。古龟兹地区的大宝寺、梵国寺等也都是汉人寺院。古龟兹库木吐喇石窟第9至16窟中也出现较多汉文题记,比如第7窟中出现了"慧超""戒朋""金砂寺"等汉字,这些都说明曾在这些石窟住寺或挂锡的汉僧较多。当然,在此过程中,龟兹僧人也在东西方文化交流的大潮下纷纷东进,前往中原内地传法译经,为中原地区的佛教发展做出重要贡献。比如曹魏时期白延到中原后译出《首楞严经》《须赖经》《除灾患经》等;晋惠帝年间,帛法祖在中原译出《惟逮菩萨经》;尸梨密本为龟兹王子,西晋永嘉年间到达中原,译出《大孔雀王神咒》《孔雀王杂神咒》;曾挂锡龟兹的高僧佛陀耶舍追随鸠摩罗什到达长安,与其共译《十住经》;挂锡龟兹的卑摩罗叉带着《毗尼胜品》来到中原弘扬律藏;挂锡龟兹并成为龟兹苦行大师的昙摩密多游历敦煌、姑臧、建业等地,并译出《禅经》《禅要法》等经;挂锡龟兹的达摩笈多在中原居住近三十年,译出《起世》《药师本愿》等经;挂锡龟兹的达摩战涅罗与其龟兹弟子地战湿罗至长安后译出《普通智藏般若波罗密多心经》;龟兹国佛教大师鸠摩罗什更是对中原地区的佛教翻译做出不可磨灭的贡献。第二,在龟兹与中原进行佛教文化交往的过程中,龟兹与敦煌的交流尤为值得注意。龟兹与敦煌同属陆上丝绸之路,敦煌是沙漠绿洲丝路东西段的汇合点,地位自不必说;龟兹位于自玉门关、阳关出西域后北道一条重要岔道上,连接阿克苏、赤谷城、怛罗斯等地,也具有重要意义。作为丝路经济文化交流通道上的重要节点,这两个地区在某些历史时期甚至起到过中枢作用。龟兹与敦煌之间的佛教文化交往,不仅体现在佛教僧侣之间的相互往来交通,如本故事中敦煌籍僧人法丰在龟兹主持佛寺并逝世于此;还体现在敦煌石窟对龟兹石窟的自觉学习与模仿上,比如早期敦煌石窟在形制上模仿龟兹中心柱窟,在壁画题材上也以龟兹石窟盛行的本生、因缘、佛传故事为主,在表现手法上亦多采用龟兹以"铁线描"勾勒轮廓、凸凹晕染法形成佛像立体感的线面并用方式等;更体现在龟兹文学对敦煌文学的长久性影响上,比如龟兹戏剧传播发展至敦煌地区,对敦煌变文产生一定影响,并与之融汇在一起进一步促进了中原戏剧及讲唱文学的发展。这些都是龟兹文学、艺术等文化载体东传至敦煌后,在敦煌被吸收应用的表现。

　　龟兹传说故事和佛教故事是唐代龟兹本土文学中最具代表性的两类,它们深刻反映出龟兹此时的社会状况和文明程度,是龟兹人探索民族起源、传承精神信仰的产物。虽然此时龟兹文学尚处于发展的初始阶段,与中原地区唐代文学的繁盛程度不相一致,但这并不影响龟兹本土文学作为唐代文学的一部分而为之增光添彩。在探讨龟兹文化与唐五代文学关系时,不应忽视龟兹本土文学的研究价值和意义。龟兹本土文学作为唐五代文学不可或缺的一部分,梳理好它的种类、内容、特色和意义,本身就是对唐五代文学研究做出的重要贡献。进一步延展开来,龟兹本土文学作品中的相关内容还成为后世文人创作的重要题材,文本中瑰丽奇特而又浪漫夸张的想象,更是拓展了中原文人的创作思维。龟兹文学中的异域风情和佛教色彩,为唐五代及后世中原文学增添了新鲜因素,促进了后者内容和风采的多样性,体现出唐五代文学的多民族性和多元文化特色,这是中国文学和中华文化博大精深、海纳百川的表现。

第六章 唐五代文学作品中的龟兹名物

　　"名物"一词最早见于《周礼·天官·厄人》:"掌共六畜六兽六禽,辨其名物。"①刘兴均先生在《〈周礼〉名物词研究》中对名物做了如下定义:"名物是古代人们从颜色、形状、功用、质料等角度对特定具体之物加以辨别认识的结果,是关于具体待定之物的名称。"②因此,名物首先是一种客观存在的实际对象,经由人们多角度主观评价后,赋予该具体实物以一定名称。在该书中,刘兴均先生将《周礼》中的名物词划分为二十三类,其中包括兵器、卜筮、车涂、甸邑、服冕、符信、宫室、贡赋、几席、剂量、祭器、祭牲、疾医、乐舞、礼仪、旗物、禽兽、田制、物产、星辰、饮食、用器、玉器等。③这种分类方式虽以《周礼》中的名物作为基础,但较为全面且具有一定弹性空间,因此在一定程度上可以作为名物分类的一个基本标准。扬之水先生《诗经名物新证》有言:"历史中的细节,在很大程度上是由所谓'名物'体现出来的。由物,而见史、见诗,这本来是名物研究的一大优势,因此,这一领域实在不应如此沉闷。"④实际指出了以"诗史互证""文史互证"方式进行名物研究的重要性及其生命力所在。

---

① [东汉]郑玄注,贾公彦疏:《周礼注疏》,北京:北京大学出版社,1999年,第661页。
② 刘兴均:《〈周礼〉名物词研究》,成都:巴蜀书社,2001年,第22页。
③ 刘兴均:《〈周礼〉名物词研究》,成都:巴蜀书社,2001年,第32页。
④ 扬之水:《诗经名物新证》,北京:北京古籍出版社,2000年,第5页。

　　龟兹文化历史悠久、蕴涵深广,其最为重要的文化特征便是兼容并蓄的佛教文化、乐舞文化等。龟兹文化既有生动鲜明的本土特征,又不断吸收外来文化因素,并在此过程中形成了具有鲜明地域性特色和开放性特征的龟兹文明。以之为基础还出现了一系列影响深远的龟兹名物。这类名物主要存在于乐舞、佛教等具有明显龟兹特色的社会生活领域。按照刘兴均的分类,有属于"乐舞"类的龟兹乐器——觱篥等,有属于"用器"类的龟兹实物——龟兹枕、龟兹板、屈支灌等,有属于"禽兽"类的龟兹动物——孔雀、狮子、龙等,还有属于"物产"类的龟兹矿藏——石油等,不一而足。在这些龟兹名物中,前两类具有其独特性,因为它们的出现与龟兹有着非常密切的关系,是最能体现龟兹本土性文化特征的一类名物。相较而言,后两者中龟兹地区存在的动物或者矿藏物产,在中国其他地域也曾出现过,因此不能算作最具代表性的龟兹名物。因此本文对龟兹名物的探究主要以前两类为主。

　　值得注意的是,龟兹虽远离中原,但这些名物却出现在唐代文学作品中,比如诗歌、散文、小说,甚至是官私文书中,成为时人了解、探究龟兹古老文化并揭开龟兹神秘面纱的一个切入点。一方面,龟兹名物离开其文化母体,在与中原文化接触交流的过程中,不断与相关事物发生双向影响,最终完成交融磨合,并在此过程中呈现出新的生命活力,龟兹乐器觱篥与芦管在唐诗中的同质化倾向就是一个生动例证。另一方面,诸如龟兹枕、龟兹板、屈支灌等虽然只是唐代文学作品中的一个小小名物,但它们同时又或为整个神异传说的主角,或为唐人小说中不可或缺的关键物件, 又或者是官方文书中具有特殊意义的文化物品。诸如此类的龟兹名物不仅是龟兹异域文化的标志性符号,更作为具有独特魅力的龟兹文学意象出现在唐五代文学作品中, 成为联系龟兹文化与中原文学作品的一个纽带,并进而影响到后世的文学创作,可谓意义重大。

第一节 唐诗中的"觱篥"与"芦管"

一、同场宴会和诗中的异名乐器记录

润州刺史兼御史大夫、浙西观察使李德裕于宝历元年在润州任所宴请宾朋,并以乐舞助兴,其年仅十二岁的乐童——薛阳陶的精彩吹奏给众人留下深刻印象,李德裕作诗首唱,引发诸多文人唱和。李诗全篇已佚,宋代祝穆《事文类聚》"续集卷二十三乐器部"著录这首六句残诗,题作《霜夜对月听小童薛阳陶吹觱篥歌》①,但唐《李文饶集》"李卫公集补文诗·句"将诗题记作《霜夜听小童薛阳陶吹笛》,并注"明本原缺据全唐诗录补"②。那么薛阳陶吹奏的到底是笛、觱篥,还是另有他器?

卞孝萱《元稹年谱》载:元稹"敬宗宝历元年乙巳……在浙东观察使任。……本年三月,白居易为苏州刺史。五月,到任"③。元稹有《奉和浙西大夫李德裕述梦四十韵,大夫本题言赠予梦中诗赋以寄一二僚友,故今所和者,亦止述翰苑旧游而已,次本韵》一诗,在"近酬新乐录,仍寄续离骚"句下自注:"近蒙大夫寄《觱篥歌》,酬和才毕,此篇续至。"④说明李德裕曾将自己创作的《觱篥歌》寄予元稹,元稹也曾酬和回赠,虽然诗今不存,但元稹其他诗歌的自注记载薛阳陶吹奏的乐器为觱篥。白居易有题为《小童薛阳陶吹觱篥歌(和浙西李大夫作)》诗歌全文传世,也作于宝历元年,诗成时作者尚在苏州刺史任上。诗中有"润州

① [宋]祝穆:《事文类聚》,北京:中文出版社(株式会社),1989年,第1452页。
② 傅璇琮、周建国校笺:《李德裕文集校笺》,石家庄:河北教育出版社,2000年,第730页。
③ 卞孝萱:《卞孝萱文集》第1卷,南京:凤凰出版社,2010年,第465页。
④ 按:李德裕《述梦诗四十韵》作于宝历元年末,"近蒙大夫"所寄《觱篥歌》应为作于宝历元年初的《霜夜对月听小童薛阳陶吹觱篥歌》。

城高霜月明,吟霜思月欲发声",与李德裕诗题"霜夜"背景暗合,李大夫即李德裕无疑。此两句与后文"明旦公堂陈宴席,主人命乐娱宾客"叙述德裕宴请宾客,薛阳陶吹奏觱篥助兴,白居易对薛阳陶吹奏乐器的记载也是如此。刘禹锡有题为《和浙西李大夫霜夜对月听小童吹觱篥歌依本韵》,亦作于宝历元年和州任上。题目中"和浙西李大夫""听小童吹觱篥歌"与白居易和诗题目一致;诗题有"依本韵",刘诗前六句"海门双青莫烟歇,万顷金波踊明月。侯家小儿能觱篥,对此清光天性发。长江凝练树无风,浏慄一声霄汉中"恰与李诗现存六句"君不见秋山寂历风飙歇,半夜青崖吐明月。寒光乍出松条间,万籁萧萧从此发,忽闻歌管吟朔风,精魂想在幽岩中"前三韵(月、发、中)相同,可间接证明德裕残诗属实。同时刘诗有"谢公高斋吟激楚",以谢朓喻李德裕,"吴门水驿接山阴"则指白居易和元稹①。刘诗亦可印证宝历元年李府宴饮时薛阳陶吹奏的是觱篥,与白居易、元稹诗歌记载相同。后人诗文也曾记述这段历史。如咸通十四年(873年)九月,时扬州淮南节度使李蔚设宾筵,请当时年约六十的薛阳陶吹奏觱篥,罗隐恰在李蔚幕府,有幸聆听并创作了《薛阳陶觱篥歌》,提及当年李德裕等人唱和事。如诗有"平泉上相东征日,曾为阳陶歌觱篥。乌江太守会稽侯,相次三篇皆俊逸",言及李德裕、刘禹锡、元稹。"相次三篇皆俊逸"说明罗隐当时尚可见到三人诗作全貌,这在"伊水林泉今已矣,因取遗编认前事"句中也得到证实。

刘、白、罗诗歌及元稹自注内含信息均证明薛阳陶当时所奏为觱篥。另,《事文类聚》撰于宋代;《全唐诗》题作《霜夜听小童薛阳陶吹笛》②,不知所依为何。宋、清版本相较,宋本距唐更近,应更准确。此诗之外,李德裕与元、白、刘还有其他和诗,如德裕《述梦诗四十韵》有小序:"去年七月……忽梦赋诗怀禁掖旧游,凡四十馀韵……为述梦诗,以寄一二僚友。"元稹和诗《奉和浙西大夫述

---

① 按:吴门,苏州别称,代指苏州刺史白居易;长庆三年,元稹任浙东观察使兼越州刺史,辖会稽、山阴等县,山阴代指元稹。

② 按:《全唐诗》著录德裕残句诗题作《霜夜听小童薛阳陶吹笛》,但罗隐《薛阳陶觱篥歌》"乌江太守会稽侯"句下引彭叔夏《文苑英华辩证》注释又言:"平泉为李德裕,曾作薛阳陶觱篥歌。"《全唐诗》一诗两题,本身并未对此进行说明。

梦四十韵(次本韵)大夫本题言曾于梦中赋诗以寄一二僚友故今所和者亦止述翰苑旧游而已》、刘禹锡和诗《浙西大夫述梦四十韵并浙东相公继有酬和斐然继声本韵次用》题目所叙均不出原唱诗题和小序。因此,元、刘、白唱和诗中为觱篥,李诗原唱不应为笛。"笛为觱篥之误"恰与傅璇琮先生观点暗合①。

李蔚听薛阳陶吹奏后也曾留下诗歌,现仅存残诗两句,《全唐诗》著录时阙题,残句后有本事说明:"薛阳陶善吹芦管。蔚镇淮海,阳陶为浙右小校,监押度支。运米至,蔚召,令出芦管,于赏心亭奏之。蔚大嘉赏,赠诗,此其终篇也。"李蔚残诗及本事应出自唐代冯翊子《桂苑丛谈·赏心亭》:"咸通中,丞相姑臧公拜端揆日,自大梁移镇淮海,……一旦闻浙右小校薛阳陶监押度支运米入城。公喜其姓同曩日朱崖左右者,遂令询之,果是其人矣。……一日公召陶同游,问及往日芦管之事。陶因献朱崖陆畅元白所撰歌一曲,公亦喜之,即于兹亭奏之。其管绝微,每于一觱篥管中常容三管也。声如天际自然而来,情思宽闲。公大佳赏之,亦赠其诗,不记终篇。其发端云:'虚心纤质雁衔余,凤吹龙吟定不如。'"②两处材料都提到薛阳陶吹奏芦管。那么,此处芦管与前述觱篥是否为同种乐器?如果是,为何要比较芦管、觱篥,并认为一觱篥管可容三芦管?如果不是,二者有何差异?且当李蔚问及往日芦管之事时,阳陶呈现的是李、元、白等人唱和其吹奏觱篥的诗歌③,而李蔚并不感觉诧异?

要想解决上述问题,必须首先考辨唐代文献中觱篥、芦管的异同及其原因。觱篥、芦管虽为两种乐器,但它们在史料和唐诗中却呈现出不同特点。在史料及两乐器并行出现的唐诗中,凸显了乐器之间的差异;在唐诗表情达意时,却表现出两种乐器的同质化倾向。现分而述之。

---

① 按:傅璇琮《李德裕文集校笺》此残诗后有按语:"此为《霜夜对月听小童薛阳陶吹觱篥歌》之佚句,已补入别集卷四。《全诗》题中'吹笛'二字误。……以上并《事文类聚》。"笺校:"本诗诗题原作'霜夜对月听小童薛阳陶吹笛',题下注'缺'。《丛刊》本、传校本、《四库》本李集之别集卷四同。按'吹笛'误,据白居易、刘禹锡和诗改作'吹觱篥'。"可见,残诗原题本缺,"吹笛"乃"吹觱篥"之误。

② [唐]李浚等撰:《松窗杂录 杜阳杂编 桂苑丛谈》,北京:中华书局,1958 年,第 67—68 页。

③ 按:考察李、元、白、刘现存诗歌,无一人以阳陶吹奏芦管为主题进行创作。唯张祜有《听薛阳陶吹芦管》,但无史料证明张祜参加了润州唱和。

二、觱篥、芦管的区别

觱篥和芦管作为两种乐器的区别主要体现在：名称起源、材质种类、唐代宫廷乐部使用情况、乐器代表曲目及演奏家、发声特点等方面。

（一）名称和起源不同

1. 觱篥

典籍记载如下：

> 必栗者，羌胡乐器名也。① ——南朝宋何承天《纂文》
>
> 筚篥，本名悲篥，出于胡中，声悲。② ——唐代杜佑《通典》
>
> 筚篥者，本龟兹国乐也，亦曰悲栗。③ ——唐代段安节《乐府杂录》
>
> 筚篥，本名悲篥，出于胡中。④ ——后晋刘昫《旧唐书·音乐志》
>
> 筚篥出于胡中，或云龟兹国也。⑤ ——宋代令狐揆《乐要》
>
> 觱篥，一名悲篥、一名笳管，羌胡龟兹之乐也。……至今鼓吹教坊用之，以为头管。⑥ ——宋代陈旸《乐书》

觱篥，龟兹语音为 pi-li，传入中原后不同时期写法亦不相同，南北朝写作必篥、悲篥，隋写作筚篥，唐写作筚篥、必篥、觱篥，此外还有必栗、悲栗、悲篥、毕栗、毕篥等众多写法，都是龟兹语音译之故。唐宋时因作用重要被称为头管，根据编入乐部不同又有笳管、雅管、凤管之称，元明沿袭，清代称管⑦，名称的汉

① 转引自［唐］释慧琳：《一切经音义》，大通书局，1985年，第1215页。
② ［唐］杜佑：《通典》，北京：中华书局，1984年，第754页。
③ ［唐］段安节撰，亓娟莉校注：《乐府杂录校注》，上海：上海古籍出版社，2015年，第104页。
④ ［后晋］刘昫：《旧唐书》，北京：中华书局，1975年，第1075页。
⑤ 转引自［宋］高承撰，［明］李果订，金圆、许沛藻点校：《事物纪原》转引，北京：中华书局，1989年，第101页。
⑥ ［宋］陈旸：《乐书》卷一百三十，载《景印文渊阁四库全书》第211册，台北：台湾商务印书馆，1986年，第573页。
⑦ 按：现在的八孔、九孔管应由觱篥演变而来。

化倾向越来越明显。但其音译之名始终未废①，明代《五杂俎》载："今人间所用之乐，则觱篥也……觱篥多南曲。"②清代尤侗诗歌《佐法儿》亦有"刀牌马队独峰骑，筚篥吹完唢呐吹"③。

史书一般认为觱篥起于胡中，来源于龟兹国。《通典》卷一四六载："龟兹乐者，自吕光破龟兹，因得其声。"④宋代李昉《太平御览》进一步言之："《乐部·乐志》曰：龟兹起自吕光灭龟兹，因得其声乐，记有……觱篥……等十五种……"⑤觱篥也应为公元384年传入中原。今古龟兹地区克孜尔、库木吐喇、森木塞姆、克孜尔尕哈等石窟中唐及唐前壁画仍有觱篥身影（图6.1、6.2）；西安西郊唐代鲜于庭海墓出土的三彩骆驼载乐俑（图6.3），驼背上胡人所持乐器之一便是觱篥；西安关庙出土的唐玉带有一块也刻有胡人双手持觱篥吹奏的画面，都形象揭示了觱篥在龟兹的发展及其东传中原的情形。唐诗也有佐证，李颀《听安万善吹觱篥歌》"南山截竹为觱篥，此乐本自龟兹出。流传汉地曲转奇，凉州胡人为我吹"对觱篥名称和产地均有明确记述。

图6.1　库木吐喇第13窟主室券顶右侧　觱篥与琵琶

---

① 林谦三：《东亚乐器考》，北京：人民音乐出版社，1962年，第364—374页。
② ［明］陈留、［明］谢肇淛：《五杂俎》下册，哈尔滨：中央书店，1935年，第186页。
③ 潘超、丘良任、孙忠铨主编：《中华竹枝词全编》，北京：北京出版社，2007年，第595页。
④ ［唐］杜佑：《通典》，北京：中华书局，1984年，第754页。
⑤ ［宋］李昉等撰：《太平御览》，北京：中华书局，1960年，第2564页。

图 6.2　库木吐喇第 46 窟帝　释窟说法　　图 6.3　唐三彩骆驼载乐俑①

供养天人吹觱篥图

2. 芦管

芦管之制……出于北国者也。② ——《乐书》

芦管为北方少数民族乐器。岑参《裴将军宅芦管歌》有"辽东九月芦叶断,辽东小儿采芦管"。辽东即今辽河以东地区,属北国,但并不一定是芦管起源地。

(二)材质和种类不同

1. 觱篥

筚篥者……有类于笳。③ ——《乐府杂录》

①　中国历史博物馆编:《中国历史博物馆》,北京:文物出版社,1984 年,图版第 137。

②　[宋]陈旸:《乐书》卷一百三十,载《景印文渊阁四库全书》第 211 册,台北:台湾商务印书馆,1986 年,第 581 页。

③　[唐]段安节撰,亓娟莉校注:《乐府杂录校注》,上海:上海古籍出版社,2015 年,第 104 页。

> 觱篥……以竹为管、以芦为首,状类胡笳而九窍。① ——《乐书》
>
> 觱篥者筚管也。卷芦为头,截竹为管,出于胡地,制法角音,九孔漏声,五音咸备。唐以编入卤部,名为筚管;用之雅乐,以为雅管;六窍之制,则为凤管,旋宫转器,以应律管者也。② ——《太平御览》

史书多载觱篥基本形制为:以芦为首、以竹为管,即将芦苇削薄压扁做成哨簧、以竹为管身。唐诗也有佐证,如白居易《小童薛阳陶吹觱篥歌》"剪削干芦插寒竹",以芦插竹恰与史书同;李贺《申胡子觱篥歌》"含嚼芦中声",因觱篥以芦茎为簧故称其为"芦中声";《听安万善吹觱篥歌》"南山截竹为觱篥"亦说明觱篥以竹为管。随着制作材料、规格类型、音律基准不同,觱篥种类也发生变化,唐代出现桃皮觱篥、漆觱篥、双觱篥、银字觱篥、大觱篥、小觱篥等。南宋出现倍四头管、倍六头管和哑觱篥,明代出现音色更为醇厚的乌木质管,清代管多为坚木、骨角。唐诗也记录了不同种类的觱篥,略举一二。

双觱篥:将两根同样的觱篥并排捆在一起吹奏,音声醇厚柔美。柏孜克里克第 29 窟有双觱篥图像,两管并列,每管五孔;现藏日本东京国立博物馆的柏孜克里克第 33 窟"六人奏乐图",演奏者手中也持有双觱篥。唐诗中,王建《田侍中宴席》有"青蛾侧座调双管"、温庭筠《回中作》有"吴姬怨思吹双管"、李益《夜上西城听梁州曲》其一有"听唱梁州双管逐",均指双觱篥。

银字觱篥:即银字管,指孔镶有表示音调高低的银字,音色清越高亢。从《乐府杂录》所载尉迟青与王麻奴比赛吹奏觱篥可知,银字觱篥善吹高调。唐诗中多有记载, 如白居易《南园试小乐》"高调管色吹银字"、《秋夜听高调凉州》"月中银字韵初调"、李宣古《杜司空席上赋》"觱篥调清银象管"、张蠙《钱塘夜宴留别郡守》"觱篥调高山阁迥"、吴融《和韩致光侍郎无题三首十四韵》"管纤

---

① [宋]陈旸:《乐书》卷一三〇,载《景印文渊阁四库全书》第 211 册,台北:台湾商务印书馆,1986 年,第 573 页。

② [宋]李昉等撰:《太平御览》,北京:中华书局,1960 年,第 2631 页。

银字咽"、徐铉《梦游》"檀的慢调银字管"。

唐代觱篥的基本形制为前七后二的九孔，宋元明沿袭，明后变为八孔形制；也有六孔凤管，固定音高精确，旋宫转器可应律管，为其他乐器的定弦标准，唐代贺怀智琵琶谱《八十四调》的黄钟、太簇、林钟就以觱篥定弦。《武林旧事》卷一亦载："天基圣节排当乐次：乐奏夹钟宫，筚篥起《万寿永无疆》引子……；第一盏，筚篥起舞《圣寿齐天乐慢》……；第五盏，筚篥起《永遇乐慢》……；第八盏，筚篥起《赏鲜花慢》……；第十二盏，觱篥起《柳初新慢》……"①觱篥在乐事中的领奏作用一目了然。唐诗也有叙述，《小童薛阳陶吹觱篥歌》"九孔漏声五音足"表明其吹奏的为前七后二的九孔普通觱篥。觱篥旋宫转器之用也体现在唐诗中，如《秋夜听高调凉州》"月中银字韵初调，促张弦柱吹高管"，上句说银字觱篥为乐器演奏定调，即高调、高管；下句说丝弦等伴奏乐器根据觱篥声调移动弦柱调整音高，从而共同演绎《凉州曲》。《小童薛阳陶吹筚篥歌》"碎丝细竹徒纷纷，宫调一声雄出群……众声覙缕不落道，有如部伍随将军"亦突出觱篥在管弦器乐演奏中的领头作用。这与王建"青蛾侧座调双管，彩凤斜飞入五弦"传递的意思相同。双管即双凤管、双觱篥，《文献通考》卷一三八《乐考·双凤管》有言："双凤管盖合两管以定十二律之音，管端施两簧，刻凤以为首，左右各四窍。左具黄钟至仲吕之声，右具蕤宾至应钟之声。"②这与六窍觱篥定律功能一致：先对双管调音以定调，之后弦乐器跟进才有"彩凤斜飞入五弦"的效果。

2. 芦管

芦管之制，胡人截芦为之，大概与觱篥相类。③ ——《乐书》

"截芦为之"指截芦苇管制成管身，芦管簧哨也为芦苇制。《裴将军宅芦管

---

① ［宋］四水潜夫辑：《武林旧事》，杭州：浙江人民出版社，1984 年，第 14 页。

② ［元］马端临：《文献通考》，北京：中华书局，1986 年，第 1227 页。

③ ［宋］陈旸：《乐书》卷一三〇，载《景印文渊阁四库全书》第 211 册，台北：台湾商务印书馆，1986 年，第 581 页。

歌》"辽东九月芦叶断,辽东小儿采芦管"即为证。因此"截芦为之"的芦管和"以芦为首、以竹为管"的觱篥在传至中原时制作材料不同,这也说明两者本为不同乐器。与竹管相较,芦苇管身更细,常被称为"细芦",张祜《听简上人吹芦管》其二就有"细芦僧管夜沉沉"。唐芦管孔数文献未载,也未曾言及其有旋宫转器之用,异于觱篥。

（三）在唐代宫廷乐部使用情况不同

1. 觱篥

觱篥广泛运用于唐宫廷乐部。从隋九部伎开始,西凉伎使用大、小觱篥,龟兹、疏勒伎使用觱篥,安国伎使用觱篥和双觱篥,高丽伎使用小觱篥和桃皮觱篥。唐十部伎中,龟兹、天竺、疏勒、安国、高昌伎均使用觱篥,西凉伎使用觱篥和小觱篥,高丽伎使用大、小觱篥和桃皮觱篥,燕乐使用大、小觱篥。唐鼓吹乐大横吹部和小横吹部均使用觱篥和桃皮觱篥,宋延唐制,觱篥还被广泛用于教坊乐、清乐、仪仗乐中,辽金鼓吹乐亦有觱篥和桃皮觱篥。

觱篥在唐朝宫廷乐队的广泛使用还可印证于石窟壁画及墓葬文物。莫高窟第 220 窟北壁有初唐时所绘药师经变画,东、西两侧乐队中都有吹奏觱篥者(图6.4、6.5);唐李寿墓石椁线刻乐舞图坐、立二部共 24 名乐伎,三人持奏觱篥(图6.6、6.7);五代前蜀王建墓棺床乐舞石刻也有吹觱篥者(图 6.8);现藏台北故宫博物院《唐人宫乐图》(图 6.9)描绘后宫嫔妃品茗行令,吹乐助兴的嫔妃之一所持乐器即为觱篥。这是觱篥深入宫廷的证明。觱篥也应用于统治者出行乐队的演奏中,唐懿德太子墓骑乐俑即有吹奏觱篥者。唐代张鷟《游仙窟》描述的仙乐演奏场景"苏合弹琵琶,绿竹吹筚篥,仙人鼓瑟,玉女吹笙"[1],实为皇室生活在仙界的反映,亦被记录在壁画中;莫高窟 172 窟所绘盛唐《观无量寿经变》乐舞表演(图 6.10)即可视作唐宫廷乐演奏在极乐世界的升华,乐器当中就有觱篥。

---

① [唐]张文成著,方诗铭校注:《游仙窟》,上海:古典文学出版社,1955 年,第 19 页。

图 6.4　莫高窟 220 窟北壁药师
经变西侧乐队①

图 6.5　莫高窟 220 窟北壁药师
经变东侧乐队②

图 6.6　李寿石椁线刻立式奏乐图③

图 6.7　李寿石椁线刻坐式奏乐图

---

① 敦煌文物研究所编著：《中国石窟　敦煌莫高窟》第三卷，北京：文物出版社，1987 年，图版第 28。
② 敦煌文物研究所编著：《中国石窟　敦煌莫高窟》第三卷，北京：文物出版社，1987 年，图版第 29。
③ 图 6.6、6.7 出自孙机：《唐李寿石椁线刻〈侍女图〉、〈乐舞图〉散记（下）》，《文物》1996 年第 6 期，第 57、58 页。

图 6.8　王建墓棺床浮雕　西四
小觱篥①

图 6.9　唐人宫乐图　台北故宫博物院
藏

图 6.10　莫高窟
第 172 窟北壁
盛唐观无量寿
经变②

2. 芦管

芦管非唐十部乐演奏乐器,因此未登上大雅之堂成为国家正统乐器。

(四)乐器代表曲目及演奏家不同

1. 觱篥

文献载觱篥曲有以下四首:《别离难》,相传为天后朝士人妻作,士人陷冤狱,其妻善觱篥,撰此曲以寄哀情。《雨霖铃》,安史之乱玄宗赐死杨贵妃,于淅沥夜雨中听到断续铃声勾起无尽思念而创此曲,觱篥演奏家张野狐(张徽)为之吹奏,哀伤至极。③《道调子》,唐懿宗曾命史敬约吹奏,因创此曲。《勒部羝曲》,尉迟青与王麻奴比拼觱篥技艺时所奏曲目。《乐府杂录》载觱篥演奏家"元和、长庆中,有黄日迁、刘楚材、尚陆陆,皆能者。大中以来,有史敬约、史汉瑜之徒,皆雅能者,在汴州"④。除此之外,见诸史料者还有李龟年、尉迟青、王麻奴、关璀、李衮、张徽、薛阳陶、安万善、陈宠等。

2. 芦管

文献载芦管曲有以下两首:《杨柳枝》⑤《新倾杯乐》,唐宣宗善吹芦管,自制

① 冯汉骥:《前蜀王建墓内石刻伎乐考》,《四川大学学报(社会科学版)》1957 年第 1 期,第 15 页。

② 敦煌文物研究所编著:《中国石窟　敦煌莫高窟》第四卷,北京:文物出版社,1987 年,图版第 13。

③ 按:张祜《雨霖铃》可印证:"雨霖铃夜却归秦,犹是张徽一曲新。长说上皇和泪教,月明南内更无人。

④ [唐]段安节撰,亓娟莉校注:《乐府杂录校注》,上海:上海古籍出版社,2015 年,第 105—106 页。

⑤ 按:也有言《杨柳枝》原为横吹曲,后成笛曲代表作。

两曲,认为曲有数拍不均,因此自吹芦管,命辛姓乐工拍,不中,宣宗怒视竟致辛惊吓而死。史料载唐宣宗、薛阳陶、李简上人等善吹芦管,其他多不知名。与觱篥相合曲目几无。

（五）发声特点略有区别

文献未载觱篥、芦管发声区别,但白居易《听芦管》一诗倒有两种乐器的音色比较:"调为高多切,声缘小乍迟。粗豪嫌觱篥,细妙胜参差。"指出与觱篥相比,芦管声音更加细妙柔婉。白居易音乐素养极高,其诗明确区分觱篥、芦管音色,实已证明两乐器相异。且从"调为高多切,声缘小乍迟"可看出,芦管音色更加细薄高远。此特点可见诸他诗,如《裴将军宅芦管歌》"弄调啾飕胜洞箫,发声窈窕欺横笛",与洞箫、横笛相较,芦管音声更加轻巧窈窕。《听简上人吹芦管》其三"一声芦管是天涯"与沈括《夜登金山》"芦管玉箫齐送夜,一声飞断月如烟"相类,也揭示出芦管调声之高。芦管的这种音声特点,一与材质有关,二与管身细小有关。相较而言,觱篥音色更粗犷豪迈、浑厚沙哑,只有银字觱篥调高清亮,与芦管发声有相似处,如"高调管色吹银字""觱篥调高山阁迥""羯鼓更催银字管,等闲惊破一天寒"等。觱篥、芦管还同时出现于清代钱谦益《辛卯春尽歌者王郎北游告别戏题十四绝句》"觱篥休吹芦管暗,金尊檀板夜沉沉"[①]句中,觱篥与芦管并举,表明两者同类却非一物。

综上可知,觱篥、芦管作为两种相异乐器并存于唐代史料及诗文中。

三、诗歌中"觱篥""芦管"的同质化

《乐书》载,觱篥和芦管相类,这恰好说明两者并非同一乐器。但在诗歌尤其是唐诗中,两者又呈现出同质化倾向。而且诗歌表现中,乐器的同质化倾向发生范围较广,不仅局限于这两种乐器,这是乐器在诗歌表情达意中的独特性发展。

---

① ［清］钱谦益:《牧斋有学集》卷四,上海:上海古籍出版社,四部丛刊本,第4页。

（一）诗歌表达中两乐器同质化的原因

1. 制作方式和材料有相似之处

> 筚篥者……有类于笳。① ——《乐府杂录》
>
> 觱篥……以竹为管、以芦为首,状类胡笳而九窍。② ——《乐书》
>
> 芦管之制,胡人截芦为之,大概与觱篥相类。③——《乐书》
>
> 笳者,胡人卷芦叶吹之以作乐也。④ ——《太平御览》
>
> 卷芦为吹笳。⑤ ——《乐府诗集》

文献多载觱篥形制有类胡笳。而胡笳最初是将芦苇叶卷成双簧片或圆锥状,首端压扁而成。后来芦叶管身变为芦苇秆管身,管身与簧片相连,制作工艺与芦管相似。之后又将芦叶制成的簧哨插入芦苇制或木制管身中,则又与觱篥相似。借助胡笳这个中介考察觱篥、芦管的发展演变,可知其制作材料和方式都有一致性,如觱篥以芦苇管为管身材质⑥,芦管以竹、木为管身材质。姚绶《筚篥乐》"卷筒作吹芦叶老"⑦、贯云石《筚篥乐为西瑛公子》"三寸芦中元气巧"⑧、郝

---

① [唐]段安节撰,亓娟莉校注:《乐府杂录校注》,上海:上海古籍出版社,2015 年,第 104 页。

② [宋]陈旸:《乐书》卷一百三十,载《景印文渊阁四库全书》第 211 册,台北:台湾商务印书馆,1986 年版,第 573 页。

③ [宋]陈旸:《乐书》卷一百三十,载《景印文渊阁四库全书》第 211 册,台北:台湾商务印书馆,1986 年,第 581 页。

④ [宋]李昉等撰:《太平御览》,中华书局,1960 年,第 2621 页。

⑤ [宋]郭茂倩编撰,聂世美、仓阳卿校点:《乐府诗集》,上海:上海古籍出版社,1998 年,第 660 页。

⑥ 按:有学者认为觱篥最初为芦制,如张雪娟《筚篥的源流及其历史演变》:"筚篥的制作材料方面,由最初的'芦苇制'变成竹管,再变为唐时的'银制'。"任半塘《唐声诗·格调第五·五言十六句〈觱篥歌〉杂考》:"东晋前后龟兹芦管入中国,中国名之曰必栗。"左继承《从筚篥到管子的演变考》:"古代龟兹筚篥,是用什么材料制做而成不可得知,但从今天新疆维吾尔族的'皮皮'(即筚篥),所使用的是芦苇管,可推断出古代筚篥,最初是用芦苇管制做而成,之后改用竹制。传入中原的筚篥,从文献中的记述,可知多为竹制,当然也不排除其中有芦苇制的可能。"龟兹地处中国西北,无竹却盛产芦苇,因此觱篥传入中原前很有可能以芦苇管为管身材质。不管芦苇管是否为觱篥最初材质,它确为觱篥材质发展史上不可或缺的环节。赵世骞《小议龟兹古乐器筚篥》提及觱篥"还有芦制、木制、树皮、象牙制、银制等等"。从材质而言,觱篥可被宽泛地称为"芦管"。

⑦ [明]姚绶:《谷庵集选》卷二,台北:台湾学生书局,1983 年,第 83 页。

⑧ [清]顾嗣立:《元诗选》二集卷七,文渊阁四库全书本,第 9 页。

懿行《口琴赋》"非卷芦而鸣笮"①即为例；郭麐《灵芬馆诗话》有"笮篥篢头似塞芦"②，塞芦为多年生高大密丛禾草，与芦苇相似，因此风吹塞芦与吹奏芦苇管制觱篥时音声相像，这一比喻也缘于二者的同质性。

2. 基本音色为悲声

史料记录觱篥基本都会言及其"声悲"的特点，如杜佑《通典》卷一四四《乐典四》言："笮篥，本名悲篥，出于胡中，声悲。"③《席上腐谈》有言："朱晦菴曰：'笮栗元名悲栗，言其声悲壮也。'"④觱篥所奏乐曲哀伤悲切者较多，如《雨霖铃》《别离难》都寄托了创作者的忧伤哀怨情怀。唐代诗人也将觱篥本就具备的凄凉声色与其愁怨之情、身世之殇乃至家国之忧结合起来，引发读者的同悲之心。如杜甫《夜闻笮篥》"邻舟一听多感伤，塞曲三更欻悲壮……君知天地干戈满，不见江湖行路难"、温庭筠《觱篥歌（李相妓人吹）》"景阳宫女正愁绝，莫使此声催断魂"，觱篥悲怆凄凉之音引发诗人的家国之恨。《听安万善吹笮篥歌》"傍邻闻者多叹息，远客思乡皆泪垂"、《和浙西李大夫霜夜对月听小童吹觱篥歌依本韵》"思妇多情珠泪垂……少年荣贵道伤心"、刘商《胡笳十八拍·第七拍》"龟兹觱篥愁中听"，吹奏者的哀婉之声引发游子思妇的身世之感，催人泪下。《薛阳陶吹觱篥歌》"勿惜暗呜更一吹，与君共下难逢泪"，觱篥暗呜之声与人生无常、别离难逢之感相应，悲从中来；此诗用入声韵协调配合觱篥悲声，更传愁怨情怀。觱篥声色悲凉与其所奏曲调多为凄清哀怨的商声及清澈巇绝的徵声有关，因其发声"幽咽"故使乐声显悲，《觱篥歌（李相妓人吹）》"含商咀徵双幽咽"、《薛阳陶觱篥歌》"左篁揭指徵羽吼，炀帝起坐淮王愁"、张祜《觱篥》"一管妙清商"都对此有所揭示。

芦管乐声之凄凉也多体现在唐诗中。白居易《听芦管》以悲伤为基调，处处能感受到吹奏者与听众的忧愁，如"幽咽新芦管，凄凉古竹枝"衬出管声幽咽、

---

① ［清］郝懿行：《晒书堂集》文集卷一，《续修四库全书》第 1481 册，第 438 页。
② 张寅彭主编，吴忱、杨焄点校：《清诗话三编》第 5 册，上海：上海古籍出版社，2014 年，第 3460 页。
③ ［唐］杜佑：《通典》，北京：中华书局，1984 年，第 754 页。
④ ［宋］俞琰：《席上腐谈》，北京：中华书局，1985 年，第 5 页。

乐曲凄凉，与《裴将军宅芦管歌》"可怜新管清且悲，一曲风飘海头满"不谋而合；"似临猿峡唱，疑在雁门吹……仰秣胡驹听，惊栖越鸟知"，猿声多悲切、越鸟苦吟啼，以动物悲鸣形容芦管声色，与《听简上人吹芦管》其二"越鸟巴猿寄恨吟"、《遣行》其九"猿声芦管调"、《裴将军宅芦管歌》"白狼河北堪愁恨，玄兔城南皆断肠"、《赠李长史歌》"紫凤将雏叫山月，玄兔丧子啼江春"等异曲同工；"云水巴山客，风沙陇上儿。屈原收泪夜，苏武断肠时……何言胡越异，闻此一同悲"，则以身世之悲反衬芦管的声调凄凉，与《听简上人吹芦管》其一"蜀国僧吹芦一枝，陇西游客泪先垂"殊途同归。芦管也可吹奏商调以显悲声，《赠李长史歌》即有"含商吐羽凌非烟……幽咽细声还感神"。此外，觱篥、芦管诗歌中还使用同一意象凸显音声之悲，如"陇头水"典故：《江宿闻芦管》"须知风月千樯下，亦有葫芦河畔人"、《觱篥歌（李相妓人吹）》"恨语殷勤陇头水"都取陇水呜咽断人肝肠之意。觱篥、芦管音声凄怆，爆发力强，极易震撼人的心灵，使之产生情感共鸣。

当然觱篥和芦管并非仅可吹奏悲声，它们都有广泛的音声范围和丰富的音色变化。张炎《词源》有言："法曲则以倍四头管品之，其声清越。大曲则以倍六头管品之，其声流美。……惟慢曲引近，则不同，名曰小唱，须得声字清圆；以哑筚篥合之，其音甚正，箫则弗及也。"[1]此处虽描述不同种类觱篥的音声特点，却从侧面反映出觱篥声色的多变性。即使一只觱篥也可吹奏出不同风格的曲调，唐诗即有淋漓尽致的展现。《听安万善吹觱篥歌》中，李颀以"枯桑老柏寒飕飗，九雏鸣凤乱啾啾。龙吟虎啸一时发，万籁百泉相与秋。忽然更作渔阳掺，黄云萧条白日暗。变调如闻杨柳春，上林繁花照眼新"描绘觱篥"流传汉地曲转奇"的特点：或急劲如狂风吹摇桑柏，或响亮如雏凤啾啾乱鸣；或激昂如龙虎咆哮惊颤，或温馨如秋泉沁人心脾；转而悲壮如奏响渔阳掺，忽又明媚如丽日上林苑。音声张力十足，愁苦与欢快共存，若非觱篥音声表现力完美、吹奏者技艺高超，断难达此出神入化境界。又如《小童薛阳陶吹觱篥歌》"翕然声作疑管裂，讪然声尽疑刀截。有时婉软无筋骨，有时顿挫生棱节。急声圆转促不断，轹轹辚辚似

---

① 蔡桢疏证：《词源疏证·音谱》卷下，北京：中国书店出版社，1985 年，第 6 页。

珠贯。缓声展引长有条,有条直直如笔描。下声乍坠石沉重,高声忽举云飘萧"描述觱篥起落音的干净利落,声调之柔软与节奏之顿挫、急声之圆转悠远与缓声之绵延条理、低音之沉重与高音之轻捷都一一相对,变化多端而巧妙无痕。再如《和浙西李大夫霜夜对月听小童吹觱篥歌依本韵》"浏慄一声霄汉中。涵胡画角怨边草,萧瑟清蝉吟野丛。冲融顿挫心使指,雄吼如风转如水"也描述觱篥乐声在哀伤画角之音与萧瑟野蝉鸣叫间的变化,在冲和恬适与抑扬顿挫间的转换,在狂乱如风与流转似水间的穿梭,多变而顺畅。这种音声变化之广,芦管也可奏出:《裴将军宅芦管歌》"可怜新管清且悲,一曲风飘海头满。海树萧索天雨霜,管声寥亮月苍苍。白狼河北堪愁恨,玄兔城南皆断肠"描绘严酷边地士卒听到的芦管声,凄清悲凉;而"辽东将军长安宅,美人芦管会佳客。弄调啾飕胜洞箫,发声窈窕欺横笛。夜半高堂客未回,祇将芦管送君杯。巧能陌上惊杨柳,复向园中误落梅。诸客爱之听未足,高卷珠帘列红烛。将军醉舞不肯休,更使美人吹一曲"则刻画出将军宅邸高官满座、尽兴畅饮时的芦管声,欢快美妙;芦管音声变化与环境和人情相应。这与《赠李长史歌》"初疑一百尺瀑布,八九月落香炉巅。又似鲛人为客罢,迸泪成珠玉盘泻。碧珊瑚碎震泽中,金银铛撼龟山下。铿訇揭调初惊人,幽咽细声还感神。紫凤将雏叫山月,玄兔丧子啼江春"所描绘的芦管音声变化有异曲同工之妙。《和浙西李大夫霜夜对月听小童吹觱篥歌依本韵》"浏慄一声霄汉中"则与《听简上人吹芦管》其二"吹到耳边声尽处,一条丝断碧云心"、其三"一声芦管是天涯"共同揭示了两种乐器声调的绵延悠长。这些诗歌都描绘了觱篥、芦管乐声在悲凉与舒缓、甚至欢喜间的跳跃转换;悲伤时如泣如诉,欢快时欣喜若狂;静处绵延悠远,动处雄劲奔放;时而铿锵有力,时而婉转缠绵。其音色与感情抒发的相似性是觱篥和芦管在诗歌中出现同质化倾向的重要原因。

3. 演奏技巧相类

觱篥、芦管的演奏都包括两部分:唇齿的吹奏和手指的按压。

唐诗也有描述。《申胡子觱篥歌》有"含嚼芦中声",含嚼指吹奏觱篥时唇齿的动作,即口含哨簧,通过调整牙齿吞吐哨嘴的长短控制音声高低,犹如吞吐咀嚼。《小童薛阳陶吹觱篥歌》"含嚼之间天与气"即称赞薛阳陶依靠天赋把握觱篥吹奏技巧。唐诗还常以"揭指"形容觱篥的手指技法,即用手按压管身发音孔。《薛阳陶觱篥歌》"老篁揭指徵羽吼",篁即竹,以老篁代觱篥。"含嚼芦嘴"与"揭指"也会同时出现,如《觱篥歌(李相妓人吹)》"皓然纤指都揭血……含商咀徵双幽咽","皓然纤指"形容妓人手指,其全心投入演奏以至以指揭血,表达了妓人对李相的深厚感情;"含商咀徵双幽咽"以含、咀两动词互文演绎出觱篥吹奏的曲调,"双幽咽"又将商、徵两声归一,可谓巧妙。再如《觱篥》"并揭声犹远,深含曲未央","并揭"即手指并列按在觱篥孔眼上,"深含"亦形容吞吐芦嘴吹奏乐曲。这些动词也出现在描述芦管吹奏的诗歌中,《赠李长史歌》"座中忽遇吹芦客……含商吐羽凌非烟……铿訇揭调初惊人",以"含商吐羽""铿訇揭调"描述芦管吹奏,与觱篥相类。

4. 应用场合出现趋同

觱篥与芦管在应用场合上的区别主要在于觱篥进入隋唐宫廷乐演奏体系,芦管则未成为国家正统音乐演奏乐器,但统治者仍对它喜爱有加。觱篥曲《雨霖铃》《道调子》的创作与唐玄宗、唐懿宗有着重要关系,《续世说·栖逸》载后唐庄宗召对许寂于内殿,"方与伶人调品觱篥,事讫方命坐"[1],也暗示出皇帝对觱篥的喜好。而喜爱芦管的尊贵者莫若自创《杨柳枝》《新倾杯》曲的唐宣宗。

上行下效,唐代乐舞风气兴盛,达官贵人设宴待客让乐人献艺时,觱篥和芦管都是重要乐器。唐苏思勖墓乐舞壁画图"胡部新声"部分(图6.11)、唐末五代河北曲阳王处直伎乐石刻壁画(图6.12)、五代《韩熙载夜宴图》"管乐合奏"图中均有吹奏觱篥者(图6.13)。觱篥参与上层社会生活亦可见诸唐诗,比如薛阳陶在浙西观察使李德裕家宴和淮南节度使李蔚宾筵上吹奏觱篥。芦管也曾出现在上层社会的宴饮场合,《裴将军宅芦管歌》描绘美人在裴将军宅邸酒宴吹奏芦管的情形,"弄调啾飕胜洞箫,发声窈窕欺横笛"恰可说明听腻洞箫、横笛,边地芦管反成为达官贵人更新颖别致的祝酒乐声。白居易《追欢偶作》"石楼月

---

① [宋]孔平仲:《续世说》,上海:商务印书馆,1937年,第126页。

图 6.11　苏思勖墓乐舞①

图 6.12　河北五代王处直墓绘彩浮雕女乐图②

图 6.13　韩熙载夜宴图 局部图③

下吹芦管,金谷风前舞柳枝"也描述诗人游玩宴饮在石楼听奏芦管的场景。

　　觱篥和芦管在民间流传更广。觱篥在唐代便发挥了乐队头管之用,频繁出现在教坊乐及私人宅邸中,吹奏范围进一步朝世俗方向发展。以白居易为代表的唐代文人有着蓄养乐伎的习俗,其家伎中就有善吹觱篥者,《宿杜曲花下》"小面琵琶婢, 苍头觱篥奴"、《南园试小乐》"苍头碧玉尽家生。高调管色吹银字,慢拽歌词唱渭城"、《霓裳羽衣舞歌》"陈宠觱篥沈平笙。清弦翠管纤纤手,教

---

① 程旭:《唐墓壁画中的丝路乐舞》,《中国文化遗产》2017 年第 2 期,第 97 页。
② 杨泓:《河北五代王处直墓绘彩浮雕女乐图》,《收藏家》1998 年第 1 期,第 5 页。
③ [五代]顾闳中绘:《韩熙载夜宴图》,北京:中国书店出版社,2012 年,图 15、16,第 15—16 页。

得霓裳一曲成"都描绘觱篥或独奏或合奏或以乐伴舞的情形。又如薛阳陶,曾为李德裕乐童频现于上层宴席;但后来德欲贬死,家乐解散,阳陶流落民间,虽不再以此为生计,但其觱篥吹奏却为更多人所听到。再如《申胡子觱篥歌》,由序可知这是一次没落唐臣与友人的简单聚会,朔客李氏是唐皇室疏属子弟,申胡子是其家仆,善吹觱篥。李氏置酒邀李贺共饮,席间申胡子吹觱篥助兴,朔客与李贺既为邻里朋友,两人文学修养又高,这样的饮酒闲聊配上乐曲表演即为当时的社会常景。歌词写毕,众人"合噪相唱",李氏还让歌伎花娘将其谱成曲调配乐演唱。觱篥在这里既承载了文人情怀,成为唱和谋篇的主题,又深入市井生活,成为宴席饮酒的助兴之乐,诗歌与觱篥的交融不仅彰显了唐代文学的欣欣向荣,亦展现出觱篥作为诗酒交游调味品在唐代社会的重要地位。觱篥在唐代也深受普通人喜爱。唐《因话录》记荥阳郑还古之事,载其"有堂弟浪迹好吹觱篥"[①];《听安万善吹觱篥歌》则记述李颀除夕夜邀约友人饮酒,并请胡人安万善吹觱篥之事;杜甫《夜闻觱篥》则是诗人乘舟夜行至洛阳在长江上听闻隔壁船吹奏觱篥而作,这里擅奏觱篥者均为市井百姓。高璩《和薛逢赠别》"歌声婉转添长恨,管色凄凉似到秋"将觱篥抒情范围扩展至赠别;温庭筠《回中作》"吴姬怨思吹双管,燕客悲歌别五侯"也是诗人回忆在江南与亲友离别时听奏双觱篥的悲情场景。白居易《病中多雨逢寒食节》"薄暮何人吹觱篥",不知"何人"恰可说明觱篥吹奏在当时的受众之广。而这种流行也促成觱篥谱的产生,一度成为社会常用的记谱方式,后蜀花蕊夫人《宫词》十二就有"尽将觱篥来抄谱,先按君王玉笛声"。芦管吹奏人群也很广:有僧人,《听简上人吹芦管》主人公即是蜀国李姓僧人,薛涛亦有《听僧吹芦管》;有牧者,李涉《牧童词》"芦管卧吹莎草绿"描述牧者边放牛边吹芦管的惬意闲适;有送别之人,《赠李长史歌》"此日长亭怆别离,座中忽遇吹芦客";有行船之人,《江宿闻芦管》题下自注"商船小童善吹"。芦管演奏形式亦呈现出多样化,《裴将军宅芦管歌》以芦管伴舞,薛涛《听僧吹芦管》则是芦管独奏。应用场合的世俗化使觱篥与芦管有越来越

---

① [唐]赵璘撰,黎泽潮校笺:《〈因话录〉校笺》,合肥:合肥工业大学出版社,2013年,第51页。

多相似之处，也成为二者出现同质化倾向的重要原因。

5. 所奏乐曲呈现趋同倾向

史书所载觱篥和芦管的代表曲目不同，但在长期发展中，两种乐器吹奏的乐曲类型和曲目呈现出越来越多的一致性。

比如都用以吹奏边塞乐曲。杜甫《夜闻觱篥》"夜闻觱篥沧江上……塞曲三更欻悲壮"正与《渊鉴类函》所言"桃皮竹管，儒者相传，雅乐之冠，旋宫转器，咀徵含商，十字谱声，三更塞曲"相合。芦管出自塞北，多惹人生边塞之悲，刘禹锡《和令狐相公言怀寄河中杨少尹》"吴宫已叹芙蓉死，边月空悲芦管秋"即为例。考之唐诗，觱篥吹奏的边塞曲多为《凉州曲》，如《秋夜听高调凉州》"促张弦柱吹高管，一曲凉州入沕寥"、陈裕《咏浑家乐》"著绿桃牌吹觱篥，赐绯盟器和梁州"、李益《夜上西城听梁州曲》"听唱梁州双管逐"。《凉州曲》本身边地特色浓郁，再以龟兹觱篥吹奏，更将乐曲的豪放、乐声的悲凄展现得淋漓尽致。亦有以芦管吹奏《凉州曲》者，如《赠李长史歌》"座中忽遇吹芦客……一曲梁州泪如雨"。此外，本为边塞横吹曲目的《落梅花》也可以用芦管吹奏，如《江宿闻芦管》"塞曲凄清楚水滨，声声吹出落梅春"。唐诗还有以觱篥或芦管吹奏《折杨柳》者，《听安万善吹觱篥歌》就有"变调如闻杨柳春，上林繁花照眼新"，"杨柳春"即汉横吹曲调《折杨柳枝》①，此处多借时令特点突出上林苑的繁花似锦。刘祎之《奉和别越王》"管声依折柳"、岑参《裴将军宅芦管歌》"巧能陌上惊杨柳，复向园中误落梅"则以芦管吹奏《折杨柳》表达离别的依依不舍之情。

由于以上诸因，在诗歌中觱篥和芦管才渐趋同质而出现异器同名的现象。《文献通考》卷一三八称芦管"胡人截芦为之，大概与觱篥相类"②，可见史书也没有将觱篥和芦管的异同完全区分开来，而这种将两者大致作为同一类乐器对待的倾向早在唐代就已经开始。唐代乐器种类繁多，唐人描述音乐更多追求意境和感受，加之外来乐器逐渐融入中原音乐系统，因此喜用各种汉化名称美化之，

---

① 按：后为笛曲代表作。
② ［元］马端临：《文献通考》，北京：中华书局，1986 年，第 1225 页。

如以雅管、凤管、芦管称呼各种管乐器。同时，乐器名称也会出现所指变化，由专指一种乐器扩展至其他乐器。譬如芦管，本指以芦为之、出自北国的边地乐器，在长期发展中与觱篥呈现出越来越多同质化倾向，界限模糊。大多数情况下它们保持各自作为具体乐器的独立性，但有时两者又混淆为一。因此唐诗称"芦管"者，有时指乐器芦管，有时指乐器觱篥。且"芦管"的不同所指有时会并存同一场域。《桂苑丛谈·赏心亭》中，当李蔚问及薛阳陶"往日芦管之事"时，阳陶献上德裕等人唱和其吹奏觱篥的诗歌，"公（李蔚）亦喜之"，并未觉察有何不妥，这是因为此处"芦管"即觱篥。阳陶于亭中取管吹奏，有"其管绝微，每于一觱篥管中常容三管也"，此"管"意与前同仍指觱篥，只是阳陶此时所吹觱篥（应是以芦苇管为管制作而成）比唐代以竹管为管身做成的普通觱篥更细。李蔚残诗"虚心纤质雁衔余，凤吹龙吟定不如"，"虚心纤质"指管身细微且中空，"雁衔余"则暗用大雁衔芦（芦苇），以应其材质中有芦苇（觱篥簧哨及管身为芦苇制），"凤吹龙吟定不如"则形容乐音美妙，与《听安万善吹觱篥歌》"龙吟虎啸一时发"形容觱篥相类。《唐音癸签》卷十四言："筚篥……人亦称为芦管。……朱崖李相有家僮，薛阳陶，少精此艺。后为小校，至咸通犹存，淮南李相蔚召试赏之，元、白及罗昭谏集中皆有其赠诗。"①可为上述言论之证明。②延展之，张祜《听薛阳陶吹芦管》"紫清人下薛阳陶，末曲新箛调更高。无奈一声天外绝，百年已死断肠刀"，"箛"即箛管，为觱篥别称，"百年已死断肠刀"所表现的悲伤情调也与觱篥同：此处芦管实际也指觱篥。

---

① ［明］胡震亨：《唐音癸签》，上海：古典文学出版社，1957 年，第 127 页。按：另外，《乐府杂录·道调子》有言："懿皇命乐工敬约吹觱篥，初弄道调，上谓'是曲误拍之'，敬纳乃随拍撰成曲子。"《乐府杂录疏证》指出宋李上交《近事会元》卷四"道调子"条所记与《乐府杂录》略有不同："唐懿宗命乐工史敬约吹芦管，初弄道调，上误谓曲拍之，敬约随其拍转成此曲，以隐其误也。""吹觱篥"作"吹芦管"。由此可见，在记载史敬约擅奏乐器时，也出现觱篥与芦管的异器同指现象，这与记载薛阳陶擅吹觱篥有异曲同工之妙。

② 按：现代学者也有相关论述，左继承《从筚篥到管子的演变考》有："唐代诗人张祜《听薛阳陶吹芦管》中的'芦管'，究竟是筚篥还是其他吹管乐器呢？从白居易的《小童薛阳陶觱篥歌》，以及罗隐的《薛阳陶觱篥歌》的记载来分析，虽说，三位诗人叙述的乐器名称有筚篥和芦管，但演奏者是同一人，因此，表明了其'芦管'即筚篥。张祜称为'芦管'之由，可能当时薛阳陶吹的筚篥，是用芦苇制成的，故称其为'芦管'，也或许是称为'芦管'，更具有汉化名之意。"《觱篥与宋词演唱机制》载"东晋前后龟兹芦管入中国，中国名之曰必栗"，对此也有涉及。

（二）诗歌中其他乐器的同质化

其他管乐器在唐及唐后诗歌中也表现出同质化倾向。诗歌中常出现两个乐器名同指一件确切乐器的现象,唐代如李益《夜上受降城闻笛》"不知何处吹芦管",诗题为"闻笛",诗中却是"芦管";杜牧《边上闻笳》其三"胡雏吹笛上高台",诗题为听奏胡笳,诗中却说胡儿吹笛;褚光羲《明妃曲》其四"羌笛两两奏胡笳",乐器为羌笛,吹奏的却是胡笳曲;白居易《杨柳枝词》其六"剥条盘作银环样,卷叶吹为玉笛声",描述的是柳皮觱篥的制作方式,吹奏的却是玉笛之声。明代谢榛《王主簿乐三归自昌平志感》有"芦管横吹夜漫漫"①,横吹作乐器讲指横笛,此处芦管可横吹,显然与横笛同质;谢榛《胡笳曲》"骆驼背上吹芦管"②,诗题明写胡笳曲,诗句却显示以芦管吹奏。可知,觱篥、芦管、笛、胡笳在一定场合都出现过互相替代的同质化现象③。究其原因,应主要在于乐器音声特色和吹奏曲目的相似性。

几种乐器都善吹奏悲戚音声。如胡笳,杜甫《喜达行在所》其二"愁思胡笳夕"、骆宾王《晚度天山有怀京邑》"夜夜泣胡笳"、温庭筠《邯郸郭公词》"金笳悲故曲"、李颀《听董大弹胡笳声兼寄语弄房给事》"胡人落泪沾边草,汉使断肠对归客"多以典型环境塑造凄清氛围,以胡笳悲声衬托人事愁苦。笛子也可吹奏悲声,仅杜甫诗作就有《吹笛》"吹笛秋山风月清,谁家巧作断肠声"、《追酬故高蜀州人日见寄》"长笛邻家乱愁思"、《一室》"正愁闻塞笛"、《泛江送客》"愁连吹笛生"、《十六夜玩月》"孤城笛起愁"、《宴戎州杨使君东楼》"楼高欲愁思,横笛未休吹";此外,还有白居易《寄李蕲州》"笛愁春尽梅花里"、李贺《奉和二兄罢使遣马归延州》"笛愁翻陇水"、李群玉《竞渡时在湖外偶为成章》"笛声幽怨愁江鬼"、杨凝《送客往夏州》"夜投孤店愁吹笛"、刘长卿《听笛歌》"横笛能令孤客愁"、贯休《赠抱麻刘舍人》"落日愁闻笛"、元稹《汉江上笛》"最说汉江闻笛愁"、

---

① ［明］谢榛:《四溟集》,《景印文渊阁四库全书》第1289册,台北:台湾商务印书馆,1983年,第612页。

② ［明］谢榛:《谢榛全集校笺》,南京:江苏古籍出版社,2003年,第802页。

③ 按:海滨《本是同根生,同曲又同情——觱篥、胡笳、羌笛、芦管在唐诗中的同质化》一文论及相关问题,对本部分内容颇有启发。

王维《陇头吟》"陇上行人夜吹笛……驻马听之双泪流"。其表达的情绪和意象选用在觱篥和芦管诗歌中均可见。

几种乐器善吹曲目相似。《唐音癸签》述及觱篥代表曲目后曾提及:"曲名见于唐故实中者止此,其余多与笛同。"①如前文所述,觱篥和芦管都可吹奏《梅花落》《折杨柳》,两曲后来成为笛曲代表作。唐诗频现以笛子吹奏两曲者,如《梅花落》:李白《黄鹤楼闻笛》"黄鹤楼中吹玉笛,江城五月落梅花"、《观胡人吹笛》"胡人吹玉笛……梅花落敬亭"、《从军行》"笛奏梅花曲"、张祜《塞上闻笛》"一夜梅花笛里飞"、韦庄《章江作》"玉笛谁家叫落梅"。再如《折杨柳》:张祜《折杨柳枝》其一"莫折宫前杨柳枝,玄宗曾向笛中吹"、杜甫《吹笛》"故园杨柳今摇落"。王翰《凉州词》其二"夜听胡笳折杨柳"则是以胡笳吹奏《折杨柳》的例子。这几种乐器还可吹奏边塞之声,或表达昂扬斗志,或抒发儿女之思,以笛吹之者如:王昌龄《从军行》其一"更吹羌笛关山月"、杜牧《润州二首》其一"一笛闻吹出塞愁"、刘长卿《从军》其三"北风吹羌笛,此夜关山愁"、《罪所留系,每夜闻长洲军笛声》"只怜横笛关山月";以胡笳吹奏者如:元稹《黄草峡听柔之琴》其一"胡笳夜奏塞声寒"、柳中庸《秋怨》"胡笳塞北天"、骆宾王《宿温城望军营》"塞静胡笳彻"、王昌龄《胡笳曲》"自有金笳引,能沾出塞衣"、杜牧《边上闻笳》其一"何处吹笳薄暮天,塞垣高鸟没狼烟"。觱篥、芦管、笛、胡笳在音声特色及吹奏曲目上的相似性,使得几种管制乐器在唐及后世的诗歌表达中渐趋同质。②

管制乐器的同质化是一个长期且延续的过程,视线回到觱篥和芦管,其紧密关系清代犹见。《清通典》卷六十六有"觱篥,喀尔喀乐,即唐芦管,但多金口"③。"清制燕飨兼用瓦尔喀部舞乐所用觱篥,制以芦管,三孔,金口下哆……"④以及"清太祖平定瓦尔喀部,获其乐,列于'宴乐',有'觱篥'四,金口下哆,芦管

---

① [明]胡震亨:《唐音癸签》,上海:古典文学出版社,1957年,第128页。
② 按:笛与觱篥、芦管的同质性,或为李德裕诗题被记作《霜夜听小童薛阳陶吹笛》的原因之一。
③ [清]高宗敕撰:《清朝通典》,上海:商务印书馆,1935年,第2508页。
④ 转引自薛宗明:《中国音乐史·乐器篇(上)》,台北:台湾商务印书馆,1983年,第440页。

径清尺二分四厘九毫……中有小孔径九厘,上口内径称芦管外径……"①都指出清觱篥是由芦苇管制作而成,芦管在这里是制作材料,但同时金口上口内径也被称为"芦管",芦管的多义性得以进一步体现。②虽然瓦尔喀部觱篥与流传至清代的管已非同一系统,但其觱篥名称、芦管管身、有孔有簧的构造,与觱篥、芦管仍有相似处。

乐器的同质化倾向,既是乐器优胜劣汰的结果,也是不同地域民族音乐文化交流学习的结果。觱篥即如此,正如董希平《觱篥与宋词演唱机制》中所言:"觱篥的应用如此广泛,它在宋词演唱中成为主角,便顺理成章。当时胡笳和芦管等已经不太流行,觱篥本身的结构发声又具备了它们的优点"③,觱篥对其他管制乐器优点的吸收传承便是此类乐器同质化基础上优胜劣汰的结果。同样,现代管乐器对觱篥、芦管的继承也是如此。觱篥、芦管传至中原后,在很多地区得以发展,虽呈现出不同的形制特点,但乐器源头相同。比如西南丝绸之路段,丽江纳西族古乐器波伯、大理白族自治州剑川县白族洞经乐队芦管、广西龙州县金龙镇布傣族啵咧,都是觱篥在西南少数民族地区发展传承的结果。北方丝绸之路段,最著名者当属流行于新疆南部、东部维吾尔族、乌孜别克族的乐器巴拉曼,该乐器有两种形制:一种以芦苇管为管身、集哨片吹嘴和管身于一体,或簧哨单独由芦苇制作,比管身略细,插入芦苇管上端,材质和制作方式都与芦管同;还有一种以木管为管身、芦苇做哨口,材质和制作方式与觱篥相近;这些都显示出该乐器对觱篥、芦管的继承发展。但乐器本身的生命力又是强大的,时至今日,觱篥和芦管既没有完全消失,也没有失去其独立性,它们与其"继承者"一起同中有异、异中有同地在中国乐器演奏中发挥着重要作用,这种发展变化同样可见诸文学作品。

由此可见,觱篥作为一种龟兹乐舞类名物,既体现出鲜明的龟兹地域文化

---

① 转引自薛宗明:《中国音乐史·乐器篇(上)》,台北:台湾商务印书馆,1983年,第444页。

② 按:明代余之祯《(万历)吉安府志》"钟同"条下有"与纶赋诗,或取芦管吹之如笛",明代张守约《拟寒山诗》"芦管吹作笛,牛背稳于舟",明代朱朴《渔父》"渔父裁芦管,吹成竹笛声"也从材质、音声角度暗示出芦苇管与笛的关系。

③ 董希平:《觱篥与宋词演唱机制》,《古代文明》2014年第1期,第99页。

特征，又在与中原乐器交流互通的过程中实现着自我突破，最终完成融合蜕变，成为既具独立特性又能兼容并包的新型乐器，而这一融通变化在唐五代及后世的诗歌表达中得以完美呈现。

第二节　龟兹名物与唐五代文学的异域色彩

自古以来，龟兹作为远离中原的西域古国，不管是张骞开通西域后逐渐增进与中原之间的联系，还是双方呈敌对态势时的不通往来，龟兹对于中原地区而言始终是神秘的、充满幻想的。因此，龟兹名物也以其独特魅力呈现于文学作品中，这些名物与其所具备的深厚文化内涵一同出现在唐五代文学作品中，不仅为唐五代文学增添了一抹异域风采，还为拓展后世文学的文化意象做出重要贡献。

一、龟兹游仙枕

龟兹游仙枕首次出现于《开元天宝遗事》：

> 《游仙枕》：龟兹国进奉枕一枚，其色如玛瑙，温温如玉，其制作朴素。若枕之，则十洲三岛、四海五湖，尽入梦中所见。帝因立名为游仙枕，后赐与杨国忠。①

《开元天宝遗事》在《宋史·艺文志》《郡斋读书志》以及《直斋书录解题》等书中均有著录，为五代时王仁裕所撰。这是一本笔记体小说，记载了唐代长安城宫廷内外的风土民情和奇闻异事。余欣教授指出前辈学者对《开元天宝遗

---

① ［五代］王仁裕等撰、丁如明辑较：《开元天宝遗事十种》，上海：上海古籍出版社，1985年，第3页。

事》一书内容的真实性看法不一,比如南宋洪迈《容斋随笔》认为其乃伪托之作;《四库总目提要》指出该书虽然语多失实,不能用以证明国史,但尚无证据证明它是依托之作。余欣教授进一步引用日本宽永十六年和刻本所保存的王仁裕自序用以说明该书是王仁裕在唐都长安故地访求逸闻、采撷民言、删削编集而成。序中有言:

> 仁裕破蜀之年入见于明天子,假途秦地,振辔镐都,有唐之遗风,明皇之故迹,尽举目而可观也。因得询求事实,采撷民言,开元天宝之中影响数百余件,去凡削鄙,集异编奇,总成一卷,凡一百五十九条,皆前书之所不载也,目之曰《开元天宝遗事》。虽不助于风教,亦可资于谈柄,通识之士谅无诮也。 ——《开元天宝遗事》,宽永十六年仲秋京都二条通观音町风月宗智刊行本①

此序对《开元天宝遗事》的成书过程和史实来源进行了说明,由此可知《开元天宝遗事》采集故事的标准有以下几点:第一,故事为王仁裕亲自在长安"询求事实,采撷民言"而成,因此可信性较强;第二,王仁裕在开元天宝间颇有影响的数百余件事实中,专选具有奇异色彩者成卷,因此故事都有一定的神奇想象色彩;第三,《开元天宝遗事》所载故事"皆前书之所不载",因此故事文本具有首创性,且难以在此前书籍中找到相关事件记载,因此此书所载事例虽孤,但不可因此就怀疑其为伪作。整体而言,《开元天宝遗事》从文学体裁来看属于笔记小说,因此受到史官文化的影响,具备一定程度的信实性。此书虽非有意识的小说创作,但毕竟具备小说的基本特征,有着较强的文学色彩。尤其从其所选故事类型来看,王仁裕在创造性地记录这些故事时必定借鉴了传奇小说的叙事笔法和构思技巧,采用了虚构想象、夸张描写等艺术手法,增强了文学

---

① 按:参看余欣:《屈支灌与游仙枕:汉唐龟兹异物及其文化想象》,《复旦学报(社会科学版)》2010年第6期,第38—39页。

的表现力。因此在对前文所述《游仙枕》故事进行分析时,尽管有些描述与历史事实不完全相符,比如史书所载龟兹物产中并未言及龟兹枕①,诸如此类,但这都不影响从文学角度出发去理解这部作品,其文本本身所体现出来的文化意蕴不仅丰富多彩而且异常深厚,这才是更值得后人去探寻的。

(一)《游仙枕》故事的文学性表现

《游仙枕》传说中文学特色最明显之处便是想象的丰富多彩性。游仙枕朴实无华的外表与其令人叹为观止的功用形成鲜明对比。"其色如玛瑙,温温如玉"显示出游仙枕质地的精良,但"制作朴素"似乎掩盖了它奇异玄幻的个性特征,而后寥寥数语的"十洲三岛、四海五湖,尽入梦中所见",用字不多、言简意赅,却格局宏大、包蕴广泛,内含无数曲折情景。既引出神话传说所涉之仙境,又在客观上体现出小说家对天朝大国地域广阔、物产丰盈的由衷自豪之情,这些都最大限度地激发了读者的想象力。

文化性本身就是文学的基本特征之一,游仙枕故事虽小,但其文学叙述背后体现出浓郁的文化色彩,从而将龟兹异国珍宝与中原地理文化、道教文化结合起来。东汉志怪小说集《海内十洲记》②,描述了东方巨海十洲三岛等地的物产和神仙。该书是唐代文人非常熟悉的道教地理书,"十洲三岛"所形成的海内仙境说与中原传统道教有关,为唐人所普遍接受③。"四海"一词最早出现于刘向的《说苑·辨物》:"八荒之内有四海,四海之内有九州。"④《尔雅·释地》亦云:"九夷、八狄、七戎、六蛮谓之四海。"⑤"五湖"的说法也具体不一,郭璞《江赋》有"注五湖以漫漭",清代梁章钜《文选旁证》有言:"五湖之说非一,《史记·河渠书正义》韦昭曰:五湖实一湖,今太湖是也。又说:胥湖、蠡湖、洮湖、滆湖、就太湖

---

① 按:结合现实分析,龟兹背靠天山,于山上取石制作龟兹枕也是有可能的。

② 按:又名《十洲三岛记》或《海内十洲三岛记》等。

③ 按:唐代很多言及"十洲三岛"仙境意象的诗歌多与道士有关。比如卢照邻《赠李荣道士》有"风摇十洲影,日乱九江文",陈陶《步虚引》有"小隐山人十洲客,莓苔为衣双耳白",元稹《和乐天赠吴丹》有"游神梦三岛,万过《黄庭经》"等。

④ 〔汉〕刘向撰,赵善诒疏证:《说苑疏证》,上海:华东师范大学出版社,1985年,第526页。

⑤ 〔晋〕郭璞:《尔雅》,北京:中华书局,1985年,第84页。

为五湖。《后汉书·冯衍传》注虞翻曰：涌湖、洮湖、射湖、贵湖及太湖为五湖。《水经》：沔水与江合流注云：南江东注于具区，谓之五湖口。五湖谓长荡湖、太湖、射湖、贵湖、涌湖。郭景纯《江赋》曰：注五湖以漫漭。盖言江水经纬五湖而包。注：太湖也。"①"四海五湖"具体所指虽然不同，但其含义均为四方世界。隋唐五代时，道教在空间范围的延展性使其与地理环境及民间方物相结合，从而形成道教地理系统，所显神迹多为洞天福地之仙境。这类描述出现在文学作品中实际表现出文学家在探求仙境过程中试图改变原本单调乏味的惯有感受，不断加强自己对理想世界的认识，并消除现实焦虑和恐慌的特点，而这些正与道教所宣传的思想暗合。龟兹游仙枕梦境中的"十洲三岛"及内蕴的神人交游之事，正好属于内含道教意蕴的"游仙"题材，也必然与此时中原地区盛行的道教文化有关，是龟兹异域文化与中原本土宗教文化相结合的产物，正如余欣教授所言："《开元天宝遗事》将龟兹宝枕和十洲三岛传说联系起来，正是与道教地理在晚唐五代时期的建构过程相伴相随的产物，也是关于舶来品的异域文化想象与宗教地理舆图互相渗透而生成的新的世界图像。"②而海上仙岛诸种景物显现于梦境中、唐玄宗将枕头命名为"游仙枕"，也恰恰说明唐朝上自帝王、下至百姓都拥有的求仙愿望，道教思想已然成为社会的主流文化之一。③

龟兹游仙枕故事继承并发扬了中国传统文学构思中的"梦+枕"范式。《游仙枕》故事塑造了两个既独立存在又互相连通的空间：现实与超现实，两者息息相关并存于同一体系，并借助梦的串连作用彼此相及，共同建构起整个故事的艺术想象空间。这则故事中的"十洲三岛""四海五湖"虽是超现实梦境，但它

---

① ［清］梁章钜撰，穆克宏点校：《文选旁证》，福州：福建人民出版社，2000年，第356页。
② 余欣：《屈支灌与游仙枕：汉唐龟兹异物及其文化想象》，《复旦学报（社会科学版）》2010年第6期，第39—40页。
③ 按：龟兹枕属于唐朝宫廷通过进贡而得到的少数民族物品，与其他少数民族物品一样也具有神异性。唐代苏鹗《杜阳杂编》有关于"重明枕"的记载："（元和）八年，大轸国贡重明枕……云其国在海东南三万里，当轸宿之位，故曰大轸国，经合邱禺藁之山。重明枕长一尺二寸，高六寸，洁白逾于水精。中有楼台之状，四方有十道士，持香执简，循环无已，谓之行道真人。其楼台瓦木丹青，真人衣服簪帔，无不悉具，通莹焉如水靓物。"此枕亦来自外国，其独特之处在于枕体上图像雕刻精工，栩栩如生，人物仿佛在行走，并不具备通灵妙用。但究其枕面图案，亦可见其与道教之密切关系。

必定是对现实的模仿和象征,是基于现实、超越现实又能够反映现实的。而梦本身具有无限神秘性,现实中难以企及的愿望有时会在梦境中得以实现,梦本身对人的心理就有一定的治愈作用。中国古典文学作品多用梦去构思故事情节,这一特点在《游仙枕》故事中也得到体现。游仙枕梦境不仅揭示了主人公唐玄宗内心深处"求仙"的原始动机,还与他在现实中"问道"的态度相一致,是促成其夙愿得以实现的一个桥梁。但龟兹游仙枕所引发的梦境又是基于客观生活的,是对后者的比拟、继承和发展,所以这种夸张想象只会让人倍觉新奇惊艳,而不会产生荒诞无稽之感。以梦为途径,自然会以一只被赋予神异功能的"枕"为媒介,《游仙枕》故事便借助这样一个通灵媒介进入另一个世界。这类故事实际继承并延续了中国文学表达的传统技巧,即将文学中的梦境与枕意象组合起来,共同构成一部作品的穿越要素,既成为支撑故事主题的巧妙情节,又据此传达出相应的情感体验。

(二)《游仙枕》与相关枕类文学作品之关系

最早将此意象组合运用进文学创作的当属南朝刘义庆《幽明录》中的《焦湖庙祝》[①],而后又出现《枕中记》《南柯太守传》等唐代传奇小说、《邯郸道省悟黄粱梦》《邯郸记》等戏剧作品,以及《续黄粱》等明清小说。这些作品均引入"枕"这样一个特殊媒介,通过一个完整故事将现实与梦境勾连起来,在仙枕所形成的幻境中将人们现实中难以企及的愿望实现开来,如金榜题名、洞房花烛、升官发财等都是题中应有之义。龟兹游仙枕故事所表达的现实主题虽不具体,但却囊括了人类长生不老的终极愿望。

龟兹游仙枕故事从其文本记录时间来说当晚于唐传奇,更与南朝相隔四个多世纪,但其故事的时代背景却设置在唐玄宗时,要早于唐传奇。因此,关于龟兹游仙枕故事与《焦湖庙祝》《枕中记》《南柯太守传》等文学作品之间的关系便有诸种说法。首先,龟兹游仙枕故事当为柏枕故事的变异。从故事先后顺序来看,刘义庆《焦湖庙祝》传世要提早四百多年,且流传广远,王仁裕记述的龟

---

① 按:又名《柏枕幻梦》《汤林》《杨林》等。

兹游仙枕故事受其影响是显而易见的。这一点也为学者所认同，如《中国小说大辞典》有言："五代王仁裕《开元天宝遗事》卷上《游仙枕》，载龟兹国献奇枕，枕之能梦游十洲三岛之事，当是'柏枕'故事的变异。"①《历代文言小说鉴赏辞典》在《焦湖庙祝》条下引用《游仙枕》故事并评价后者"可能是受本文启发而加以附会的"②。《中国古代民间故事长编》在《开元天宝遗事·游仙枕》故事后有著录："枕枕而得梦，六朝时已有传说。"③此传说当指《焦湖庙祝》。游仙枕作为来自异域的贡物，与《焦湖庙祝》的柏枕相比，其龟兹元素的引入使得整个故事都更加富有神秘色彩。其次，《游仙枕》故事虽成型于五代，但这个故事发生的背景是唐玄宗时期（712—756 年）④，史书也有相关历史事实的记载，如明朝地理资料集《咸宾录·亦力把力》载："长寿初，王孝节破吐蕃，复四镇地，置安西都护于龟兹，以兵三万镇焉。……开元中，王孝节遣弟孝义来朝，献游仙枕。枕之而寐，则九州三岛皆在其中，盖奇物也。"⑤龟兹游仙枕在唐玄宗时已由龟兹进贡至中原，这一史实出现在罗曰褧整理汇编而成的史书中，内容与《开元天宝遗事》所载游仙枕故事相符。传说故事与历史事实的一致性，恰好凸显出《开元天宝遗事》这一笔记体小说所具备的写实性特征。这个时期要早于《枕中记》作者沈既济（约 750—797 年）生活的年代。沈既济创作《枕中记》，尤其是在构思主体故事"黄粱梦"时，应该受到龟兹向唐玄宗进贡游仙枕这一历史史实的启发，而这一史实恰在之后的五代时期被王仁裕应用创作进《游仙枕》故事中。因此可以说，《枕中记》中的"黄粱梦"故事脱胎于王仁裕"游仙枕"故事所依据的史

---

① 李水海主编：《中国小说大辞典 先秦至南北朝卷》，西安：陕西人民出版社，1994 年，第 633 页。
② 谈凤梁：《历代文言小说鉴赏辞典》，南京：江苏文艺出版社，1991 年，第 230 页。
③ 顾希佳编著：《中国古代民间故事长编·隋唐五代卷》，杭州：浙江大学出版社，2012 年，第 442 页。
④ 按：清代余怀《余怀全集（下）·杂著·四莲华斋杂录》中记载："张说有记事珠，杨国忠有游仙枕，唐玄宗有自暖杯、辟寒犀。"杨国忠之游仙枕来自唐玄宗，也可说明龟兹游仙枕的故事是发生在玄宗时期。骆希哲所著小说《帝妃长生梦》有如下描述："随侍游幸的百官府第，全部修建在华清宫北边的昭应县城内。为了显示杨门国戚的特殊地位，玄宗命令斫轮老手在华清宫东门之南，唯独为杨家修筑高甍巨楼、丽谯璇室。室内的装饰是珠围翠绕，铺锦饰绣，置金摆银，胜过琅嬛福地。他又赏赐杨钊（笔者按：即杨国忠）黄金锁子帐、游仙枕。此枕非常神奇，人头一落枕，脑海里马上会出现十洲三岛、四海五湖仙境，同神仙真人交游，邀游仙山神洞，其乐无穷，但其中奥秘却无人知晓。"应该是现代小说对《游仙枕》相关史实的再次运用。
⑤ ［明］罗曰褧著，余思黎点校：《咸宾录》，北京：中华书局，1983 年，第 81 页。

实。学者也多赞同此观点①，如胡怀琛《中国古代小说之外国资料》在"黄粱梦与游仙枕"中有言："今按，'黄粱梦'脱胎于'游仙枕'，一望可知。所可注意者，游仙枕为龟兹国所进，则此种神话，乃自外来，而非中国所固有也。即'黄粱梦'之思想乃是外来，而非中国所固有也。又按，'黄粱梦'知之者甚多，'游仙枕'知之者甚少。'黄粱梦'已成为一普通之典故，为文人所常用；'游仙枕'引则用者绝少。以余见闻所及，只厉樊谢游仙诗序云：'聊当龟兹一觉云尔'。则正用此事也。"②王觉源《忘机随笔》亦言："世人所传'黄粱梦'故事，知者甚多。原出于李泌枕中记。开元天宝遗事，有'游仙枕'一事。'黄粱梦'脱胎于'游仙枕'，事很显然，一望可知。"③宋涟圭在《黄粱梦故事的由来》中则描述得更加清晰，他认为沈既济创作《枕中记》的另一素材来源"当是龟兹枕，即游仙枕的故事。现在所能见到的该故事为五代王仁裕《开元天宝遗事》所载：'龟兹国进奉枕一枚，其色如玛瑙，温温如玉，其制作甚朴素。若枕之，则十州三岛、四海五湖尽在梦中所见。帝因立名为游仙枕。'沈既济约生于唐天宝九年（750 年），建中初（780年）官左拾遗、史馆撰修，不大可能不知道这件事。由此，我们是否可以这样说，沈既济听到了邯郸一带关于吕翁和卢生的黄粱美梦传说，又受到天宝年间西域进奉龟兹枕的启发，联想到三百余年前杨林在枕中历尽富贵荣辱的故事，再结合自身坎坷仕途经历中的所见所闻，最终构想出《吕翁》这一传奇名篇。至于为什么不用柏木枕、玉枕或龟兹枕，而改用瓷枕（'青瓷'之'青'是《文苑英华》本加上的），是因为当时邯郸一带的磁州窑所产瓷枕已很出名，写成当地产的瓷枕，就更有地方特色，从而使故事更可信了。"④再次，《开元天宝遗事》成书于五代时期，因此王仁裕在写作《游仙枕》故事时有可能看到并借鉴了唐代沈既

① 按：明代王世贞《过邯郸吕仙祠》："昔时卢生道邯郸，干谒不止恒苦饥。行逢吕翁为叹息，授之一枕同龟兹。出入将相五十载，觉来黄粱犹在炊。檀槐共斗蝼蚁穴，蕉鹿辗转令人痴。……"王世贞提及吕翁给卢生的枕头时便说明此枕"同龟兹"，实际也暗示了龟兹枕应比黄粱一梦之枕出现时间更早。

② 谢兴尧、陆丹林主编：《逸经》第一册，扬州：广陵书社，2010 年，第 172 页。

③ 王觉源：《忘机随笔·中外合璧故事》卷三、卷四，台北：东大图书股份有限公司，1993 年，第 1063 页。按：关于《枕中记》作者到底是沈既济还是李泌，并非本文所讨论的问题，暂且不论。但不管作者是谁，两人的活动时期相似，且故事内容主体相同，因此并不影响此处讨论《枕中记》是否受龟兹游仙枕故事的影响。

④ 张建华、陈斌编著：《邯郸之谜（下）》，北京：中国城市出版社，2003 年，第 370—371 页。

济《枕中记》故事的内容和构思。《唐五代志怪传奇叙录》在《枕中记》节目下对比王仁裕《游仙枕》故事后,有言:"游仙枕似脱化自沈记,录之以资参证。"①龟兹枕与其他几部枕类小说相比,其区别在于前者并没有依据"枕中之梦"展开具体的情节叙述,但其幻想的背景却极其广大,道教仙界的十洲三岛均在其范围之列。其他枕类故事都是紧紧围绕一个较为鲜明的主题结构全篇,所要表达的思想内容有一定程度的相似性,不过这倒从另一个层面反映出龟兹枕故事构思的与众不同。

(三)"游仙枕"名物在宋以后文学作品中的出现情况

龟兹游仙枕自唐代传入中原并在五代《开元天宝遗事》中记录后,其神秘色彩就引发后人无穷想象力并被广泛关注,频繁出现在文学作品中,成为构成中国文学梦境主题的常用意象。

诗歌中,宋代萧立之《开元天宝杂咏·游仙枕》:"一枕仙游足自娱,萧然清思离尘区。十洲三岛经行处,知有岷峨剑阁无。"清代王大復《游仙枕》:"黄金多少炼丹成,才得飞身住五城。不料龟兹分一枕,十洲三岛任游行。"②可谓直接吟咏龟兹游仙枕的诗歌。龟兹游仙枕梦境中的"十洲三岛"也作为一个意象出现在诗作中,如宋范仲淹《知府孙学士见示和终南监宫太保道怀五首因以缀篇》其四有"神枕自成仙岛梦,朝衣犹有御炉香"③。清盛大士《溪山卧游录·序》:"一编便是游仙枕,蓬岛楼台在此中。"④清樊增祥《原作十三首》其一:"只须乞我龟兹枕,个个神山到梦中。"⑤清贺长龄《余凤有壮游之慕,今岁校修一统志,旧兴复萌,走笔赋此》:"我无龟兹枕,又乏连钱骢。十洲暨三岛,想像余浩歌。"⑥

词作也常以"龟兹枕"和"十洲三岛"引入梦境,且多与邯郸黄粱一梦的故事相结合,如清代朱方蔼《满江红·吴门观演邯郸梦传奇》:"玉茗清词,数吴下,

① 李剑国:《唐五代志怪传奇叙录 上》,天津:南开大学出版社,1993年,第273页。

② 王锡祺编纂:《山阳诗征续编》卷十五,西安:陕西人民出版社,2011年,第375页。

③ 按:龟兹枕也被称为"神枕"。

④ 于安澜编:《溪山卧游录·序》,上海:上海人民美术出版社,1963年,第4页。

⑤ [清]樊增祥著,涂晓马、陈宇俊校点:《樊樊山诗集》卷二八,上海:上海古籍出版社,2004年,第637页。

⑥ [清]贺长龄撰,雷树德校点:《贺长龄集·耐庵诗存》卷二,长沙:岳麓书社,2010年,第438页。

歌场能擅。装点出,邯郸道上。龟兹枕畔。将相功成声势赫,妻孥辈享荣华编。到睡魔、醒后反惊疑,频揩眼。依然卧,黄茅荐,犹未熟,黄粱饭。算百年、富贵一时变幻。争似十洲仙境好,从教万种尘缘断。笑人生、多在梦魂中,空留恋。"①清黄坦《木兰花慢》:"肯向龟兹枕畔,为予唤醒邯郸。"②黄坦《木兰花慢(和朗生大兄闻钟)》:"最是五更声转亮,蝶梦惊残多少。每夜空中,将人唤醒,免走邯郸道。龟兹枕畔,省添无数烦恼。"③黄坦《渔家傲》:"独羡卢生遭遇好,龟兹枕上荣华老。偏我梦中多苦恼,醒不了,几回肠断邯郸道。"④清宋琬《满江红》:"古陌邯郸,轮蹄路、红尘飞涨。恰半晌、卢生醒矣,龟兹无恙。三岛神仙游戏外,百年卿相蓬庐上。叹人间、难熟是黄粱,谁能饷。……"⑤

后世也有以"游仙枕"为切入点进行散文创作的,如明末清初姚康的《游仙枕序》,姚康首先解释因为书是关于山水之胜的,所以名之为"游仙枕",并记叙游仙枕的来历:"枕自至龟兹,其名玄宗所赐也。其用能令枕者梦,能令梦者以一黄粱,顷而毕海内外地肺海眼之胜,此亦异矣。"⑥可见姚康之"游仙枕"本之王仁裕龟兹枕故事,又与黄粱梦故事相结合,实际增加了是书的神秘浪漫色彩。进而姚康引出与游仙枕相类的宝物:记事珠、鉴公枣,"今君是书成,已办得龟兹枕。请与读者约,当更办得燕公珠。因山水而有意乎?其人者,当更办得鉴公枣。此枣不具,此珠不具,而僭用是枕者,其枕不灵"⑦。指出只有三者皆俱,作者与读者完美交流,才能传达并体会出这本山水纪行书的真谛。可谓源自龟兹游仙枕而又跳出窠臼,给予该传说故事以新的内涵。清代徐軓有《游仙枕赋(以州岛湖海尽在梦中为韵)》也描绘了游仙枕之得名由来、神奇幻境和美妙感受:"识睡乡之况味,乐幻境之清幽。云水窝中,尽容放浪;烟波窟里,每易勾留。身

---

① [清]朱方蔼:《小长芦渔歌唱》卷二,乾隆壬戌高不骞、杭世骏序本,上海:上海师范大学藏。
② 南京大学中国语言文学系全清词编纂研究室编:《全清词·顺康卷》,北京:中华书局,2002年,第7468页。
③ 南京大学中国语言文学系全清词编纂研究室编:《全清词·顺康卷》,北京:中华书局,2002年,第7480页。
④ 南京大学中国语言文学系全清词编纂研究室编:《全清词·顺康卷》,北京:中华书局,2002年,第7422页。
⑤ 南京大学中国语言文学系全清词编纂研究室编:《全清词·顺康卷》,北京:中华书局,2002年,第891页。
⑥ 桐城市博物馆主编:《桐城明清散文选》,合肥:安徽美术出版社,2011年,第15页。
⑦ 桐城市博物馆主编:《桐城明清散文选》,合肥:安徽美术出版社,2011年,第15页。

未离夫玉簟,心已到夫琼洲。梦破繁华,绝胜邯郸之枕;神行缥缈,底须汗漫之游。忆昔唐宗,诞膺大宝。修贡献之龟兹,进奇珍兮鸟岛。得来异枕,巧夺人工;名以游仙,信由天造。光自闪夫琉璃,色更同乎玛瑙。……高枕无虞,身近牙床宝帐;仙人相引,心楼圆峤方壶。直如梦熟黄粱,枕上几经富贵;不必巡行翠辇,枕边遍觅江湖。……听仙乐兮玖琤,开仙槎兮欸乃。海阔天空,云繁风紧。恍倚石而迷花,俨骖鸾而逐隼。鹰窠堪陟,奚倩云扶。鳌极可攀,不愁风引。梁横亘而成虹,楼凭虚而架蜃。何必枕来柏叶,仙露承残;虽非枕自桃枝,仙源历尽。"①其中"修贡献之龟兹,进奇珍兮鸟岛"两句表明作者所描述的游仙枕原型也是龟兹国进贡给唐廷的龟兹枕,"州岛湖海尽在梦中"的押韵内容则更进一步表明作者在创作时对《开元天宝遗事·游仙枕》的学习和借鉴。最为难能可贵的是王仁裕这篇名为《游仙枕》的小说还曾传至朝鲜,朝鲜文学家金庆余以此为切入点创作了《游仙枕赋》,以赋体文学的形式讲述了游仙枕的神异奇妙并借此抨击现实,影射统治者妄图成仙得道的荒唐想法,在后世"游仙枕"主题类文章中实为独树一帜之作。这篇赋在讲述游仙枕命名原因时进行了这样的说明:"胡尔名之游仙?羌琼楼之一欹,遍弱水之三千。"并极力描绘出龟兹枕所显现的神奇美好梦境:"龟兹有国,玛瑙纳锡。苟枕此者,足以凌倒景而出寥廓,皇心如有所得。受言置之卧榻,将秦帝之肆志。枕宰予之日午,无何,蝴蝶导前,睡魔在后,鸾车已□,鹤驾催行。羽其腋兮飘如,倏尔举兮上征。披赤城之丹霞,袭桂府之清泠。祥云兮暖暧,瑞气兮珑玲。瑶草兮长春,紫芝兮不老。会穆王于瑶池,集群仙于北斗。人间天子,上界堪舆。不出门庭,办胜游兮。谁谓无仙,一枕幻之。谁谓渺茫,一梦游之。忘凡骨之未蜕,喜夙愿之今偿。谓神仙之可能,永玉舄于灵境。"②值得注意的是,该辞赋内容中还出现了与黄粱梦的结合,"千秋往事,一枕黄粱",这也充分说明以龟兹游仙枕为基础的一系列"梦+枕"范式小说业已传播至朝鲜,且被当时当地的文学家接受并运用进自己的创作中。

---

① 马积高、叶幼明主编:《历代辞赋总汇 清代卷》第二十二册,长沙:湖南文艺出版社,2014年,第22831页。

② 于春海主编:《古代朝鲜辞赋解析(一)》,北京:商务印书馆,2013年,第272页。

《游仙枕》故事本身虽然没有对空间展开叙述，但却在客观上为后世仙境主题类文学作品搭好了一个框架，后世相关小说多以此为想象的突破口和情节的切入点。宋代陶穀在古代中国文言琐事小说《清异录》中曾记载五代时后蜀宫中所藏之游仙枕："左宫枕，青玉为之，体方平，长可寝二人。冬温夏凉，醉者破醒，梦者游仙，云是左宫王夫人所制。左宫以授杜光庭。光庭进之蜀主，与皇明帐为嫭宫二宝。"①故事俱出自五代，此枕与龟兹游仙枕亦有相似之处。明代冯梦龙增补的《平妖传》第二十三、二十四两回也引入"游仙枕"意象，胡永儿逃走时曾托陈学究与父母辞行，说道："有烦师父将此枕儿寄予我家爹妈，聊表挂念。此乃九天游仙枕，悦人魂梦，枕之百病俱除，师父是必寄去。"②学童后来还描述了头枕游仙枕梦到的场景："才睡去，忽见枕墙上两扇门开。异香扑鼻，一班女乐吹弹而出。个个有月貌花容，迎我去仙界游玩。转步之间，果然仙山，仙水，仙花，仙鸟，景致非常。一个仙女执壶，又一个把盏，连劝我仙酒三杯。……""看时，只见一边枕墙上，泥金涂写'九天游仙枕'五字。那一边画成两扇门儿，上面横个牌额写'仙界'二字。"③后来，费将仕扑碎游仙枕后，"只见一阵东西，……有影无形的，飞起屋檐上去了。费将仕走下阶头看时，原来是三寸多长一班的仙女，手中执着乐器，笙箫弦索，无所不具。也有执壶，执盏，执扇，执如意的，共二十余人，如一棚木偶人儿相似。一个个艳质浓妆，美丽无比。那一班仙女，做一字儿站在檐头，向着费将仕齐齐的道个万福，启莺声，开燕语，说道：'妾等原系前朝内班近侍宫人，被九天玄女娘娘符令拘禁在此。今叨恩庇，释放逍遥，实乃万分之幸也。'说罢，把乐器一齐动起，声调和谐，凄婉可听。徐徐从屋脊上行去，向北方即渐没了。""费将仕……再把破枕片儿细细捡起看时，里面滑滑净净的，都画着细山细水，亭台树木。这枕儿是一块白土捻就的，外面又无丝缝，不知里面画工如何动手。岂不是个仙枕！"④小说中，游仙枕名物

---

① [宋]陶穀：《清异录》，北京：中华书局，1991年，第223页。
② [明]罗贯中编次，[明]冯梦龙增补：《平妖传》，上海：上海古籍出版社，1996年，第167页。
③ [明]罗贯中编次，[明]冯梦龙增补：《平妖传》，上海：上海古籍出版社，1996年，第168页。
④ [明]罗贯中编次，[明]冯梦龙增补：《平妖传》，上海：上海古籍出版社，1996年，第169页。

的引入与《枕中记》等作品不同,更多体现出对龟兹枕故事的延续和具体化,游仙内容被以特定形式的梦境表现出来,九天玄女的出现则进一步彰显出此类故事体裁与道教之间的密切关系。清代石玉昆《三侠五义》小说中,也描述了以游仙枕示梦的形式辅佐包公断案的情节。第十四回《小包兴偷试游仙枕 勇熊飞助擒安乐侯》中,包兴因想见识枕中的"阆苑奇花,琼楼仙姬"①,便头着游仙枕进入梦乡,梦见被两个身穿青衣之人搂上黑马来到阴阳宝殿,并被呵斥冒充星主。后来二十七回《仙枕示梦古镜还魂 仲禹抢元熊飞祭祖》中,包拯细看游仙枕时,其形貌才被描摹出来:"仿佛一块朽木,上面有蝌蚪文字,却也不甚分明。"②包拯枕上游仙枕后也梦见骑马来到阴阳宝殿,在红、黑判官帮助下取得破案线索。③该小说多处情节描写包拯借助游仙枕化险为夷,游仙枕成功沟通了阴、阳两界,且游仙梦境可以指导现实,两界的人、事以此为衔接点建立起联系并推动了故事的发展,游仙枕的主题意义也得到进一步提升:它已经不再是游离于现实以外且与之毫无关联的纯粹梦境,而是可以用来指导实际问题的客观预言。而阴曹地府、红黑判官自然与道教有着密切关系,龟兹游仙枕故事中的宗教文化意识在这里亦得到传承。④清代小说《都是幻》第三回在讲到皇后娘娘差人送来东海蛮王进贡的水晶枕时,也与龟兹游仙枕做了一番比较:"细看时,见此枕有六尺之长,光芒如夜明珠一般,彻底澄清,玲珑奇巧。内中有三岛十洲,有千岩万壑,峰峦洞穴之奇俱备。有日月,有云霞,有草木,有花卉,有鸟兽,有人物故事,有殿阁楼台。将他摇一摇,内中之物俱动,灵灵活活。……南斌道:'天地间有这样奇巧之物。卑人读书时,见唐朝开元遗事,说西域龟兹国贡一枕来,颜色像玛瑙一般,洁润如玉,枕了他睡去,梦中能见十洲三岛,唐王称为游仙枕,千古以为奇物。'"⑤龟兹游仙枕以其自身的神秘性引发人们无穷

———

① [清]石玉昆编,舒驰校点:《三侠五义》,杭州:浙江古籍出版社,1997年,第63页。
② [清]石玉昆编,舒驰校点:《三侠五义》,杭州:浙江古籍出版社,1997年,第132页。
③ 按:清代民间传说认为包公生前便日断阳间、夜断阴间案件,通过游仙枕穿梭于阴阳两界。
④ 按:现代小说中也有借助游仙枕构思故事者,如《包公借御猫》中,包公就是借助游仙枕神力上天找到玉皇大帝,寻得御猫并消灭人间老鼠精的。
⑤ 林鲤主编:《中国历代珍稀小说1》,北京:九州图书出版社,1998年,第428页。

的想象力,成功构建起小说中引人入胜的玄妙情节。

宋及以后文学作品中,"游仙枕"内涵还出现扩大倾向,并非只有龟兹枕才可被称为游仙枕,前面所举诗词已出现将黄粱梦与游仙枕两意象揉为一体的情况,延展开来,由黄粱梦道出人生欲望之虚幻不实的枕意象也被称为"游仙枕",如明代吕维祺《再题黄粱梦七首》其三:"黍饭蒸团枕窍开,才知身是梦中回。烦君更入游仙枕,据出当年富贵来。"①王仁裕"游仙枕"故事还体现出其道教宝物特征,以之为媒介传达道教思想也是题中应有之意,如清刻本《华阴县志·道释》载明神宗万历年间,高蓬头在河南灵宝元真庵出家,"一日有老黄冠者至,蓬头供侍唯谨。月余将行,出一枕授之曰:'此游仙枕也,枕之意所欲适,无不至焉'"②。高蓬头枕之,梦见崇信道教的萧太后召见自己,后果入皇宫受到重视。此故事借助游仙枕将道教与皇家联系在一起,自有提高道教政治地位之目的,但游仙枕的意象指称却传承了龟兹游仙枕本身所具备的与道教之间的密切关系。引申言之,游仙枕还被借用为美好的回忆或愿望,如冒辟疆散文《影梅庵忆语》以游仙枕所梦之境比况对美景乐事的追忆:"一时才子佳人,楼台烟水,新声明月,俱足千古,至今思之,不啻游仙枕上梦幻也。"③张可久《南吕·金字经·访吾丘道士》以龟兹枕抒发自己洒脱自适的情怀:"细草眠白兔,小花啼翠禽。且听松风坐绿阴。寻,洞天深义深。游仙枕,顿消名利心。"④周密《杏花天(金池琼苑曾经醉)》"东风一枕游仙睡,换却莺花人世"⑤则喻指睡了甜美的一觉。

通过上述分析可知,龟兹游仙枕最初作为一个异域名物出现在五代王仁裕的笔记体小说中,而后其意象使用范围不断扩大,并被更多地引入后世文学作品创作中,展现出这一名物意象本身强大的生命力和适应性。

---

① 梁辰、张志东选注:《黄粱梦诗词精选》,北京:中国文联出版公司,1999 年,第 46 页。
② 凤凰出版社编选:《陕西府县志辑第二十四册乾隆华阴县志》,南京:凤凰出版社,2007 年,第 258 页。
③ [清]冒襄,[清]沈复,[清]陈裴之:《影梅庵忆语 浮生六记 香畹楼忆语 秋灯琐忆》,长沙:岳麓书社,2016 年,第 10 页。
④ [元]杨朝英选:《朝野新声太平乐府》卷五,北京:中华书局,1958 年,第 180 页。
⑤ 唐圭璋编纂:《全宋词》第五册,北京:中华书局,1999 年,第 4160 页。

二、龟兹板

唐代文学作品中还出现了另一件来自龟兹的珍奇之物,叫作龟兹板。这一名物最早见诸唐代段成式的小说《酉阳杂俎·邢和璞》中:

> 房琯太尉祈邢算终身之事,邢言:"若来由东南,止西北,禄命卒矣。降魄之处,非馆非寺,非途非署。病起于鱼飨,休于龟兹板。"后房自袁州除汉州,及罢,归至阆州,舍紫极宫,适雇工治木,房怪其木理成形,问之,道士称数月前有贾客施数段龟兹板,今治为屠苏也。房始忆邢之言。有顷,刺史具鲙邀房,房叹曰:"邢君,神人也。"乃具白于刺史,且以龟兹板为讬。其夕,病鲙而终。①

相类故事还出现于唐代郑处诲的史料笔记《明皇杂录》首篇《和璞预言房琯之卒》中,语句稍有变化:

> 开元中,房琯之宰卢氏也,邢真人和璞自泰山来,房琯虚心礼敬,因与携手闲步,不觉行数十里。至夏谷村,遇一废佛堂,松竹森映。和璞坐松下,以杖扣地,令侍者掘,深数尺,得一瓶,瓶中皆是娄师德与永公书。和璞笑谓曰:"省此乎?"房遂洒然方记其为僧时,永公即房之前身也。和璞谓房曰:"君殁之时,必因食鱼脍;既殁之后,当以梓木为棺;然不得殁于君之私第,不处公馆,不处玄坛佛寺,不处亲友之家。"其后谴于阆州,寄居州之紫极宫,卧疾数日,使君忽具鲙邀房于郡斋,房亦欣然命驾,食竟而归,暴卒。州主命攒椟于宫中,棺得梓木为之。②

---

① [唐]段成式撰、方南生点校:《酉阳杂俎》,北京:中华书局,1981年,第25页。
② [唐]郑处诲撰,田廷柱点校:《明皇杂录》,北京:中华书局,1994年,第11页。

《明皇杂录》文体性质为随笔记录的杂史类史料笔记，作者的创作态度较为严谨，以补阙和存古为创作目的，从内容上看多言及帝王之事，但又兼采委巷之说，具备一定的虚妄怪诞性，所叙故事有时真假难辨。因此该书虽以纪实为主，也体现出一定的小说特色。《酉阳杂俎》则为唐代的笔记小说集，记录了很多志怪传奇类故事，这也是其中最有价值的部分，在六朝与宋明清志怪小说创作中起到承上启下的重要作用，因此文中多有诡怪不经之谈，但又涉及很多珍稀史料可用来佐证史实。因此两部书都呈现出史书与小说并行的特点。加之《酉阳杂俎》成书时间是9世纪中期，《明皇杂录》成书时间约为公元855年，两书大体相当。①因此从整体而言，很难从时间上判断孰早孰晚，从内容上印证孰是孰非。

从文学角度分析，两书所载故事都体现出丰富的想象和夸张，不管是两书共有的邢和璞对房琯命终之事的预言，还是《明皇杂录·和璞预言房琯之卒》对房琯前世身份的印证都体现出这一点；文本还体现出唐代浓郁的道教文化背景：邢和璞的身份是道士，《明皇杂录·和璞预言房琯之卒》还记载其自泰山而来，泰山道教始于东汉末年，至今长盛不衰；房琯在阆州的寄居处为紫极宫，也是一道观。粗略比较两书所记故事，《明皇杂录·和璞预言房琯之卒》中多了对房琯前世身份的印证；两书都言及邢和璞预言房琯终身之事，但《酉阳杂俎·邢和璞》在房琯丧命条件具备时（死因：食鲙；治棺之木：龟兹板），又借房琯的回忆证实了邢和璞对房琯命卒方向与地点预言的准确性（由袁州到汉州再到阆州，恰为从东南到西北；房琯舍于紫极宫，恰好"非馆非寺，非途非署"）。相较而言，《明皇杂录·和璞预言房琯之卒》中房琯遇鲙未曾警觉、暴卒后州主恰以邢和璞所言之木为棺，房琯在此并未承担占卜验证者的角色。《酉阳杂俎·邢和璞》故事叙述方式更加圆润玄妙，房琯明知命丧此处却依然食鲙并将棺木嘱托给刺史，恰恰

---

① 按：日本宽永十六年（公元1639年）和刻本所保存的王仁裕《开元天宝遗事》自序中提及王仁裕收录故事的原则："因得询求事实，采摭民言，开元天宝之中影响数百余件，去凡削鄙，集异编奇，总成一卷，凡一百五十九条，皆前书之所不载也。"如果此言不虚，那么《开元天宝遗事》所载故事应该是此前书籍所未记载的，因此仅从书中所载邢和璞与房琯故事考察，《酉阳杂俎》有可能成书早于《明皇杂录》。但目前尚无确切证据说明两书面世时间的早晚。

说明命数的不可逆转,也更凸显了邢和璞占卜的神秘性与精准性。①

除此之外,两故事还有一个较大差别在于邢和璞所预言的房琯制棺之木有所不同,《明皇杂录》记为梓木,《酉阳杂俎》则记为龟兹板,两种木材差异较大。先看《明皇杂录》所言梓木,该木是中原地区的传统木材,木质坚实,耐湿耐腐,气味芳香且不易遭受虫菌,因此被誉为千年不朽之木,古人多偏好之。梓木在古代常被制作棺木,但并非所有人都可以使用这种木材,比如汉代制棺木料就有着严格的等级制度,以梓木做成的棺椁为皇帝、皇后专用,被誉为"梓宫"。诸侯王、公主、大臣等只有受到皇帝赏赐时才能使用梓木棺椁。随着时代发展,棺椁材质也发生相应变化,唐朝皇族开始使用象征身份的石材制作棺椁。梓木棺椁也不再是皇族殡葬的专属标配,梓木的木质优势使其成为唐代棺椁制作的上好选择,使用范围逐渐扩大。安史之乱时,房琯曾任宰相,地位颇高,因此虽然后来罢归阆州,仍然受到时人重视,阆州州主选用梓木为其制作棺椁,恰恰反映出他对房琯的敬仰之情。《明皇杂录》中以梓木为棺椁原料反映出中华丧葬文化发展到唐朝时的特点,具有一定的时代意义。但这一制棺材质在《酉阳杂俎》中变成了"龟兹板",其名物意象背后所反映的文化内涵自然也有所不同。

《酉阳杂俎·邢和璞》提及龟兹板时,言及其可"治为屠苏"。所以为了更好地考察龟兹板的性质用途,必须首先明白"屠苏"为何物。余欣先生在其论文中对比考察了屠苏的两种基本释义("屠苏酒"和"因草以名之平屋")以论证龟兹板的用途,通过引用医家药方证明屠苏酒的制作材料中并不包含龟兹板,从而排除龟兹板为制酒原料的可能性;并通过引用《三国志》《宋书》之例证,确定屠

---

① 按:《旧唐书人物全传 3》列传第六十一载:房琯"宝应二年四月,拜特进、刑部尚书。在路遇疾,广德元年八月四日,卒于阆州僧舍,时年六十七。赠太尉。"按史书记载,房琯是在路上染疾而亡,不知死因是否为食鱼鲙,而且卒于僧舍,与小说所言"非寺、非途"以及"不处佛寺"不相符合。当然《明皇杂录》所言房琯殁时"不处玄坛"与故事中房琯殁于道观紫极宫相悖,或为小说家创作时有意改编所致。当然也有学者认为房琯既知鱼鲙和龟兹板为其死期之象征,还非要食鱼鲙,并委托刺史以龟兹板制棺,于情理上说不过去,因此认为这不过是小说家的杜撰。但如果从命数说来讲,其恰恰体现出中国传统文化中的"命中注定"思想。

苏为屋宇,龟兹板为治屋宇的西域奇木。①在考察屠苏释义时,还应关注它的一个常用义项,即古代一种有檐的帽子,也写作"涂苏"。虽然此义项与龟兹板之间相去甚远,但屠苏此义在《酉阳杂俎》另一篇小说中出现过,因此也应纳入辨析范围。《酉阳杂俎·黥》:"宝历中,长乐里门有百姓刺臂,数十人环瞩之。忽有一人,白襕屠苏,顷首微笑而去。……"②这里的"白襕屠苏"是指身着士人服装,头戴屠苏帽。《晋书·五行志中》:"时童谣曰:'屠苏鄣日覆两耳,当见瞎儿作天子。'"③另外,还可结合《明皇杂录·和璞预言房琯之卒》中的"梓木"探究"龟兹板"的用途。《酉阳杂俎·邢和璞》"以龟兹板为托"一句说得非常模糊,并未言明以龟兹板托作何物,所以需要考察屠苏的意思才能确定龟兹板的用途;但是《明皇杂录·和璞预言房琯之卒》"既殁之后,当以梓木为棺""棺得梓木为之"句就明确表示房琯死后是用梓木为其制作棺椁的。虽然梓木与龟兹板具体所指不同,但两故事文本主体内容相似,两名物在其中的用途也应相差无几。从此角度考虑,也可大致说明龟兹板与梓木都是木材,都可用来制作棺椁,并可初步排除屠苏为酒的义项。综合上述分析可知,龟兹板应为来源于龟兹古国的一种木板,质地优良,但在中原地区并不常见(所以房琯会怪其纹理)。这种木材既可"治为屠苏",用作建筑材料建造房屋;又可制作棺木,托为死后休息之所。

但龟兹板到底是哪种树木制成的木板尚不得知。④余欣先生认为是莎罗树,并引《酉阳杂俎》《长阿含经》《大唐西域记》相关内容进行分析论证。如:

---

① 按:参看余欣:《屈支灌与游仙枕:汉唐龟兹异物及其文化想象》,《复旦学报(社会科学版)》2010年第6期,第34—35页。

② [唐]段成式撰、方南生点校:《酉阳杂俎》,北京:中华书局,1981年,第77页。

③ [唐]房玄龄等撰:《晋书》,北京:中华书局,1974年,第845页。

④ 按:"龟兹板"这个意象还曾传播至外国,王勇、大庭修主编的《中日文化交流史大系·典籍卷》有言:"享德三年十月十五日条中,关于《东坡诗注》里的龟兹板一语,引证了《太平广记》《文献通考》。"这说明"龟兹板"一词曾随着《东坡诗注》的外传远至日本。但《卧云日件录拔尤》又言:"享德三年十月十五日:前刻,等持长老来,出《东坡诗注》,有'龟兹板'之语,江西不审,后看《太平广记》有此语,然未解其意。"已表明:享德三年(公元1454年)时,擅长中国四六骈文及诗文创作的日本人江西龙派已不知"龟兹板"为何物。王勇、[日]大庭修主编:《中日文化交流史大系·典籍卷》,杭州:浙江人民出版社,1996年,第79页。[日]瑞溪周凤:《卧云日件録拔尤》,东京:岩波书店,1992年,第85页。

娑罗，巴陵有寺，僧房床下忽生一木，随伐随长，外国僧见曰："此娑罗也。"元嘉初，出一花如莲。天宝初，安西道进娑罗枝，状言："臣所管四镇，有拔汗那，最为密近，木有娑罗树，特为奇绝。不庇凡草，不止恶禽，耸干无惭于松栝，成阴不愧于桃李。近差官拔汗那使令采得前件树枝二百茎，如得讬根长乐，擢颖建章，布叶垂阴，邻月中之丹桂，连枝接影，对天上之白榆。
——《酉阳杂俎·广动植之三·木篇》①

又殿庭大莎罗树，大历中，安西所进。其木椿赐此寺四橛，橛皆灼固。其木大德行逢自种之，一株不活。——《酉阳杂俎·寺塔记下》

余欣考虑到龟兹古国佛教信仰浓厚，而莎罗树又被誉为佛教圣树；且此树是由安西道进献给朝廷的，随行书状中不乏对莎罗树的赞美之情，因此推论两者之间应存在密切联系，莎罗树为龟兹引以为傲的名物，莎罗树制成的木板即为"龟兹板"。②笔者认为此结论有待商榷。理由有四，一是因为《酉阳杂俎·广动植之三·木篇》有"木有娑罗树，特为奇绝""近差官拔汗那使令采得前件树枝二百茎"，明确指出娑罗树为拔汗那国特有的奇绝树种，且安西道派遣拔汗那使在本国直接采集莎罗树进贡朝廷。二是因为龟兹虽为天宝年间安西都护府治所，但不能因为安西道向朝廷进贡娑罗树，就认为这种树产于安西道治所龟兹。拔汗那本身隶属安西，安西道向朝廷进贡土产，从其所属国拔汗那中选取贡品也是正常的。③三是因为史料中没有记载龟兹曾成功引种莎罗树，如果龟兹果真大范围种植莎罗树，则没有必要专门派遣使者到拔汗那属国去采集了。四是文献没有明确记载莎罗树可用来制作木板、修建屋宇，且其所制木板就是

---

① ［唐］段成式撰、方南生点校：《酉阳杂俎》，北京：中华书局，1981年，第174页。

② 按：余欣观点部分可参看其论文《屈支灌与游仙枕：汉唐龟兹异物及其文化想象》，《复旦学报（社会科学版）》2010年第6期，第35页。

③ 按：唐代僧人慧超《往五天竺传》记载了跋贺那国（即拔汗那国）的基本情况，指出该国位于康国以东，开元间为西突厥和大食势力交错之地，当时尚不识佛法，也没有寺舍僧尼等。参见郑炳林：《敦煌地理文书汇辑校注》，兰州：甘肃教育出版社，1989年，第209页。

龟兹板。因此,本文不认为龟兹板与莎罗树之间有着必然的联系。①当然余欣自己也指出,"这仅是推论而已,尚缺乏龟兹板即莎罗树板的直接证据"②,因此对于龟兹板到底来源于何种树木,本文暂不做推测,以待更多相关资料的出现。

但是房琯的制棺之木在《酉阳杂俎》和《明皇杂录》中发生的这种变化却是值得注意的。从名物本身的文化属性来看,梓木是中原地区的传统树木,以其为棺椁制作原材料则鲜明地体现出中原文化特色。龟兹板从其名称来看就与龟兹古国有着密切关系,当为由异于中原的龟兹本地树木制作而成的有代表性的建筑用木板。故事发生地为阆州(位于现四川省东北部)的紫极宫,龟兹板是商人捐赠并用来建造屋宇的。因此笔者推测,制作龟兹板的树木后来应该引种到中原,但仍习惯以原产地对其进行命名。而这一名称也恰恰体现出"龟兹板"作为异域名物所自带的神奇光环,在这一光环笼罩下,龟兹板的实用性已不再是世人关注的唯一原因,名物本身所具备的能够引导人们走进其本根并据此生发出来的奇妙幻想,才是更令人神往的,它成功地发挥了名物的文化传递作用,激发起中原人士对数千里之外龟兹异域文化的浪漫想象。值得注意的是,龟兹名物传至中原后,还会与中原文化进行融合。因此虽然龟兹板与紫极宫之间具有一定偶然性(龟兹板被商贾捐赠给紫极宫,紫极宫道士恰好需要木材建造屋宇,龟兹板正好为其所用,但龟兹板并非只能用于道观屋宇的修建,两者不具备必然联系),但这种偶然性联系在文本创作中却存在着一定程度的必然性。《酉阳杂俎·邢和璞》整个故事中都弥漫着浓厚的道教文化色彩,作者在创造性地记录这个故事时,有意识地将龟兹板这一异域名物与中原最为重要的本土宗教结合在一起,既体现出龟兹文化与中原文化的碰撞融合,也间接反映了中华文化的博大精深、海纳百川。

---

① 按:游自勇也认为余欣通过《酉阳杂俎》"此条材料来证明婆罗树是龟兹盛产,并进而与龟兹板联系起来,并不成立"。参见游自勇:《评余欣〈中古异相:写本时代的学术、信仰与社会〉》,《世界宗教研究》2013年第2期,第192页。

② 余欣:《屈支灌与游仙枕:汉唐龟兹异物及其文化想象》,《复旦学报(社会科学版)》2010年第6期,第35页。

三、屈支灌

敦煌文献中的官私文书不仅具有很高的史料价值，也具有极大的文学价值。文书中出现的某些名物，不仅有助于还原历史面貌，还具有独特的文化价值。以之为切入点考察特殊名物背后的特定文化价值，并揭示其在文学中的意义，这是古代文学研究的题中应有之意。敦煌文书中与龟兹相关并蕴含独特文化风貌的当属"屈支灌"这一名物。

敦煌文书 P.2613《唐咸通十四年正月四日沙州某寺交割常住物点检历》有"生铜屈支灌子。(31 行)……叁脚鍮石盏子壹。壹升铜灌子壹，并系，在张僧政。(76 行)"①。这份文书出现了一个名词：屈支灌，这一名称在目前可见的敦煌文书中只此一处。但即使只有一处也足以引人深思，因为其名称组合为"生产地名+物品种类"的形式，而其生产地即为屈支。如前所述，龟兹的梵语是 Kucina，其在不同时期、不同文献中有不同的翻译写法，如屈支、屈茨、屈兹、鸠兹、邱兹、丘兹、归兹、拘夷、曲先、苦叉等。这里所谓的"生铜屈支灌子"是指产于屈支(龟兹)地区的以生铜(未冶炼的铜)制作而成的罐子。敦煌文书所载"屈支灌"虽仅此一处，但其意义却非常重大，因为敦煌现存文书中很少见到以地区命名灌子的情况，这充分说明"屈支"与"灌"之间的密切关系。这则文书记载的是唐咸通十四年(公元 873 年)沙州某寺庙交割常住物点的情况，内容属实，这又说明屈支灌在唐代并非只是一个出现在文本中的意象符号，而是确实存在的。在这份文书的 76 行，还出现了"壹升铜灌子壹"，这个"铜灌子"没有记载产地、制作方式，应该只是一个普通铜灌。相比而言，屈支灌则有特殊的用途和意义，余欣教授认为："这种铜灌的性质和用途，就是佛教典籍中经常提及的澡灌。"②过往研究提及屈支灌时，均未明确说明其为澡灌，余欣教授的这一

---

① 唐耕耦：《敦煌社会经济文献真迹释录·第三辑》，北京：书目文献出版社，1990 年，第 9—12 页。

② 余欣：《屈支灌与游仙枕：汉唐龟兹异物及其文化想象》，《复旦学报》(社会科学版)2010 年第 6 期，第 31 页。

论断具有重要的开创意义。

考之文献资料,可以发现史书中还有其他关于龟兹澡灌的记录。最终成书于唐朝的《梁书》卷四〇《刘之遴传》有言:"之遴好古爱奇,在荆州聚古器数十百种。……又献古器四种于东宫。……其第三种,外国澡灌一口,铭云'元封二年,龟兹国献'。"①元封为汉武帝年号,元封二年即公元前109年。如果此条信息属实,按照贾学谦的观点,这个澡灌极有可能是"中国皇帝得到最早的佛教器物"②。龟兹国王将此龟兹所产澡灌进献给汉武帝,当说明至少在公元前109年时佛教已传入龟兹国,龟兹国内已有一定数量的佛教徒传法,且佛教信仰已逐渐成为龟兹国君民的共同精神支柱。这一观点得到某些学者支持。③当然,也有学者质疑此条信息是否可以作为佛教初传龟兹的有利证据。④余欣也提出了自己的观点,他认为,元封二年时,龟兹当地是否存在佛法值得怀疑,元封年号本身也有问题;但同时余欣也提出,可能澡罐器物为真,铭文为后世好事者加之;同时又退一步讲,器物即使为赝品,但历史情境是真实的。⑤诸位学者观点不同的重要原因之一在于难以统一佛教传入龟兹的时间,因此不能判断这个"佛教澡灌"此处记录的真实性。但《梁书·刘之遴传》仅言"外国澡灌一口,铭云'元封二年,龟兹国献'",并没有明说这个澡罐是佛教徒所使用的。

余欣认为:澡罐自印度传入中国,在印度最初只是作为日常生活中的盥洗用具,后来与佛教洁净观念相联系后,才成为僧尼生活中的必备物品。《大唐西域记》介绍印度风俗时有所提及。⑥中印两国历史悠久,佛教虽然是中印文化沟

---

① [唐]姚思廉:《梁书》,北京:中华书局,1974年,第573页。

② 按:贾学谦《驼铃与古船:UNESCO 国际丝路考察纪实》有言:"中国皇帝得到最早的佛教器物,就是龟兹王国献给汉武帝的佛教僧侣所用的'澡灌'。"贾学谦:《驼铃与古船:UNESCO 国际丝路考察纪实》,北京:教育科学出版社,2004年,第96页。

③ 按:陈世良《关于佛教初传龟兹》(载于《西域研究》1991年第4期,第80—81页)对此持肯定观点。

④ 按:薛宗正《佛教初传龟兹新考》(载于贾应逸、霍旭初主编《龟兹学研究·第二辑》,乌鲁木齐:新疆大学出版社,2007年,第63—71页)对此持否定观点。

⑤ 按:参见余欣:《屈支灌与游仙枕:汉唐龟兹异物及其文化想象》,《复旦学报》(社会科学版)2010年第6期,第32—33页。

⑥ 按:参见余欣:《屈支灌与游仙枕:汉唐龟兹异物及其文化想象》,《复旦学报》(社会科学版)2010年第6期,第31页。

通的重要桥梁,但是两国之间的交往远早于佛教的传播。因此是否存在这种可能性:作为印度日常盥洗工具的澡罐并非佛教传入龟兹之后才随之而来的附属品,澡罐传入龟兹的时间可能要早于佛教传入龟兹的时间。澡罐传至中国后,其主要作用仍然是用以清洁的贮水器具,且为普通人日常使用,这一点在中原史书及文学作品中多有记载。如《魏书》卷九十八·列传第八十六《岛夷萧道成》有:"颐尝至其益州刺史刘悛宅昼卧,觉,悛自捧金澡盘面广三尺,爱姬执金澡灌受四升,以充沃盥,因以奉献。颐纳之。其好利若此。"①此处的"金澡灌"以黄金制成,作用仍是盥洗工具,是刘悛投其所好送给萧颐的,显示了后者生活的奢侈及贪婪。宋李昉《太平御览》第六卷在"澡灌"条下有言:"《东宫旧事》曰:皇太子初拜,有金涂澡灌一枚,青丝三合绳一枚,长二丈五尺。又曰:皇太子纳妃,有澡灌二枚。"②这说明,"澡灌"作为贮水工具,不仅可清洗身体还可用来盛水饮用。而且早在晋代,澡灌已是皇室聘礼的必需之物。"澡灌"一词还多次出现在诗歌中。宋张镃《礩栉》:"澡灌新宜白氎巾,睡余腥面涤昏尘。三熏衣润乘沉麝,一沃汤柔和芷辛。衰发任从清镜脱,壮心不逐故书陈。消平孤闷将何事,燕坐移时定谷神。"就描绘了睡醒之后以澡灌盛水梳洗清洁的过程。清代梁佩兰《题朱生小影》:"先生神明自澡灌,松风吹来衣带缓。"③此处赞扬朱生自我洗涤并沉淀心灵,当是名词用作动词。小说之例可以明代禁书《醋葫芦》为代表,其第十回有"晓当漱盥,捧盘进皂。夕当澡灌,揉淬涤垢"④。由此可见,澡灌作为盥洗类日常生活用品的使用价值在其传入中国后是一直存在的。

(一)澡罐与佛教的关系

当然,澡罐与佛教洁净观念相结合后,意义更为重要,使用也具有了一定的专属性特征。从佛典中可以看出澡灌对佛菩萨修行的重要性。西晋竺法护所

① [北齐]魏收:《魏书》,北京:中华书局,1974年,第2164页。
② [宋]李昉等撰:《太平御览》,北京:中华书局,1960年,第3170页。
③ [清]梁佩兰撰,吕永光校点补辑:《六莹堂集》,广州:中山大学出版社,1992年,第174页。
④ 《明清善本禁毁小说珍藏大系》编委会:《明清善本禁毁小说珍藏大系 卷1》,长春:时代文艺出版社,1999年,第494页。

译《过去世佛分卫经》叙说了过去佛降生的神迹,其中提及澡灌:"子年七岁家复贫狭,即作二人饭具及三法衣,手持澡瓶自将其子行诣佛所。稽首佛足前白佛言:'愿哀我子使为沙门。今后得道身形如佛。'佛即听之令作沙门。母以澡灌前洗儿手,应时九龙从瓶口出,吐水灌儿手中。"①此故事描述了过去世佛在其成佛前出家时自带澡瓶(即澡灌)②,并以澡灌之水洁手。澡灌虽小,却是佛祖生活中须臾不可离的物件。佛典还对僧徒使用澡灌进行了专门规定,这在客观上也体现出澡罐的重要性。如东晋僧伽提婆所译《中阿含·双品·牛角娑罗林》:

> 尔时,牛角娑罗林有三族姓子共在中住,尊者阿那律陀、尊者难提、尊者金毗罗。彼尊者等所行如是,若彼乞食有前还者,便敷床汲水,出洗足器,安洗足橙及拭脚巾、水瓶、澡罐。若所乞食能尽食者,便尽食之;若有余者,器盛覆举。食讫收钵,澡洗手足,以尼师坛着于肩上,入室燕坐。若彼乞食有后还者,能尽食者亦尽食之;若不足者,取前余食,足而食之;若有余者,便泻着净地及无虫水中。取彼食器,净洗拭已,举着一面,收卷床席,拾洗足橙,收拭脚巾,举洗足器及水瓶、澡罐,扫洒食堂,粪除净已,收举衣钵,澡洗手足,以尼师坛着于肩上,入室燕坐。彼尊者等至于晡时,若有先从燕坐起者,见水瓶、澡罐空无有水,便持行取。若能胜者,便举持来,安着一面;若不能胜,则便以手招一比丘,两人共举,持着一面,各不相语,各不相问。彼尊者等五日一集,或共说法,或圣默然。③

《中阿含经》中的这段文字显示了原始僧伽修行时的基本准则,对澡灌使用细节的规定恰恰说明澡灌是僧侣日常生活中的重要器物,而只有规范合理地清洗,才有利于僧侣遵守。又如《三部律抄·三部律明四方僧物品第十一》规

---

① [晋]竺法护译:《过去世佛分卫经》,《大正藏》卷三,佛陀教育基金会出版部,1990年,第452页。
② 按:文中有言:"母以澡灌前洗儿手,应时九龙从瓶口出,吐水灌儿手中",一面言及母亲用澡灌给儿子洗手,一面又说九龙从瓶口出来。可见此处"澡灌"与"澡瓶"实为一物。
③ 恒强校注:《中阿含经》,北京:线装书局,2012年,第901—902页。

定"一切铁作器、木作器、陶作器,净人畜铜瓶香炉澡灌杖扇,一切属四方僧物,皆名为重。"①明确指出澡灌为四方僧物中的重物,亡人的重物(包括澡灌)归寺院所有。②再如隋《佛本行集经》卷五五:"尔时仙人,至于一时,忘失本念,他不施与药草根等及以诸果,而自取食。又时夜渴,见他澡盥,谓言自许,遂取而饮,而自澡盥,在于一边。时彼仙人本澡盥主,见自澡盥空无有水,而问之言:'是谁取我澡盥中水,此乃是贼住居之处,本非仙人所居地也。'时彼仙人取水饮者,见自澡盥水满其中,在于一边,遂报彼言:'我不知,故取汝水饮。'……"③这里的"澡盥"实为"澡灌",因澡灌为僧人生活必需品,所以每个僧人只能使用自己的澡灌及澡灌中所贮之水,不得随意使用其他僧人的物品。这些关于澡灌的规定都有助于僧人更好地完成日常修行。

澡罐除了作为佛教徒的清洁器具外,还有很多其他用途,余欣总结其还可用作寺院供养具、澡罐崇拜、法器等。④除此之外,澡罐还有以下几种用途。第一,作为饮水工具。《梁荆州优填王栴檀像缘》:"骞等负第二像,行数万里,备历艰关,难以具闻。……乃闻像后有甲胄声。又闻钟声,岩侧有僧端坐树下,骞登负像下置其前。僧起礼像,骞等礼僧。僧授澡灌令饮,并得饱满。"⑤骞负像行走遇僧,幸其将随身所带澡灌之水施与骞,使其得以活命。这说明僧人外出求法时也会带上澡灌,澡灌不仅可用来贮水盥洗,还可作为饮器使用,尤其是海上航行时,可用其盛淡水饮用,对僧人而言更具重要意义。第二,佛教徒作为礼物赠予他人。安令首为十六国时前赵国人,在龟兹高僧佛图澄的帮助下成为比丘尼,跟从佛图澄和净检尼受戒,营造建贤寺。《伪赵建贤寺安令首尼传二》有言:"澄

---

① 佚名:《三部律抄》,《大正藏》卷八五,佛陀教育基金会出版部,1990 年,第 679 页。

② 按:但唐代道宣《量处轻重仪》又有言:"第十一,水瓶澡灌锡杖扇。律并断重,今以文义相映,互交轻重。……随身澡漱,涤秽洗沐事起常须,义必轻收,无宜入重。又诸部相映非重者多,故五分云。除瓦澡灌听分,余不应分。此即正断轻。……铜瓦澡灌二斗已下入轻。"则说明澡灌并非一定要归入重物,也会根据其材质、大小等进行划分。此条出自[唐]道宣:《量处轻重仪》,《大正藏》卷四五,佛陀教育基金会出版部,1990 年,第 845—846 页。

③ 《永乐北藏》整理委员会:《永乐北藏》第 65 册,北京:线装书局,2008 年,第 877—878 页。

④ 按:参见余欣:《屈支灌与游仙枕:汉唐龟兹异物及其文化想象》,《复旦学报》(社会科学版)2010 年第 6 期,第 32 页。

⑤ [唐]道世:《法苑珠林》,《大正藏》卷五三,佛陀教育基金会出版部,1990 年,第 389 页。

以石勒所遗剪花纳七条衣及象鼻澡灌与之。"①此象鼻澡灌首先由石勒送给佛图澄,而后佛图澄转送安令首。石勒作为一个佛教徒,赠送佛教用品给他尊崇的法师佛图澄,佛图澄引导安令首受戒,又将法物转赠于她,这些都说明以澡灌、袈裟为代表的佛门法物可以作为礼物赠送于僧人及其信徒之间。再如慧远与鸠摩罗什之间也曾互赠礼物表达佛门情谊,慧远赠予罗什的是天漉之器,罗什赠予惠远的是澡灌一只,都是佛门弟子日常所用的贴身之物。此故事见于《高僧传》卷六《释慧远传》,慧远"闻罗什入关,即遣书通好曰:'……今往比量衣裁,愿登高座为著之,并天漉之器,此既法物,聊以示怀。'什答书曰:'……损所致比量衣裁,欲令登法座时著,当如来意,但人不称物以为愧耳。今往常所用鍮石双口澡灌,可备法物之数也,……'"②罗什将其平时所用鍮石双口澡灌作为法物赠送给慧远,可见龟兹高僧也遵循赠送澡灌的礼节,且澡灌不一定为新的,以得道高僧已用之物作为礼物相送更可凸显法物之贵重。《〈唐贤首国师墨宝〉跋》则是法藏大师写给新罗法师义湘的一封书信,这封信在《三国遗事》中也有记载,其多出《唐贤首国师墨宝》的部分有言:"今附西国军持澡灌一口,用表微诚,幸愿检领。"③这说明唐代佛学高僧贤首国师(即法藏大师)也曾以西国(中国在新罗西方,故称西国)军持(双口无柄澡灌)一口赠送给来自异国的新罗法师。澡灌被僧侣当作礼物互赠,不仅适用于中原,还存在于中原与西域间,甚至中外僧侣也以此表情达意。第三,澡灌还被用作治病救人的器具。约成书于南北朝时期的《龙树五明论》有言:"若治病之,预结斋七日。自将香来菩萨前,至心归命之,愿礼其龙树菩萨,病自愈。道场之中取净衣一具,手巾一枚,澡灌一枚,咒钵一枚,盛净水柳枝二七枚,金刚杵一枚。"④龙树菩萨治病所需法物之一便为澡灌一枚。北凉沮渠京声所译《治禅病秘要法》第六法

① [南朝梁]释宝唱著,王孺童校注:《比丘尼传校注》,北京:中华书局,2006 年,第 7 页。
② [南朝梁]释慧皎撰,汤用彤校注:《高僧传》,北京:中华书局,1992 年,第 216—217 页。
③ 汤用彤:《往日杂稿》,北京:中华书局,1962 年,第 33 页。
④ 《龙树五明论》卷下,《日本大正新修大藏经》第 21 册,第 968 页。转引自徐曙主编:《日语教育与日本学》,上海:华东理工大学出版社,2011 年,第 124 页。

为治内风大法。治疗时澡灌作为器械也发挥了重要作用,如"金轮复生七金刚华,华上化佛,手捉澡灌。澡灌中有一六头龙,动身吸风,令十方风恬静不动"①。《高僧传·唐泗州普光王寺僧伽传》:"昔在长安,驸马都尉武攸暨有疾,伽以澡罐水噀之而愈,声震天邑。"②唐代僧伽为武攸暨治病时以澡灌盛水喷之,病即痊愈。以澡灌为治病器具的一系列故事多彰显佛教的神异色彩。第四,澡灌与佛教徒之间的密切关系还使其形象被蕴含于佛教建筑物中。比如,元代时藏传佛教传至中原后,所建佛塔多为澡灌形状,如元大都妙应寺白塔的塔身部分就是仿照澡灌建成的。第五,澡灌除了以其实物形象被佛教徒运用外,还往往作为善巧方便的手段被用作譬喻阐释佛法。如敦煌文书底卷编号为 S.3074 的《高僧传略》其二讲述了这样一个故事:"至卅时,梵本届大唐,秦帝奉迎,译诸经论。是时,译《维摩经》一部,文至'芥子纳须弥',帝乃疑心,什知其意,便纳衣镜在灌澡之中。帝问暎镜何在。什报曰:'镜在澡灌。'帝甚异焉。帝问:'出得以否?'什报曰:'得。'登时泻出,镜复如常。什即启言:'罗什凡夫,犹内(纳)镜于澡灌,何妨维摩大士,芥子纳须弥?'帝⊠信之,悔谢也。"③罗什以自己的"纳镜于澡灌"比拟维摩诘的"芥子纳须弥",佛教徒讲解佛法时往往以身边之物为喻,罗什此处所用澡灌即有此效果,譬喻可谓简洁明了,有利于受众的接受。《百喻经》也有以澡灌为喻进行说理的故事,卷二有"水火喻":"昔有一人,事须火用及以冷水。即便宿火,以澡灌盛水置于火上。后欲取火而火都灭,欲取冷水而水复热。火及冷水二事俱失。世间之人亦复如是,入佛法中出家求道。既得出家,还复念其妻子眷属世间之事五欲之乐。由是之故,失其功德之火、持戒之水。念欲之人亦复如是。"④这个譬喻也引入僧人日常所用"澡灌",以之为喻说明佛理,恰可凸显佛教譬喻说法以浅喻深、以小见大、以具体喻抽象,通俗易懂

① [南朝宋]沮渠京声译:《治禅病秘要经》,《大正藏》卷一五,佛陀教育基金会出版部,1990 年,第 334 页。
② [宋]赞宁撰,范祥雍点校:《宋高僧传》,北京:中华书局,1987 年,第 450 页。
③ 钟书林、张磊著:《敦煌文研究与校注》,武汉:武汉大学出版社,2014 年,第 509 页。
④ 《中华大藏经》编辑局编:《中华大藏经(汉文部分)五一》,北京:中华书局,1993 年,第 51—425 页。

的特性。而唐梁肃《送沙门鉴虚上人归越序》："东南高僧有普门元浩,予甚深之
友也。相遇之际,幸说鄙夫扰扰俗状,且当澡灌心垢,再期于无何之乡。"①澡灌,
名词用作动词,以佛教澡灌洗涤人心污垢,采用了比喻手法,澡灌本用于清洗
身体,作者在这里以其喻指净化心性,实际是指梁肃听受佛法后有所醒悟而达
到的无拘无束精神境界,他已游走于出世、入世间,随意在官场与田野进行切
换,并借助山水求得心灵洁净。

　　值得注意的是,在使用过程中,澡灌也成为其他宗教教徒的日常生活用具
以及修行法物。《杂阿含经·杂因诵第三》卷二〇有:"时,有执澡罐杖梵志诣摩
诃迦旃延所,共相问讯慰劳已,于一面坐。"②梵志为外道出家人,他去尊者摩诃
迦旃延处问候时也带着澡灌、杖,可见其所修虽为外道,但日常所持物也与佛
教徒一致。澡灌在道教也被广泛使用,是道教徒的生活用品之一,如有言:"科
曰:凡绳床、夹膝、如意、曲,几、尘拂、澡灌,虽非天尊左右急需,亦道士、女冠供
养切要,并随时造备,不得阙替。"③《居处品》亦言:"科曰:凡道士、女冠居处,唯
虚净素朴而已。除曲几、夹膝、如意、尘拂、香炉、香合、经案、巾帕、函筒、坐褥、
绳床、经藏、灯台、众生食盘、澡灌等,非法器玩具,皆不合畜用。……科曰:凡道
士、女冠居处,先须备澡灌注碗,或盆器,贮净水。举动运为,须漱口洗手。"④两
处文字均指出澡灌为道士、女冠的生活必备物。早在南朝梁时,道教代表人物
陶弘景《授陆敬游十赉文》有言:"赉尔鍮石澡罐,手巾为副,可以登斋朝拜,出
入盥漱。"⑤十赉,道教指便于修炼的十种赏赐,"鍮石澡罐"为其中第十个名目。
曾被罗什赠送给慧远作为法物的"鍮石澡灌",此处又变成道教的修炼赏赐物,
由此可见佛、道法物的进一步融合。唐法琳《辩正论》亦载:"僧祇等律云,应法
澡罐咽细腹粗护净,便易生善长道,最为要用,是以为佛所叹制,诸弟子并令畜

① [清]董诰等编:《全唐文》,北京:中华书局,1983 年,第 5269 页。
② 中国佛教文化研究所点校:《杂阿含经》,北京:宗教文化出版社,1999 年,第 447 页。
③ 任继愈主编:《中华大典·宗教典·道教分典》,石家庄:河北人民出版社,2015 年,第 1358 页。
④ 任继愈主编:《中华大典·宗教典·道教分典》,石家庄:河北人民出版社,2015 年,第 1356 页。
⑤ [清]李兆洛选辑:《骈体文钞》,上海:上海书店出版社,1988 年,第 715 页。

之。比见道士亦将此器,若乐习佛家之瓶,亦须受持僧用之钵。钵既不肯用之,其瓶理亦宜废。"①进一步指出,道士所用"澡灌"名目出自佛典,但不应直接照搬。无论如何,澡灌作为盥洗工具法物,对于宗教徒来讲都具有重要意义。

印度澡罐与佛教结合之后,这种使用模式也随着佛教一同传至中国,并在佛典中留下痕迹,敦煌出土文书中涉及寺庙什物点校的基本都有"澡灌"的相关记录,除前面所举唐代例子外,五代时寺院物品点校文书中,如《后晋天福七年(公元九四二年)某寺法律智定等交割常住什物点校检历状(斯一七七四号)》有"铜澡灌壹,在柜"②、《后周显德五年(公元九五八年)某寺法律尼戒性等交割常住什物点检历状(斯一七七六号)》亦有"铜澡灌壹,在柜"③,澡灌确为寺院常用物品,因此《僧只律》有言:"应法澡灌,咽细腹粗,护净便易;生善长道,最为要用。是以为佛所叹制,诸弟子并令畜之。"④

(二)龟兹澡罐的特异之处

澡灌的制作材质有多种,就目前史料所载而言,主要有铜、鍮石、黄金、青石等。青石即青金石。《西域诸国志》载:"月支国有佛澡灌,受二升许。青石,名罗勒,色碧玉班白,受水无定,随其多少。"⑤《全晋文》在慧远法师所作《澡灌铭序》条下有:"得摩罗勒石澡灌一枚,故以此铭答之。(《北堂书钞》百三十五)"⑥由此可知,青石名"罗勒","罗勒"又是"玻璃"的音转。所谓罗勒石澡灌,即青金石澡灌,这种材质澡灌史料记载不多。除此之外的其他三种材质,铜、鍮石、黄金,皆为金属。出现于敦煌文书中的屈支灌为生铜制成,材质亦为金属。

1. 与龟兹矿产资源丰富以及冶金技术的发达有重要关系

"龟兹澡灌"或者说"屈支灌"之所以能作为一种特殊名物出现在敦煌文书或史书中,与该名物的产地指向——龟兹有着密切关系。余欣先生认为龟兹金

---

① 《中华大藏经》编辑局编:《中华大藏经·汉文部分 六二》,北京:中华书局,1993 年,第 62—599 页上、中。
② 唐耕耦:《敦煌社会经济文献真迹释录·第三辑》,北京:书目文献出版社,1990 年,第 17 页。
③ 唐耕耦:《敦煌社会经济文献真迹释录·第三辑》,北京:书目文献出版社,1990 年,第 22 页。
④ 《永乐北藏》整理委员会:《永乐北藏》第 151 册,北京:线装书局,2008 年,第 513 页。
⑤ [宋]李昉等撰:《太平御览》,北京:中华书局,1960 年,第 3170 页。
⑥ 严可均辑:《全晋文》,北京:商务印书馆,1999 年,第 1787 页。

属矿产资源丰富,矿冶业和金属铸币业非常发达,这些都是龟兹铜器为人所重视的原因,龟兹矿冶遗址的留存和龟兹文铜钱的发现都可作为证明。①其实,龟兹矿冶业的发达不独体现在炼铜技术上,其冶铁技术在当时也达到较为先进的水平。阿艾古城遗址中就发现了装有铁汁的坩埚,可以作为龟兹地区应用铸铁技术冶铁的证据。②李肖《古代龟兹地区矿冶遗址的考察与研究》一文进一步指出:"在古龟兹国地域范围的今阿克苏地区,共发现矿冶遗址 36 处,其中 13 处为采炼铁的遗址,21 处为采炼铜的遗址, 既炼铜、又炼铁的 1 处,石油矿 1 处。"③汉代以前龟兹就有铸冶业,很多冶炼场所比如可可萨依炼铁遗址、阿艾古城炼铁遗址等早在汉唐时就已投入生产使用, 有的甚至到清代还在冶炼金属。除了冶铜、冶铁外,龟兹还掌握了炼钢技术,刘安志依据《库车汉文文书》伯 D.A114 号文书:

> 1 钢壹阡斤行纲凉州明威镇兵曹武凤祥 典龙……
>
> 2 右得凉州牒称:得朔方军兴……
>
> 3 ……纲使……

认为"龟兹冶炼之钢铁,也支持着中原内地的需要"④。这些发现也与郦道元《水经注》卷二所云相符:"释氏《西域记》曰:屈茨北二百里有山,夜则火光,昼日但烟,人取此山石炭,冶此山铁,恒充三十六国用。故郭义恭《广志》云:龟兹能铸冶。"⑤《西域记》为晋人道安所著,可知最晚 4 世纪时龟兹已经使用煤炭炼铁。而龟兹的冶铁技术早在汉代时已由中原地区传入。当时西域其他国家的冶铁业尚不发达,龟兹开发利用了周边的矿藏资源,其冶铸铁器可供附近三十六

---

① 按:参见余欣:《屈支灌与游仙枕:汉唐龟兹异物及其文化想象》,《复旦学报》(社会科学版)2010 年第 6 期,第 33—34 页。

② 参见黄文弼:《塔里木盆地考古记》,北京:科学出版社,1958 年,第三、四章内容,第 13—41 页。

③ 贾应逸、霍旭初主编:《龟兹学研究(第一辑)》,乌鲁木齐:新疆大学出版社,2006 年,第 76—88 页。

④ 刘安志:《敦煌吐鲁番文书与唐代西域史研究》,北京:商务印书馆,2010 年,第 316 页。

⑤ [北魏]郦道元原注,陈桥驿注释:《水经注》,杭州:浙江古籍出版社,2000 年,第 19 页。

国所用,足见其规模之大、产量之高。而冶铁业的发展及铁制品的制作和交易无疑都提高了龟兹的经济政治地位,使其在西域诸国中脱颖而出,也为其与中原地区的全面交流创造了更有利的条件。生铜屈支灌子便是在这样的背景下传至敦煌,并被记录在文书中,成为传承千载的历史记忆。

2. 与龟兹在佛教东传过程中所发挥的重要作用有关

敦煌寺庙物件交割文书中出现"屈支灌"这一名物,使其从普通澡罐中脱颖而出,这与龟兹悠久而浓厚的佛教文化有着密切关系。首先,龟兹地区佛教传入时间早,本地佛教异常兴盛。从传播路线来看,佛教自位于古天竺西北部的迦湿弥罗国传西域后,便分为南北两道,龟兹处于天竺与中原之间,为北道丝绸之路的中心,于阗为南道丝绸之路的中心。佛教传入中原地区,必经龟兹这个中转站,因此龟兹在北道上所起到的独立文化中心的作用,完全可以和南线上的于阗相媲美。[1]龟兹古国颇重视佛教,《旧唐书·西戎传》言:"龟兹国……尤重佛法。"[2]《新唐书·西域上》亦言:"龟兹……贵浮图法。"[3]龟兹寺院规模之大,僧尼人数之众,史书也多有记载。如《晋书·四夷传》:"龟兹国……俗有城郭,其城三重,中有佛塔庙千所。"[4]《释迦方志》载屈支国:"俗大信佛,王城民宅多树像塔,不可胜计。"[5]《大唐西域记》也载龟兹"伽蓝百余所,僧徒五千余人,习学小乘教说一切有部。经教律仪,取则印度,其习读者,即本文矣"[6]。唐代新罗籍僧人慧超在其《往五天竺传》中亦言:"龟兹国,足寺足僧,行小乘法,食肉及葱、韭等也。汉僧行大乘法。"[7]南朝僧祐《出三藏记集》卷十四《鸠摩罗什传》载罗什自沙勒国还龟兹时,龟兹僧众已达到一万余人,这个数量也是非常巨大的。[8]卷十一《比丘尼戒本所出本末序第十》更有言曰:"拘夷国寺甚多,修饰至

① [德]克林凯特著,赵崇明译:《丝绸古道上的文化》,乌鲁木齐:新疆美术摄影出版社,1994年,第166页。
② [后晋]刘昫:《旧唐书》,北京:中华书局,1975年,第5303页。
③ [宋]欧阳修,[宋]宋祁撰:《新唐书》,北京:中华书局,1975年,第6230页。
④ [唐]房玄龄等撰:《晋书》,北京:中华书局,1974年,第2543页。
⑤ [唐]道宣著,范祥雍点校:《释迦方志》,北京:中华书局,1983年,第21页。
⑥ [唐]玄奘撰,章巽校点:《大唐西域记》,上海:上海人民出版社,1977年,第3页。
⑦ 郑炳林:《敦煌地理文书汇辑校注》,兰州:甘肃教育出版社,1989年,第211页。
⑧ [南朝梁]释僧祐撰,苏晋仁、萧鍊子点校:《出三藏记集》,北京:中华书局,1995年,第531页。

丽。王宫雕镂,立佛形像,与寺无异。有寺名达慕蓝百七十僧,北山寺名致隶蓝六十僧,剑慕王新蓝五十僧,温宿王蓝七十僧。……王新僧伽蓝九十僧。阿丽蓝百八十比丘尼,输若干蓝五十比丘尼,阿丽跋蓝三十尼道。"①不仅记录了龟兹国重要的僧寺、尼寺名称、规模,还指出"比丘尼,外国法不得独立也。此三寺尼,多是葱岭以东王侯妇女,为道远集斯寺"②,这实际间接表明周围国家中只有龟兹国等少数几个单独为比丘尼建寺,而这也恰恰凸显出龟兹国对佛教的重视。史书中还描绘了龟兹国佛寺之庄严及僧徒范围之广、态度之恭,如《大唐西域记》载龟兹昭怙厘伽蓝:"佛像庄饰,殆越人工。僧徒清肃,诚为勤励。"③阿奢理贰伽蓝则:"庭宇显敞,佛像工饰。僧徒肃穆,精勤匪怠,并是耆艾宿德,博学高才,远方俊彦,慕义至止。国王、大臣、士、庶、豪右,四事供养,久而弥敬。"④尤其在龟兹举办五年一次的佛教法会时,"举国僧徒皆来会集,上自君王,下至士、庶,捐废俗务,奉持斋戒,受经听法,渴日忘疲。诸僧伽蓝庄严佛像,莹以珍宝,饰之锦绮,载诸辇舆,谓之行像,动以千数,云集会所"⑤。君王、士庶,全民参与,其场面规模之大,实非他国可比。龟兹国本身对佛教的重视以及佛教活动的兴盛,为其传教中原奠定了坚实的基础。从龟兹目前所保存的以苏巴什为代表的诸多佛寺遗址和以克孜尔、库木吐喇、森木塞姆、克孜尔尕哈等为代表的众多石窟群,可以想见古龟兹国佛教繁盛的场面,其规模之宏大,气势之堂皇,远非其他西域国家可比。

其次,龟兹国东行传法译经的高僧也极大地促进了龟兹佛教向中原的传播。佛图澄是西晋时到中原传法的龟兹高僧,此前他曾两次到罽宾学法,西域人称其为得道高僧。佛图澄来到洛阳后,诵经解义,论辩决疑,门下受业者颇多,培养了道安、道朗、竺法和、竺法汰、安令首等一系列理论造诣颇高的僧尼

---

① [南朝梁]释僧祐撰,苏晋仁、萧錬子点校:《出三藏记集》,北京:中华书局,1995年,第410—411页。
② [南朝梁]释僧祐撰,苏晋仁、萧錬子点校:《出三藏记集》,北京:中华书局,1995年,第411页。
③ [唐]玄奘撰,章巽校点:《大唐西域记》,上海:上海人民出版社,1977年,第4页。
④ [唐]玄奘撰,章巽校点:《大唐西域记》,上海:上海人民出版社,1977年,第5页。
⑤ [唐]玄奘撰,章巽校点:《大唐西域记》,上海:上海人民出版社,1977年,第4页。

弟子,有力地推动了佛教在中原的传播。鸠摩罗什可谓龟兹高僧中东行弘法成就最大者,他在将天竺佛教引入龟兹以及佛教进一步东传中原的过程中作出了重要贡献。龟兹王曾为罗什造金狮子座,并用大秦的绣锦褥子铺成,恭敬迎请罗什升而说法。在凉州十七年,罗什被誉为当地汉传佛教的奠基人。后又到长安译经弘法,译出经论 33 部,三百余卷①,并培养了一批致力于佛经翻译和佛法宣传的弟子,如僧肇、道生、昙影、道融等。唐悟空从罽宾回国途中曾在龟兹停留,并请"语通四镇,梵汉兼明"②的龟兹高僧莲花精进在莲花寺翻译了《十力经》一卷,传至中原。除佛教高僧外,龟兹其他人士对中原译经也作出不同贡献。"阿维越致遮经记第十四晋言《不退转法轮经》,四卷太康五年十月十四日,菩萨沙门法护于敦煌从龟兹副使羌子侯得此梵书不退转法轮经,口敷晋言,授沙门法乘使流布,一切咸悉闻知。"③龟兹副使羌子侯出使敦煌时曾将所携经书带给月支三藏竺法护,后经法护翻译得以流传,羌子侯完成了经书的传递工作。居士帛元信也曾前往长安参与竺法护的译经活动,协助其翻译了《正法华经》《光赞般若经》《渐备一切智经》,并在竺法护翻译《须真天子经》时,担任口传。龟兹王世子帛延曾在凉州协助月支优婆塞支施仑翻译《首楞严》《须赖》《上金光首》《如幻三昧》等佛经,帛延被赞誉"善晋胡音。延博解群籍,内外兼综"④。西晋永嘉中,龟兹王世子帛尸梨蜜多罗到中原建初寺翻译了《大孔雀王神咒》一卷、《孔雀杂神咒》一卷等密教经典,促进了密教在中原的流行。自龟兹西行传法者,不论高僧大德,还是普通居士,抑或是王族、使臣,都自觉担负起校译经典、传法弘教的重任,对龟兹佛教在中原的传播做出了切实功绩。

再次,中原高僧也曾西行龟兹求法,进一步促进了龟兹佛教义理在中原的传播。4 世纪下半叶时,龟兹佛教的繁盛及译经事业的影响在中原已有强烈反馈,中原开始有僧人前往龟兹求法,并且这一行为被记录在中原的佛教文献

① [南朝梁]释僧祐撰,苏晋仁、萧鍊子点校:《出三藏记集》,北京:中华书局,1995 年,第 534 页。
② 钟兴麒、王有德选注:《历代西域散文选注》,乌鲁木齐:新疆人民出版社,1995 年,第 73 页。
③ [南朝梁]释僧祐撰,苏晋仁、萧鍊子点校:《出三藏记集》,北京:中华书局,1995 年,第 274 页。
④ [南朝梁]释僧祐撰,苏晋仁、萧鍊子点校:《出三藏记集》,北京:中华书局,1995 年,第 271 页。

中。《出三藏记集·比丘尼大戒》："赖僧纯于拘夷国来,得此戒本,令佛念、昙摩持、慧常传,始得具斯一部法矣。"[①]《比丘尼大戒》是僧纯在阿丽蓝寺向佛图舌弥求回的,除此之外,他还带回《授大比丘尼戒仪》和《二岁戒仪》等,并组织翻译,促进了龟兹佛典在中原的传播。龟兹比丘利言于公元732年到长安,和法月共同译出《普遍智藏般若波罗蜜多心经》,利言任汉文笔译。西域诸国中,恐怕没有哪个国家在佛教方面对中原的影响力能超越龟兹。也正基于此,与佛教密切相关的澡灌被冠以产地龟兹成为"屈支灌"后,才更具代表性并享有盛名。

龟兹对屈支灌的记录和传承还表现在壁画图像中。屈支灌的基本功能是盥洗工具,这一点仍可在壁画中找到证明,如克孜尔第80窟主室券顶南侧壁菱形格因缘画《罗云洗佛足缘》(图6.14)中,罗云手擎一单耳、细颈、尖底、带水流嘴的小型澡灌,正在为佛陀洗足;佛陀右手边的龛室中还存有很多澡灌,颜色不同,大小不一,双耳或无耳,应该也是作为盥洗工具使用的。澡灌在龟兹壁画中更多出现在说法图中,是说法佛陀、菩萨、听法菩萨甚至外道梵志手中所持有的法物,如克孜尔第171窟主室前壁门上圆拱壁所示菩萨说法图(图6.15)中,说法的弥勒菩萨位于正中,左手臂放于左腿,手腕自然下垂,手指捏有一长颈单口平底澡灌,趋近于后世佛菩萨手中所持净瓶;克孜尔尕哈石窟第14窟主室前壁上部壁画有弥勒菩萨兜率天宫说法图(图6.16),画面中部交脚而坐的菩萨,其左手

图6.14　克孜尔80窟主室罗云洗佛足缘

① ［南朝梁］释僧祐撰,苏晋仁、萧錬子点校:《出三藏记集》,北京:中华书局,1995年,第412页。

图 6.15 克孜尔 171 窟主室前壁门上圆拱壁 菩萨说法图

图 6.16 克孜尔尕哈 14 窟主室前壁上部 弥勒菩萨兜率天宫说法图

手指即夹捏一球形澡灌；克孜尔第 189 窟主室北壁因缘佛法图（图 6.17）中，绘有一位戴有大耳环，左手指捏方格状图案、单口、无耳澡灌的听法菩萨形象；克孜尔第 80 窟主室正壁龛上圆拱壁右侧壁画（图 6.18）中也有两位左手持握澡灌的外道梵志，间隔一人而坐，面朝说法佛陀，其澡灌大小与罗云所持相似，但灌腹为圆球形状，更加饱满，底部圆平；克孜尔第 163 窟主室券顶左侧绘有"三水器喻"因缘故事（图 6.19），讲述一聚落主受师父唆使，询问佛为何不对众生同时

图 6.17　克孜尔 189 窟主室北壁
　　　　因缘佛法图

图 6.18　克孜尔 80 窟主室正壁龛上圆拱壁
　　　　右壁画局部

图 6.19　克孜尔 163 窟　三水器喻

说法，佛以不坏不漏、稍有漏水及又破又漏的三种澡罐为喻进行解说，以说明众生根机不同，佛的解说也有先后、多少之别，但都会为其讲说至善佛理，澡罐在此成为佛说理的重要工具。除此之外，克孜尔石窟中还有手持澡灌的伎乐天形象，如第 135 窟穹隆顶部的伎乐特写（图 6.20）中就有一位手提双耳、尖底、椭圆腹形状澡灌的伎乐天，可以想见其手持澡灌供物、以优美乐音礼赞供养佛的场景。壁画中的澡罐用途与佛经中所反映出来的相一致。龟兹壁画中所出现的多为单口澡灌，即军持，其出现于壁画中，更鲜明地表现出其与佛教之间的紧密联系。屈支灌于史料文献之外，以图像的形式传承着龟兹佛教文化，并激起后人对它的憧憬和向往。

在众多佛教器物中，澡灌与佛门弟子的关系尤为密切；而屈支灌因龟兹的物产、文化原因有别于普通澡灌，成为承载龟兹佛教文化内涵的重要法物，并被记录在文书中，是龟兹异物进入中原文学作品的又一个突破口。它与游仙枕、龟兹板一

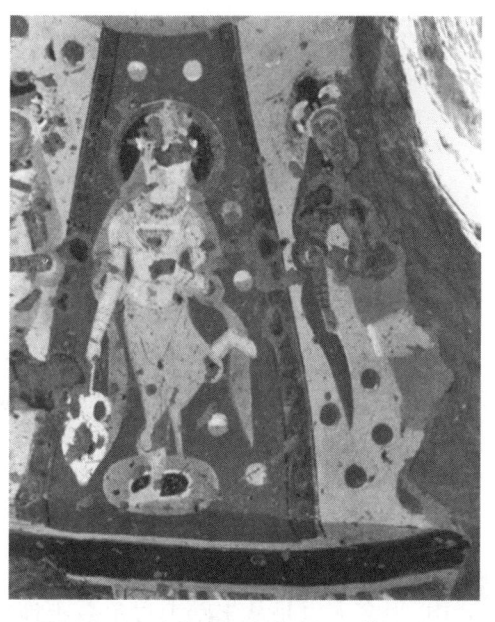

图 6.20　克孜尔 135 窟穹隆顶　伎乐特写

起作为龟兹意象，出现于唐代文学作品中，从实物描述和文化想象中为唐代文学增添了一丝异域情调。

四、龟兹名物异域色彩的原因分析

龟兹相对于中原来说属于异域，龟兹名物也展现出一种基于客观真实和想象空间的异域情调，不仅建构起唐五代时中原对龟兹的认知基础，还引发了中原汉人对龟兹的无限想象。龟兹与中原之间的交往随着丝绸之路的延伸不断加强，对龟兹名物异域想象的展开也是以双方经济、政治、文化交往为前提的，是龟兹和中原在地理位置、风俗习惯、物产珍宝等方面所存差异共同合力的结果，它们是龟兹异域想象的必要条件，也成为塑造龟兹文学意象的最初动力。余欣提及龟兹多被描述成一个极其富足，多殊方异物的神奇国度。比如其城池壮丽，国富民丰，常向朝廷进献珍奇异宝等，这些都是建构龟兹文化想象

的现实物质基础。①除此之外，龟兹所具备的其他一些特点也是龟兹名物散发出异域光芒的重要原因。

(一)龟兹与中原的距离感

龟兹与中原之间路途遥远，交通不便，这在一定程度上限制阻碍了双方的沟通交往。在中原人印象中，龟兹是距离京城遥远的偏僻蛮荒之地。如《汉书·西域传》："龟兹国，王治延城，去长安七千四百八十里。"②《魏书·西域》载龟兹"东南去瓜州三千一百里"③。《通典》："龟兹……王理延城，都白山之南二百里，东去长安七千五百里。"④《旧唐书·西戎传》："龟兹国……在京师西七千五百里。"⑤《新唐书·西域上》："龟兹……东距京师七千里而赢。"⑥《晋书》九十七《四夷传》："龟兹国西去洛阳八千二百八十里。"⑦这一遥远距离，伴随着千山万水的险途连连，自然使得中原对龟兹的认知不够全面、确切；而龟兹意象的记录者中，很多人也是从未踏上过龟兹土地的，即使如玄奘一般曾亲自去龟兹取经求法，有些场景也未必亲身经历，描述的龟兹风物也是言简意赅。而这些有限的文字传达却促使中原人士进一步催生孕育出对龟兹历史、文化的完整想象空间。龟兹与中原之间实际形成了跨文化传播的关系。龟兹距离中原之远、异域文化的陌生感、实地调研的困难性，都将龟兹与中原之间的接触和了解保持在一定限度内，将龟兹与中原之间实际形成的跨文化传播关系限定在一定范围中。但龟兹异于中原的物产风俗、生活方式等，又伴随着龟兹国家的繁盛、乐舞和佛教文化的突出成就，引发起中原对更多龟兹异域未知的好奇心，这是中原与龟兹之间有所交流但交流并不完善的产物。

---

① 参见余欣：《屈支灌与游仙枕：汉唐龟兹异物及其文化想象》，《复旦学报》(社会科学版)2010 年第 6 期，第 40 页。

② [东汉]班固：《汉书》，北京：中华书局，2007 年，第 974 页。

③ [北齐]魏收：《魏书》，北京：中华书局，1974 年，第 2267 页。

④ [唐]杜佑：《通典》，北京：中华书局，1984 年，第 1031 页。

⑤ [后晋]刘昫：《旧唐书》，北京：中华书局，1975 年，第 5303 页。

⑥ [宋]欧阳修，[宋]宋祁：《新唐书》，北京：中华书局，1975 年，第 6230 页。

⑦ [唐]房玄龄等撰：《晋书》，北京：中华书局，1974 年，第 2543 页。

（二）龟兹与中原的陌生感

龟兹风土人情异于中原，且差别较大，这在客观上造成了龟兹与中原之间的陌生感，主要体现在以下几个方面。第一，衣着装饰不同，《魏书·西域传》："龟兹国……其王头系彩带，垂之于后，坐金师子床。"[1]《大唐西域记》载龟兹国人"服饰锦褐，断发巾帽"[2]。《旧唐书·西戎传》言龟兹"男女皆剪发，垂与项齐，唯王不剪发。……其王以锦蒙项，著锦袍金宝带，坐金狮子床"[3]。《晋书》九十七《四夷传》亦言龟兹"男女皆剪发垂项"[4]。这与中原王朝君民皆留长发有所不同。第二，生老病死习俗各异，《大唐西域记》载龟兹"其俗生子以木押头，欲其匾匾也"[5]。《新唐书·西域上》也言其"产子以木压首"[6]。《魏书·西域》："风俗、婚姻、丧葬、物产与焉耆略同，唯气候少温为异。……其国西北大山中有如膏者流出成川，行数里入地，如餳糊，甚臭，服之发齿已落者能令更生，病人服之皆愈"[7]。1978年，在苏巴什西寺佛塔塔基下的竖穴墓葬中曾发现一具完整骷髅，其头骨的面部和后脑均呈扁平状（图6.21、6.22），与《大唐西域记》所载龟兹生养风俗一致，异于中原。早在北

图 6.21　苏巴什佛寺遗址　西寺中部佛塔

---

① [北齐]魏收：《魏书》，北京：中华书局，1974年，第2266页。

② [唐]玄奘撰，章巽校点：《大唐西域记》，上海：上海人民出版社，1977年，第3页。

③ [后晋]刘昫：《旧唐书》，北京：中华书局，1975年，第5303页。

④ [唐]房玄龄等撰：《晋书》，北京：中华书局，1974年，第2543页。

⑤ [唐]玄奘撰，章巽校点：《大唐西域记》，上海：上海人民出版社，1977年，第3页。

⑥ [宋]欧阳修、[宋]宋祁：《新唐书》，北京：中华书局，1975年，第6230页。

⑦ [北齐]魏收：《魏书》，北京：中华书局，1974年，第2266—2267页。按：《魏书》第2265"焉耆"条下有言："婚姻略同华夏。死亡者皆焚而后葬，其服制满七日则除之。丈夫并剪发以为首饰。"则龟兹国火葬形式有别于中原地区的土葬。

图 6.22　苏巴什古寺佛塔塔基下龟兹古尸　龟兹博物馆藏

齐,龟兹国已用石油治疗脱发落齿病症,但直到明代李时珍《本草纲目》中才系统记载其药用价值。第三,蓄养的家禽和种植的水果有所不同,《魏书·西域传》:"土多孔雀,群飞山谷间，人取养而食之,挏乳如鸡鹜,其王家恒有千余只云。"①《旧唐书·西戎传》亦言龟兹"有良马、封牛。饶葡萄酒,富室至数百石"②。孔雀在中原被看作神禽,多作观赏所用,与龟兹食用不同;龟兹人常年必备的葡萄酒,对中原来讲也属异域进贡之物。第四,所擅技艺不同,《大唐西域记》载龟兹"管弦伎乐,特善诸国"③。《旧唐书·西戎传》言龟兹"学胡书及婆罗门书、算计之事,尤重佛法"④。《新唐书·西域上》言其"俗善歌乐,旁行书,贵浮图法"⑤。龟兹乐舞之奇妙卓异,极大改变了中原的音乐系统,由龟兹传入的佛教更对中原精神信仰产生重要影响,而胡书、婆罗门书则是中原人所不知者,更具神秘性。这些都极大吸引了中原汉人的好奇心,引发他们进一步探求龟兹的异域风情。

(三)龟兹名物意象在文学中的再创作

龟兹文化本身是中西方文化交流融合而成的, 有很多异于中原传统文化的地方,也有很多未知因素,因此神秘性是其最大特点之一。随着龟兹与中原之间交流的增多,越来越多的龟兹名物传入中原视野,这一基于现实基础的名

---

① [北齐]魏收:《魏书》,北京:中华书局,1974 年,第 2267 页。
② [后晋]刘昫:《旧唐书》,北京:中华书局,1975 年,第 5303 页。
③ [唐]玄奘撰,章巽校点:《大唐西域记》,上海:上海人民出版社,1977 年,第 3 页。
④ [后晋]刘昫:《旧唐书》,北京:中华书局,1975 年,第 5303 页。
⑤ [宋]欧阳修,[宋]宋祁:《新唐书》,北京:中华书局,1975 年,第 6230 页。

物意象不仅开拓了人们的眼界，也更进一步激发了人们对龟兹异域风采更为强烈的好奇心。而文学本身是源于现实又高于现实的。这一相似性像一座桥梁一样在龟兹名物与文学意象之间建立起联系。尤其是当这些带有浓厚龟兹风味的意象被喜欢猎奇的唐代中原文人纳入文学创作时，就必然会被他们加工再创造，龟兹名物本身所具有的无限想象力和创造性被最大限度地发挥，异域想象的神奇性与夸张力也被尽力凸显出来。需要注意的是，龟兹的异域文化想象并非由某个单独名物的文学意象构成，而是由一系列龟兹本土名物共同构成的完整文化想象空间，小至游仙枕、龟兹板，大至龟兹乐、龟兹佛教，均在其名物意象范围之内。因此在审读时也应将其置于这样一种背景之下，比如重新审视出现于敦煌文书中的"屈支灌"，就能将屈支灌看作最能代表龟兹文化特点的佛教器物符号之一，尤其兼顾龟兹高僧佛图澄、鸠摩罗什等与之在文学作品中的关系，则更能审视其作为一种文学镜像所反映出的龟兹佛教文化与中原文学之间既遥远又紧密的交流境况。而不管唐代姚思廉《梁书·刘之遴传》中所叙龟兹澡灌的历史真实性如何，澡灌已成为龟兹国既神圣又具代表性的礼物，是可以被进贡给大汉帝国并借以表达龟兹国王对汉武帝敬意的一种象征物，龟兹澡灌所具有的特殊文化意义使其能在国家交往中担此大任。它反映了唐代中原与龟兹之间的政治文化交流，是对当时社会现实的一种客观呈现，传达出中原人群对龟兹这一异域空间的文化想象和心理期待。龟兹名物意象因其在文学作品中所起的作用而备受关注，殊不知，名物意象本身所具备的无穷想象力恰是其最具活力之处。还应注意的是，唐代文学作品对龟兹的想象虽基于异域物象之上，但仍扎根于中土文化体系之中，是基于中原文化土壤之上的对龟兹未知神秘领域的探求。比如龟兹游仙枕，枕上能让人梦到十洲三岛之事，游仙枕作为一个龟兹异物应该是真实存在的，但该枕所具备的神奇能力则是为构建龟兹意象而进行的夸张式想象。唐代文人笔下这种虚实结合的描述技巧使得人们更加相信龟兹异物的特殊功效，激发了人们的阅读兴趣。而唐人在阅读关涉龟兹名物意象的文学或史学作品时，实际已经在进行创作了，这一创作过程存在于阅读者的头脑中。而且越是具有神异色彩的物件，越能给阅读者留下更多的创作空间,促进人们在阅读过程中完成进一步的想象虚构,并形成自己独特的映像。后代文人在借用游仙枕意象时对这个原属于龟兹名物意象的再次加工创造就很好地说明了这一点,而龟兹意象作为龟兹文学的重要一环,也在唐五代及以后的文学创作中发挥重要作用。不可否认,对龟兹的异域文化想象首先源于对西域的异域文化想象,龟兹作为小的个体被归类到西域这样一个整体异域背景之下,而关于西域的异域文化色彩又有更多展现,引发唐代文人更多的心理期待。理清龟兹名物所体现出的异域文化想象对唐五代文学的影响也有助于进一步探究西域异域文化对后者的影响。

探究唐朝中原人在接触龟兹异域文化时的心理状态,不可不考察唐朝的国家实力。整个汉唐社会,国力逐步强盛,中外交通愈加发达,异域交往也比以前更加频繁。这样的社会环境自然会激发人们对于异域未知的想象和探索。尤其唐朝时,中原各方面的实力都强于龟兹,中原在对龟兹名物进行探索和接纳时,其心理是充满优越性和安全感的。龟兹名物虽路途遥远,触手难及,但总会通过朝贡、佛传、商贸等经济、政治、文化交往方式巧妙合理地传入中原。因此,虽然龟兹是存在于中原人灵魂深处的遥远异邦,两者之间充斥着巨大的陌生感,但中原对龟兹仍存有一种君臣归属的自豪之气,中原对龟兹异域文化的接受是认可而期待的。而龟兹名物在被纳入中原文化体系后,又发挥了各自的作用,有的甚至成为重塑后的中原文化系统的重要组成部分。比如龟兹乐自传入中原后,对隋唐音乐的影响尤为巨大,据《旧唐书·音乐志》载:"自周、隋已来,管弦杂曲将数百曲,多用西凉乐,鼓舞曲多用龟兹乐。"[1]而西凉乐亦是受龟兹乐影响变化而成的。唐玄宗还曾将龟兹乐及乐工舞伎作为国礼赏赐给前来长安朝贺的南诏王,由此可见龟兹乐已成为唐朝的标志并承担起文化交流的重要使命。中原文化的巨大开放包容情怀也由此得以凸显,认识到这一点对于理解多民族文化背景下的唐代文学创作具有异常重要的意义。

---

[1] [后晋]刘昫:《旧唐书》,北京:中华书局,1975年,第1066页。

参考文献

一、著作类

A

1. 阿不都热西提·亚库甫主编:《西域—中亚语文学研究》,上海:上海古籍出版社,2016 年。

2. [日]阿部宥精等:《世界佛学名著译丛 10　密教资料汇编　陀罗尼字典》,台北:华宇出版社,1986 年。

3. [德]阿尔伯特·冯·勒柯克、恩斯特·瓦尔德施密特著,管平、巫新华译:《新疆佛教艺术》,乌鲁木齐:新疆教育出版社,2006 年。

B

4. [唐]般剌密帝译:《楞严经》,广州:广州出版社,2003 年。

5. [汉]班固:《汉书》,北京:中华书局,2007 年。

6. 北京大学古文献研究所编:《全宋诗》,北京:北京大学出版社,1998 年。

7. 卞孝萱:《卞孝萱文集》,南京:凤凰出版社,2010 年。

8. [法]谢阁兰、伯希和、[法]列维著,冯承钧译:《世界汉学论丛:中国西部考古记　吐火罗语考》,北京:中华书局,2004 年。

C

9. 才吾加甫:《新疆古代佛教研究》,北京:社会科学文献出版社,2011 年。

10. 蔡桢疏证:《词源疏证》,北京:中国书店出版社,1985 年。

11. 常任侠:《丝绸之路与西域文化艺术》,上海:上海文艺出版社,1981 年。

12. [明]陈留、[明]谢肇淛:《五杂俎》,上海:上海中央书店,1935 年。

13. 陈世良:《西域佛教研究》,乌鲁木齐:新疆美术摄影出版社,2008 年。

14. [晋]陈寿著,[南朝宋]裴松之注,邹德金整理:《裴松之注三国志》,天津:天津古籍出版社,2009 年。

15. 陈田辑撰:《明诗纪事》乙谶卷八,上海:上海古籍出版社,1993 年。

16. 陈晓兰:《经典与理论:上海大学中文系学术演讲录》,上海:复旦大学出版社,2009 年。

17. [宋]陈旸:《乐书》,载《原国立北平图书馆甲库善本丛书》第 32 册,北京:国家图书馆出版社,2014 年。

18. [宋]陈旸:《乐书》,载《景印文渊阁四库全书》第 211 册,台北:台湾商务印书馆,1986 年。

19. 陈允吉:《古典文学佛教溯缘十论》,上海:复旦大学出版社,2002 年。

20. 程自信、许宗元主编:《宋词百科辞典》,合肥:安徽教育出版社,1994 年。

21. [唐]崔令钦著,任半塘笺订:《教坊记笺订》,北京:中华书局,1962 年。

D

22. [唐]道世:《法苑珠林》,《大正藏》卷五三,台北:佛陀教育基金会出版部,1990 年。

23. [唐]道宣:《量处轻重仪》,《大正藏》卷四五,台北:佛陀教育基金会出版部,1990 年。

24. [唐]道宣著,范祥雍点校:《释迦方志》,北京:中华书局,1983 年。

25. 丁福保:《阿弥陀经笺注》,上海:华东师范大学出版社,2014 年。

26. [清]董诰等编:《全唐文》,北京:中华书局,1983 年。

27. [唐]杜甫著,[清]仇兆鳌注:《杜诗详注》,北京:中华书局,1979 年。

28. [唐]杜佑:《通典》,北京:中华书局,1984 年。

29. [唐]段安节:《乐府杂录》,北京:中华书局,1985 年。

30. [唐]段安节撰,亓娟莉校注:《乐府杂录校注》,上海:上海古籍出版社,2015 年。

31. [唐]段成式撰,方南生点校:《酉阳杂俎》,北京:中华书局,1981 年。

32. 敦煌文物研究所编著:《中国石窟 敦煌莫高窟》,北京:文物出版社,1987 年。

F

33. [唐]法藏注,方立天校释:《华严金师子章校释》,北京:中华书局,1983 年。

34. [清]樊增祥著,涂晓马、陈宇俊校点:《樊樊山诗集》,上海:上海古籍出版社,2004 年。

35. 方立天:《中国佛教哲学要义》,北京:中国人民大学出版社,2002 年。

36. [唐]房玄龄等撰:《晋书》,北京:中华书局,1974 年。

37. [明]方以智:《通雅》,北京:中国书店,1990 年。

38. 凤凰出版社编选:《陕西府县志辑 24 乾隆华阴县志》,南京:凤凰出版社,2007 年。

39. 佛光大藏经编修委员会主编:《佛光大藏经》,高雄县大树乡:佛光出版社,2009 年。

40. [后秦]弗若多罗、[后秦]鸠摩罗什译:《十诵律》,《新编缩本乾隆大藏经》第 66 册,台北:新文丰出版公司,1998 年。

41. 傅璇琮、周建国校笺:《李德裕文集校笺》,石家庄:河北教育出版社,2000 年。

42. 傅芸子:《正仓院考古记 白川集》,沈阳:辽宁教育出版社,2000 年。

G

43. [明]高棅:《唐诗品汇》,上海:上海古籍出版社,1982 年。

44. [宋]高承、[明]李果撰,金圆、许沛藻点校:《事物纪原》,北京:中华书局,1989 年。

45. [明]高濂:《遵生八笺之二:四时调摄笺》,成都:巴蜀书社,1985 年。

46. [清]高宗敕撰:《清朝通典》,上海:商务印书馆,1935 年。

47. [晋]葛洪原著,[南朝梁]陶弘景增补,尚志均辑校:《补辑肘后方》,合肥:安徽科学技术出版社,1983 年。

48. 耿世民:《回鹘文哈密本〈弥勒会见记〉研究》,北京:中央民族大学出版社,2008 年。

49. 谷苞:《古代新疆的音乐舞蹈与古代社会》,乌鲁木齐:新疆人民出版社,1987 年。

50. [五代]顾闳中绘:《韩熙载夜宴图》,北京:中国书店出版社,2012 年。

51. [清]顾嗣立:《元诗选》二集卷七,文渊阁四库全书本,上海:上海古籍出版社,2005。

52. 顾希佳:《中国古代民间故事长编·隋唐五代卷》,杭州:浙江大学出版社,2012 年。

53. [宋]郭茂倩编撰,聂世美、仓阳卿校点:《乐府诗集》,上海:上海古籍出版社,1998 年。

54. [晋]郭璞:《尔雅》,北京:中华书局,1985 年。

H

55. [唐]韩鄂:《岁华纪丽》,北京:中华书局,1985 年。

56. [唐]韩鄂原编,缪启愉校释:《四时纂要校释》,北京:农业出版社,1981 年。

57. 韩香:《隋唐长安与中亚文明》,北京:中国社会科学出版社,2006。

58. 韩翔、朱英荣:《龟兹石窟》,乌鲁木齐:新疆大学出版社,1990 年。

59. [清]郝懿行:《晒书堂集》文集,《续修四库全书》第 1481 册,上海:上海古籍出版社,2002。

60. [清]郝懿行:《山海经笺疏》,杭州:浙江人民美术出版社,2013 年。

61. [清]贺长龄撰,雷树德校点:《贺长龄集·耐庵诗存》卷二,长沙:岳麓书社,2010 年。

62. 何剑平：《中国中古维摩诘信仰研究》，成都：巴蜀书社，2009 年。

63. [印]诃梨跋摩造，[后秦]鸠摩罗什译：《成实论》，《新编缩本乾隆大藏经》第 98 册，台北：新文丰出版公司，1998 年。

64. 恒强校注：《中阿含经》，北京：线装书局，2012 年。

65. [唐]怀信：《释门自镜录》，《大正藏》卷五一，台北：佛陀教育基金会出版部，1990 年。

66. [唐]慧超原著，张毅笺释：《往五天竺国传笺释》，北京：中华书局，2000 年。

67. [南朝梁]慧皎撰，汤用彤校注：《高僧传》，北京：中华书局，1992 年。

68. [北魏]慧觉等译撰，温泽远等注译：《贤愚经》，广州：花城出版社，1998 年。

69. [唐]慧立、彦悰著：《大慈恩寺三藏法师传》，北京：中华书局，1983 年。

70. [唐]惠英撰，[唐]胡幽贞纂：《大方广佛华严经感应传》，《大正藏》卷五一，台北：佛陀教育基金会出版部，1990 年。

71. [宋]洪迈撰，孔凡礼点校：《容斋随笔》，北京：中华书局，2005 年。

72. [宋]洪兴祖：《楚辞补注》，北京：中华书局，1983 年。

73. 胡适：《20 世纪佛学经典文库：胡适卷》，武汉：武汉大学出版社，2008 年。

74. 胡适：《白话文学史》，天津：百花文艺出版社，2001 年。

75. 胡遂：《中国佛学与文学》，长沙：岳麓书社，1998 年。

76. [明]胡应麟：《诗薮》，上海：上海古籍出版社，1979 年。

77. [明]胡震亨：《唐音癸签》，上海：古典文学出版社，1957 年。

78. 黄宝生译注：《梵汉对勘〈维摩诘所说经〉》，北京：中国社会科学出版社，2010 年。

79. [宋]黄庭坚撰，[宋]任渊等注，刘尚荣校点：《黄庭坚诗集注》，北京：中华书局，2003 年。

80. 黄文弼：《塔里木盆地考古记》，北京：科学出版社，1958 年。

81. 黄文弼：《新疆考古发掘报告》，北京：线装书局，2006 年。

82. 霍旭初:《滴泉集——龟兹佛教文化新论》,乌鲁木齐:新疆美术摄影出版社,2008 年。

83. 霍旭初:《龟兹石窟佛学研究》,北京:宗教文化出版社,2013 年。

84. 霍旭初著,新疆龟兹石窟研究所编:《龟兹艺术研究》,乌鲁木齐:新疆人民出版社,1994 年。

J

85. 季羡林:《比较文学与民间文学》,《季羡林文集》第八卷,南昌:江西教育出版社,1996 年。

86. 季羡林著,《季羡林全集》编辑出版委员会编:《季羡林全集》第 16 卷,北京:外语教学与研究出版社,2010 年。

87. 季羡林:《吐火罗文〈弥勒会见记〉译释》,《季羡林文集》第十一卷,南昌:江西教育出版社,1998 年。

88. 季羡林:《吐火罗文研究》,《季羡林文集》第十二卷,南昌:江西教育出版社,1998 年。

89. 季羡林:《中印文化关系史论文集》,北京:三联书店,1982 年。

90. [隋]吉藏疏:《中论　百论　十二门论》,上海:上海古籍出版社,2011 年。

91. 贾学谦:《驼铃与古船:UNESCO 国际丝路考察纪实》,北京:教育科学出版社,2004 年。

92. 贾应逸:《新疆佛教壁画的历史学研究》,北京:中国人民大学出版社,2010 年。

93. 姜亮夫:《敦煌学概论》,昆明:云南人民出版社,1999 年。

94. [唐]靖迈:《古今译经图纪》,《大正藏》卷五五,台北:佛陀教育基金会出版部,1990 年。

95. [唐]静泰:《大唐东京大敬爱寺一切经论目》,《大正藏》卷五五,台北:佛陀教育基金会出版部,1990 年。

96. [后秦]鸠摩罗什译:《妙法莲华经》,《大正藏》卷九,台北:佛陀教育基金会出版部,1990 年。

97. [后秦]鸠摩罗什译:《维摩诘所说经》,《大正藏》卷一四,台北:佛陀教育基金会出版部,1990年。

98. [后秦] 鸠摩罗什译:《维摩诘所说经金刚般若波罗蜜经》,《大正藏》卷八,台北:佛陀教育基金会出版部,1990年。

99. [后秦] 鸠摩罗什译:《大乘经·摩诃般若波罗蜜大明咒经》,《新编缩本乾隆大藏经》第16册,台北:新文丰出版公司,1998年。

100. [后秦] 鸠摩罗什译:《单译经5·禅秘要法经》,《新编缩本乾隆大藏经》第56册,台北:新文丰出版公司,1998年。

101. [后秦]鸠摩罗什原译,琼那·诺布旺典编著:《图解金刚经》,西安:陕西师范大学出版社,2007年。

102. [南朝宋]沮渠京声译:《治禅病秘要经》,《大正藏》卷一五,台北:佛陀教育基金会出版部,1990年。

K

103. [德]克林凯特著,赵崇明译:《丝绸古道上的文化》,乌鲁木齐:新疆美术摄影出版社,1994年。

104. 《克孜尔石窟志》编辑组:《克孜尔石窟志》,上海:上海人民美术出版社,1993年。

105. [宋]孔平仲:《续世说》,上海:商务印书馆,1937年。

L

106. [唐]李百药:《北齐书》,北京:中华书局,1999年。

107. [北魏]郦道元原注,陈桥驿注释:《水经注》,杭州:浙江古籍出版社,2000年。

108. [唐]李鼎祚:《周易集解》,上海:上海古籍出版社,1989年。

109. 李剑国:《唐五代志怪传奇叙录》,天津:南开大学出版社,1993年。

110. [唐]李浚等撰:《松窗杂录 杜阳杂编 桂苑丛谈》,北京:中华书局,1958年。

111. [宋]李昉等编:《太平广记》,北京:中华书局,1961年。

112. [宋]李昉等撰:《太平御览》,北京:中华书局,1960 年。

113. 李进新:《新疆宗教演变史》,乌鲁木齐:新疆人民出版社,2003 年。

114. 李强、柯琳:《民族戏剧学》,北京:民族出版社,2003 年。

115. 李强:《中西戏剧文化交流史》,北京:人民音乐出版社,2002 年。

116. 李润生:《〈中论〉导读》,北京:中国书店,2006 年。

117. [明]李时珍:《本草纲目》,太原:山西科学技术出版社,2014 年。

118. 李水海主编:《中国小说大辞典 先秦至南北朝卷》,西安:陕西人民出版社,1994 年。

119. [清]李瑛:《诗法易简录》,载《续修四库全书 1702》,上海:上海古籍出版社,2002 年。

120. [清]李兆洛选辑:《骈体文钞》,上海:上海书店出版社,1988 年。

121. 联合国教科文组织、中国社会科学院考古研究所:《十世纪前的丝绸之路和东西文化交流》,北京:新世界出版社,1996 年。

122. 梁辰、张志东选注:《黄梁梦诗词精选》,北京:中国文联出版公司,1999 年。

123. [清]梁佩兰撰,吕永光校点补辑:《六莹堂集》,广州:中山大学出版社,1992 年。

124. 梁启超:《梁启超中国佛学研究史》,长春:吉林人民出版社,2013 年。

125. 梁启超:《中国佛教研究史》,上海:三联书店,1988 年。

126. 梁启超著,高淑兰编:《梁启超说佛》,北京:九州出版社,2006 年。

127. [清]梁章钜撰,穆克宏点校:《文选旁证》,福州:福州人民出版社,2000 年。

128. 廖奔、刘彦君:《中国戏曲发展史》,太原:山西教育出版社,2000 年。

129. 林鲤主编:《中国历代珍稀小说 1》,北京:九州图书出版社,1998 年。

130. 林梅村:《西域文明——考古、民族、语言和宗教新论》,北京:东方出版社,1995 年。

131. 林谦三:《东亚乐器考》,北京:人民音乐出版社,1962 年。

132. [唐]令狐德棻:《周书》,北京:中华书局,1971年。

133. 刘安志:《敦煌吐鲁番文书与唐代西域史研究》,北京:商务印书馆,2010年。

134. 刘锡淦、陈良伟著:《龟兹古国史》,乌鲁木齐:新疆大学出版社,1992年。

135. [汉]刘向撰,赵善论疏证:《说苑疏证》,上海:华东师范大学出版社,1985年。

136. 刘兴均:《〈周礼〉名物词研究》,成都:巴蜀书社,2001年。

137. [后晋]刘昫:《旧唐书》,北京:中华书局,1975年。

138. 刘学锴:《唐诗选注评鉴》,郑州:中州古籍出版社,2013年。

139. [印]龙树菩萨造,[后秦]鸠摩罗什译:《十住毗婆沙论》,《新编缩本乾隆大藏经》第82册,台北:新文丰出版公司,1998年。

140. [印]龙树菩萨造,[后秦]鸠摩罗什译,王孺童点校:《大智度论》,北京:宗教文化出版社,2014年。

141. 逯钦立辑校:《先秦汉魏晋南北朝诗》,北京:中华书局,1983年。

142. [明]罗贯中编次,[明]冯梦龙增补:《平妖传》,上海:上海古籍出版社,1996年。

143. [明]罗曰褧著,余思黎点校:《咸宾录》,北京:中华书局,1983年。

144. 吕澂:《印度佛学源流略讲》,上海:上海人民出版社,1979年。

145. 吕澂:《中国佛学源流略讲》,北京:中华书局,1979年。

M

146. Monier Monier-Williams. *SANSKRIT-ENGLISH DICTIONARY*. Munshiram Manoharlal Publishers Pvt. Ltd., New Dehli, 1899.

147. [元]马端临:《文献通考》,北京:中华书局,1986年。

148. 马积高、叶幼明主编:《历代辞赋总汇 清代卷》第二十二册,长沙:湖南文艺出版社,2014年。

149. [清]冒襄、[清]沈复、[清]陈裴之:《影梅庵忆语 浮生六记 香畹楼忆语 秋灯琐忆》,长沙:岳麓书社,2016年。

150. [美]梅维恒:《绘画与表演》,上海:中西书局,2011 年。

151.《明清善本禁毁小说珍藏大系》编委会:《明清善本禁毁小说珍藏大系卷 1》,长春:时代文艺出版社,1999 年。

152. 穆舜英:《中国新疆古代艺术》,乌鲁木齐:新疆美术摄影出版社,1994 年。

N

153. 南京大学中国语言文学系全清词编纂研究室编:《全清词·顺康卷》,北京:中华书局,2002 年。

154. [唐]南卓等撰:《羯鼓录 乐府杂录 碧鸡漫志》,上海:上海古籍出版社,1988 年。

O

155. [宋]欧阳修、[宋]宋祁:《新唐书》,北京:中华书局,1975 年。

P

156. 潘超、丘良任、孙忠铨主编:《中华竹枝词全编》,北京:北京出版社,2007 年。

157. 裴孝曾:《龟兹史料辑录》,乌鲁木齐:新疆人民出版社,2010 年。

158. [清]彭定求等编:《全唐诗》,北京:中华书局,1960 年。

Q

159. [清]钱谦益:《牧斋有学集》卷四,上海:上海古籍出版社,四部丛刊本。

160. 钱钟书:《管锥编》,北京:中华书局,1979 年。

R

161. 任半塘:《唐声诗》,上海:上海古籍出版社,1982 年。

162. 任半塘:《唐戏弄》,上海:上海古籍出版社,2006 年。

163. 任继愈主编:《中华大典·宗教典·道教分典》,石家庄:河北人民出版社,2015 年。

164. [清]阮元校刻,蒋鹏翔主编:《阮刻尚书注疏》,杭州:浙江大学出版社,2014 年。

165. [日]瑞溪周凤:《卧云日件録拔尤》,东京:岩波书店,1992 年。

S

166. [后秦]僧肇等：《注维摩诘所说经》，上海：上海古籍出版社，1990年。

167. [清]沈德潜选注：《唐诗别裁集》，上海：上海古籍出版社，1979年。

168. [南朝梁]沈约：《宋书》，北京：中华书局，1974年。

169. [南朝梁]释宝唱著，王孺童校注：《比丘尼传校注》，北京：中华书局，2006年。

170. [唐]释澄观：《大方广佛华严经随疏演义钞》，《大正藏》卷三六，台北：佛陀教育基金会出版部，1990年。

171. [唐]释道宣：《大唐内典录》，《大正藏》卷五五，台北：佛陀教育基金会出版部，1990年。

172. [唐]释道宣：《广弘明集·通命二》，《新编缩本乾隆大藏经》第114册，台北：新文丰出版公司，1998年。

173. [晋]释法显：《佛国记》，上海：商务印书馆，1937年。

174. [唐]释慧琳：《一切经音义》，台北：大通书局，1985年。

175. [唐]释明佺：《大周刊定众经目录》，《大正藏》卷五五，台北：佛陀教育基金会出版部，1990年。

176. [南朝梁]释僧祐撰，苏晋仁、萧鍊子点校：《出三藏记集》，北京：中华书局，1995年。

177. [辽]释希麟：《续一切经音义》，上海：上海古籍出版社，1986年。

178. [清]石玉昆编，舒驰校点：《三侠五义》，杭州：浙江古籍出版社，1997年。

179. 释证严讲述：《佛遗教经》，上海：复旦大学出版社，2013年。

180. [唐]释智升：《开元释教录》，《大正藏》卷五五，台北：佛陀教育基金会出版部，1990年。

181. [隋]释智顗：《法华玄义》，《大正藏》卷三三，台北：佛陀教育基金会出版部，1990年。

182. [隋]释智顗：《摩诃止观》，《大正藏》卷四六，台北：佛陀教育基金会出版部,1990 年。

183. [宋]四水潜夫辑:《武林旧事》,杭州:浙江人民出版社,1984 年。

184. [美]斯坦利·威斯坦因:《唐代佛教》,上海:上海古籍出版社,2010 年。

185. 宿白:《中国美术全集·绘画编 16　新疆石窟壁画》,北京：文物出版社,1989 年。

186. 苏北海:《丝绸之路龟兹研究》,乌鲁木齐:新疆人民出版社,2010 年。

187. 苏北海:《丝绸之路与龟兹历史文化》,乌鲁木齐：新疆人民出版社,1996 年。

188. 孙昌武:《佛教与中国文学》,上海:上海人民出版社,1988 年。

189. 孙昌武:《唐代文学与佛教》,西安:陕西人民出版社,1985 年。

190. 孙昌武:《中国文学中的维摩与观音》,北京:高等教育出版社,1996 年。

191. [清]孙诒让:《周礼正义》,北京:中华书局,1987 年。

T

192. 谈凤梁:《历代文言小说鉴赏辞典》,南京:江苏文艺出版社,1991 年。

193. [天竺]昙无谶译:《大般涅槃经》,上海:上海古籍出版社,1991 年。

194. 唐耕耦:《敦煌社会经济文献真迹释录·第三辑》,北京:书目文献出版社,1990 年。

195. 唐圭璋编纂:《全宋词》,北京:中华书局,1999 年。

196. 汤用彤:《汉魏两晋南北朝佛教史》,北京:中华书局,1983 年。

197. 汤用彤:《往日杂稿》,北京:中华书局,1962 年。

198. [宋]陶毂:《清异录》,北京:中华书局,1991 年。

199. 桐城市博物馆主编:《桐城明清散文选》,合肥:安徽美术出版社,2011 年。

200. [元]脱脱:《宋史》,北京:中华书局,1949 年。

W

201. W.Winter:*Some Aspects of 'Tncharian' Drama:Form and Technique*,JAOS,vol.175,1955.

202. 万斯年辑译:《唐代文献丛考》,上海:商务印书馆,1947 年。

203. [宋]王安石著,[宋]李壁笺注,高克勤点校:《王荆文公诗笺注》,上海:上海古籍出版社,2010 年。

204. [宋]王溥:《唐会要》,北京:中华书局,1955 年。

205. [清]王夫之等撰:《清诗话》,北京:中华书局,1963 年。

206. 王国维:《宋元戏曲史》,上海:商务印书馆,1915 年。

207. 王国维:《王国维戏曲论文集·戏曲考原》,北京：中国戏剧出版社,1984 年。

208. 王建林、朱英荣:《龟兹佛教艺术史》,上海:上海文化出版社,2013 年。

209. 王觉源:《忘机随笔·中外合璧故事》卷三、卷四,台北:东大图书股份有限公司,1993 年。

210. 王平主编:《传世藏书·子库·道典》, 海口：海南国际新闻出版中心,1995 年。

211. [五代]王仁裕:《开元天宝遗事》,北京:中华书局,1985 年。

212. [清]王士祯:《带经堂诗话》,北京:人民文学出版社,1963 年。

213. [唐]王维撰,陈铁民校注:《王维集校注》,北京:中华书局,1997 年。

214. [唐]王维撰,[宋]刘辰翁评点:《须溪先生校本唐王右丞集》,北京:北京图书馆出版社,2005 年。

215. 王锡祺编纂:《山阳诗征续编》,西安:陕西人民出版社,2011 年。

216. 王小盾:《汉文佛经音乐史料类编》,南京:凤凰出版社,2014 年。

217. 王小盾:《隋唐五代燕乐杂言歌辞研究》,北京:中华书局,1996 年。

218. 王小盾:《隋唐音乐及其周边:王小盾音乐学术文集》,上海:上海音乐学院出版社,2012 年。

219. 王小盾:《中国音乐文献学初阶》,北京:北京大学出版社,2014 年。

220. 王勇、[日]大庭修主编:《中日文化交流史大系·典籍卷》,杭州:浙江人民出版社,1996 年。

221. 王赟、徐永明主编:《丝路·思路——2015 年克孜尔石窟壁画国际学术研讨会论文集》,石家庄:河北美术出版社,2015 年。

222. 魏长洪等：《西域佛教史》，乌鲁木齐：新疆美术摄影出版社，1998 年。

223. ［北齐］魏收：《魏书》，北京：中华书局，1974 年。

224. ［唐］魏征：《隋书》，北京：中华书局，1973 年。

225. ［意］魏正中：《区段与组合：龟兹石窟寺院遗址的考古学探索》，上海：上海古籍出版社，2013 年。

226. 五百大阿罗汉等造，［唐］玄奘译：《阿毗达磨大毗婆沙论》，《大正藏》卷二七，台北：佛陀教育基金会出版部，1990 年。

227. 吴涛：《龟兹佛教与区域文化变迁研究》，北京：中央民族大学出版社，2006 年。

228. 吴小如等：《汉魏六朝诗鉴赏辞典》，上海：上海辞书出版社，1992 年。

X

229. 向达：《唐代长安与西域文明》，石家庄：河北教育出版社，2001 年。

230. ［南朝梁］萧统编，［唐］李善注：《文选》，北京：中华书局，1977 年。

231. ［美］谢弗著，吴玉贵译：《唐代的外来文明》，北京：中国社会科学出版社，1995 年。

232. 谢兴尧、陆丹林主编：《逸经》，扬州：广陵书社，2010 年。

233. ［明］谢榛：《四溟集》，《景印文渊阁四库全书》第 1289 册，台湾：商务印书馆，1983 年。

234. ［明］谢榛：《谢榛全集校笺》，南京：江苏古籍出版社，2003 年。

235. 新疆龟兹石窟研究所编：《克孜尔尕哈石窟内容总录》，北京：文物出版社，2009 年。

236. 新疆龟兹石窟研究所编：《克孜尔石窟内容总录》，乌鲁木齐：新疆美术摄影出版社，2000 年。

237. 新疆龟兹石窟研究所编：《库木吐喇石窟内容总录》，北京：文物出版社，2008 年。

238. 新疆龟兹石窟研究所编：《森木塞姆石窟内容总录》，北京：开明文教出版社，2008 年。

239. 新疆龟兹石窟研究所编:《中国新疆壁画　龟兹》,乌鲁木齐:新疆美术摄影出版社,2008 年。

240. 新疆龟兹学会:《龟兹学研究》(1—5 辑),乌鲁木齐:新疆大学出版社、新疆人民出版社,2006 年—2012 年。

241. 新疆维吾尔自治区文物管理委员会等:《中国石窟　克孜尔石窟》,北京:文物出版社,1997 年。

242.《新疆戏剧史》编委会编:《新疆戏剧文化　资料汇编(一)》新疆报刊登记证 913 号,1988 年。

243. 星云大师监修,佛光大藏经编修委员会主编:《佛光大藏经　净土藏经部　佛说阿弥陀经　外七部》,高雄:佛光出版社,1999 年。

244. [唐]徐坚等:《初学记》,北京:中华书局,1982 年。

245. 徐曙主编:《日语教育与日本学》,上海:华东理工大学出版社,2011 年。

246. [清]徐松:《西域水道记》,扬州:江苏广陵古籍刻印社,1991 年。

247. [唐]玄奘译:《说无垢称经》,《大正藏》卷一四,台北:佛陀教育基金会出版部,1990 年。

248. [唐]玄奘撰,章巽校点:《大唐西域记》,上海:上海人民出版社,1977 年。

249. 薛宗明:《中国音乐史·乐器篇(上)》,台北:台湾商务印书馆,1983 年。

Y

250. [唐]彦悰:《众经目录》,《大正藏》卷五五,台北:佛陀教育基金会出版部,1990 年。

251. [清]严可均辑:《全晋文》,北京:商务印书馆,1999 年。

252. [元]杨朝英选:《朝野新声太平乐府》,北京:中华书局,1958 年。

253. 杨富学:《回鹘之佛教》,乌鲁木齐:新疆人民出版社,1998 年。

254. 杨建新编注:《古西行记选注》,银川:宁夏人民出版社,1987 年。

255. [明]杨慎:《艺林伐山》,上海:商务印书馆,1936 年。

256. [魏]杨炫之撰,周祖谟校释:《洛阳伽蓝记校释》,北京:中华书局,1963 年。

257. 杨荫浏:《中国古代音乐史稿》,北京:人民音乐出版社,2004 年。

258. 扬之水:《诗经名物新证》,北京:北京古籍出版社,2000 年。

259. 姚士宏:《克孜尔石窟探秘》,乌鲁木齐:新疆美术摄影出版社,1996 年。

260. [明]姚绶:《谷庵集选》,台北:台湾学生书局,1983 年。

261. [唐]姚思廉:《梁书》,北京:中华书局,1974 年。

262. [唐]义净原著,王邦维校注:《大唐西域求法高僧传校注》,北京:中华书局,1988 年。

263. 佚名:《三部律抄》,《大正藏》卷八五,台北:佛陀教育基金会出版部,1990 年。

264. 尹占华校注:《张祜诗集校注》,成都:巴蜀书社,2007 年。

265.《永乐北藏》整理委员会:《永乐北藏》,北京:线装书局,2008 年。

266. [清]永瑢等著:《四库全书总目》卷一四〇《子部·小说家类一》,北京:中华书局,1965 年。

267. 于安澜编:《溪山卧游录》,上海:上海人民美术出版社,1963 年。

268. 于春海主编:《古代朝鲜辞赋解析(一)》,北京:商务印书馆,2013 年。

269. [日]羽溪了谛著,贺昌群译:《西域之佛教》,北京:商务印书馆,1999 年。

270. [宋]俞琰:《席上腐谈》,北京:中华书局,1985 年。

Z

271. [宋]赞宁撰,范祥雍点校:《宋高僧传》,北京:中华书局,1987 年。

272. 赜藏主编:《古尊宿语录》,北京:中华书局,1994 年。

273. [宋]曾慥:《类说》,上海:上海古籍出版社,1993 年。

274. 张碧波、董国尧:《中国古代北方民族文化史》,哈尔滨:黑龙江人民出版社,2001 年。

275. 张伯伟编校:《稀见本宋人诗话四种》,南京:江苏古籍出版社,2002 年。

276. 张庚、郭汉成:《中国戏曲通论》,上海:上海文艺出版社,1989 年。

277. 张国领、裴孝曾:《龟兹文化研究》(第 1—4 册),乌鲁木齐:新疆人民出版社,2006 年。

278. 张建华、陈斌编著：《邯郸之谜（下）》，北京：中国城市出版社，2003 年。

279. 张进、侯雅文、董就雄：《王维资料汇编》，北京：中华书局，2014 年。

280. 张耒撰，李逸安等点校：《张耒集》，北京：中华书局，1990 年。

281. 张平：《龟兹文明：龟兹史地考古研究》，北京：中国人民大学出版社，2010 年。

282. [唐]张文成著，方诗铭校注：《游仙窟》，上海：中国古典文学出版社，1955 年。

283. [魏]张揖撰，[隋]曹宪音释：《广雅》，北京：中华书局，1985 年。

284. 张寅彭主编，吴忱、杨焄点校：《清诗话三编》，上海：上海古籍出版社，2014 年。

285. [清]张英、[清]王士桢等：《渊鉴类函》，北京：中国书店，1985 年。

286. 赵莉主编：《西域美术全集》，天津：天津人民美术出版社，2016 年。

287. [唐]赵璘撰，黎泽潮校笺：《〈因话录〉校笺》，合肥：合肥工业大学出版社，2013 年。

288. 郑炳林：《敦煌地理文书汇辑校注》，兰州：甘肃教育出版社，1989 年。

289. [唐]郑处诲撰，田廷柱点校：《明皇杂录》，北京：中华书局，1994 年。

290. [汉]郑玄注，贾公彦疏：《周礼注疏》，北京：北京大学出版社，1999 年。

291. [三国吴]支谦译：《佛说维摩诘经》，《大正藏》卷一四，台北：佛陀教育基金会出版部，1990 年。

292. 仲高：《西域艺术通论》，乌鲁木齐：新疆人民出版社，2004 年。

293. 中国壁画全集编辑委员会编：《中国美术分类全集·中国新疆壁画全集1—3 克孜尔》，乌鲁木齐：新疆美术摄影出版社、天津：天津人民美术出版社，1995 年。

294. 中国壁画全集编辑委员会编：《中国美术分类全集·中国新疆壁画全集4 库木吐拉》，乌鲁木齐：新疆美术摄影出版社、沈阳：辽宁美术出版社，1995年。

295. 中国壁画全集编辑委员会编：《中国美术分类全集·中国新疆壁画全集5 森木赛姆　克孜尔尕哈》，乌鲁木齐：新疆美术摄影出版社、沈阳：辽宁美术出版社,1995 年。

296. 中国佛教文化研究所点校:《杂阿含经》,北京:宗教文化出版社,1999 年。

297. 中国历史博物馆编:《中国历史博物馆》,北京:文物出版社,1984 年。

298. 中国舞蹈艺术研究会舞蹈史研究组:《全唐诗中的乐舞资料》,北京:人民音乐出版社,1996 年。

299. 中国新疆壁画艺术编委会编:《中国新疆壁画艺术》,乌鲁木齐:新疆美术摄影出版社,2015 年。

300. 中国音乐文物大系总编辑部《中国音乐文物大系·新疆卷》,郑州:大象出版社,1999 年。

301. 中国音乐研究所:《信西古乐图》,北京:音乐出版社,1958 年。

302.《中华大藏经》编辑局编:《中华大藏经》,北京:中华书局,1993 年。

303. 钟书林、张磊著:《敦煌文研究与校注》,武汉:武汉大学出版社,2014 年。

304. [明]钟惺、[明]谭元春辑,张国光点校:《诗归》,武汉:湖北人民出版社,1985 年。

305. 钟兴麒、王有德选注:《历代西域散文选注》,乌鲁木齐:新疆人民出版社,1995 年。

306. 周育德:《中国戏曲文化》,北京:中国友谊出版公司,1995 年。

307. [晋]竺法护译:《过去世佛分卫经》,《大正藏》卷三,台北:佛陀教育基金会出版部,1990 年。

308. [清]朱方蔼:《小长芦渔歌唱》,乾隆壬戌高不骞、杭世骏序本,上海师范大学藏。

309. [宋]祝穆:《事文类聚》,中文出版社(株式会社),1989 年。

310. [清]朱琰撰,杜斌校注:《陶说》,济南:山东画报出版社,2010 年。

311. 朱英荣:《龟兹石窟研究》,乌鲁木齐:新疆美术摄影出版社,1993 年。

312. [南朝梁]宗懔撰,宋金龙校注:《荆楚岁时记》,太原:山西人民出版社,1987 年。

二、论文类

C

1. 柴剑虹：《龟兹学与国学》，《新疆师范大学学报(哲学社会科学版)》2009年第 1 期。

2. 常任侠：《汉唐间西域音乐艺术的东渐》，《音乐研究》1980 年第 2 期。

3. 陈国灿：《唐安西都护府与新和县的历史遗存》，《丝绸之路与龟兹中外文化交流学术研讨会论文集》2010 年。

4. 陈洁：《丝路新声——龟兹音乐的艺术特征》，《上海艺术家》2007 年第 2 期。

5. 陈娟：《龟兹地区龙崇拜之初探》，《丝绸之路》2015 年第 18 期。

6. 陈军、李雁：《中国古代狮子舞的起源及兴衰史》，《农业考古》2009 年第 6 期。

7. 陈开勇：《道化剧〈黄粱梦〉"杀子"情节的佛教渊源》，《文学评论》2009 年第 2 期。

8. 陈洛：《楚楚胡乐入汉声——谈龟兹乐对汉族音乐的影响》，《艺术探索》1987 年第 2 期。

9. 陈尚君：《齐己佚文〈龙牙和尚偈颂序〉考述》，《益阳师专学报》1994 年第 4 期。

10. 陈世良：《关于佛教初传龟兹》，《西域研究》1991 年第 4 期。

11. 陈铁民：《王维与僧人的交往》，《文献》1989 年第 3 期。

12. 陈应时：《论敦煌乐谱中的西域古曲》，《文化艺术研究》2008 年第 1 期。

13. 陈应时：《苏祇婆传授的龟兹乐律》，《龟兹学研究》2012 年第五辑。

14. 陈允吉：《论佛偈及其翻译文体》，《复旦学报 (社会科学版)》1992 年第 6 期。

15. 程旭：《唐墓壁画中的丝路乐舞》，《中国文化遗产》2017 年第 2 期。

D

16. [日]荻原裕敏:《新疆龟兹研究院藏龟兹语诗文木牍》,《文物》2013 年第 12 期。

17. 丁明夷:《关于克孜尔壁画的研究——五至八世纪龟兹佛教和佛教艺术初探》,《学习与思考(中国社会科学院研究生院学报)》1981 年第 6 期。

18. 丁淑梅:《唐代禁断泼寒胡戏的戏剧学考察》,《民族艺术研究》2011 年第 1 期。

19. 董希平:《觱篥与宋词演唱机制》,《古代文明》2014 年第 1 期。

20. 段文耀:《唐诗中的西域乐舞》,《西域文学论集》,新疆大学出版社 1998 年版。

F

21. 樊小敏:《狮舞在新疆的源起和衰落》,《新疆艺术学院学报》2006 年第 1 期。

22. 范文杰:《胡舞对唐代舞蹈的影响》,《兰台世界》2013 年第 22 期。

23. 冯汉骥:《前蜀王建墓内石刻伎乐考》,《四川大学学报 (社会科学版)》1957 年第 1 期。

24. 冯燕:《苏祇婆其人及对中国古代音乐的贡献》,《兰台世界》2014 年第 15 期。

25. 付明华:《龟兹文明及舞蹈艺术》,《贵州民族学院学报(哲学社会科学版)》2005 年第 4 期。

26. 付明华:《龟兹文明及音乐艺术——龟兹乐的东渐》,《电影评介》2008 年第 18 期。

G

27. 甘庭俭、杨凡、张婷婷:《克孜尔千佛洞壁画的图像叙事与古龟兹文化传播——克孜尔千佛洞壁画造型中乐舞艺术形态研究之一》,《当代文坛》2012 年第 4 期。

28. 高登智:《耍狮子与傩文化关系蠡测》,《民族艺术研究》1994 年第 1 期。

29. 高红梅:《隋唐五代燕乐的发展及其对曲子辞创作的影响》,《广播电视大学学报(哲学社会科学版)》2012 年第 3 期。

30. 高建新:《唐诗中的西域"三大乐舞"——〈胡旋舞〉〈胡腾舞〉〈柘枝舞〉》,《民族文学研究》2012 年第 6 期。

31. 高人雄:《〈弥勒会见记〉与中国戏曲——古代维吾尔族戏剧与中国戏剧之刍议》,《新疆大学学报(哲学社会科学版)》2005 年第 5 期。

32. 高人雄:《试析什译〈妙法莲华经〉的文学艺术特色(上)——繁缛的艺术风格》,《西域研究》2010 年第 2 期。

33. 高人雄:《试析什译〈妙法莲华经〉的文学艺术特色(下)——想像夸饰的奇特风貌》,《西域研究》2010 年第 4 期。

34. [德]葛玛丽著,耿世民译:《高昌回鹘王国(公元 850 年—1250 年)》,《新疆大学学报(哲学社会科学版)》1980 年第 2 期。

35. 葛晓音:《跨学科研究的探索与实践——以日本雅乐和隋唐乐舞研究为例》,《文史知识》2016 年第 10 期。

36. 葛晓音、[日]户仓英美:《"拨头"考》,《中华文史论丛》2013 年第 1 期。

37. 葛晓音、[日]户仓英美:《"飒磨遮"与印度教女神祭的关系》,《文史》2018 年第 1 辑。

38. 耿世民:《古代维吾尔语佛教原始剧本〈弥勒会见记〉研究》,《文史》1981 年第 12 辑。

39. 耿世民:《古代维吾尔语说唱文学〈弥勒会见记〉》,《中央民族大学学报(哲学社会科学版)》2004 年第 1 期。

40. 耿世民:《古代焉耆语(甲种吐火罗语)概要》,《语言与翻译》2012 年第 2 期。

41. 耿世民:《回鹘文佛教原始剧本〈弥勒会见记〉第二幕研究》,《西北民族研究》1986 年第 00 期。

42. 耿世民:《试论古代维吾尔语佛典的翻译》,《民族翻译》2012 年第 2 期。

43. 耿世民:《新发现的哈密本〈弥勒会见记〉第二品十四、十五、十六三叶(六面)研究》,《新疆大学学报(哲学社会科学版)》2006 年第 6 期。

44. 古再丽努尔·买买提明:《鸠摩罗什对中国诗学的影响》,《和田师范专科学校学报》2011 年第 5 期。

45. 郭院林:《试论唐代诗歌中的西域歌舞艺术》,《南京师范大学文学院学报》2014 年第 3 期。

H

46. 海滨:《本是同根生,同曲又同情——觱篥、胡笳、羌笛、芦管在唐诗中的同质化》,《文史知识》2011 年 5 期。

47. 寒声:《词、曲同源不同流——兼论声诗、词乐、曲唱在中原衍进中的音乐文化》,《中国音乐》2005 年第 4 期。

48. 韩文慧:《西域胡文化之乐舞戏剧在中原》,《社会科学论坛》2015 年第 1 期。

49. 河南省博物馆:《河南安阳北齐范粹墓发掘简报》,《文物》1972 年第 1 期。

50. 侯传文:《〈维摩诘经〉的文学意义》,《齐鲁学刊》1998 年第 3 期。

51. 胡小杰:《西域狮子舞东渐及其在日本的嬗变》,《新疆大学学报 (哲学社会科学版)》1992 年第 2 期。

52. 黄适远:《哈密回鹘文本〈弥勒会见记〉的主要内容及文化意义》,《新疆艺术学院学报》2010 年第 2 期。

53. 黄永明:《〈钵头〉小议》,《戏曲艺术》1989 年第 1 期。

54. 霍旭初:《古代佛僧"帛"姓考辩》,《西域研究》2013 年第 3 期。

55. 霍旭初:《克孜尔石窟故事壁画与龟兹本土文化》,《新疆师范大学学报(哲学社会科学版)》2005 年第 4 期。

56. 霍旭初:《论佛教对丝路音乐的影响》,《新疆艺术学院学报》2009 年第 2 期。

57. 霍旭初:《论古代新疆 "说一切有部思想文化带"》,《丝绸之路研究辑刊》2017 年第一辑。

J

58. 季羡林：《鸠摩罗什时代及其前后龟兹和焉耆两地的佛教信仰》，《龟兹学研究》2007 年第二辑。

59. 季羡林：《弥勒信仰在新疆的传布》，《文史哲》2001 年第 1 期。

60. 季羡林：《龟兹王金花考》，《文史知识》2001 年第 3 期。

61. 季羡林：《谈新疆博物馆藏吐火罗文 A〈弥勒会见记剧本〉》，《文物》1983 年第 1 期。

62. 季羡林：《吐火罗文 A(焉耆文)〈弥勒会见记剧本〉与中国戏剧发展之关系》，《社会科学战线》1990 年第 1 期。

63. 季羡林：《吐火罗文和回鹘文本〈弥勒会见记〉性质浅议》，《北京大学学报(哲学社会科学版)》1991 年第 2 期。

64. 季羡林：《吐火罗语的发现与考释及其在中印文化交流中的作用》，《中印文化关系史论文集》，北京：三联书店，1982 年。

65. 季羡林：《新博本吐火罗文 A(焉耆文)〈弥勒会见记剧本〉第十五和十六张译释》，《中国文化》1989 年第 1 期。

66. 季羡林：《新博本吐火罗语 A(焉耆语)〈弥勒会见记〉剧本第 41、20、18 张六页译释》，《西北民族研究》1989 年第 2 期。

67. 贾应逸：《克孜尔第 114 窟探析》，《新疆师范大学学报 (哲学社会科学版)》2006 年第 4 期。

68. 金克木：《怎样读汉译佛典——略介鸠摩罗什兼谈文体》，《读书》1986 年第 2 期。

69. 金文达：《对古代中印音乐文化交流中的某些问题的再探讨》，《中央音乐学院学报》1992 年 3 期。

K

70. 康保成：《"戏场"：从印度到中国——兼说汉译佛经中的梵剧史料》，《沈阳师范学院学报(社会科学版)》2002 年第 2 期。

L

71. 郎樱:《西域佛教戏剧对中国古代戏剧发展的贡献》,《民族文学研究》2002 年第 4 期。

72. 郎樱:《西域歌舞戏对中原戏剧发展的贡献》,《西域研究》2003 年第1 期。

73. 李安宁:《龟兹舍利盒乐舞图研究》,《新疆艺术学院学报》2003 年第 3 期。

74. 李伯敬:《关于燕乐的商榷——兼及词之起源》,《学术月刊》1990 年第2 期。

75. 李昌集:《"苏幕遮"的乐与辞——胡乐入华的个案研究与唐代曲子辞的声、词关系探讨》,《中国文化研究》2004 年夏之卷。

76. 李根万:《西域吹奏乐器的之冠——筚篥》,《交响·西安音乐学院学报》1987 年第 4 期。

77. 黎虎:《狮舞流沙万里来》,《西域研究》2001 年第 3 期。

78. 李利安:《〈金刚经〉双遣否定法赏析》,《华夏文化》1997 年第 2 期。

79. 李梅:《20 世纪以来〈弥勒会见记〉研究综述》,《西域研究》2014 年第 2 期。

80. 李玫:《燕乐二十八调与苏祗婆五旦七声的关系》,《中国音乐学》2007 年第 3 期。

81. 黎蔷:《苏祗婆与龟兹乐》,《乐府新声(沈阳音乐学院学报)》1992 年第 2 期。

82. 黎蔷:《西域戏剧的缘起及敦煌佛教戏曲的形成》,《敦煌研究》1990 年第2 期。

83. 黎蔷:《中国最早佛教戏曲〈弥勒会见记〉考论》,《中华戏曲》1999 年第00 期。

84. 李瑞哲:《小乘佛教根本说一切有部经律在克孜尔石窟壁画中的反映》,《敦煌学辑刊》2006 年第 1 期。

85. 李世英:《论唐五代的佛教讲唱文学》,《兰州大学学报 (社会科学版)》1991 年第 2 期。

86. 李书:《论白居易乐舞诗的艺术魅力》,《赤峰学院学报 (汉文哲学社会科学版)》2012 年第 10 期。

87. 李铁:《壁画中的龟兹乐舞》,《美术研究》1979 年第 4 期。

88. 李维:《唐代边塞乐舞诗综论》,《佳木斯大学社会科学学报》2001 年第 3 期。

89. 李雄飞:《唐诗中的丝绸之路音乐文化》,《交响·西安音乐学院学报》1996 年第 1 期。

90. 梁勉:《试析西安地区唐墓壁画中的乐舞图》,《文博》2010 年第 3 期。

91. 廖奔:《从梵剧到俗讲——对一种文化转型现象的剖析》,《文学遗产》1995 年第 1 期。

92. 廖奔:《西域乐舞与梵呗说唱对中原戏曲的影响》,《艺术百家》1994 年第 1 期。

93. 刘传海:《壁画与戏剧的艺术互动》,《戏剧之家》2002 年第 4 期。

94. 刘辉:《苏祗婆与西域龟兹乐在中原的传播》,《兰台世界》2014 年第 36 期。

95. 刘洁:《解读唐代龟兹乐风靡一时的原因》,《兰台世界》2014 年第 22 期。

96. 刘宗迪:《泼寒胡、苏幕遮与波斯雨神节》,山东省民俗学会 2012 年学术年会论文集。

97. 陆家桂:《民族文化交流中的奇葩——乐舞诗中的唐代乐舞》,《中央民族学院学报》1988 年第 3 期。

98. 罗会光:《玄奘视野中的龟兹佛国——〈大唐西域记·屈支国〉析读》,《塔里木大学学报》2007 年第 3 期。

99. 罗永明:《试论龟兹音乐在我国音乐发展史上的作用》,《西南民族学院学报(哲学社会科学版)》1982 年第 1 期。

100. 吕超:《印度表演艺术与敦煌变文讲唱》,《南亚研究》2007 年第 2 期。

M

101. 马冬雅:《关于苏幕遮研究的几个问题初探》,《西北民族研究》2014 年第 3 期。

102. 苗利辉:《新疆拜城亦狭克沟石窟调查简报》,《文物》2013 年第 12 期。

Q

103. 钱伯泉:《一千多年前的龟兹乐谱》,《文史知识》1994 年第 10 期。

104. 钱伯泉:《源远流长的龟兹乐舞》,《龟兹学研究》2007 年第二辑。

105. 钱建华:《古代西域乐舞艺术东传中原综述》,《四川戏剧》2006 年第 6 期。

106. 钱仲联:《佛教与中国古代文学的关系》,《江苏师院学报》1980 年第 1 期。

107. [日]庆昭蓉:《新疆龟兹研究院藏木简调查研究简报》,《文物》2013 年第 3 期。

108. 曲六乙:《〈弥勒会见记〉的发现与研究——中国戏剧史上最早的一个戏剧文本》,《剧本》2010 年第 8 期。

R

109. 任慧婷:《谈石窟壁画中的龟兹飞天形象以及风格造型》,《大众文艺》2011 年第 24 期。

110. 任克良:《浅谈龟兹文化中的中原文化基因》,《新疆地方志》2008 年第 1 期。

S

111. 申桂红:《苏祇婆的龟兹音乐及其对民族音乐的贡献》,《兰台世界》2015 年第 6 期。

112. 沈尧:《〈弥勒会见记〉形态辨析》,《戏剧艺术》1990 年第 2 期。

113. 史晓明:《克孜尔石窟第 69 窟的龙图像》,《敦煌研究》2012 年第 4 期。

114. 史晓明、张爱红:《克孜尔石窟菱格画形式探源》,《敦煌研究》1991 年第 4 期。

115. 孙崇涛:《西域戏剧文献的发现及研究》,《民族艺术》1997 年第 2 期。

116. 孙丹:《从器乐歌舞看龟兹文化与盛唐文化的融合》,《音乐天地》2012 年第 12 期。

117. 孙机:《唐李寿石椁线刻〈侍女图〉、〈乐舞图〉散记(下)》,《文物》1996 年第 6 期。

118. 孙丽萍:《论唐都长安乐舞文化的外族因素》,《中国古都研究》2004 年第 21 辑。

119. 孙尚勇:《中古汉译佛经偈颂诗学价值述略》,《宗教学研究》2009 年第 4 期。

120. 孙瑜洽:《龟兹壁画中的乐舞研究》,《大众文艺》2011 年第 23 期。

121. 孙志国:《唐代宫廷音乐文化的奇葩——龟兹乐》,《黄河之声》2011 年第 15 期。

T

122. 田玉琪:《大陆十多年来唐宋词与音乐关系研究述评》,《淮阴师范学院学报(哲学社会科学版)》2008 年第 6 期。

123. 田中华:《筚篥考略》,《文博》1991 年第 1 期。

W

124. 王宝玉:《浅析胡文化影响下的唐代乐舞诗》,《短篇小说》2013 年第 23 期。

125. 王蓓蓓:《唐代咏胡旋舞与胡腾舞诗研究》,《兰台世界》2014 年第 27 期。

126. 王凤霞:《从泼寒胡到苏幕遮——泼寒胡戏在中原地区流变的几个阶段》,《广州大学学报(社会科学版)》2005 年第 3 期。

127. 王建林:《龟兹箜篌渊源与结构研究》,《新疆艺术学院学报》2004 年第 2 期。

128. 王军:《胡部新声锦筵坐　中庭汉振高音播——介绍盛唐时期的几个乐舞》,《中国音乐》2001 年第 2 期。

129. 王开元:《西域音乐歌舞对唐代边塞诗的影响》,《新疆艺术》2000 年第 5 期。

130. 王克芬:《龟兹乐舞对唐代舞蹈发展的深刻影响》,《云南艺术学院学报》2006 年第 1 期。

131. 王立:《唐诗中的胡人形象——兼谈中国文学中的胡人描写》,《内蒙古大学学报(人文社会科学版)》2002 年第 1 期。

132. 王宁:《唐戏"钵头"别解》,《民族艺术》2008 年第 4 期。

133. 王嵘:《多元文化背景下的〈苏莫遮〉》,《民族艺术研究》1997 年第 2 期。

134. 王嵘:《西域乐舞东传及其在中原文化中的地位》,《新疆艺术》2001 年第 1 期。

135. 王森:《唐太宗时期中原文化与西域文化的交流与融合——以佛教、音乐歌舞和社会习俗为例》,《剑南文学》2012 年第 7 期。

136. 王雅婕:《隋唐乐部中龟兹伎的器乐特征》,《新疆艺术学院学报》2011 年第 2 期。

137. 王毓红:《唐代三大胡舞中的佛教转世再生思想——以敦煌石窟佛教经变壁画为例》,《唐史论丛》2015 年第 1 期。

138. 魏晶:《隋唐时期西域音乐文化研究成果述要(上)》,《新疆师范大学学报(哲学社会科学版)》2005 年第 1 期。

139. 魏晶:《隋唐时期西域音乐文化研究成果述要(下)》,《新疆师范大学学报(哲学社会科学版)》2005 年第 2 期。

140. 卫凌:《试论龟兹乐舞及其东渐》,《交响——西安音乐学院学报》2002 年第 3 期。

141. 吴梦:《论龟兹乐舞对中原乐舞的影响及作用》,《戏剧之家》2015 年第 9 期。

142. 吴寿鹏:《龟兹乐舞与中国戏剧浅析》,《龟兹学研究》2006 年第 1 辑。

143. 吴晓璇:《探析关于"龟兹乐舞"的诗意——以诗词角度为例说明》,《音乐时空》2013 年第 16 期。

X

144. 项裕荣:《中国古代小说中"化形为蛇"情节的佛教源流探考》,《浙江大学学报(人文社会科学版)》2005 年第 5 期。

145. 肖尧轩:《克孜尔石窟伎乐壁画之音乐信息解读》,《新疆艺术学院学报》2011 年第 1 期。

146. 谢建忠：《白居易诗中的西域乐舞考论（一）》，《重庆三峡学院学报》1999 年第 3 期。

147. 谢建忠：《白居易诗中的西域乐舞考论（二）》，《重庆三峡学院学报》1999 年第 5 期。

148. 谢倩倩：《龟兹石窟：丝路古道上的文明交汇地》，《新疆艺术学院学报》2013 年第 4 期。

149. 谢生保：《敦煌壁画中的唐代"胡风"——之一〈胡乐胡舞〉》，《社科纵横》1994 年第 4 期。

150. 邢小震：《浅谈中国佛教壁画中的歌舞形象》，《中国美术馆》2013 年第 4 期。

151. ［日］熊谷宣夫：《库车出土之彩画舍利容器》，《美术研究》1957 年第 191 册。

152. 徐辉：《龙种龟兹人的创世纪传说》，《兰台世界》2015 年 15 期。

153. 薛宗正：《佛教初传龟兹新考》，《龟兹学研究》2007 年第 2 辑。

Y

154. 闫芳：《苏祗婆对我国古代音乐的三大贡献》，《艺术研究》2012 年第 2 期。

155. 杨冬梅：《唐代咏胡旋舞与胡腾舞诗研究》，《哈尔滨工业大学学报（社会科学版）》2006 年第 2 期。

156. 杨国学：《西凉伎与西域乐舞的渊源》，《西域研究》1999 年第 3 期。

157. 杨贺：《论唐"佛曲戏剧"概念及其成因》，《学术交流》2015 年第 3 期。

158. 杨贺：《唐声诗与佛曲关系问题新论》，《文学遗产》2014 年第 5 期。

159. 杨泓：《河北五代王处直墓绘彩浮雕女乐图》，《收藏家》1998 年第 1 期。

160. 杨子才：《辉煌灿烂的唐代佛教音乐》，《民主》1995 年第 8 期。

161. 姚宝瑄：《试析古代西域的五种戏剧——兼论古代西域戏剧与中国戏曲的关系》，《文学遗产》1986 年第 5 期。

162. 姚锐：《探索胡乐传播和佛教东传的关系》，《北方音乐》2015 年第 9 期。

163. 姚士宏：《关于龟兹文化的几个问题》，《龟兹学研究》2007 年第 2 辑）。

164. 姚卫群：《佛教中重要的思维方法——"遮诠法"》，《社会心理科学》2014 年第 6 期。

165. 叶文：《论西域乐舞对唐代长安乐舞艺术的影响》，《西安交通大学学报(社会科学版)》2013 年第 5 期。

166. 伊斯拉菲尔·玉苏甫：《新疆发现的古语言文字》，《新疆维吾尔自治区博物馆论文集》，新疆大学出版社，2005 年。

167. 伊斯拉菲尔·玉苏甫、安尼瓦尔·哈斯木：《吐火罗语及其研究情况》，《龟兹学研究》2008 年第 3 辑。

168. 阴法鲁：《丝绸之路上的音乐文化交流》，《人民音乐》1980 年第 2 期。

169. 余欣：《屈支灌与游仙枕：汉唐龟兹异物及其文化想象》，《复旦学报(社会科学版)》2010 年第 6 期。

170. 喻忠杰：《石窟戏剧壁画初探——以莫高窟和克孜尔石窟壁画为中心》，《曲学》第二卷。

171. 喻忠杰：《戏剧壁画的内容及意义新探》，《西北师大学报(社会科学版)》2014 年第 1 期。

Z

172. 翟敏：《诗中筚篥浅说》，《芒种》2012 年第 15 期。

173. 张昌红：《论诗、偈的异同及偈颂的诗化》，《河南师范大学学报(哲学社会科学版)》2012 年第 6 期。

174. 张建春：《论晋唐时期西域龟兹文化与中原文化的交融》，《新疆师范大学学报(哲学社会科学版)》2007 年第 3 期。

175. 张宏强：《刍议唐代龟兹乐的功能与影响》，《北方音乐》2014 年第 2 期。

176. 张柳：《漫谈筚篥》，《文史知识》2008 年第 4 期。

177. 张明非：《论唐代乐舞诗的价值》，《唐代文学研究》1994 年。

178. 张明非：《唐代乐舞诗的艺术成就》，《广西师范大学学报(哲学社会科学版)》1994 年第 3 期。

179. 张培锋:《"苏幕遮"的传播》,《文史知识》2012 年第 3 期。

180. 张雪媚:《筚篥的源流及其历史演变》,《民族艺术研究》2007 年第 1 期。

181. 赵超:《唐代壁画中的龟兹音乐》,《文物天地》1996 年第 6 期。

182. 赵莉:《龟兹石窟"解脱观"研究——以"无余涅槃"图像为中心》,《新疆师范大学(哲学社会科学版)》2015 年第 5 期。

183. 赵莉:《新疆龟兹研究院藏吐火罗语文字资料研究概况》,《文物》2013 年第 3 期。

184. 赵世骞:《从古乐器谈西域与中原的文化交流》,《乐器》1987 年第 1 期。

185. 赵世骞:《漫谈西域舞蹈》,《民族艺术》1994 年第 1 期。

186. 赵世骞:《试论西域乐舞对中原的影响》,《新疆师范大学学报(哲学社会科学版)》1987 年第 1 期。

187. 赵世骞:《小议龟兹古乐器筚篥》,《民族艺术》1988 年第 4 期。

188. 赵文润:《隋唐时期西域乐舞在中原的传播》,《陕西师范大学学报(哲学社会科学版)》1997 年第 1 期。

189. 赵喜惠:《西域乐舞对唐代乐舞的影响考析》,《船山学刊》2005 年第 2 期。

190. 郑怡楠:《河西高台墓葬壁画娱乐图与龟兹乐舞苏摩遮——兼论队舞的起源及其高台墓葬壁画乐舞图的性质》,《敦煌学辑刊》2012 年第 4 期。

191. 仲高:《龟兹文化导论》,《龟兹学研究》2012 年第 4 辑。

192. 钟涛、李颖:《新疆出土戏剧文献与中国戏剧史研究》,《文学前沿》2000 年第 1 期。

193. 钟兴麒:《隋唐龟兹戏剧及其美学特征》,《西域研究》1991 年第 1 期。

194. 周菁葆:《古代丝绸之路音乐舞蹈钩沉》,《新疆艺术学院学报》2003 年第 2 期。

195. 周菁葆:《日本正仓院所藏伎乐面钩沉》,《艺术百家》2013 年第 3 期。

196. 周菁葆:《隋唐龟兹音乐家》,《音乐爱好者》1983 年第 2 期。

197. 周君平:《漫谈古代民间百戏中的狮子舞》,《文史杂志》1987 年第 6 期。

198. 朱惠仙:《汉译佛经篇章结构对中土文学的影响》,《浙江工业大学学报(社会科学版)》2013 年第 4 期。

199. 朱易安:《唐代诗化的音乐和西部乐器》,《新疆师范大学学报(哲学社会科学版)》2005 年第 1 期。

200. 左继承:《从竽篪到管子的演变考》,《中国音乐》2000 年第 2 期。

三、学位论文类

B

1. 柏红秀:《唐代宫廷音乐文艺研究》,扬州大学中国古代文学专业博士学位论文,2004 年。

C

2. 陈求知:《唐五代西域胡裔诗人诗作考论》,西北民族大学中国少数民族语言文学专业硕士学位论文,2014 年。

3. 陈智敏:《论白居易音乐诗及其中的音乐美学思想》,湖南师范大学文艺学专业硕士学位论文,2013 年。

4. 程璐瑶:《〈苏幕遮〉研究》,河北师范大学中国古代文学专业硕士学位论文,2012 年。

5. 程旭:《唐墓壁画中周边民族文化因素及其反映的民族关系》,兰州大学中国少数民族史专业博士学位论文,2012 年。

D

6. 段曙霞:《唐代乐舞的异域倾向研究》,陕西师范大学专门史专业硕士学位论文,2014 年。

G

7. 高金玉:《克孜尔石窟的本生壁画研究》,南京艺术学院中国美术史专业硕士学位论文,2004 年。

H

8. 海滨:《唐诗与西域文化》,华东师范大学中国古代文学专业博士学位论文,2007 年。

9. 韩娇艳:《隋唐龟兹乐部考》,河南师范大学音乐学专业硕士学位论文,2013 年。

10. 韩文慧:《佛教文化视域下的西域戏生成研究》,陕西师范大学中国古代文学专业博士学位论文,2016 年。

K

11. 康颖宽:《〈弥勒会见记〉研究》,中国艺术研究院戏剧戏曲学专业硕士学位论文,2014 年。

L

12. 李丽娜:《唐代三大西域乐舞诗研究》,兰州大学中国古代文学专业硕士学位论文,2007 年。

13. 刘威:《唐代舞蹈诗研究》,南京师范大学中国古代文学专业硕士学位论文,2011 年。

14. 陆云:《唐代吹奏乐诗研究》,南京师范大学中国古代文学专业硕士学位论文,2013 年。

Q

15. 漆佩玉:《从敦煌壁画中探寻隋唐西域乐舞——以龟兹乐和西凉乐为例》,西北师范大学音乐与舞蹈学专业硕士学位论文,2016 年。

R

16. 任平山:《克孜尔中心柱窟的图像构成——以兜率天说法图为中心》,中央美术学院美术学专业博士学位论文,2007 年。

S

17. 沈娜:《偈颂的流变研究——从偈颂到颂古》,安徽大学中国古代文学专业硕士学位论文,2014 年。

18. 孙丹:《唐代民族文化与唐诗的繁荣》,陕西师范大学中国少数民族语言文学专业硕士学位论文,2013 年。

19. 孙晓丹:《狮子舞源流研究》,中国艺术研究院舞蹈学专业硕士学位论文,2013 年。

W

20. 王春明:《唐代涉乐诗研究》,吉林大学中国古代文学专业博士学位论文,2013 年。

21. 王虹霞:《由汉至唐西域乐舞的传入及其传播特点》,河南大学音乐学专业硕士学位论文,2003 年。

22. 王旋:《筚篥的源流及东传日本、朝鲜的研究》,上海音乐学院音乐学专业硕士学位论文,2011 年。

23. 王雪:《唐代乐舞〈凉州〉研究》,中国艺术研究院舞蹈学专业硕士学位论文,2013 年。

24. 王昀:《龟兹壁画中的飞天和天宫伎乐造型初探》,苏州大学设计艺术学专业硕士学位论文,2012 年。

25. 吴洁:《从丝绸之路上的乐器、乐舞看我国汉唐时期胡、俗乐的融合》,上海音乐学院艺术学理论专业博士学位论文,2017 年。

X

26. 肖尧轩:《克孜尔石窟壁画中的伎乐及其乐队组合形式》,中国艺术研究院音乐学专业硕士学位论文,2009 年。

Y

27. 闫江涌:《魏晋南北朝时期中外音乐交流研究》,安徽大学历史文献学专业硕士学位论文,2007 年。

28. 杨冬梅:《论唐代西域乐舞诗的文学审美价值》,东北师范大学古代文学专业硕士学位论文,2007 年。

29. 杨瑰瑰:《〈维摩诘经〉文献与文学研究》,华中师范大学中国古典文献学专业博士学位论文,2012 年。

30. 杨英华:《唐代乐舞诗研究》,内蒙古师范大学中国古代文学专业硕士学位论文,2009 年。

31. 喻忠杰:《敦煌写本中戏剧发生研究》,兰州大学历史文献学专业博士学位论文,2011 年。

32. 袁薇:《论西域音乐文化中的龟兹乐》,陕西师范大学音乐学专业硕士学位论文,2004 年。

Z

33. 翟敏:《唐代乐器诗研究》,陕西师范大学音乐学专业硕士学位论文,2007 年。

34. 张俊:《龟兹石窟壁画之宗教文化研究》,石河子大学法学专业硕士学位论文,2008 年。

35. 张莉:《唐元和时期音乐文学研究》,西北大学中国古代文学专业硕士学位论文,2011 年。

36. 张婷婷:《论胡舞的历史发展轨迹及其对当代中国舞蹈影响研究》,山东师范大学音乐学专业硕士学位论文,2009 年。

37. 赵克军:《古龟兹舞蹈试探》,中央民族大学少数民族艺术专业硕士学位论文,2006 年。

38. 郑玲:《〈弥勒会见记〉异本对勘研究——回鹘文(哈密本)与吐火罗 A(焉耆本)文本之比较》,中央民族大学中国古典文献学专业博士学位论文,2013 年。

39. 钟健:《克孜尔石窟壁画之本土化装饰特征研究》,苏州大学设计艺术学专业硕士学位论文,2008 年。

四、报纸

黎虎:《从狮子舞看传统文化与外来文化的融合》,《团结报》2011 年 2 月 3 日第 7 版。